フィヒテ「二十二世紀」の共和国

FICHTE

フィヒテ

「二十二世紀」の共和国

Die ideale Republik im „22. Jahrhundert“

熊谷英人

岩波書店

目次

装幀　熊谷英博

序章

θείῳ δὴ καὶ κοσμίῳ ὅ γε φιλόσοφος ὁμιλῶν κόσμιός τε καὶ θεῖος εἰς τὸ δυνατὸν ἀνθρώπῳ γίγνεται. διαβολὴ δ᾽ ἐν πᾶσι πολλή.

Πλάτων

「わたしはね、実はフィヒテのことをあまり好きになれないんですよ」。それは、ドイツのある高名な思想史家を訪問したときのこと。いつだったか、たしか夏のある日のことと記憶している。互いに研究者同士ということもあり、話題は自然と自分の研究へと移っていった。フィヒテについて研究している、そのようにこちらが言ったときの相手の反応が、冒頭の発言だった。自分にとって、フィヒテはあくまでも過去の興味ぶかい研究対象にすぎなかったため、すこし驚いてしまった。相手は微笑みながらつけ加えた。「もちろん、フィヒテが卓越した思想家だということは、よくわかっています。それでも、わたしくらいの世代の者にとって――かれはそのとき、七十代であった――フィヒテの作品は、どこか、ナチズムや旧東ドイツの政治体制を連想させるんですよね」。そのときの表情が、忘れられない。

J・G・フィヒテ(一七六二〜一八一四)は、十八・十九世紀転換期のドイツで活躍した哲学者である。同時代のカントやヘーゲルとならんで、いわゆる「ドイツ観念論」学派の高峰のひとつに数えられる。ザクセン地方の職人の家に生まれた。青年期にフランス革命の報に接し、その理念に共感したフィヒテは、イェナ大学教授への着任後、「純粋自我」から出発する独自の哲学体系「知識学」Wissenschaftslehre の彫琢に邁進することとなる。カント批判哲学の後継者として、フィヒテはまたたくまに論壇の寵児となった。当時、フィヒテの講義を聴講した学生はこう語る。

> フィヒテは本当に力強い人物だった。わたしは冗談で、しばしばかれを哲学の〔ナポレオン・〕ボナパルトと呼んだものだ。両者には多くの類似点を見出すことができた。いわゆる哲人のように冷静沈着ではなく、いわば怒り、闘いを欲するかのごとく、この背が低く、肩幅の広い男は講壇に立った。老婆か鷲を彷彿とさせる、しわの寄った顔のまわりには、くせのない褐色の髪がきっちりと逆立っていた。ずんぐりした脚で立ち、歩くとき、大地にしっかりと根をおろし、そこに安んずるがごとくであった。そして、みずからの力を意識して、確固不動の様子であった。フィヒテの口からは優しい言葉も、微笑みも漏れ出ることはなかった。みずからの自我と対峙する世界に対して、フィヒテは宣戦布告し、無愛想によって優美と気品の欠如を隠そうとしているかのようだった。わたしの目にはそのように映った。
>
> （リスト『回想録』）(FG, II: 336)

その後、フィヒテは無神論論争によってイェナを追われ、プロイセンに身を寄せることとなる。そして、ナポレオン軍がドイツ全土を席巻するや、この「哲学のボナパルト」は憂国の志士となった。しぶとく抵抗をつづけるプロイセン軍とともに転戦し、降伏後は、一般講演『ドイツ国民に告ぐ』(一八〇七〜〇八年)によって、ドイツ国民の再生を熱烈に訴えた。のちに新設のベルリン大学教授に迎えられ、ほどなく勃発した反ナポレオン戦争の最終局面において、戦争終結をみることなく没した。生涯の慷慨である。

伝説化は死の直後からはじまった。フィヒテ解釈史は毀誉褒貶の歴史といってもよい。その歴史を身をもって体験した、ある研究者はこう語る。

フィヒテほど、その思想が、後世において、誤り解せられ、あるいは誤り伝えられた哲学者は少ないであろう。ドイツ本国では、トライチュケなどの国家主義者や保守的政党によって、また、他方には、ラッサールのごとき社会主義者と革新派によって、互いに相対峙する陣営のうちにそれぞれ、彼は迎えられ、利用された。わが日本においては、満州事変以来、いよいよ国家非常時体制が推し進められつつあったときに、文部省が、彼の『ドイツ国民に告ぐ』の邦訳を、教育界に頒布した事実がある。さらに、ドイツにおいて「民族社会主義《ナチス》」が興るにおよんで、その思想的根拠をフィヒテに求める試みが、諸学者によってなされた。（南原繁『フィヒテの政治哲学』）[1]

戦後は戦後で、フィヒテの「全体主義」的思考や「反ユダヤ主義」が批判されるかと思えば、旧東ドイツのイデオローグとしてマルクス主義者から好意的に評価されたり、後世によって「誤解」されてきた「共和主義者」として祭りあげられたりもする。一九六〇年代における批判校訂版全集の編纂開始以来、こうした政治的解釈から距離をとる研究者は、年々増えてきている[2]。それでも、フィヒテの一般的な評価はまだ定まらない。冒頭の高齢の思想史家の反応は好例といえるだろう。そう、フィヒテはいまなお、不穏な存在なのだ[3]。

フィヒテ（1800年頃）

フィヒテ解釈につきまとう、こうした困難はどこから来るのか。フィヒテ解釈における「難点」は三つある。ドイツ・ナショナリズムの問題、つぎにフィヒテ思想自体の特徴、最後に史料の問題である。

まず、フィヒテ思想の受容と解釈を考えるさい、つねにつきまとうのが、ナショナリズムの問題である。皮肉にも、フィヒテの名を歴史に刻んだのは、哲学の領域での業績(知識学)ではなく、ナショナリズムと密接に関連する政治教育論『ドイツ国民に告ぐ』であった。現代でも知識学の内容はまったく知らないが、『ドイツ国民に告ぐ』の著者フィヒテの名前なら聞いたことがあるという人は、すくなくないはずだ。生前にあって、フィヒテはすでに哲学者としてではなく、憂国の志士として認知されるようになっていた。同時代の政論家フリードリヒ・ゲンツは、ことあるごとにフィヒテの思想を批判した人物として知られている。以下は、そのゲンツが『ドイツ国民に告ぐ』に接したときの反応である。

第四講から面白さは鰻のぼりです。万一、最終的に多くの事柄が論駁の余地なきものにはならないにせよ、それらが真理であることに変わりはありません。これほど偉大に、深遠に、そして誇り高くドイツ国民について語った人物は、ほとんど誰もいません。〔中略〕この本の最大の美質のひとつは、あらゆることが論じられ、語られるときにみられる、稀なる真剣さ der seltene Ernst なのです。それゆえ、この本はきっと影響をおよぼすと思いますし、ひとりならず読者を感激させることでしょう。むしろ、感激させずにはおかないでしょう。

(一八〇八年六月二十七日・アダム・ミュラー宛書簡)(FG, IV: 165)

ゲンツの心を打ったのは、個々の制度論や状況分析ではなく、「稀なる真剣さ」であった。この点は重要である。「憂国の志士フィヒテ」のイメージは、死後、ますます増幅してゆく。フィヒテは良くも悪くも、「ドイツ的なるもの」の象徴となった。現在でもそうである。それゆえ、ドイツの政治的運命の浮沈に合わせて、フィヒテ解釈もめまぐるしく変転せざるをえない。「ドイツ的なるもの」が脅かされるとき、かれは救国の哲学者として召喚される。「ドイツ的なるもの」への自信が失われるとき、かれは悪しき「ドイツ性」の典型として非難される。

第二点はフィヒテ思想自体の特徴である。フィヒテは活動的な性格の持主だった。悪く言えば、せわしなかった。まるで何者かに急き立てられているかのように、つねに行動から行動へと、立ち止まることなく突き進む。このように、周囲の人びとはかれの性格について証言している。フィヒテ自身もまた、おなじように語っている。「わたしには、ただひとつの情熱・欲求・自我感情あるのみです。つまり、自分の外界にはたらきかけることです。行動すればするほど、幸福になるようです」(III, 1: 73)。

フィヒテは生涯をかけて、みずからの思想体系を更新しつづけた。フィヒテ思想を前期と後期に分けるのが研究者の間では通例になっているが、さらに細分することも可能である。フィヒテの思想は絶えず発展しつづける。厄介なことに、体系化をめざしながらも、かれには哲学上の主著とよびうる作品がなかった。しばしば主著として挙げられる『全知識学の基礎』(一七九四年)は講義要綱であり、「後期」知識学はほとんどが講義草稿にすぎない。政治思想や宗教思想に関しても同様のことがあてはまる。カントの三批判書やヘーゲルの『精神現象学』(一八〇七年)に比肩する著作を、フィヒテはついに完成させることができなかった。その結果、ほかの思想家と比べて、全体像の把握にさいして、研究者の裁量がはるかに多くなってしまうのである。フィヒテ解釈の不安定さを産む要因である。

最後に史料の問題だが、これは二点目とも密接に関連している。すでにみたように、フィヒテには体系的理論書がとぼしい。しかし、かれは決して、寡作の人ではなかった。『ドイツ国民に告ぐ』をはじめとする「一般向け」講義、個別論文、時論、さらに生前未公刊の草稿、書簡・日記なども含めれば、史料は膨大な数にのぼる。しかも、その内容はことごとく難解であり、断片的であり、意図をはかりかねる部分も多い。とりわけ政治思想に関して、フィヒテはイェナ時代の無神論論争の経験から、政治に大きな関心を寄せたにもかかわらず、直接的な政治発言には慎重であった。体系書を欠く以上、フィヒテの思想を再構成するとき、どうしてもこれら多様な史料群を利用せざるをえない。ここに難点がある。つまり、一部の史料における発言を極端に強調し、あたかも、それがフィヒテ思想全体の特徴であるかのように論じられることもしばしばであった。たとえば、十九世紀ドイツ自由派は『自然法の基礎』(一七九六年)を、ナショナリストは『ドイツ国民に告ぐ』を、社会主義者は『閉鎖商業国家論』(一八〇〇年)を、それぞれフィヒテ政治思想の代表作として解釈したように。

こうした諸々の困難に対するひとつの回答が、南原繁『フィヒテの政治哲学』(一九五九年)だった。一九三〇年代に発表された一連の論攷を中心に編まれた同書において、南原は原典史料を丹念に読み込み、フィヒテ政治思想の全体像に迫ってゆく。(4) 南原は、原子論的個人を単位として政治や道徳を構想する、いわゆる「個人主義的世界観」に立脚した「自由主義」に対して違和感をおぼえていた。そのかれによれば、フィヒテとは「政治」に固有の論理、とりわけ国民国家(「民族国家」)を哲学的に理論化した思想家であった。

しかし、カントの中心問題が依然として実践理性の普遍的道徳法則であり、国家的政治生活もひとえにこれに根拠して、道徳論の応用として論ぜられる限り、いまだ政治生活は固有の価値的根拠を見出し得たものと称するを得ない。〔中略〕しかるに、フィヒテが「民族」概念の基礎を与え、「民族国家」の原理を要請したことは、これによってカントの残した問題の解決に一歩を進めたものということができる。これはフィヒテに固有な哲学的方法の結果であって、或る意味においてフィヒテの全哲学の重点は、懸って国家的政治生活の基礎づけにあったと称しても過言ではないであろう。

(南原繁『フィヒテの政治哲学』(5))

南原のフィヒテ論を、それまで支配的であった——現代にもなお残滓を残している——政治的解釈と画するのは、哲学的方法である。南原にとって、政治思想研究の対象は単なる分析対象にとどまるものではなく、みずからの実存的関心を共有してくれる対話相手にちがいなかった。したがって、対象の理解にもとめられるのは、カントであれ、プラトンであれ、フィヒテであれ、原典史料との孤独な対峙、ないしは徹底的な読解にほかならない。「政治理論史または政治哲学史とは、政治の学的思惟発展の客観的秩序の研究」(「政治理論史の課題」)を意味するのである。⑥一方、対象を歴史的状況のなかで――あるいは「存在非拘束性」のなかで――みるという関心は希薄である。⑦とりわけ、南原は「哲学自体の発展」や「全哲学思想との根本の関連」に意をもちいた。政治的作品のみに着目するのではなく、人間論・認識論・道徳論・宗教論といった作品にまで解釈の視野を広げないかぎり、対象を「全体的に解する」にはいたらないからだ。⑧

フィヒテ論において、南原が知識学と政治思想との関連を丁寧に追う理由は、まさにここにある。個々の作品にはふさわしい体系的位置があたえられねばならず、全体との関連のもとに解釈されねばならない。逆に、従来のような一面的な政治的解釈、とりわけナショナリストとしての側面を極端に誇張する解釈はきびしい批判にさらされることとなる。「人は、往々、フィヒテのこの論結と後代の発展だけを見て、何らの理論的証明を企てることなくして、ただちにロマン主義者や殊に歴史学派の国家観念と同一のものを、フィヒテに由来せしめようとする。彼において、或いは神秘的な国家絶対主義や、或いは極端な国粋主義を見ようとするごときは、それである。しかし、フィヒテの理論の構造に深い省察をも払わず、殊にただ後代の発展とのみ関係せしめて評価するならば、著しい非学的方法といわなければならない」⑨。

できうるかぎり分析対象の作品・史料を収集し、精緻に読み込んだうえで思想の全体像を体系的に再構成する。南原の哲学的方法が、思想史研究の王道であることはいうまでもない。『フィヒテの政治哲学』がフィヒテ解釈の基本論点をことごとくふまえており、現代でも十分に通用する水準を保ち、代表的な先行研究でありつづけていることは、その何よりの証左であろう。もちろん、南原は過去の思想の再構成にとどまらず、思想解釈に自身の規範的・実存的関心を投影した。⑩だが、それはあくまで程度の問題にすぎない。古典的な哲学的方法は、史料の一面的解釈に陥りがちなフィヒテ研究の場合、とりわけ威力を発揮することとなった。実際、洋の東西を問わず、現代のフィヒテ政治思想研究もまた南原とおなじように、批判版全集を読み込み、一面的な解釈から距離を置いたうえで全体像の再構成に挑んでいる。(11) その意味で、かれらもまた、南原の提示した方法の路線上にいる。かならずしも意識はしていないにせよ。

前置きが長くなった。本書は、フィヒテの政治思想について論ずるものである。だが、南原に代表される哲学的方法を採らない。フィヒテ政治思想の体系的再構成よりは、むしろ、フィヒテの秩序構想――幻影の共和国――に焦点を当てたい。フィヒテの思想を同時代の概念の海に投げかえす、といいかえてもよい。もちろん、哲学的方法がフィヒテ研究において重要な知見を積み重ねてきたことは、たしかである。本書もまた、そうした先行研究の蓄積に多くを負っている。だが、思想家を体系建設型としてとらえる哲学的方法だけでは、汲みつくせない要素があることもまた、事実である。(12) とくに先行研究は、フィヒテの具体的な秩序構想についてあまりふれてこなかった。(13)

そしてフィヒテの場合、とりわけ、このことがあてはまるように思われる。さきに挙げたフィヒテ解釈における三つの「難点」は、哲学的方法にとっては克服さるべき障害以外の何物でもなかった。だが、これら「難点」は実は、思想家としてのフィヒテの独自性でもあるのではないか。ナショナリズムの問題、思想の発展的性格、史料の問題、いずれも示唆しているのは、同時代の環境に対するフィヒテの敏感な反応にほかならない。フィヒテは、カントのごとき書斎の哲人になりきることができなかった。フィヒテはつねに同時代の動向に気を配り、独自の嗅覚でもって固有の「問題」を発見しつづけたのである。たしかに、カント哲学から出発したフィヒテは体系建設型の思想家たらんと欲していたし、多分にそうであった。しかし、かれが同時に問題発見型の思想家としての資質も兼ねそなえていたことは、見過ごされやすい。(14) フィヒテが折にふれて展開した秩序構想は、いずれも大胆である。ときにはあまりにも現実離れしているようにもみえる。だが、同時代の政治社会にひそむ矛盾や欠陥を鋭敏に察知し、その部分的改善ではなく、全面的克服をめざす不屈の闘志が、そこにはあった。

本書は、フィヒテの思想形成過程を追うなかで、三つの視角を強調したい。身分制社会・政治学史・ユートピアである。

まずは、身分制社会との関連について。フィヒテは、当時のドイツ知識人としては異例の経歴の持主であった。というのも、十八・十九世紀のドイツ知識人の多くは、いわゆる「教養市民」層――財産と教養を兼ねそなえた、しかし、貴族ではない市民層――の出自であったが、すでにみたように、フィヒテは貧しい職人の家庭に生まれ、最終的にはベルリン大学総長にまで登りつめることとなった。これほどの社会的階梯の上昇は当時、ほとんど考えられなかった。こうした出自ゆえなのか、フィヒテは同時代のドイツに根強く残存していた身分制社会の構造的矛盾に対して敏感だった。身分制社会という現実を一定程度受け入れ、その部分的改善をめざしたり、世襲身分制の効用を弁証したりした同時代の知識人たちと比べて、フィヒテの世襲身分制批判は峻烈というほかない。妥協の余地は一切なかった。旧来の身分制社会を粉砕したフランス革命に対するフィヒテの憧憬も、ここに由来している。

だが、フィヒテは階層制それ自体を否定したわけではなかった。その秩序構想を丹念に読み込めばわかるように、フィヒテは独自の位階秩序《ヒエラルキー》を提示してさえいるのである。ただし、かれが理想とする位階秩序とは、血統にもとづく世襲身分制ではない。それは、「学」の理念によって統御された徹底的に能力主義的な階層社会にほかならない。もちろん、そこで評価される「能力」を、フィヒテの構想する理想の共和国像から切り離すことはできない。知識学の理念を体現した「知識人」Gelehrte たちが頂点に立ち、宗教制度と経済統制によって労働身分――生産者・製造者・商人――を管理する、新たなる階層社会。それは、アダム・スミスをはじめとする国民経済学者たちが「発見」し、ヘーゲルが「欲望の体系」(『法哲学』)と哲学的に表現した「市民社会」civil society/bürgerliche Gesellschaft とは、大きく異なる秩序像にちがいなかった。

次に政治学史との関連について。現在、政治学史(政治思想史)の教科書において、フィヒテの坐りは決してよいとはいえない。中途半端な印象が残る。従来の研究が、フィヒテ政治思想の内的整合性の解明に力をそそぐあまり、政治学史上の位置づけにあまり考察をめぐらせてこなかったことも理由のひとつではあろう。ホッブズ、ロック、ルソーといった「啓蒙主義的個人主義」の政治理論の「克服」という南原繁以来の古典的図式が、現在も踏襲されているのが実情である。だが、それはあまりにもドイツ観念論の自画像に依拠した見方とはいえないだろうか。それではむしろ、かれら自身には意識されなかった多様な文脈がかえって見失われてしまうのではないか。

とはいえ、責任はフィヒテ自身にもある。フィヒテは、みずからの政治理論を展開するさい、過去の政治思想家たちについてほとんど言及しなかったからである。自分が新時代にふさわしい、まったく新しい政治理論を展開しているという自負が、そこにはあったのだろう。しかし、にもかかわらず、フィヒテは多くの政治思想家たちと格闘している。かれは決して舞台裏をみせようとはしない。同時代の政治論争に目配りをしたとき、はじめて、舞台裏がうかがえる仕組みになっているのである。カント、モンテスキュー、ルソー、フランス革命期の論客たち、マキアヴェッリにペスタロッチ、そして何よりもプラトンから、フィヒテは多くを学んだ。超越論的な理性理念からの自動的演繹という論法の陰には、実にさまざまな思想家たちとのなまなましい対決があったのである。フィヒテ政治思想の内的連関の解明に終始する哲学的方法は、往々にしてこの点を見失う。つまり、フィヒテの政治学史上における位置を見失う。

最後にユートピアとの関連について。フィヒテの政治思想を特徴づけるのは、そのユートピア性にほかならない。フィヒテは、『自然法の基礎』や『閉鎖商業国家論』以来、理想国家をはるか未来において実現すべき秩序として描きだす。未来社会を抽象的に素描したカント、現実の国家形成のなかに「理性」の働きをみたヘーゲルのいずれとも異なり、フィヒテは理想国家について、実に詳細に語る。この点において、フィヒテはまぎれもなくプラトンの弟子であった。

とりわけ、後期作品『五代目の帝国守護者のもとにおける二十二世紀初頭のドイツ人の共和国』(以下『共和国草稿』)において、「二十二世紀」に実現すべき共和国を垣間見るであろう。それは未完の共和国であった。劇的な状況で執筆された『共和国草稿』は完成の日をみることなく、そのまま放置され、ふたたび取り上げられることはなかった。本書のねらいのひとつは、この『共和国草稿』を軸に、後期フィヒテのさまざまな作品群を位置づけ、未完に終わった共和国、すなわち、幻影の共和国を再現しようというものである。この共和国の個々の制度を分析するさいに注意すべきは、まさしく、そのユートピア性にほかならない。ユートピアは(あるいはディストピアも)、本質的な意味において時代批判である。逆にいえば、同時代状況を丁寧にふまえないかぎり、ユートピアの知的破壊力を存分に堪能することはできない。ガリヴァーの冒険譚は、単なる「世界の諸僻地への旅行記」で終わってしまう。同時代の政治と人間に対する、スウィフトの呪詛は聞こえてこない。フィヒテについてもまた然り。フィヒテを、かれが生きた時代においてみつめないかぎり、かれの秩序構想の知的射程をはかることはできないのである。プラトンが、『国家』や『法律』といった政治学史上もっともユートピア性の高い作品の著者であったことと、アテナイ民主政をはじめとする古代ギリシアの政治――あるいは「政治」という営みそのものといってもよい――の周到な観察者兼批判者であったことは、決して矛盾しない。フィヒテの描くユートピアの背後にも、同時代に対する鋭い観察眼と批判精神がひそんでいるのだ。

本書は三部構成をとる。それぞれ、第Ⅰ部ではフィヒテの生い立ちからイェナ大学教授着任までの思想形成を、第Ⅱ部ではイェナ大学時代の秩序構想とその隘路を、第Ⅲ部では後期フィヒテの未完の共和国構想を分析する。

第Ⅰ部の主題は、初期フィヒテの思想形成、とくにカント哲学との邂逅とフランス革命論である。青年時代のフィヒテは、まさしく十八世紀後半のドイツにおける典型的な知識人青年といってよかった。大学で学び、社会的上昇をめざすものの、職がない。家庭教師の職を転々とし、屈辱的な体験を強いられる。「有用」であることをもとめられ、みずからもそうありたいと望みながら、無用者の烙印を押される。初期の断片「眠れぬ夜の断想」（一七八八年）において、同時代の身分制社会と「有用性」Nützlichkeit の価値観に対するフィヒテの憤怒はすでに鮮明である。だが、かれには政治社会の構造的矛盾、さらには自我の鬱屈にたちむかうための武器が欠けていた。フィヒテは不機嫌な青年であった。このとき、天啓となったのが、カント哲学との邂逅にほかならない。旧套依然たる身分制の桎梏も、「有用性」の呪縛も、あふれでる自我の衝動を止めることなどできはしないのだ。自己の内なる道徳律にひたすら正直に、忠実に生きることを、カント哲学は認めてくれる。フィヒテはそこから転じて、ようやく世論の支持を失いつつあったフランス革命の擁護へとむかってゆく。フィヒテにとって、革命の原理とカント哲学の原理は完全に一致している。レーベルクやモンテスキューといった身分制社会の守護神たちに対して、フィヒテは、カント哲学を武器に果敢に闘いを挑む。相続権も、世襲身分制も、貴族制も、偽善に満ちた教会制度も、フィヒテは否定する。そこに秩序創建への意志はない。ただ、力強い批判精神だけが脈打っていた。

第Ⅱ部では、イェナ大学教授時代の秩序構想とその隘路が分析される。イェナ期のフィヒテは初期の批判精神から転じて、知識学を軸とする秩序構想に着手する。『自然法の基礎』と『道徳論の体系』（一七九八年）はその体系的表現にちがいなかった。カント哲学の継承者を自認するフィヒテは、秩序構想においてもカントに忠実であった。すなわち、「一般的利己主義」を前提としたうえで他者との共存を模索する「法」Recht と、内なる道徳律への献身を説く「道徳」Moral との厳格な区分から出発するのである。『自然法の基礎』と『閉鎖商業国家論』において、フィヒテは伝統的な権力分立論を退け、強力な「執政権」を核とする「代表制」とそれを監視する監督官制度という二元体制、さらには独自の計画経済体制を描きだすことになる。このとき、フィヒテはカントのほかに、ルソーやフランス革命期の政体論争という文脈をもふまえていた。しかし、イェナ期の秩序構想にはいくつかの難点があった。とりわけ、

「法」と「道徳」を媒介する要素の欠如は致命的だった。フィヒテはその後、思想体系の組み換え、統治者論、結社論、歴史論を経由しつつ、両者の媒介を模索してゆく。そして、ナポレオン戦争に際会するなか、かれはマキアヴェッリと出会う。このフィレンツェの偉大な文人との対話は、フィヒテ政治思想の展開において画期をなした。

第Ⅲ部は、フィヒテによる未完の共和国構想をあつかう。すでにみたように、ナポレオン戦時下に執筆された『共和国草稿』は、「二十二世紀」の共和国というかたちで理想国家を論ずる作品だったが、未完に終わった。しかし、晩年のフィヒテはさまざまな機会――『ドイツ国民に告ぐ』などの「一般向け」作品や草稿など――に統治機構論を展開している。『共和国草稿』を軸にそれらの断片的な作品群を組み合わせることで、フィヒテの構想した幻影の共和国を再構成する。これが第Ⅲ部のねらいである。そのさいに導き手となるのが、プラトンの政治思想にほかならない。近年公刊された「プラトン草稿」からは、フィヒテが『共和国草稿』執筆とほぼ同時期に、プラトンの『国家』の集中的な研究にとりくんでいた様子がうかがえる。フィヒテは、プラトンからユートピア国家論、さらには「教育」Erziehung の重要性を学んだ。イェナ期以来、無媒介的に並列していた「法」と「道徳」の領域は、いまや国家による「教育」によって媒介されるにいたるのだ。フィヒテの理想国家の機軸は「教育」による陶冶《とうや》と、「学」の理念を中核とする新たな位階秩序であった。それは、同時代の世界に対するフィヒテの果てしない苛立ちの表現だった。そして、はるか彼方の未来への、そして人間性への希望の表明でもあった。ナポレオンに対する勝利を目前にしたフィヒテは、新秩序の到来を予感しながら、世を去ることとなる。

本書がフィヒテの政治思想のすべてを汲み尽くしたなどと、言い張るつもりは毛頭ない。むしろ、語り切れなかったことのほうが多い。とくに知識学と政治思想との関係を綿密にたどる作業は不十分なものにとどまってしまった。だが、ご寛恕いただきたい。そもそも、それらは本書の意図するところではないのだから。フィヒテの政治思想から、本書が「史上かつてない危機と不安の時代」に「人類の運命を打開し得る何かを導き出す」(南原繁)などと、宣言するつもりもない。フィヒテ自身が見ていた知的風景を見てみたい、フィヒテの苛立ちや興奮や希望を、フィヒテの息吹を感じてみたい。どうやら、本書を突き動かす力のみなもとは、そのあたりにあるようだ。率直に、面白そうだからである。二十一世紀を生きる解釈者が、フィヒテというとびきりの要注意人物と、かれの思い描いた「二十二世紀」の共和国と、そして、時代の精神を洗いだすとき、幻想のもっとも白々とした輝きを放ってくれれば、それでよい。

第Ⅰ部　「自由」への意志

はじめに

過ぎ去りし日々を追想し、歩んできた道のりを、あるいは自我が形成される過程を再構成する。人生の道なかばに達した人が自伝や回想録を執筆することは、現代ではありふれている。しかし実は、自伝や回想録は文藝の類型としては新しい。もちろん、自己の来歴を書物にする営為は古代以来の伝統――クセノフォン『アナバシス』や、アウグスティヌス『告白録』がすぐに思い浮かぶ――ではあるのだが、知識人が自伝や回想録を盛んに出版しはじめるのは、ようやく十八世紀中葉以降のことであった。とくにフランスの文人、ジャン＝ジャック・ルソーの『告白』（一七七〇年）が画期となったことはいうまでもない。その後、ルソーの模倣者は増加の一途をたどり、十九世紀初頭におけるゲーテの『詩と真実』（一八一一年）の出版によって、自伝は文藝の一類型として確立することとなる。当時流行した書簡体小説や日記文学も、こうした傾向と関連していたとみてよいだろう。その意味で十八世紀は「自伝の世紀」である。[15] そして、青年フィヒテもまた、ルソーの『告白』に夢中になった読者のひとりであった。

ルソー

　ところが、フィヒテ自身は波乱万丈の生涯をおくったにもかかわらず、自伝や回想録の類を一切遺していない。折にふれて執筆された日記や旅行日誌はあるのだが、どれも断片的である。同時代における自伝の流行を鑑みると意外といってよい。そのため、フィヒテの生涯を再構成するうえで最良の史料となるのは書簡である。フィヒテは自身の過去を公的にはあまり語らなかった。これはかれの「歴史」への関心のもち方とも関係しているように思われる。青年期を通じてフィヒテは基本的に「歴史」に冷淡であったし、のちに「歴史」的認識に関心をもつようになってからも個別具体的な事件史ではなく、より抽象的な歴史哲学を重視した。そのため、書簡類が一切残存していない少年時代——出生から大学進学まで——に関しては、息子ヘルマンの手になる伝記(『フィヒテの生涯』)がほぼ唯一の史料となる。それでもヘルマンの伝える少年時代の逸話は、いずれもなかなかに強烈である。後年のフィヒテに親しんだ者は、かれの精神のいくつかの特徴がすでにそこに表れていることに驚きを隠せない。

まずは、孤独である。フィヒテはザクセン地方の僻村ラメナウの職人家庭に生まれ、そこで少年時代を過ごした。だが、奇妙なことにフィヒテが農村の同年代の子供たちと親しんだ形跡はまったくない。空想癖の強い少年フィヒテは兄弟たちとすら一緒には遊ばず、よく「ぼんやりと遠くをみつめていた」という(FG, I: 5ff.)。また、教会における説教への強い関心も同様である。フィヒテは村教会の牧師の説教に関心をもち、説教を一言一句暗唱することに熱中した。以下は後年の妻ヨハンナによる回想である。

聴いた説教を忠実に文字起こしするのが、まだ少年時代のフィヒテにとってお気に入りの作業でした。かれをとても愛してくれた純朴で敬虔な牧師と一緒に過ごすことは、総じてとても善い影響をおよぼしました。この牧師のもとではほとんどラテン語を習わなかったようですが。フィヒテは牧師の蔵書を読ませてもらい、純朴かつ静穏に自分の空想を織りなし、それに耽りました。成人してからも、この浄福なる人物については親密な愛情たっぷりに回想しておりましたし、当時の無垢で快活な日々についてもたくさん語っていました。

（ヨハンナ「回想記」）(FG, I: 9–10)

注目すべきことに、ここにもラメナウの農村的環境は一切登場しない。フィヒテにとっての少年時代は、農村の畦道で耽った空想の日々と、自分を知の世界に導いた牧師の存在に尽きるのである。フィヒテは神童であった。そして同時に孤独な少年であった。

少年フィヒテの第二の特徴は、道徳的潔癖である。幼いかれに読み書きを教えた父親はある日、息子へのご褒美に一冊の児童書をあたえた(FG, I: 6)。フィヒテはたちまち読書に夢中になり、寝食を忘れて熱中するようになった。だが、過剰な熱中ぶりのためにきつく叱責されたフィヒテは道徳的逡巡の果てに、みずから本を川に投じたという。それは「かれの人生における最初の克己」にちがいなかった。号泣する息子に父親が動機を尋ねても、フィヒテは何も語ろうとはしない。結局、父親は息子の奇矯な行動に激怒し、フィヒテは折檻された。この逸話は、かれの道徳的潔癖と行動の自己完結性を語って余すところがない。決意のうえでの道徳的行動が結果的に周囲の無理解にさらされる事態は、以後の生涯で幾度もくりかえされてゆくことだろう。

ラメナウ

最後は、周囲との摩擦と軋轢にほかならない。知的に早熟で道徳的に潔癖、そして孤独な少年フィヒテが他者との関係に苦しんだことは容易に想像がつこう[16]。とくにこれは学校時代に著しかった(FG, I: 10–3)。神童ぶりに感嘆したある貴族の庇護によって、フィヒテの人生航路は転換を迎える。以後は生家の環境から切り離されて教育をうけ、名門プフォルタ校へ進学し、知的鍛錬を重ねてゆく。ところがこのプフォルタ校の生活は当初、フィヒテにとって試練の日々となった。厳重な規則ずくめの息詰まる学校生活、上級生による理不尽ないじめ、なによりも周囲との協調のために強いられる「隠匿」や「悪だくみ」は、フィヒテの繊細な道徳心を刺激して余りあるものがあった。

以前のフィヒテを喜ばせ、慰め、元気づけたものすべてが、ここには欠けていた。孤独に教育された少年が新しい環境で立ちすくめば立ちすくむほど、しかし、自分の内面の性格力を活用しようと思えば思うほど、環境の影響はそれだけ決定的なものとなった。この時期以後、フィヒテは世界に完全にひとりぼっちで、自分自身と自分の力だけを頼るようになったのである。

（ヘルマン・フィヒテ『フィヒテの生涯』）(FG, I: 12)

環境への不適応に苦しんだ少年はついに学校からの脱走を計画する。だが、実行に移す段になって突如、両親の落胆を思って道徳的逡巡に襲われ、結局は計画を中止している(FG, I: 12–3)。こうした道徳的潔癖と強烈な批判精神——ルソーとならぶ当時の愛読書はレッシングの作品であった(FG, I: 16–7)——ゆえの環境不適応が、フィヒテの生涯を貫く。まさしく、「しばしば不利な環境との闘い——青年期以来、フィヒテがさまざまなかたちで克服せねばならなかった——のうちに、力強い自律性・自己自身と環境に関する鋭敏な明瞭さ・認識と意志における不動性がフィヒテの性格の突出した根本特徴となった理由——かれの心を顕著に特徴づける親切で豊かな感情の働きにもかかわらず——を見出すのである」(FG, I: 12)。

以下、第I部の主題は、青年時代の思想形成——プフォルタ校卒業後からカント哲学との出会いを経て、イェナ大学教授への着任にいたるまで——を描くことにある。これまでにも青年期の思想は研究の対象になってきた。そのさいには少数の例外をのぞくと、ほとんどの研究者たちはカント哲学との出会い以後の時期に注目した。これは不自然なことではない。なぜなら、フィヒテ自身がカント体験をもって、みずからの知的生涯の出発点とみなしていたからである。すでにみたように、かれはカント体験以前の自己についてほとんど語らなかった。

だが、これだけでは不明な点が残る。つまり、なぜ、そもそもフィヒテにとって、カント哲学がそれほどの重要性をもちえたのか、判然としないのである。のちにみてゆくように、フィヒテは最初から思想家の途を志していたわけではなかった。かれが思想家としての自我に覚醒する契機はカント哲学、とりわけ『実践理性批判』との出会いであり、フィヒテはカント体験を精神的な「革命」とまで語っている。これほどの影響を説明するためには、その前提としてカント体験以前の知的遍歴を再構成する必要がある。そのさいにも断片的草稿のみに依拠するだけでは不十分である。フィヒテの思想と行動はつねに同時代の政治的・社会的文脈との関連のもとに解釈されねばならない。そうすることによってのみ、カント体験がフィヒテの知的生涯に有しえた決定的重要性、カント哲学を得たうえでなされる急進的な同時代批判――とくにフランス革命論――の破壊力、そして独自の哲学体系・知識学によって拓かれる広大な知的展望を理解することができるのである。

第一章は、カント体験以前の思想遍歴を同時代史と関連させながら分析する。(一)青年フィヒテの煩悶の原因となった身分制社会に対する不適応、そして、かれの内面における「哲学」と「宗教」との分裂現象をみたのち、(二)「有用性」の価値観が支配する同時代の社会におけるフィヒテのさまざまな挑戦と挫折を分析する。そのうえで最後に(三)フィヒテにおけるカント体験の諸相に論及し、フィヒテ思想の根源的価値となる道徳的「自由」概念

プフォルタ校

を解明する。

第二章は、第一章で再構成された青年期の問題関心とカント哲学理解をふまえたうえで、フランス革命論に表れたフィヒテの急進的な同時代批判を分析する。まず(一)身分制社会を擁護する論陣を張った知識人レーベルクに対抗するために構想された政治哲学を論ずる。そこでフィヒテはカント哲学の論理にもとづき、独自の自然状態論と国家論を展開するのである。さらに(二)抽象的自然法論とは別に、フィヒテは史論をもちいて世襲貴族制を徹底的に批判する。そこで最大の論敵とされたのは、モンテスキューの封建制成立史論であった。そして(三)以上のフランス革命論と、イェナ期の劈頭をかざる就任講義『知識人の使命』との連続性を指摘したうえで、体系期の秩序構想の原型をそこに見出したい。

第一章　思想家誕生

第一節　若きフィヒテの悩み

(1) ふたつの国

青年は焦っていた。つねに不機嫌だった。思想家としての自我を確立するまでの、いいかえるならば、カント哲学と出会うまでのフィヒテは、不機嫌な青年以外の何者でもなかった。[17] 当時の日記や書簡において、フィヒテは絶えず、何かに苛立ち、不満を漏らし、鬱屈し、ときにやり場のない感情を周囲にぶちまける。「一週間前、路上でシュヴァイツァー嬢と口論したが、そのときのわたしはとても無礼であった。なぜそうしたのか、いまもって自分でもわからず、苦しい」(II, 1: 215)。もちろん、かれの感情を刺激する出来事や人物は、時に応じてさまざまである。だが、そうだとしても、当時のフィヒテのつむぐ言葉のうえには、不機嫌としか形容しようのない、重苦しい気分が垂れ込めている。

当然、周囲は戸惑った。数すくない知人・友人は、青年フィヒテの狷介《けんかい》さと極度の潔癖さを指摘している。

エッシャーがわたしの人相見をしてくれた。目尻の皺から判断したのだが、残念ながら当たっていた。かれはわたしの第一印象を語ってくれた。無愛想、強い優越感、諷刺精神、極度の厳格さとのことである。これは、自分自身に対する極度の厳格さというアヘリスの見立てとも一致する。（『チューリヒ日記』）(II, 1: 212)

フィヒテ自身もまた、自分の不機嫌に気づいており、なんとかして振り払おうとする。ときに過剰な陽気さをみせ、酒に酩酊し、周囲を困惑させた。「いくらか無愛想なところがあるならば、極度の穏やかさを身につけねばならない」と、自分に言い聞かせても無駄だった。いくら自己探求をくりかえしても、どうしようもない鬱屈の正体をつかむことができない。フィヒテは悩みに悩む。そうした自分を理解してくれない、理解しようともしてくれない周囲をフィヒテは嫌った。それ以上に、自分を嫌った。

一七八八年七月、フィヒテは故郷ラメナウの実家に滞在していた。新たにみつけた家庭教師の職のため、それまで学生生活をおくっていたライプツィヒを離れ、はるかスイスの古都チューリヒにむかう途上、両親や兄弟の待つ故郷に立ち寄ったのである。おなじドイツ語圏とはいえ、北ドイツのザクセン地方からチューリヒまでは相当の距離がある。しかも、フィヒテは節約のために郵便馬車ではなく、旅程の大半を徒歩で進まねばならなかったのだから、なおさらである。家族との別れを惜しむフィヒテの胸に宿っていたのは、新天地への希望ではなかった。鬱屈と不機嫌であった。

息子ヘルマンの回想によれば、当時のフィヒテは波乱万丈の生涯のなかでも「もっとも苦しい時期」(FG, I: 19)にあった。一七八〇年にプフォルタ校を卒業したのち、フィヒテはライプツィヒ大学をはじめ、いくつかの大学で学んでいる。[18] 専攻は神学である。この選択は純粋な学的関心からというよりも、経済的に安定した牧師職志望のためだったらしい。フィヒテは大学の神学研究――とくにヘブライ語――にあまり興味を感ずることができなかった。官吏への登用もみこして法学にも手を出したが、これもうまくゆかない。さらに、学資の面倒をみてくれていた庇護者の貴族が死亡したため、俄かに窮迫した。

フィヒテにとって、いまやますます、祖国〔＝ザクセン選帝侯国〕でそれなりの地位につく希望は消え失せた。かれ自身が一通の書簡のなかで語っているように、勇気と摂理への信頼以外には何も残っていなかった。〔中略〕

一七八八年の夕刻、誕生日前にフィヒテのすべての希望は消え去った。なんとかやっていくためのすべての立派な手段は尽き果てた。現在には何も見出せず、将来にも何も望みえなかった。誇りと名誉心――おそらく、人生や環境との闘いによってますます傷つきやすくなっていたのかもしれない――は、自分が極度の困窮にあることを後援者に知らせることとなる、あらゆる考えを退けた。フィヒテには自分が完全に世界から疎外されているようにみえた。それゆえに、かれのほうでも世界を押し返してよいように思われた。フィヒテは自分にとって最後の誕生日を過ごしているのだと思っていた。

（ヘルマン・フィヒテ『フィヒテの生涯』）(FG, I: 20)

自殺直前にまで追い込まれたフィヒテは、チューリヒでの家庭教師の職を得たことで、なんとか露命をつなぐことができた。しかし、将来への展望は何もなかった。

このときのフィヒテの昏い世界観の表現そのものといえるのが、草稿「眠れぬ夜の断想」（一七八八年）にほかならない。これは、十八世紀の欧州で流行した空想旅行記の構想である。筋書きは、フランスのとある侯爵が南極大陸を旅行したさいに発見した架空の国家について報告するという単純なものである。この国家を特徴づけるのは、社会のいたるところに蔓延する「道徳」Moral の腐敗である。秩序を秩序たらしめる、いわば社会の機軸たるべき「道徳」と「宗教」Religion が崩落してしまえば、あとに残されるのは、人びとが私利私欲を追求する混沌でしかない (II, 1: 104–7)。フィヒテによれば、この南極国家は、以下のごとき「我々の堕落した時代」の戯画でなければならなかった。

我々の時代の完全な道徳的腐敗の主要原因は、一方では結婚生活の軽蔑、他方では、奢侈《しゃし》および、我々の時代の不幸な諸関係のゆえに結婚生活に入れないことにあるのではなかろうか。こうして、あらゆる個人は孤立し、祖国愛・人間愛・共感といった、より高貴なあらゆる社交感覚は抑圧され、不道徳 Lüderlichkeit、とくに浪費が促進される。なぜなら、自分の生きている間だけ享楽的に過ごし、できるかぎり他者から奪うということが、各人の主要目標となるにちがいないからである。そこから、女性蔑視と女性の腐敗が起こる(女性に対する慇懃さは女性蔑視と相容れないものではない。この慇懃さには、どれほど男性が女性を軽蔑しているかが、もっともよく表れている)。上級身分の専制、下級身分、とくに農民身分の抑圧が起こる(不道徳によって、あらゆる人間愛への傾向が抑圧されるからである)。統治者の東洋的専制 Sultanism、不自然な悪徳、人間全体の無力化、貧困、衰退。とりわけ洗練された人民においてそうした習俗 Ton が生じ、そこから、歪曲され矛盾する性格——心と道徳 Sitten に対して、洞察力が永遠に背反し、悟性の命令が結局のところ、空虚な長談義にしかならない——が生じてくる。我々の法律の無力とならんで、我々の法律の驚嘆すべき矛盾と理解しがたい馬鹿さ加減の実例は、住民を増やすことと、私生児を産む女性を処罰することである。宗教、そして、日常生活をおくるなかで宗教についていだく感情。宗教を完全に廃止したほうが、はるかに利口なのではないか、あるいはより一貫しているのではないか。

(「眠れぬ夜の断想」)(II, 1: 103)

「奢侈」、うわべだけの学問、身分間の差別、女性への過剰な慇懃さ。何をとっても、どこを見ても、フィヒテの目に映るのは「道徳」と「宗教」の腐敗堕落だけであった。現代の文明全体に対する呪詛は、まさしくルソーを思わせる。

とりわけ、「道徳」的腐敗の象徴ともいうべき、統治権力と貴族をフィヒテは非難してやまない。「この人民の統治原理。君主の収入を増やすことを唯一の最終目的と考える宮廷の思考法。こうしたことがいかにして生じてくるか。あらゆる身分に対する、この統治原理の腐敗、さらには君主と宮廷自身にとっての帰結。この国の貴族。かれらの笑うべき血統への誇り、堕落した奢侈、ほかの諸身分に対する抑圧。自分の哀れな存在を弁護する麗しい口実。貴族が人民の権利の支柱であるという命題の馬鹿馬鹿しさ」(II, 1: 104)。本来ならば、政治社会の秩序統括の責任を担うべき統治層が、むしろ率先して私利私欲を追求し、「道徳」を乱し、被治者から収奪をくりかえす。

フィヒテがここで批判しているのは、個々の統治者や政府というよりも、むしろ同時代の社会構造そのものとみるべきだろう。法的に平等な諸個人から成る「市民社会」bürgerliche Gesellschaft とは異なり、当時の社会構造は「身分制社会」ständische Gesellschaft であった[19]。そこには貴族・聖職者・都市市民・農民という出生にもとづく身分序列が厳然と存在し、社会は個人ではなく、諸々の身分団体(社団)によって構成され、それぞれの身分・社団には伝統的な「名誉」Ehre と「特権」が認められていた。とりわけ、ドイツにおいて身分制社会の構造は強固であった。王権による政治的統一が進展した英国やフランスとは異なり、ドイツには三百以上もの領邦国家・帝国騎士領・帝国都市などから成る神聖ローマ帝国が存在し、さらに各領邦の内部にも土着の身分制社会が形成されていたため、身分関係は複雑怪奇の様相を呈していたからである。領邦君主の権力をもってしても、こうした身分制社会の構造を容易に動かすことはできなかった。

他方で十八世紀後半には、身分制社会、とりわけ、その象徴たる貴族制批判の風潮も高まった[20]。批判の根拠となったのはいうまでもなく、帯剣・免税・狩猟・公職への優先就任権といった特権である。そして批判の主たる担い手となったのは、官吏・著述家・医師・牧師・教師など、いわゆる「教養市民」Bildungsbürgertum 層——商工業での成功ではなく、高等教育によって得た学識(「教養」)によって社会的上昇を遂げた市民層——に属する知識人であった[21]。

貴族批判の論法は急進的なものから穏健な改革路線まで多様であったが、その根底にある価値観は共通していたといってよい。能力(業績)主義である。つまり、教養市民にとって、社会的地位はあくまでも能力――とりわけ学問的「教養」――や業績に応じたものでなければならない。これは、出生にもとづく「名誉」や「特権」という身分制社会の根本原則に対する挑戦にちがいなかった。教養市民層はいわば、貴族層を頂点とする既存の権力構造への割り込みをはかったのである。

十八世紀ドイツにおける貴族層と教養市民層との対立をさらに根深いものにしたのは、文化環境の対立である[22]。つまり、パリを震源地とするフランス的教養――フランス語、宮廷作法・社交、フランス文学――を模範とする貴族層と、ドイツ的教養を第一に重視し、宮廷社会を忌避する教養市民層とでは生きる世界がまったく異なっていた。貴族の文化環境はしばしば、社会的上昇をはかる教養市民層の青年の憤懣を掻きたてた。教養市民の聖典、ゲーテの小説『若きヴェルターの悩み』(一七七四年)における、主人公の青年ヴェルターが貴族たちの宮廷社交になじめずに鬱屈する場面はまさに典型的である。「ぼくにとって一番いやらしく思えるのは、宿命的な社会階層の関係だ」。「まったく何という連中だろう。儀式の席次のことばかりで頭がいっぱいで、テーブルの席順がひとつでも上がるようにということばかりいつも考えている[23]」。

フィヒテは、こうした身分制社会の内的矛盾を強く意識させられた。かれの出自はザクセンの僻村ラメナウの職人である。当時の社会では、まちがいなく下層に位置した。だが、幸か不幸か、フィヒテは幼時から神童ぶりを発揮し、その才能に惹かれた貴族によって学資の援助を受ける――この庇護者はすでにみたように、大学在学中に没することとなる――ことによって、異例の社会的上昇の機会を得たわけである。大学入学当初のフィヒテが牧師を志望したのも、当時においては、牧師が下層出身者にも手のとどきやすい典型的な教養市民の職とみられていたという事情があった。つまり、フィヒテは幼少期から、貴族によってみずからの人生航路を左右されていたのである。生家の身分的環境から引き剝がされたフィヒテは、貴族的生活環境になじめなかったという。その後も、ことあるごとに貴族との身分格差を思い知らされる機会が多かったことは、想像に難くない。のちにある貴族の家庭教師職を志望したときも、フランス語と礼儀作法の不出来を雇主に詰られた。「眠れぬ夜の断想」における強烈な貴族嫌悪は、こうした積年の鬱屈の表白とみてよい。その一方で、青年フィヒテは学資や就職斡旋のため、要職にある貴族たちにたびたび書簡をしたためている。そうした書簡において、フィヒテは卑屈なまでに慇懃な言葉遣いで貴族に取り入ろうとする。[24] たまに自分に優しく接してくれる貴婦人に対しては、過剰な憧れをいだく(III, 1: 276, 311–6)。貴族身分へのフィヒテの姿勢は屈折していた。

「眠れぬ夜の断想」には、同時代の戯画たる南極国家とは別に、いまひとつ架空の国家が登場する。それはいわば、フィヒテの理想国家である。たしかに描写の分量の点では、理想国家に割かれた分量は、南極国家に比べてずっとすくない。しかし、注目すべきことに、ここには後年のフィヒテの政治思想の特徴が鮮やかに表現されている。つまり、腐敗堕落した現代と、ありうるかもしれない、いつか訪れるにちがいない理想世界との対比である。青年フィヒテは、理想国家を簡潔に描く。

諸国民の支えたる農業は尊ばれ、援助され、栄えており、学識は有用さに立ち戻り、藝術も同様である。民衆学校では農業が神学よりも重視され、徳が教えられる。薔薇祭、悪徳を罰するよりも、徳に報いるという統治原則。処罰はとても人間的であり、改善および悪の防止だけをめざしており、死刑は存在しない。教育。いかなる貴族も身分も世襲的ではない。宗教はごく簡素であり、道徳的改善のみを目的とする。〔後略〕

（「眠れぬ夜の断想」）(II, 2: 108)

フィヒテの理想国家においては、腐敗した現代を特徴づける、出生にもとづく身分制社会は存在しないのである。もちろん、農耕を基礎とする穏和で自足した共同体という構想自体は、あまりにも素朴にすぎる。青年フィヒテが愛読したルソーの影響は、ここでも明らかである。[25] また、身分制社会の構造にかわるべき、新たな秩序の原理が積極的に提示されているともいいがたい。にもかかわらず、「道徳」と「祖国愛」Vaterlandsliebe の復権による伝統的な身分制社会の超克という究極目標自体は明確である。そこには、自分の人生航路を左右し、支配しようとする貴族制はもちろん、世襲身分制度さえもはや存在しないのである。もちろん、この段階のフィヒテはいまだ、みずからの理想国家の機軸を見出してはいない。この機軸をもとめて、不機嫌な青年はいましばらくの遍歴を強いられることとなろう。

(2)「決定論」と「宗教」

フィヒテがチューリヒに到着したのは、九月末のことである。フィヒテの雇主であり、土地の名士でもあるオット氏の自宅兼旅館について、フィヒテも愛読したという旅行記の記述をみてみよう。

わたし〔=著者キュットナー〕はこの都市〔=チューリヒ〕の地形に魅了されています。どちらを向いても、豊かな自然美を見出します。この自然美を描写することは、わたしには不可能です。わたしが住んでいる場所についてだけ、すこしお話ししようと思います。

街からすこし離れた場所で湖は〔街に〕流れ込みはじめ、徐々に狭まっていき、川になります。この川はリマト川といいます。すべての川が湖から流れ込んでくるので、リマト川はとても広く、街中に流れ込んでゆくところで見事な半円地帯を形成するのです。この半円地帯はぐるりと家屋で囲まれています。美しく清潔で快適な旅館

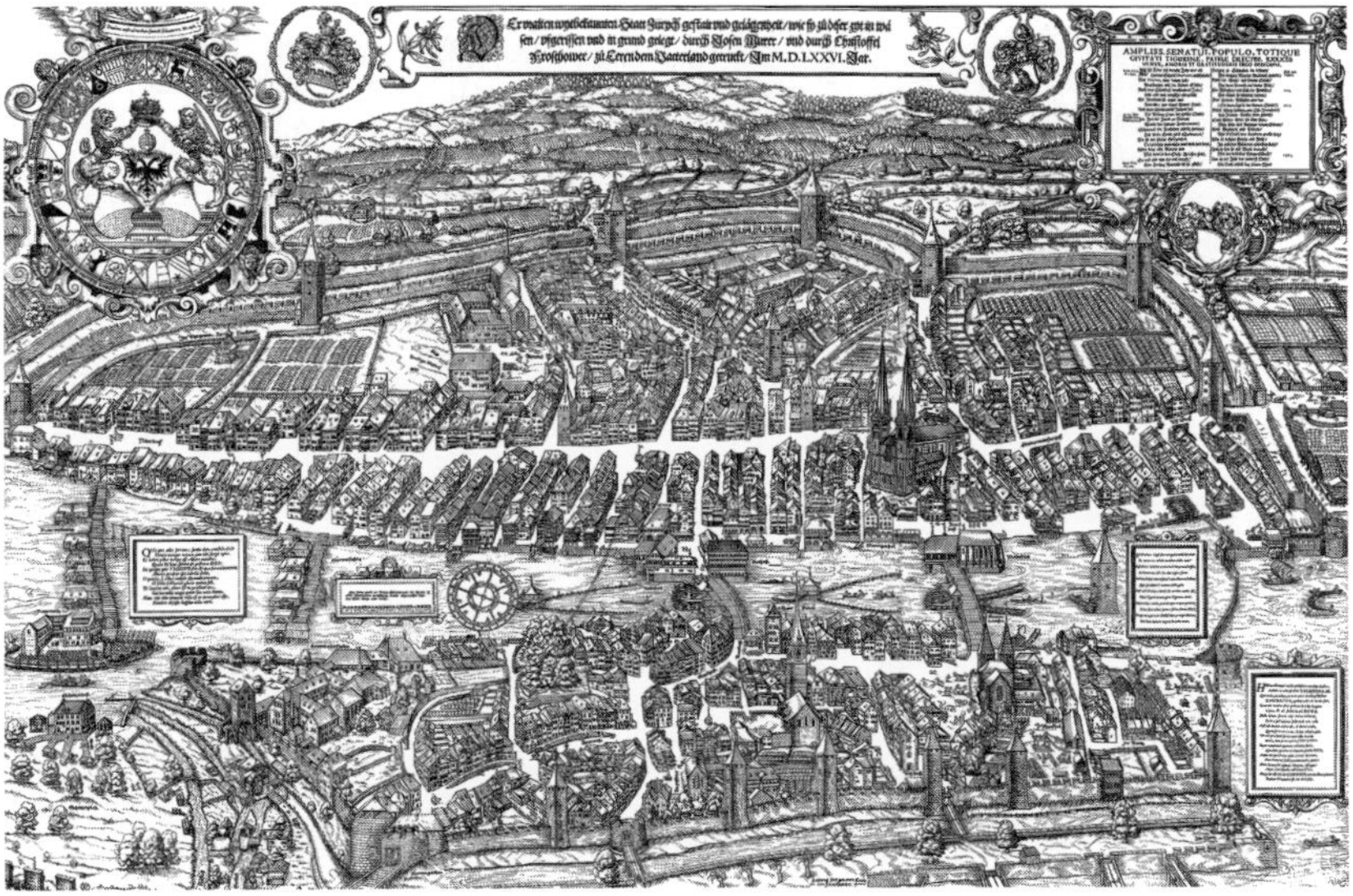

チューリヒ

「剣の館」zum Schwert はこの半円地帯にあります。〔中略〕もしもチューリヒに知人が一切いなかったならば、わたしはこの旅館で一週間、この〔見事な〕眺望と、読書と執筆三昧に耽ることができたでしょうに。旅館の宴会場ではいつも社交がおこなわれています。オット氏はわたしがいままでに出会ったなかで、もっとも愛すべき、親切な方のひとりです。

（キュットナー『スイス書簡――あるザクセン人からライプツィヒの友に宛てて』[26]）

家庭教師フィヒテの住居兼職場は、この「剣の館」であった。湖畔の都市チューリヒはスイス地域有数の古都であり、そのために「およそあらゆる古都がそうであるように、狭く、不快で不規則な路地」が多い。周知のように、ツヴィングリとカルヴァン以来、新教長老派の伝統を有し、道徳的純粋さを尊重し、奢侈を嫌う習俗で知られた[27]。とりわけ、男女交際について極度の厳格さがもとめられたという。「チューリヒの住人の習俗は基本的に純朴であり、おそらく現代においては古臭いとみなされるかもしれない」[28](コックス『スイス旅行』)。しかし、十八世紀のチューリヒは宗教的伝統の固守からようやく離れつつあった。文藝の領域でもクロップシュトック、ボードマー、ラーヴァターといった面々を輩出し、決して不毛ではなかった。こうした地元知識人の訪問記は、当時のスイス旅行記の定番記事となった[29]。

だが、フィヒテは相変わらず不機嫌である。『チューリヒ日記』や書簡をみると、フィヒテの狷介な渋面が目に浮かぶようである。アヘリスをはじめとする数すくない友人たちとの交際を別とすれば、始終、苛立っている。

不機嫌の原因のひとつが、家庭教師という地位にあったことは疑いない。十八世紀後半において、大学を修了した教養市民の子弟が、貴族や富裕市民宅の家庭教師を務めることは珍しくなかった[30]。官吏や牧師の求人数が応募者数をはるかに下回っていたため、求職期間の生活費を稼ぐ手段として、家庭教師は最適と考えられていたからである。フィヒテ以外にも、青年時代を家庭教師として過ごした知識人――ゲーテのような富裕市民出身者は別として――の例には事欠かない。しかし、家庭教師はたいてい、つらい経験であった。青年期特有の精神的不安定に加え、家庭教師という職には何の将来的保証もなかった。とりわけ、家庭教師を苦しめたのは、雇主との人間関係・文化格差にほかならない。自身も家庭教師経験をもつ作家レンツは、戯曲『家庭教師』(一七七四年)において、こうした家庭教師のすがたを戯画化している。雇主は家庭教師を薄給の召使いのごとく酷使し、ことあるごとに隠避な侮辱を加えてくる。「ねえ、いいこと! 召使風情で、殿様方の話に口をはさみなさんな。部屋にお戻り。誰がおまえに話しかけたというの」[31]。自分の学識や力量に自負をもつ青年たちにとって、それは耐えがたい苦痛にちがいなかった。

チューリヒにおけるフィヒテの家庭教師経験も案の上、散々なものとなった。オット氏の息子と娘の教育をゆだねられたフィヒテは、当初、積極的に教育に邁進しようとする。だが、教理問答をひたすら機械的に暗唱するだけで、学習への集中力を欠く妹と、父親の身分を笠に着て女中に対して傍若無人にふるまう兄とは、フィヒテの不機嫌を亢進させるに十分だった。そして、子供たちは狷介で不機嫌なフィヒテに決して、懐かなかった。

さらにフィヒテの批判の鉾先は子弟から両親へと転ずる。両親の教育姿勢に問題があるからこそ、子弟の教育がはかどらないのだ。フィヒテは両親の態度の問題点を日誌に書きとめ、日々提出した。関係は当然、悪化した。双方の関係はこじれにこじれ、最終的にはオット夫妻に対して、フィヒテはますます意固地になり、長文の「誹謗文」を突きつける始末である。フィヒテは短期間のうちに解雇されることとなった。このときの経験について、のちに回想している。家庭教師時代には「最初から多くの偏見と闘わねばなりませんでした。また、頭の固い連中とつきあいました。ついにわたしがやりぬき、かれらにわたしに敬意を表するよう強引な方法で強制したとき、わたしはすでに別れを通達していたのです」(III, 1: 221)。フィヒテらしい自尊心に満ちた回想であり、当時の不機嫌が横溢している。家庭教師フィヒテは不幸であった。

だが、フィヒテの持続的な不機嫌を社会的関係にのみ帰するのは、浅薄にすぎよう。むしろ、かれの鬱屈の背後にはより根本的な内面的葛藤と分裂をみなければならない。フィヒテの苦しみは、かれ自身がみずからの世界観を確立できず、安心することができない点にあったとみるべきである。草稿「宗教と理神論についての箴言」(一七九一年、以下「宗教的箴言」)――カント哲学との出会いの直前に執筆された――は、青年期フィヒテの煩悶をよく映しだす。そこで描かれるのは、「哲学」と「宗教」というふたつの世界観の葛藤・分裂にほかならない。[32]

まず、フィヒテによると、厳密な「思弁」Speculation にとっては決定論――フィヒテは「理神論」Deismus とよぶ――のみが唯一正しい立場であるという。つまり、人間のあらゆる行為および、世界のあらゆる現象はあらかじめ絶対的な因果律(「必然性」Notwendigkeit)によって決定されているという理論的立場である(II, 1: 289–90)。決定論によれば、原理上、自由意志は存在しえない。この決定論の原則は以下のごときものとなろう。

(a)永遠の存在があり、その実在および存在方法は必然的 notwendig である。

(b)この存在の永遠かつ必然的な思想によって、世界が生成する。
(c)この世界におけるあらゆる変化は、十分な原因によって、かくあるように必然的に規定されている。あらゆる変化の第一原因は、この神性の根源的思想である。
(d)それゆえ、思考し、感覚するあらゆる存在もまた、かくあるように必然的に存在している。その存在の行動も苦痛も、別様であるということは矛盾なしにはありえない。
(e)通常の人間の感覚が罪と名づけるものは、諸々の有限的存在者たちの大なり小なり必然的な制約から生じる。それは、これら存在者たち――これら存在者たちも、神の実在と同様に必然的に存在し、したがって根絶されえない――の状態に必然的影響をおよぼす。

(「宗教と理神論についての箴言」)(II, 1: 290)

わずかな手掛かりによれば、フィヒテはすでにライプツィヒ大学在学中に、こうした決定論的立場を主張していたようである(III, 1: 9)。友人は、当時のフィヒテにとっては「必然性」こそが「偶像」だったと語る[33]。

だが、「宗教的箴言」のフィヒテはこうした哲学的決定論に、いまひとつの立場を対置する。それは「宗教」Religion である(II, 1: 287-9)。「宗教」こそ、各人の道徳的懊悩に救済をあたえ、神による抱擁と死後の救済を約束する。そうであるがゆえに「宗教」は万人の「感覚」Empfindung と「心」Herz に訴えかける。決定論が理性的推論を糧とする知識人を論理的に納得させるのに対して、「宗教」は論理を排除し、「罪」Sünde の意識に対する救いをあたえ、道徳的是認をもとめる「心」を安んじるのである。そして、なかでもキリスト教だけが真の「宗教」と呼ばれるにふさわしい。古代の異教のごとき偶像崇拝に陥ることなく、イエスは「神のあらゆる特徴」を、すなわち「人間の心が神のうちにもとめる特徴」――「共感」「心からの友愛」「活発さ」――を体現する。「キリスト教は悟性 Verstand よりも、心のために定められている。キリスト教は論証によって自身を押しつけたりはせず、必要からもとめられるのである。キリスト教は、善き単純な魂の宗教のようである」。ここでフィヒテが信仰を聖書や教会といった実定的制度にではなく、あくまでも各人の「心」と「感覚」に基礎づけている点は重要である[34]。

実際に、遍歴時代のフィヒテは機会あるごとに「宗教」の重要性を語っている。説教においても、「宗教」はうわべの行動や信心ぶりにではなく、「心」にねざすという点が強調された(II, 1: 87–89, 92)。「宗教」に現世利益をもとめるなど、言語道断である。「キリスト教は世界すべての諸宗教から独自の方法によって区別される。その方法とは、外的なものとかかわりを一切もたない、唯一の心の宗教だという点だ。そして、その崇高な目的とは、悟性の開化と心の改善にほかならない」(II, 1: 87)。「イエスは徳の模範である」(II, 1: 92)。また家庭教師フィヒテにとっても、「敬虔」Religionität は教育における「疑いなく第一かつ最重要の目的」にちがいなかった(II, 1: 175ff.)[35]。真の「敬虔」とは教理問答の機械的暗記などではなく、「徳にしたがって思考し、かつ行動する習慣であり、これは宗教の真理に感じやすい心から生じてくる」(II, 1: 176)のである。「眠れぬ夜の断想」でみたように、フィヒテの最大の関心は「道徳」にあったこと、「宗教」の堕落を嘆いていたことをここで思いかえしてみてほしい。「宗教」こそ、「徳」と「道徳」的再生のための最良の手段なのだ。それゆえ、「理解不能で道徳に対してまったく無用な事柄をめぐる聖職者の論争、迫害精神、神についての馬鹿げた概念および、道徳性への有害な帰結、そうしたものへの人民の帰依、信心ぶりや宗教的熱狂と混ざり合った、宗教の本質に対する上級身分の最高度の無関心」などは、フィヒテの憤激を掻きたてた(II, 1: 105)。

だが、問題がひとつある。哲学的決定論と「宗教」というふたつの世界観は、いかにして調和しうるのだろうか。フィヒテによれば、それは解決しえないのだという。ふたつの世界観はまったく異なる、完全に相互に独立した体系である。したがって、「思弁」と宗教的「心」の調和の試みは、挫折を運命づけられている(II, 1: 289)。残された唯一の方途は相互不干渉である。論理的には決定論を奉ずる知識人が、道徳的葛藤を解決するために「宗教」に頼ることは十分に可能だというのである。だが、それは本当だろうか。「宗教的箴言」の末尾でフィヒテはふと迷いを漏らす(II, 1: 290–1)。「にもかかわらず、心が思弁に反抗するときがある。それは、冷厳な存在と心得ている神を熱い憧憬をもって――あたかも、ひとりの個人のために神が全計画を変更してくれるかのように――もとめるときにほかならない」。「思弁」を通じて決定論を確信している者でも、「罪」の意識や道徳的葛藤に苦しみ、神を熱烈にもとめる瞬間がある。だが、決定的に不幸なのは、決定論という哲学的世界観を獲得した者にとって、「宗教」を「信じられない」という事実である。かれは内面の安心を得るために「宗教」にすがりたい。信じたい。だが、「信じられない」のである。悲劇的としかいいようがない。「思弁」と「宗教」、「〔悟性的〕確信」と「感覚」、そして「頭脳」と「心」の間に横たわる深淵を前に、青年フィヒテは茫然と立ちつくす。

オット夫妻との諍いをはじめとするチューリヒ時代の不機嫌の根底には、こうしたフィヒテ自身の内面的葛藤が伏在していた。「必然性」の教説によって、決定論によって安心を得ようとしても、かれの「心」は満足しない。かといって、「宗教」に全面的に献身することもできない。その鬱屈はときに怒りのかたちをとって、激発する。フィヒテがチューリヒに到着してまもない頃、オット夫妻の経営する旅館に滞在中の貴族が、社交中にフィヒテを「侮辱」――「オット家に食わせてもらっている奴」と言われたという――する事件が起きた。フィヒテはこの「侮辱」に激怒し、その貴族に絶交状を突きつけることとなる(III, 1: 26–9)。いかに論理的には決定論的世界観を受け入れていようとも、フィヒテはそれに満足することができない。決定論に安んずるには、あまりにもフィヒテの「心」は飢えていた。その意味で、フィヒテの「心」にとって唯一の救いとなったのが、のちに妻となる女性ヨハンナ・ラーンとの交際にちがいなかった。短期間のチューリヒ滞在時代、フィヒテは頻繁にヨハンナと書簡を通じて交流している。彼女はフィヒテの鬱屈し、ときに激発する「心」を受け入れた。周囲の環境、とくにオット夫妻への不満と鬱屈が横溢する『チューリヒ日記』に、ヨハンナに関する記述が一切見当たらないことも示唆的といってよい。おそらく、フィヒテにとってのヨハンナは、自身の不機嫌によって穢されてはならぬ存在、ただ「心」を通じてのみ繋がることのできる存在だった。自分を鬱屈から解放してくれる唯一の存在にちがいなかった。

第二節　「有用性」に抗して

(1)「公論」への挑戦――編集者志望

遍歴はなおもつづく。一七九〇年三月末、オット家の家庭教師を解雇されたフィヒテは、ふたたびライプツィヒをめざして、チューリヒを出立した。今度の旅路はチューリヒにやってきたときのように、就職などの経済的事情に強いられたものではなかった。ライプツィヒに到着しても、将来的展望は何もなかった。むしろ、フィヒテをチューリヒにとどめる要因のほうが多かったとさえいえる。というのも、ヨハンナとは出立にさいして婚約するほどに親密な関係にあり、彼女もその父親も、結婚を見越しての援助をフィヒテに約束し、チューリヒで生計を立てるよう熱心にすすめていたからである。

フィヒテがそれでも出立を急いだ理由のひとつは、チューリヒへの不満であった。新教の厳格な習俗をフィヒテは忌避した(III, 1: 74, 94)。出立後もことあるごとに帰還をすすめるヨハンナに対する煮え切らない態度の一端は、ここから説明がつく。

> チューリヒはわたしにとって耐えがたい場所です。この地域が楽園となるよう、自然はあらゆる面で貢献しています。ところが、この楽園の住人は堕落しているのです。これほどによそ者を嫌う思考法、排他的信条、ぎこちない百姓根性、そうした要求と一体になった無知、アッティカ的で繊細な気品からの背反はどこにも存在しない

ことでしょう。

（一七九三年九月二十日・チューリヒ滞在の延長を希望するヨハンナ宛書簡）(III, 1: 434)

ただ、より根本的な理由は、フィヒテ自身の「行動」Tatへの激しい意志にあった。チューリヒ滞在の延長を希望するヨハンナに、フィヒテはみずからの抑えられない「行動」への渇望を語る(III, 1: 71-3)。「わたし自身には専門の学者に必要な最低限の能力もありません。わたしは考えるだけでなく、行動したいのです」。それはかれの「心」の叫びでもあった。みずからの才幹への自負もあったのだろう。無職のまま結婚することを気に病むのも、単なる世間体のためというよりは、自分の活動的意志に忠実でありたいという姿勢の表れとみるべきである。

当時のフィヒテの心境は、書簡や草稿に頻繁に登場する「摂理」Vorsehung/Vorsichtの概念からも察することができる[36]。この「摂理」概念こそ、年来の知的確信である決定論と、「行動」を一途にもとめる「心」との調和の試みにほかならなかった。「わたしの人生の最終目的は、運命がゆるすかぎりで、自分自身にあらゆる種類の性格の陶冶――学問的陶冶ではありません。わたしはそのなかに虚栄を認めます――をあたえることです。自分の人生における摂理の歩みについてよく考えてみて、これこそがおそらく、わたしに関する摂理の計画でありうるとわかったのです」。純粋な決定論の立場からすれば、「行動」への過剰な欲求など、自由意志という仮象に由来する妄想にすぎない。だが、フィヒテにはそのように「心」を切って捨てることができないのだ。仮に世界のあらゆる事象があらかじめ決定されているとしても、それを静観へのすすめとみなすべきではない。自分が悩み、苦しみ、「行動」にむかってゆく過程そのものが、大いなる神の世界計画の一部をなすとみるべきなのである。フィヒテは決定論と「宗教」を調和させようとしていた。「わたしには、ただひとつの情熱、欲求、そして自我のまったき感情があります。それは、自分の外にむかって活動することです。そうすればするほど、幸福になれそうです。錯覚でしょうか。そうかもしれません。しかし、そこにはやはり真実があります」。

切実に「摂理」を希求する心境は一方で、自分が何者でもないという実存的不安と隣りあわせでもある。チューリヒを出立したのち、フィヒテは実にさまざまな事業計画に挑戦している。ヨハンナの父親やラーヴァターなど知人の紹介を通じて、各地の宮廷で仕官を試みたり、旅先で積極的に著名人・要職者に面会して自分を売り込み、はたまた君主の子弟の教師となる未来像を夢想したりもしている。ライプツィヒに到着後は、弁論術学校の設立事業に乗り出そうとして失敗した。のちに詳しく説明する雑誌創刊計画もこうした数ある事業計画のひとつである。

青年フィヒテを滑稽と嗤うのは容易い。だが、無軌道な挑戦の背後にひそむ、「有用性」Nützlichkeit の価値観を見逃すべきではない。「有用性」は、ドイツのみならず、十八世紀の欧州全土で支配的な価値観であり、同時代の思想史を貫流する概念であった。無論、何をもって「有用」とみなすかについて、思想家ごとに差異があったことはいうまでもない。ただ共通しているのは、身分制社会を背景とする伝統重視の思想・行動規範に対抗して、計算可能で明快な合理性——そのもっとも極端な表現が、ベンサムやエルヴェシウスの「功利主義」であったことは周知のとおり——が「有用性」の尺度とされたという点である。法学・政治学・倫理学・宗教・歴史学・美学・自然科学など思想界のあらゆる分野で「有用性」は尊重された。十九世紀の歴史家レオポルト・フォン・ランケは、啓蒙思想にかぶれた父親が自邸の庭にそびえる樹齢云百年の古樹を伐採し、跡地に「有用な」果樹を植えた様子を印象ぶかく回想する。[37] ランケの父親は、身分制的束縛を脱し、領地の合理的経営に専心する貴族ロタ一リオ(ゲーテ『ヴィルヘルム・マイスターの修業時代』)の同時代人でもあった。青年フィヒテの文章のなかにも、「有用性」概念は頻繁に登場する。おそらく「有用性」へのこだわりは、フィヒテが愛読した汎愛派——合理的な職業教育を提唱したバゼドウ、カンペ、ザルツマンといった一群の教育思想家たち——の教育論に由来するものであろう。人間としての「幸福」は職業人としての「有用性」と不可分というのが、汎愛派の基本思想であった。[38] さまざまな事業計画に挑戦するフィヒテは「有用」の人たらんとしていた。

旅程の大半を徒歩で進み、体調も崩しながら、フィヒテがようやくライプツィヒに到着したのは、一七九〇年五月なかばのことである。十八世紀ライプツィヒの活況については、ゲーテによる不滅の一節が遺されている。

わたしがライプツィヒに着いたとき、ちょうど年の市が開かれていて、わたしは格別な楽しみを味わった。というのは、そこでわたしが見たものは郷里〔＝フランクフルト〕の状態の継続であり、おなじみの商品とおなじみの商人が、ただ所を変え順序を変えただけだったからである。わたしは非常な興味をもって市場をうろつき、屋台を見てまわった。しかしとくにわたしの注意を惹きつけたのは、見慣れぬ服を着た東方の国々の住人、ポーランド人、ロシア人、なかでもギリシア人であった。かれらの堂々たる風采、立派な服装を見るために、幾度となくわたしはそこへ足を運んだ。

しかしやがてこの活気のある賑わいも過ぎ去った。そして今度は、互いによく似たうつくしい高い建物のある都市そのものがわたしの前に現れてきた。この都市はわたしに非常に好ましい印象をあたえた。全体にこの都市は、とくに日曜日や祝日のひっそりしたときには、何か印象ぶかいものをもっていることは否定できない。同様にまた月夜には、なかば陰り、なかば照らされている街路は、しばしばわたしを夜の散歩に誘いだした。

しかし、わたしがこれまで親しんできたものに比べれば、この新しい状態はすこしもわたしに満足をあたえなかった。ライプツィヒは見る者の心に古い時代のことをよびおこさない。都市の建物や街路のうちに表れているものは、商業の繁栄や裕福さや富を証明する新しい最近の時代である。

（ゲーテ『詩と真実』[39]）

「小パリ」の異名をとる北方の都会を満喫したゲーテと異なり、フィヒテにはライプツィヒも気に入らなかった。かつて大学生活を当地で過ごしていた頃から、フィヒテは商業的雰囲気、ゲーテいうところの「商業の繁栄や裕福さや富」に違和感を覚えていた。とくに、そこに現れる「奢侈」を嫌った。「眠れぬ夜の断想」における商業批判――「奢侈のみすぼらしい助長」「商人の拝金主義」――で念頭に置かれていたのは、まさしくこのライプツィヒなのである(II, 1: 105)。そもそも、フィヒテは都会風を好かない。また、その精神的雰囲気も、フィヒテの目には軽薄なものと映る。「土着・新来を問わず、あらゆるライプツィヒ人の性格の活力は、永遠につづく〔趣味の〕洗練に消尽されているかのようです」(III, 1: 162)。

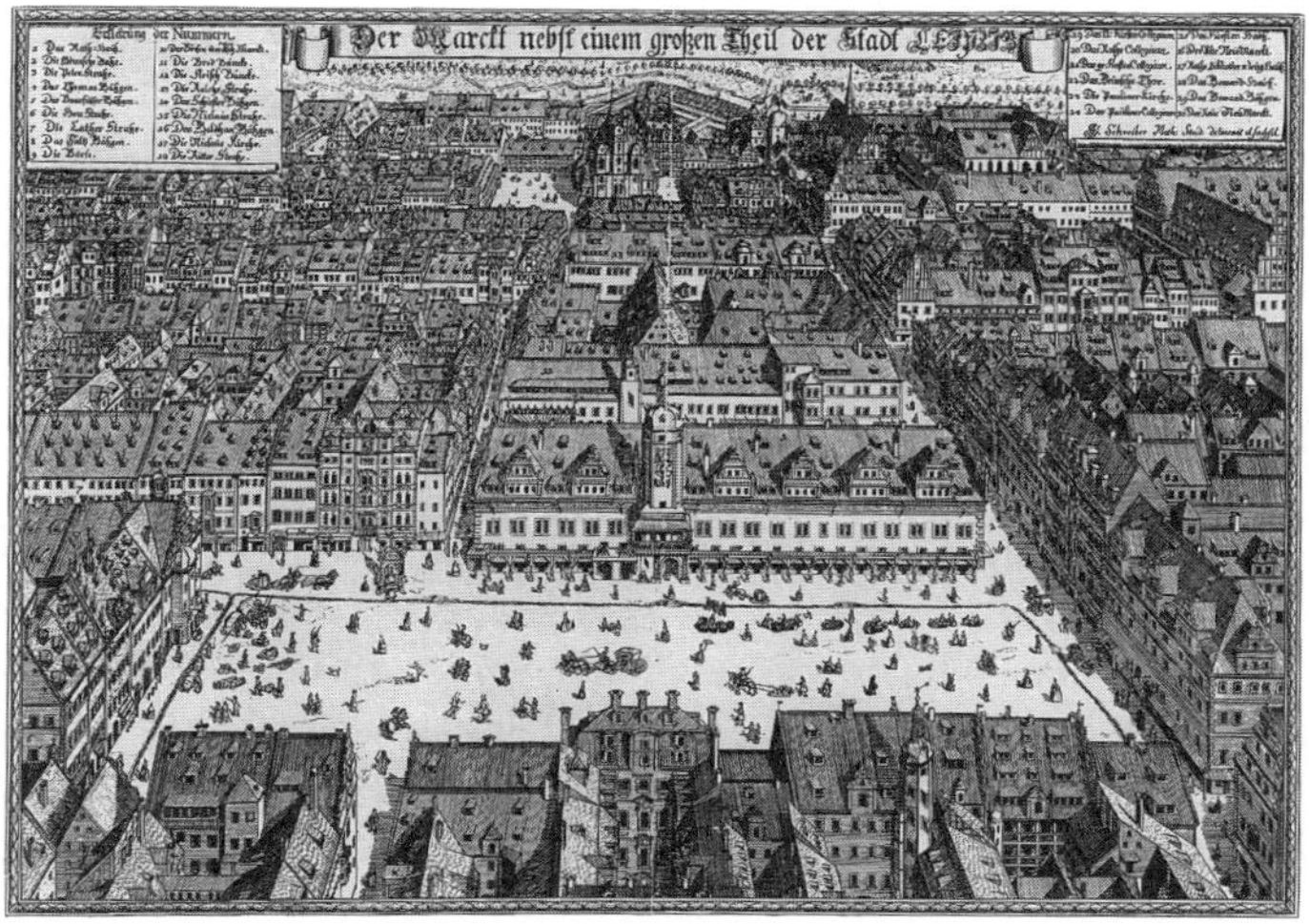

ライプツィヒ

　ではなぜ、フィヒテはあえてライプツィヒを活動拠点に選んだのか。その理由は、当地が北ドイツ有数の出版業の中心地だったためである[40]。商業で繁栄をみたライプツィヒはとくに定期見本市によって欧州全土に知られていた。そして、見本市の目玉商品こそ、書籍にほかならなかったのである。そのため、ライプツィヒには例外的に多くの出版・書籍商の店舗が軒をつらねたという。

　十八世紀には欧州全土で、従来の学術書・専門書中心の書籍市場にかわり、新聞・雑誌・一般向け書籍といった新たなメディア文化が一斉に開花したことはよく知られている。それまではごくわずかの知識人に限定されていた書籍市場は、識字率の上昇とも相まって爆発的に拡大することとなった。こうして成立した言説空間を、当時の人びとは「公論」öffentliche

Meinungとよんだ。閉鎖的な大学環境を越えでた「公論」において、知識人たちは「有用性」の価値観のもとに、政治社会のありとあらゆる事象を分析し、批評し、知性を磨きあうようになる。これを「啓蒙」Aufklärungという。同時代の多くの知識人たちが、新しい現象である「公論」や「啓蒙」を歓迎した。[41] そのもっとも洗練された表現はいうまでもなく、哲学者カントの論説「啓蒙とは何か」(一七八四年)にみることができよう。カントは「啓蒙」を、人間理性が知的道徳的な「未成年」状態から「成年」状態に移行すること、すなわち、外的権威からの人間理性の解放と定義したうえで、「啓蒙」のための最良の手段を「理性の公的使用」のうちにみる。職業や身分といった閉鎖的環境に関連するかぎりでの理性使用(「理性の私的使用」)を超えて、「公論」にむかって一個人として議論を投げかけてゆくこと。これこそが、カントのいう「理性の公的使用」にほかならない。[42] こうした「公論」や「啓蒙」といった現象は、十八世紀後半にはドイツ圏でも顕著になってくるのであり、その意味でライプツィヒは「公論」の震源地であった。

ライプツィヒに居を構えたフィヒテの目的のひとつは、こうした「公論」にうってでることにあった。ねらい目は、十八世紀後半のドイツで急速に市場を拡大しつつあった文藝界隈――とくに小説――である。フィヒテはみずから小説作品を手掛けるかたわら、旧知の友人たちとともに文藝批評雑誌の創刊に挑んでいる(III, 1: 114, 120)。「わたしは読書公衆、とりわけ女性に有害な読書について、すなわち、大いなる堕落の源泉について注意を喚起し、より有用な書籍をあなたの手元に届けるため、雑誌を計画しています」。雑誌の計画書「文藝および読書手引きのための雑誌に関する計画」(一七九〇年)からは、「公論」の展開という状況をフィヒテが的確に見きわめていることがよくわかる。

ゲラートとラーベナーの時代以来、ドイツでは読書がどれほど広まったことか。いかに読書が知識人の書斎からご婦人方の化粧台を通じて控室へと、学識の集散地である都市からもっとも小さい田舎町へと広まっていったことか。こうしたことは周知のごとくである。この現象が時代の性格に強力で広範な影響をおよぼしたこと、さらに多くの卑俗な活動が押し退けられたこと、そして社交に新たな素材と音色がまねき入れられ、我々の習俗により柔和な外見がそなわったこと、これらのことは疑いない。

（「文藝および読書手引きのための雑誌に関する計画」）(II, 1: 259)

フィヒテは同時代文化の特徴を、まさしく「読書」の普及のうちにみていた。

さらに興味ぶかいのが雑誌の編集方針である。ここでもフィヒテは「道徳性」Moralität と「有用性」Nutzen へのこだわりをみせている(II, 1: 261ff.)。フィヒテによると、たしかに読書の増大は「教養」の普及をもたらしたが、他方で「道徳」に対する悪影響が生じたことも否定できない。だから、「思慮を欠く読書の危険に対して、推論・事柄の本性・実例によってわかりやすく注意を喚起」し、「正しい趣味と道徳の相互作用を示し」、「道徳的に有益な新刊書を推薦し、有害な新刊書に対して注意を喚起する」ことが必要なのである。つまり、「有用な読書」のすすめである。「我々は、この月刊誌によって趣味と道徳を促進するという確たる意図をもっている」。

良き趣味 Geschmack と同様に、道徳一般も読書の普及によって多くを得たとは思えない。たしかに我々の習俗は読書の普及によってやわらぎ繊細になった。しかし、全体としてみた場合、習俗が高貴になったとはおそらく云えない。ひょっとするとまったく善意の作品によってさえも広められてしまった、柔弱さと感傷ぶりという伝染病——辺鄙な田舎、小都市や農村部の習俗をこそと害するために数十年来ドイツを席巻していた——が静まるやいなや、今度は別種の著述家たちが道徳に関する放縦な言説を吹聴しはじめた。

これは事物の本性にもとづく不幸なのだ。教養ある人びとが少数にとどまるかぎり、高度な教養を要求する作品は少数の読者しかもちえない。有徳な人びとよりも堕落した人びとのほうが多い以上、後者の傾向性や原理に追従する著述家がより多くの賞讃を勝ち得ることとなるのだ。望むならば、これらのことを語り、証明するがよい。ただ、これらのことから帰結するのは、たとえ根絶できないにしても、本来こうした害悪を一層注意深くやわらげる必要があるということだけである。〔中略〕悪趣味で非道徳的な著述家を支持する読者の数が減るにつれて、そうした著述家の数もまた減ってゆくにちがいない。我々の時代に第一の重要性を獲得した〔読書という〕教養の源泉をできるかぎり浄化してゆくことは、いくらかの功績にはちがいないのである。

（「文藝および読書手引きのための雑誌に関する計画」）(II, 1: 260)

文藝に何よりも「道徳」と「有用性」をもとめるフィヒテの志向は、かれの文藝の好みからもよく察することができる。青年フィヒテがとくに好んだのは、レッシング、ルソー、ヴィーラントをはじめとする、当時流行した「感傷主義」Empfindsamkeit の潮流に属する作家たちである(III, 1: 134)[43]。チューリヒ時代に愛好した詩人クロップシュトックはその典型といってよい。感傷主義文学の特徴は、「感情」Gefühl や「心」Herz の無垢なる告白と倫理的傾向——「誠実」Treue、「純潔」Unschuld、「優しさ」Zärtlichkeit、「敬虔」Andacht といった市民的「徳」Tugend——にある[44]。ただし、「感情」を重視するといっても、青年期のゲーテやシラー、レンツといった疾風怒濤派のように、激情の奔流に身をゆだねはしない。感傷主義文学はあくまでも、「頭脳」Kopf と「心」の調和を重んずるからである。「感情」が昂揚するあまり、市民的「徳」がないがしろにされてはならないからである[45]。注目すべきことに、フィヒテはここで疾風怒濤派の作家をひとりも——あくまでも「後期」のゲーテが好みなのである——挙げていない。すでにみたように、「柔弱さと感傷ぶり」をフィヒテは好まない。

感傷主義文学は、男女間の倫理的関係、すなわち「愛」Liebe の問題を好んで主題にとりあげた。実際に感傷主義文学の祖リチャードソンの『パミラ』、レッシングの戯曲作品、ルソーの『新エロイーズ』、ヴィーラントの小説作品、あるいはゾフィー・フォン・ラロシュの『シュテルンハイム嬢物語』といった作品はいずれも、直接間接に「愛」の問題、あるいは女性の「純潔」の問題をあつかっている。フィヒテも読書を通じて、こうした思想傾向に強く影響された。「徳」は単に男性の占有物であってはならない。「眠れぬ夜の断想」や家庭教師体験からも、フィヒテが女性の「道徳」問題に年来の関心をいだいてきたことは、明らかである。それでは当時のフィヒテは、「愛」や「純潔」の問題をいかに位置づけていたのだろうか。

(2)「純潔」の讃歌

ライプツィヒ時代のフィヒテは概して孤独であった。チューリヒの厳格な習俗や閉鎖的な人間関係に比べれば、「小パリ」の都会性は心地よくもあった。「まさしくその大きさゆえに、誰にも気づかれず、知られずに生活し、妨げられずに研究できるという利点がライプツィヒにはあります。世間との関係からのみ生じてくる多くの必要にも、まったく煩わされることはありません。誰もが生きたいように生きます。好きなように着飾るのです」(III, 1: 185)。そのかわり、今度は孤独という新たな敵と闘わねばならない。「これほど多く密集した人びとは互いによく知りあう機会がほとんどありません」。不機嫌や鬱屈をぶつける相手がいないこと自体に、フィヒテは苛立つ。かれには友人がすくなかった(III, 1: 129, 139)。「わたしにもっとも欠けているもの、それは友人です。ふつうの学生たちとつきあうことはできません。旧友たちもみな、ここを去っていってしまいました」。

そのような状況において、フィヒテの精神的支柱となったのが、婚約者ヨハンナであった。「あなたとはじめてお会いしたとき、わたしの霊がほのめかしたのです。この出会いは、わたしの心にとって、わたしの陶冶にとって、わたしの使命にとって重要なものになるだろう、と」(III, 1: 81)。フィヒテは日常の雑事から経済的事情や将来の展望にいたるまで、実に多くをヨハンナ宛の書簡で語っている。フィヒテとヨハンナは出会って間もなく意気投合し、親密

ヨハンナ

になったらしい。「父親であるラーン氏のお気に入りであるわたしが、自分のほうからは何もせずとも、かれの娘のお気に入りになれるなんて、あれは奇跡だったのだろうか」(III, 1: 222)。このように弟に報告するフィヒテは、誇らしげである。ヨハンナは「愛」の象徴であった。

感傷主義文学の影響をうけたフィヒテにとって、「愛」の問題は社会のありかたとも密接に関連している。これは、「眠れぬ夜の断想」の記述にもすでに明らかである。「現代」における「道徳」の腐敗堕落は男女関係において、もっとも鮮明に現れている。「眠れぬ夜の断想」では、「我々の時代の完全な道徳的腐敗の主要原因」が、「結婚生活の軽蔑」に帰されていた。さらに、「極端な軽蔑とむすびついた、女性に対する男性の慇懃さ」、「独身生活」と「誘惑」、「自然に反する悪徳と不誠実」、「流行を追うことModessucht、柔弱さ、なっていない子供のしつけ、媚態、これらが原因となる女性の腐敗と、それによって女性が我が身にまねく惨めさ」が弾劾されていた(II, 1: 103, 105)[46]。

フィヒテにとって「愛」の問題は、時代の「道徳」の中核をなす。そうであるがゆえに、男女間の倫理を浄化しないかぎり、政治社会の「道徳」の改善もまた見込めないのである[47]。雑誌計画においても、女性の「道徳」の重要性は強調されていた。もちろん、自分自身の恋愛にも、こうした思考は投影されている。ヨハンナとの恋愛関係は頻繁な往復書簡から、ある程度明らかにすることができる[48]。書簡から浮かびあがるヨハンナ像は、感傷主義文学に典型的な女性像といってよい。その性格は『若きヴェルターの悩み』のヒロイン・ロッテのごとく、家庭的かつ感受性豊かで、学識を欠くも理性的な印象をあたえる[49]。幼い兄弟たちを献身的に世話するロッテと同様、ヨハンナは妻に先立たれた老父に寄り添った。また、クロップシュトックの作品を愛好する点——ここもヴェルターとロッテの関係に似ている——でもフィヒテとヨハンナは共通していた。フィヒテは慣れない詩作をヨハンナに捧げている。

いまもまだ、かれは陽気に、夢見心地の狂気のなかにいる
いまだ来ぬあなたを待ち焦がれ
悲しみに耽りながら見下ろすのだ
泡立つ海を
(II, 1: 253)

ヨハンナは当時の結婚適齢期を過ぎており——フィヒテの七歳年上であった——けっして美しい女性ではなかったようだが、性格と趣味嗜好はフィヒテとよく一致した。「わたしがあなたに感じることを、ほかのどんな女性にも感じたことはありません。これほどに心からの信頼をあなた以外に感じたことなどありません。しかも、あなたがわたしを偽りうるなどと疑いもせず、あなたに対して自分を隠したいなどという願望ももたないのです。自分自身をありのまま、相手にすべて知ってほしいという欲求を、あなた以外に感じたことなどありません」(III, 1: 56)。ヨハンナはフィヒテを献身的に愛し、かれの荒ぶる自我を鎮めることができた。チューリヒ出立後はフィヒテの身を案じるあまり、「感傷主義」的女性に典型的な病である「心気症」Hypocondrie を発症している(III, 1: 106)[50]。

フィヒテにとって「愛」とは、何よりも「心」の交流でなければならなかった。「ああ、お願いします、高貴な友よ。わたしの言葉ではなく、心を信じてください」(III, 1: 92)。あるとき、フィヒテの過去の恋愛経験を知ったヨハンナは、かれの「愛」に不安を感じたらしい。これに対して、フィヒテは「愛」の真実は肉欲ではなく、精神的交流にこそあるのだと強調している。「単なる美しさや活発さ、機知や幻想はもはやわたしをつなぎとめることはできません。わたしはいまや、悟性と徳への尊敬にもとづく傾向性以外の傾向性を一切もたないのです」(III, 1: 60)。ヨハンナはフィヒテの小さな肖像画を、父親の肖像画とならべて首飾りに入れていたという。「わたしにとって、永遠に忘れ

がたいフィヒテさま！」(III, 1: 94)

フィヒテが自身の恋愛観を文学的に表現した作品こそ、ライプツィヒ時代前後の執筆が推定される短編小説「恋人たちの谷」(一七九〇年推定)にほかならない。[51] 作品のあらすじは以下のとおりである。

時は中世、イタリアに隣接するスイスのヴェルテリーネ地方のとある谷を、騎士アルフォンゾが訪れる場面から物語ははじまる。土地の牧人から夜な夜なあらわれる亡霊の噂を耳にしたアルフォンゾは、亡霊を鎮めようとする。亡霊の正体は、かつて世に聞こえた騎士リナルドであった。リナルドは生前、パリの宮廷でマリアという女性と契りをむすんだが、父親の死を機にマリアを残して故郷に戻り、そこで新たな女性ラウラと出会い、恋に落ち、幸せな日々を過ごす。だが、マリアの存在と妊娠を聞き知ったラウラはみずから身を引くために失踪し、リナルドは必死でラウラを探索するものの見つからず、かといって今更マリアのもとに帰ることもできず、最後はかの谷で没し、いまは亡霊となって自責の念に駆られつづけている。哀れに思ったアルフォンゾは、亡霊の念を鎮めるため、聖地巡礼の旅に出る。途中、サラセン人に囚われ奴隷の境遇に落とされるも、最終的には脱出に成功する。その過程でアルフォンゾは聖地近郊で、ふたりの女性、ケレスチナと少女マリアに出会う。そして、互いの生い立ちを語りあうなかで、ついにケレスチナこそ、恋の罪悪のために俗世を棄てたかつてのラウラであり、少女マリアは、リナルドのかつての恋人であり、恋の破綻ののちにラウラとともに信仰生活に身を捧げたマリアの娘であることが判明するのである。三人は亡霊の念を鎮めるため、かの谷に帰還する。ラウラと娘マリアのすがたをみた亡霊はアルフォンゾに感謝の念を告げながら昇天し、ラウラもまた安らかに息をひきとる。残されたアルフォンゾと娘マリアは結婚し、かの谷にて末永く幸せに暮らしたという。後世の人びとは、かの谷をその由来から「恋人たちの谷」と名づけた。めでたし、めでたし。

「純潔」Unschuld をはじめとする市民的「徳」の讃歌である。[52] 物語の主軸となるのは、リナルドと母マリアの恋愛譚と、アルフォンゾとラウラ、そして娘マリアが体現する「徳」である。

精神的な「愛」を重視するフィヒテからすれば、リナルドと母マリアの恋愛は所詮、肉欲の産物にすぎない。しかもその舞台は、教養市民層の忌避する、「パリの宮廷」Hof である。宮廷生活の虚栄や騎士的生活に幻惑されたリナルドは、母マリアの嘆願にもかかわらず、自分の欲望のために「純潔」を穢してしまう(II, 1: 269-70)。「邪悪な悪魔がわたしに吹き込んだのだ、純潔を穢すのも、騎士たる者の戦利品なのだ、と。それは祝宴の席でしばしば父から聞かされた道徳 Moral だった」。「わたしは彼女の徳を犯し、刻々と彼女の抵抗が弱まってゆくのを感じた」。母マリアもまた、リナルドへの恋心ゆえに、断固として誘惑を退けて「純潔」を守ることができない。そして、マリアの躊躇をみたリナルドは欲望に突進する。「冷たい戦慄に襲われ、徳がわたしの心に戻りはじめた。しかし、「いま、彼女を征服してしまわないと、彼女は永久におまえのもとから去ってしまうぞ」と、邪悪な悪魔がささやいた。そして、わたしは屈した」。「純潔」を軽視した肉欲的恋愛は、最終的にリナルド、ラウラ、母マリアの誰一人として幸福にすることがなかった(II, 1: 270-1)。「精神が地上の軛を脱し、感性との混合から解放されると、すべてが一変してみえる。この感性のよろめきこそ、わたしを有頂天にさせ、生涯においてマリアを忘れさせたのだ。いまや、わたしはマリアの痛み、ラウラの痛み、そして、涙のなかで生まれ、貧困にさらされ、父親の名前さえ呼べぬ哀れな我が子の痛みを感じた」。リナルドはかくして「あらゆる苦悶」のなかに投げ込まれる。かれの生の教訓とは、「純潔を尊ぶことを学べ」というものであった。

これに対して、アルフォンゾ、ラウラ、そして娘マリアの「徳」は際立っている。

アルフォンゾは亡霊となったリナルドの運命に同情し、「敬虔 Andacht への自然な性向」(II, 1: 271)ゆえに聖地巡礼を決意し、ラウラ——ペトラルカが崇拝した聖女にその名が由来することはいうまでもない——も母マリアのために身を引いたばかりか、俗世への思いを断つために信仰生活に専念する。両者ともに、フィヒテが重視した宗教的「敬虔」の体現者にちがいなかった。ラウラの「青年期のかつての美しさはより崇高な美しさに席を譲ったようにみえた。

精神の敬虔さは彼女の天にむけられたまなざしのなかで燃えさかり、容姿全体に広がっていた」(II, 1: 273)。また、アルフォンゾは自身が奴隷身分に落とされているにもかかわらず、おなじく囚われの身となり、「純潔」の危機にさらされる娘マリアを命がけで救出しようとする(II, 2: 272)。「聖処女はあなたに救いを遣わしたのだ」。「ここにわたしの腕がある。千人もの武装兵が立ちはだかろうとも、あなたを助けよう!」

とくに物語の終盤、娘マリアに求婚するアルフォンゾとラウラの応酬は、「道徳」・「敬虔」・「愛」の体現者たる両者の思想を照らしだして余すところがない。それまで「愛を知らなかった」アルフォンゾは、娘マリアに接し、「誰よりも彼女を愛している」と思うようになる。

ラウラは言った——客人よ、一時の感動、気の抜けた安楽、気づかぬうちに迫ってくる願望といったものをただちに愛と勘違いしてはいけません。あなたは愛したことがない、と言いましたね。あなたの心は未熟で動かされやすい。あなたはこの娘が苦しむのを見て、彼女を助けようと願い、努力したのです。〔中略〕けれども、こうした愛着はまだ愛ではありません。あなたはここでこの優しい娘の感動するすがたのうちに愛を見ました。その愛があなたに伝わっただけです。急いてはなりません、高貴な客人よ。

騎士〔=アルフォンゾ〕は応えた——気高い婦人よ、わたしがいま感じていることは、心から、本気で感じているのですから、この想いが永遠につづくと保証できます。まるで炎の文字のようにわたしの心に刻まれたのです。彼女はわたしの妻にならねばならない、彼女はわたしの運命のひとだ、彼女なしではもはや地上にわたしの幸福はないのだ、と。

ラウラは言った——高貴なおひとよ、あなたを信じています。あなたは誠実 wahr で善きひとのようです。あなたがわたしを騙そうとしているのではないのだと思います。しかし、わたしもあなた自身も、ひょっとするとあなたが自己欺瞞に陥っているのかどうか、わからないのです。あなたの感覚があなた自身にとって明らかとなり、熟すまで待ってください。そのときにまたいらして、言ってください。そのとき、彼女はあなたのものです。

(「恋人たちの谷」)(II, 1: 280)

リナルドとの経験から、ラウラは真実の「愛」が「純潔」の尊重と不可分であることを知っていた。彼女は「愛」に対して慎重である。そして、アルフォンゾもその慎重さを受け入れる。

両者に劣らず、娘マリアのあたえる印象も鮮烈である。彼女はいわば、「純潔」の化身といってよい。「その表情はつらつとした若さの魅力にあふれ、彼女の純潔な心 unschuldiges Herz を純粋に映しだしていた」(II, 1: 276)。「アルフォンゾはいまや娘マリアを見た。彼女は、かれが思い描いていたすがたよりもはるかに崇高だった。はつらつとした頬、柔和なまなざし、やわらかく波打つ髪を思い浮かべることはできた。しかし、純潔・誠実・無邪気な優しさの生き生きとしたすがたを思い浮かべることまではできていなかった」(II, 1: 279)。母マリアの穢された「純潔」の教訓は、娘マリアの身に転生することによって理念そのものとなる。母娘の名前はいずれも「聖処女」マリアから得ている。のみならず、劇中でもラウラと娘マリアはしばしば「聖処女」マリアに祈りを捧げる。娘マリアはサラセン人に囚われ、「純潔」の危機にさらされるが、その際に小刀による自殺を決意している。「男の乱暴に身をゆだねる前に自殺しようという決心は、ますます、わたしのうちで確固たるものになってゆきました。この決意を聖処女マリアに伝えるや、心は楽になり、彼女はこの行為のために神に恩寵を懇願してくれるだろうと確信しました」。いうまでもなく、旧教新教を問わず、自殺は宗教的に大罪である。しかし、この場面で「聖処女」マリアは、「純潔」を守るためには自殺をも赦すとされている。ここに、レッシングの『エミーリア・ガロッティ』の影をみるのは容易い。

フィヒテは「純潔」を男女間の倫理的関係、すなわち「徳」の中核として解釈している。真の「愛」は肉欲ではなく、「心」が通じあう精神的交流であり、その具体的な処方は、女性の「純潔」の尊重にあるというわけだ。もちろん、「純潔」は女性だけに背負わされる義務であってはならない。男女の協力と相互補完こそが重要なのである。「恋人たちの谷」はいわば、こうした男女間の「徳」の象徴にほかならない。(53) リナルドと母マリアの肉欲と「純潔」軽視は、アルフォンゾとラウラの「敬虔」を媒介として、最終的にはアルフォンゾと娘マリアの「純潔」恋愛、すなわち、真の「愛」へと浄化される。パリの爛れた「宮廷」や、残虐で性的乱脈をきわめるサラセン人の「宮廷」は「恋人たちの谷」の対極に位置するといってよいだろう(II, 1: 268ff., 272, 275ff.)。世俗権力の走狗たる代官などは、そこに近づくことさえできない。「純潔」と「徳」の世界は穢れなく保たれねばならない。

> 恋人たちの谷には月桂樹や橙《だいだい》や檸檬の木が群生し、夏と冬にはよい香りがあたりをつつみこむ。谷のなかほどの銀梅花の小さな森にはいつも咲き誇る薔薇に囲まれた大きな墓丘があるが、谷は木々が生い茂る高い山々のはざまで岩壁に囲まれているため、人目にふれることも、登山者たちが迷い込んでくることも滅多にない。ごく稀にそこに入ってきた者たちは、天使の接吻のようにやわらかで神秘的な風を頬に感じておだやかな悲しみで心満たされ、知らずに涙があふれて甘美な気持ちになる。銀梅花の森の墓丘に灯る五つの炎の揺れを見るうち、先だっていった友人や恋人のすがたが心をよぎり、再会の予感や永遠の生への期待が湧きおこってくる。その炎は死後の再会を誓う誠実の象徴にほかならなかった。
>
> (「恋人たちの谷」)(II, 1: 267)

「五つの炎」がアルフォンゾ・マリア母娘・ラウラ・リナルドの五人の「徳」の象徴であることは、いうまでもなかろう。

そして、ここでも作品解釈の鍵となるのが、「運命(摂理)」Schicksal の概念である。どれほど境遇の変転に見舞われようとも、最終的には大いなる神の采配によって、「徳」はふさわしい報いをうける。作品の末尾において、「運命」の変転に翻弄されながらも、アルフォンゾと娘マリアは最終的にむすばれ、多くの子供や孫に囲まれ、幸せになる。「ふたりはこの土地で優しさと愛に満ちた生をおくった。不幸な者は誰でも、かれらの家を祝福した。それは困窮した者すべての避難所であった」。人生の最後の日、「やわらかい雨がふたりをつつみこみ、抱きあいながら、ふたりの魂はひとつになり、愛の祖国へと還っていった」。「摂理」を媒介とすることによって、「哲学的推論」から帰結する決定論と、「心」と「感覚」に基礎を置く「宗教」は調和しうるのだ。このようにフィヒテはいうがごとくである。短編小説「恋人たちの谷」は、フィヒテが手掛けた唯一の感傷主義小説であり、かれの構想する文藝における「道徳」と「有用性」の結合の具現化でもあったのだ。

しかし、奇妙なことに、ほとんど完成段階に入っていたにもかかわらず、この小説は草稿として放置された。書簡から判断するかぎり、出版社に売り込んだ形跡もない。考えられるのは、フィヒテが本作を執筆する過程で、文藝作家としての自分の才能の限界を感じたということである。「〔批評はともかく〕実作には全然むいていません。批評はわたしの宿痾《しゅくあ》です。他人の作品を褒めたり、貶したりすることしかできないのです」(III, 1: 136)。結局、期待をかけていた雑誌計画も不発に終わり、フィヒテは著述業だけで生計を立てることがほとんど困難であることを思い知らされることとなった(III, 1: 140, 194)。「生計を立てようとすれば、著述業で食ってゆかざるをえません。いまや、それはまったく愉快な仕事ではありません。良い作品、有用な作品、美しい作品を好きなように書こうとすると、多くの時間がかかります。それに出版社は有用な作品など欲していないのです」。

こうして、ライプツィヒにおけるフィヒテの事業計画はことごとく失敗に終わった(III, 1: 159, 166)。「わたしは勇気以外のすべてを失いました」。気力をくじかれ、貧窮にあえぎ、方々へ金策に駆けずりまわる。ヨハンナはしきりにチューリヒへの帰還をすすめるものの、いまだ何者にもなりきれていないフィヒテは、戻るに戻れない。[54] 当時の書簡に漂うのは、フィヒテの絶望感である。このまま事態が変わることがなかったならば、おそらく、フィヒテは孤独のまま歴史の闇に消えていったことであろう。ヨハンナをのぞいて、かれを思い出す者など、誰もいなかったにちがいない。「チューリヒの知識人で、誰かひとりでもわたしのことを憶えているひとがいますか」。「人間が簡単に忘れるというのは、かなしいことです」(III, 1: 183)。だが、予期せぬ「革命」Revolution が、フィヒテの思考を揺り動かすだろう。そして、その「革命」によって、ついにフィヒテは思想家としての自我を確立することとなる。

第三節 「自由」をもとめて

(1) カント体験

フィヒテにとって、カント哲学との邂逅は決定的だった。あらゆる事業計画が挫折し、絶望感に苛まれるなか、生計のために大学生の個人教授を引き受け、仕事の必要上、カントの著作を研究することとなった。それはまったくの「偶然」だったという。そして、その「偶然」は、フィヒテの思想に「革命」をもたらした。この時期のいずれの書簡においても、フィヒテはカント哲学への感激を語っている。[55] まさしく、それは再生の体験であった。

わたしは自分の外にある世界を変えることができなかったので、自分の内なる世界を変えようと決心しました。わたしは哲学に飛び込んでゆきました、もちろん、おわかりのようにカント哲学に、です。ここにわたしは、自分の悪の真の源泉の矯正手段を発見し、喜びました。この哲学、とりわけ、道徳論の部分——これはしかし、『純粋理性批判』の研究なしには理解できないのですが——がひとりの人間の全思考体系におよぼした影響、すなわち、カント哲学によってわたしの全思考体系に生じた革命は、とてつもないものです。〔中略〕さらにわたしは、いまや確信しております。現世は享楽の世界ではなく、労働と労苦の世界であり、あらゆる喜びはより大いなる労苦の強化につながっているのだ、と。我々の運命への準備ではなく、ただ、我々自身の陶冶 Cultur のみが、我々によって要請されているのだ、と。わたしには外的事物のことなど、いまやまったくどうでもよいのです。わたしは、何者かにみえようとは思っていません。ただ、何者かであろうと思っています。いまや、こうした確信によって、魂の深い静謐を得て、享受しております。自分の外的状況については、したがってどうでもよいのです。わたしは誰の主人でも、奴隷でもありません。

（一七九〇年十一月・アヘリス宛書簡）(III, 1: 193–4)

カント哲学との出会いののちも、将来への展望は何もなかった。経済的苦境に立たされていた点にも変わりはない。にもかかわらず、当時の書簡には、それまでの重苦しい不機嫌と鬱屈がまったくみられないのである。それどころか、「思いおこすかぎり、人生でもっとも幸福な生活」とさえ語っている(III, 1: 193)。生活は苦しかったものの、自身の勉強生活を報告するフィヒテの言葉に憂鬱の影はない。規則正しい学究の生活がそこにはあった(III, 1: 172)。フィヒテはついに、真の「哲学」と出会ったのである。

カント

とりわけ、カントの第二批判書『実践理性批判』(一七八八年)がフィヒテに感銘をあたえた。『実践理性批判』は、人間の行動の善悪・正邪を行為の結果から判断する帰結主義を退け、道徳的動機を重視して、行為自体の倫理的正当性を判定する、いわば「義務」Pflicht の倫理学を確立した作品である。思想史上に燦然と輝く、不滅の業績といってよい。「道徳」の問題にごく初期から関心を寄せていたフィヒテが、同書に着目したのは当然である。

カント倫理学の出発点は、独特の人間論にある。カントによれば、人間は

「理性」Vernunft と「感性」Sinnlichkeit の両方をあわせもつ存在(理性的感性的存在)である。つまり、本能(「感性」)だけに突き動かされ、自然法則に操られる機械のごとき動植物とも、「理性」のみにしたがって行為する神や天使とも、人間は異なっている。生物としての人間は「欲求能力」をもち、本能的に快楽をもとめ、苦痛を避けるという「傾向性」Neigung を有する。その意味で、人間は、物理的自然法則の支配する「感性界」に属している。他方で、人間は、みずからの行為について熟慮・反省し、「理性」にしたがって行為を選択することができる。その意味で人間は「叡智界」に属している。

とりわけ、「傾向性」から身を引き剝がして、「理性」そのものを行為の目的とするとき、「道徳」Moralität が立ち現れてくる。カントによると、ある行為が「道徳的」となる究極的条件はひとつである。それは、「自分の意志の格率(＝行為の方針)が普遍的法則と一致するように行動すること」にほかならない。さらに、「道徳」的行為は、人間精神において「定言命法」kategorisches Imperativ――ある行為をなせという命令、あるいは、ある行為をしてはならないという禁止命令――として現象する。一般的な概念でいえば、「良心」Gewissen の命令といいかえてもよい。ある行為を選択するさい、行為の結果として生じるであろう快苦・利益不利益を考慮することは、「道徳的」とはいえない。そのとき、人間は「良心」からの道徳的命令(定言命法)ではなく、「傾向性」や「欲求能力」にしたがっているにすぎないからである。ある行為が「道徳的」か否かは、その行為の結果如何とは一切関係がない。定言命法への純粋な「尊敬」Achtung から行動するとき、人間は真の意味で「道徳的」たりうるのだ。定言命法にしたがうことは、「義務」にほかならない。

意志の自律 Autonomie こそ、全道徳律の唯一の原理および、道徳律にかなった義務の唯一の原理にほかならない。これに対して、選択意志のあらゆる他律 Heteronomie はまったく拘束力を有さないばかりか、むしろ、道徳律の原理と意志の道徳性に反する。法則のあらゆる質料（すなわち、欲求された対象物）から独立し、それと同時に選択意志を一般的立法の形式――この形式を、意志の格率はもつことができねばならない――によってのみ規定することのうちに、道徳性の唯一の原理が成り立つのである。この選択意志の質料からの独立は否定的意味における自由Freiheitであり、実践理性それ自体の自己立法は肯定的意味における自由である。したがって、道徳律はまさしく、純粋実践理性の、つまり自由の自律を表現するのである。そして、この自律自体が、その下でのみ意志の格率が最上の実践法則と一致できる、あらゆる意志の格率の形式的条件なのである。それゆえ、意志の質料――これは、法則とむすびつく欲求の対象物でしかありえないのだが――が実践法則の可能性の条件として実践法則のなかに入り込むと、そこから選択意志の他律、すなわち、自然法則への依存――何らかの衝動や傾向性への追従――が生じることとなる。この場合、意志は自己自身に法則をあたえるのではなく、感性的法則に理性的に服従するための指令だけを自己自身にあたえるのである。

（カント『実践理性批判』[56]）

カントによれば、道徳的行為の本質は意志の「自律」にある。逆に、本能・欲望・結果の予測から行為を決定するとき、それは「自律」ではなく、「他律」でしかない。それゆえ、道徳的行為ではない。むしろ、「道徳律の原理と意志の道徳性に反する」。つまり、定言命法に対する純粋な「尊敬」から行動するとき、人間は真の意味で「自由」を手にすることができるのだ。なぜなら、道徳的行為において、人間はすでに「傾向性」と機械的因果法則の呪縛を脱し、自分の「理性」に自分だけの判断でしたがっているからである。道徳的「自由」とは、意志の「自律」であり、「自己立法」である。カントによれば、各人の人間性の本質、すなわち「人格」Persönlichkeitこそは道徳性の究極根拠であり、したがって、他者の「人格」を「手段」としてあつかうことはゆるされない。他者の「人格」はつねに「目的」そのものなのである。これに対して、本能や欲求といった「傾向性」を目的にした行為は、「他律」的なものにとどまらざるをえず、他者を「手段」としてあつかうことにひとしい。このようにカントによれば、真の「自由」は、「傾向性」という自然法則による決定論を超克する唯一の手段ということになる。

フィヒテが『実践理性批判』から何を学んだか、もはや明らかであろう。カント倫理学は、それまでフィヒテの精神を苛んできた、「哲学的推論」による決定論と「宗教」との内面的葛藤・分裂を解消したのである。かれ自身、友人たちに対して、決定論の克服の爽快感について語っている(III, 1: 171, 193-4)。フィヒテは、かつて奉じていた哲学的決定論が「全道徳を否定する」教説であり、「このあらゆる人間行為の必然性という定理から、非常に有害な影響が社会に流出しており、いわゆる上級身分の完全な道徳的腐敗の大部分はこの源泉から生じている」ことを確信した。「わたしはいまや固く信じております。人間の意志は自由であり、幸福は我々の目的ではなく、幸福に値すること Glückwürdigkeit こそが目的なのだ、と」。無論、カント哲学受容後とそれ以前とで完全な断絶が生じたわけではない(57)。すでにみてきたとおり、フィヒテは以前から、「宗教」が人間の「心」にねざすものであると論じ、道徳的行為における内的動機の重要性をくりかえし強調してきた。「恋人たちの谷」では、「徳」のための自己犠牲や宗教的「敬虔」が肯定的に描かれていた。しかし、カント哲学受容前のフィヒテは、「宗教」と「哲学」を、「心」と「頭脳」をどうしても調和させることができなかった。「摂理」概念をもちいた調和は中途半端なものにとどまらざるをえなかったし、実際に「宗教的箴言」では、内面的分裂の煩悶を赤裸々に告白していた。これに対して、カント哲学は道徳的「自由」と哲学的推論を見事に統一する役割を果たす。フィヒテはいまや、「必然性」の原理から「自由」の原理へと転身し、哲学的推論と道徳感情の調和を達成するのである。

さらに、カント倫理学は「有用性」の価値観をも覆すこととなった。すでにみたように、「義務」の倫理学としてのカント倫理学は、行為の結果から生じる快苦や利益不利益を道徳的判断から除外する。かわって登場するのは、「良心」(定言命法)への純粋な「尊敬」Achtung である。「良心」にしたがって、結果を考慮することなく行為することにこそ、人間の理性的存在としての「尊厳」はある。したがって、十八世紀思想のあらゆる領域に浸透していた「有用性」の価値が入り込む余地は、ここにはもはやない。実際にカント哲学受容後のフィヒテの文章からは、「有用性」「有用」といった語彙が目立って減少する。そのかわりにカント倫理学の用語や、「使命」Bestimmungや「真理」Wahrheitといった概念が中心的な位置を占めはじめる。

フィヒテのカント倫理学理解を端的に表しているのが、当時執筆された説教「真理愛について」(一七九二年)である。「真理愛」Wahrheitsliebeの概念もまた、以後のフィヒテの作品に頻出することとなる。この説教の論旨は、まさしくカント倫理学そのものといってよい(II, 2: 153)。フィヒテによれば、「人間の意志」には「ふたつの非常に異なる根本衝動」がある。そのひとつは「自己愛」Eigenliebeであり、「自分の身体と生命が傷つかないようにして、この生命にできるだけ多くの快楽をもたらす手段をもとめる」ものである。いまひとつの「根本衝動」は「我々をより高次の精神の地位に、さらには神の模像へと高めるのであり、これを我々は良心Gewissenとよぶ」。フィヒテのいう「真理愛」とは、「自己愛」の誘惑を断ち切り、「良心」に全面的に献身すること、いいかえるならば、「みずから固有の徳に対する見解について、自己欺瞞に陥らぬようにすること」を意味する。したがって、フィヒテのいう「真理」とは、道徳的「自由」そのものといってよい。

これらすべての落とし穴——我々固有の自我というもっとも狡猾な誘惑者が用意する——を避けるためには、真理愛が必要となる。つまり、真理を真理であるがゆえに——真理の結果が我々にとってどういうものであろうとも——承認するという決然たる支配的傾向のことである——この真理愛、あるいはイエスとともにいうならば、この真理の精神は我々をまず、みずからの良心を正・不正の唯一の裁判官として、最高の法則として承認するように駆りたてる。この最高の法則にこそ、我々はつねに例外なく服従するよう義務を負っているというわけだ。

（「真理愛について」）（II, 2: 156）

人間を人間たらしめるのは、「有用性」の呪縛をふりほどき、純粋に道徳という「真理」をもとめてゆく精神、すなわち「真理愛」なのである。こうした「良心」の強調は、必然的に不断の自己点検のすすめへと帰結してゆく（II, 2: 156–7）。ここでもフィヒテは「道徳」の根幹を、内面的信条倫理にもとめている。「真理愛は第二に自己自身を良心の規則によって偏ることなく点検するよう駆りたてる」。「真理愛」に貫かれた者は、「言い訳や正当化にとびつくことからはほど遠く、むしろみずからの欺瞞的な心を非常に注意深く警戒するだろう」。このような発言は聴衆と同時に、自分自身に対してむけたものでもあった。同時期の執筆が推定される草稿「自己点検の規則」において、フィヒテは不断の自己点検を日課に定めている（II, 1: 379–80）。

義務の声は汝にとって、何よりも貴いものだ。義務の声が汝のなかで純粋になるよう、毎晩、今日一日、汝自身がこの義務の声に違反したかどうか、自己点検のひとつに加えよ。〔中略〕つねに汝の目の前に、この義務の声がいかに崇高かを思い浮かべるようにせよ。いかなる犠牲も汝にとって困難なものであるべきではない。この義務の声のために汝が犠牲を捧げるほど、この義務の声は汝にとって親しいものとなろう。

（「自己点検の規則」）（II, 1: 380）

カント倫理学はフィヒテにとって、単なる哲学的議論を超える意味をもった。つまり、カント倫理学のうちに、みずからの生の機軸とでもいうべきものを発見したのである。「カント哲学の根本定理はもちろん難解至極な思弁でして、人間生活に直接の影響をおよぼすことはないでしょう。しかし、カント哲学の帰結は時代にとって、根源にいたるまで道徳が腐りきった時代にとってきわめて重要なのです」。「わたしはより高貴な道徳を得ました」。「わたしはこの哲学に人生の数年間を捧げるつもりです。そして、すくなくとも今後数年の間、わたしの作品はカント哲学を主題とすることになるでしょう」(III, 1: 171)。この点と関連して、カント哲学受容の直後、フィヒテがヨハンナとの婚約を一方的に解消したという事実も興味ぶかい。諸説あるものの、史料の欠如のために原因を突き止めることは困難である。ただ、チューリヒ時代以来、自分の分身同様だったヨハンナとの関係の解消が、フィヒテにとって自己省察の果ての実存的決断だったことは想像に難くない。カント哲学との邂逅によって、フィヒテは思想家としての自我を見出したといってよいのかもしれない[58]。

ケーニヒスベルク

すでに思想家としての自我を確立した以上、このうえ細々とフィヒテの旅路につきあう必要はない。『実践理性批判』から決定的な影響をうけたのち、フィヒテは『判断力批判』(一七九〇年)をはじめとするカント研究に没頭した。一方で依然として経済的困窮にあった。そして、ヨハンナとの婚約解消後も、ライプツィヒからワルシャワ、ケーニヒスベルクへと遍歴はつづいてゆく。フィヒテがケーニヒスベルクを訪れたのはこれが最初であり、後年、まったくちがった状況下で再訪することとなる[59]。ケーニヒスベルクは北方の都会であり、商業が繁栄し、社交生活も盛んであった。田舎からやってきた文人ヘルダーはこの街を「この大きな、さまざまな職業のある、騒々しく、商売にあふれた街」と評した。無論、フィヒテは商業や社交生活などには、一切関心をもたない。

最初の訪問の目的がケーニヒスベルク大学教授・カントにあったことはい

うまでもない。憧れのカントとの出会いは、フィヒテの人生航路の転機となる。フィヒテの困窮を知ったカントは書籍商を紹介し、かれの草稿出版を援助したのである。こうして出版された処女作こそ、宗教論『全啓示批判の試み』(一七九二年)にほかならない。カント哲学の枠組に忠実な同作は当初、匿名で出版されたが、多くの知識人はこれをカント自身の作と誤解することとなった。フィヒテがカント哲学を自家薬籠中のものとしていた、何よりの証左といってよい。カント自身がこれを青年学徒の作と公表することで、フィヒテは一夜にして言論界に名を成したのである。

『全啓示批判の試み』の主題は、感性的な「幸福」Glückseligkeit と「道徳」との媒介にある。[60]『実践理性批判』の論理によれば、定言命法にしたがった道徳的行為は、結果における利益や快楽を前提としない。むしろ、道徳的行為はそうした「傾向性」を考慮に入れてはならないのである。これに対して、カントは「道徳」と「幸福」の一致を「最高善」das höchste Gute と名づけた。無論、「最高善」の現象界における実現可能性は仮定にとどまる。そうであるがゆえに「最高善」は、「理念」Idee として位置づけられるのである。『全啓示批判の試み』のフィヒテはここに、宗教における「啓示」Offenbarung の意義を見出そうとする。仮に現象界における「最高善」の実現可能性が不明だとしても、「道徳」的行動へと力強く踏みだしてゆくこと。これは、「最高善」の最終的到来に対する宗教的確信なしには不可能といってよい。もちろん、カント哲学の枠組にしたがえば、人間の認識能力によって神を直接認識することはできない。にもかかわらず、定言命法の背後で「最高善」の実現を約束する神への信仰をもつことで、人間は確信をもって「道徳」的行為に踏みだしてゆくことができる。ここでもフィヒテの関心は「道徳」を軸に旋回している。

新進気鋭の知識人として名を揚げたフィヒテはその後、ヨハンナと復縁した。一七九三年六月、三年ぶりにチューリヒに帰還し、結婚。ふたりはエグリサウの橋のうえで再会を果たし、抱擁したという。[61]チューリヒで定職が約束されていたわけでも、その後の人生航路への展望があったわけでもなかった。だが、もはやフィヒテは躊躇しない。フィヒテはいまだ成長途上である。思想的にはいまだカントの強い影響下におり、独自の体系を確立していない。『全啓示批判の試み』がカントの作品として当初受容されたことは、そのことをよく物語る。それでも、いまのフィヒテは以前とはやはり別人であった。かつてのように、知と信仰とのはざまでの煩悶、「有用性」への強迫衝動に苦しむ時期は過ぎ去っていた。フィヒテは自分の進むべき道——広い意味での「哲学」——を発見したのである。そして以後、二度とそれを手放すことはないだろう。フィヒテの遍歴時代は終わりを迎えようとしていた。

(2)「思想の自由」

ケーニヒスベルクからチューリヒに帰還するまでの間に、フィヒテはひとつの思想的決断をしている。それは、政論の世界への転身である。一七九三年、フィヒテは小冊子『欧州の諸君主に対する思想の自由の返還要求』(以下『返還要求』)と、より本格的な『フランス革命について公衆の判断を是正するための寄与』(以下『フランス革命論』)を公刊した。こののち、フィヒテは政論を盛んに発表してゆくこととなるのだが、以前の思想遍歴と比較した場合、やや奇異な印象を受けることは否めない。というのも、これ以前のフィヒテにおいて、政治への関心はとぼしかったように思われるからである。実際に青年期の作品のほとんどは日記や書簡をのぞけば、道徳・宗教・教育・文藝の領域に集中していた。「眠れぬ夜の断想」の政治論も断片的なものにすぎなかった。

ここでもカントの影は色濃い。手掛かりとなるのは、チューリヒ帰還直前の時期に執筆されたカント宛書簡である。

いま、わたしは当面は自分の啓示理論を基礎づけねばなりません。素材はあります。それを完成させるために、さして時間はかからないでしょう。それから、わたしの魂はより大きな考えに燃え立っております。それは、『純粋理性批判』第三版の三七二〜三七四頁の課題を解決することです。これらすべてには、苦労のない余暇が必要です。余暇があれば、必須の、しかし甘味な義務を果たすことができるでしょう。

（一七九三年四月二日・カント宛書簡）(III, 1: 389-90)

フィヒテが提示する『純粋理性批判』の引用箇所は、理性理念に沿った国家論の必要が説かれている部分であった。この記述からもわかるように、政論に対するフィヒテの関心を刺激したのは、カント哲学である。フィヒテがカント哲学を単なる倫理学説としてではなく、世界のあらゆる事象を把握する世界観そのものとして受容したことは、このことからもよくわかる。こうして、フィヒテは政治社会の問題にも積極的に発言するようになった。実際に『返還要求』と『フランス革命論』の基礎となる理論的枠組は、カント哲学そのものである。当時のフィヒテは典型的なカント主義者だった。ただ、見落としてはならないのが、当時、カントはいまだ自身の本格的な政治論を公刊していなかった――『永遠平和論』は一七九五年、『人倫の形而上学』は一七九七年に公刊――ということである。したがって、フィヒテの試みの斬新さのひとつが、カント哲学の政治社会論への応用にあったことは疑いない。大部かつ多様な論点を含む『フランス革命論』の検討は次章に譲るとして、以下では『返還要求』におけるフィヒテの問題関心をみてゆきたい。

題名からもわかるように、『返還要求』の主題は「思想の自由」Denkfreiheit の擁護である。直接の契機となったのは、北ドイツの大領邦プロイセンの宗務局長ヴェルナーによる宗教令の発布にほかならない。十八世紀後半のドイツ全土で新たなメディアの興隆と機を一にした「公論」が形成されていたことは、すでにみた。なかでもプロイセンの啓蒙絶対君主フリードリヒ二世のもとでは、統治権を攻撃しないかぎりにおいて、一定の思想言論の自由が認められた。カントの論説「啓蒙とは何か」においても、フリードリヒ二世の言論政策は高く評価されていた。しかし、やがてフリードリヒ・ヴィルヘルム二世に代替わりすると、従来の言論政策から検閲強化へと方向転換がはかられることとなった。ヴェルナーの宗教令である。[62] これには多くの知識人が反発したが、フィヒテもそのひとりというわけである。

『返還要求』の議論の出発点は、ここでもカント的人間観である。カントと同様に、フィヒテも内なる実践理性の価値を強調し、人間の存在根拠を「良心」にしたがった道徳行為のうちにもとめてゆく(6: 11, 46ff.)。「人間は相続・売買・贈与の対象とはなりえない。人間は自分自身の所有物であり、そうありつづけねばならないがゆえに、ほかの誰の所有物でもありえない。人間は自身の胸に、人間を動物以上のものに高め、神が第一の構成員であるような世界の住人にまで高める神の閃きを有する。良心である」。こうした「良心」の重視は、これまでもくりかえしみてきたとおりである。他方で人間は「感性」的存在でもあるのであり、それゆえに「傾向性」にしたがって欲求を満たして、生物的生存を確保せねばならない。たとえ「良心」が「唯一の法則」として君臨するとしても、生物的欲求を満たさねば、人間は生存できない。

こうした人間観から、フィヒテは人間の生得的権利を演繹する(6: 12)。まず、人間行為の最上の規範は道徳律(「良心」あるいは定言命法)にあるため、道徳律に違反する行為——典型的には犯罪など、他者に危害を加える行為——については一切の生得的権利が認められない。逆に、道徳律が「許容」するあらゆる行為について、人間は生得的権利を有する。道徳律によって「許容」される権利は、さらに以下の二種類に分類される。すなわち、ひとつは道徳律が命ずる行為についての権利であり、いまひとつは道徳律が命令しても禁止してもいない行為についての権利である。前者は道徳律が命令するのであるから、絶対に譲渡することのできない、「不可譲的」権利である。他方で後者の処理は各人の自由意志にゆだねられる。したがって、他者との契約によって、こうした権利を譲渡・売買することもできる。ゆえに「可譲的」権利というべきである。

以上のような生得的権利の分類は、国家権力をめぐる議論とも密接にかかわってくる。フィヒテは、「政治社会(国家)」bürgerliche Gesellschaft の起源を社会契約——各人が相互に権利を譲渡しあうことによって政治社会を形成するという伝統的論理――にもとめる(6: 13)。ここで重要となるのが、社会契約時に各人が譲渡できるのは、前述の可譲的権利に限定されるという点である。つまり、道徳律の命ずる不可譲的権利を国家に譲渡することはゆるされない。不可譲的権利については、いかに国家の「執行権」といえども奪うことはできない。そして、「思想の自由」――自由に考え、他者に意見を伝える権利――は不可譲的権利に属するがゆえに、国家権力といえども制限することは理論的にゆるされないのだと、フィヒテは結論づける[63]。

だが、国家には人民の「幸福」Glückseligkeit に配慮する義務があるのではないか。「思想の自由」といえども人民の「幸福」を害するならば、国家による制限も許容されるべきではないのか。こうした反論に対して、フィヒテは以下の議論で応答する。つまり、人民の「幸福」への配慮自体がそもそも国家目的たりえない、というのである(6: 9, 26–30)。

とりわけ、以下のことをするだけの力を有している読者諸兄は、かの第一の偏見、そこから我々のあらゆる災厄が生じてくる場所、我々のあらゆる貧困の有害な源泉――君主の使命は我々の幸福に配慮することであるという命題――に対して徹底的な戦争を挑んでほしい。我々の知の全体系をもって、かの偏見をそれがもともと存在していた隠れ家へと追いやり、この謬見が地上から根絶され、故郷である地獄に還るまでは手を緩めてはならない。何が我々の幸福を増進するのか、我々は知らない。それを君主は知っており、我々をそこまで導くために存在するのだとしたら、我々は目を閉じて、我々の君主に服従せねばならない。我々とともに、君主はみずから思うところをなし、我々が問うと、かれ自身の言葉で、これは我々の幸福のためなのだと保証する。君主は人類の首に縄をかけて叫ぶ。黙れ、すべては汝のためなのだ、と。

いや、君主よ、あなたは我々の神ではない。我々は神から幸福を期待する。あなたからは権利の保護を期待す

る。あなたは我々に対して親切ではなく、公正であるべきなのだ。（『返還要求』）(6: 9)

フィヒテによれば、自分自身の「幸福」に配慮するために、各人は生得的権利を有している。したがって、各人が自分の生得的権利をいかに行使しようとも、それは各人の自由である。君主、あるいは「執行権」の職務は、社会契約の条項にもとづき、各人の「権利」を保護することに限定されねばならない。このようにフィヒテは、人民の「幸福」という口実のもとに政府が人民の自由に無制限に介入してくる事態を警戒した。「あなたがた君主は完全に間違っている。我々はあなたたちの手から幸福を期待しない。そう、我々はあなたたちが人間であることを知っている。我々は、我々の権利の保護と、あなたたちがおそらく誤って奪ってしまった権利の返還を期待するのだ」(6: 28)。

これは大胆な議論であった。というのも、十八世紀後半のドイツにおいては、ヴォルフ学派の自然法論や「官房学」Kameralwissenschaft をはじめ、国家の設立目的が人民の「幸福」Glückseligkeit の維持促進にあるという論法はごく一般的なものだったからである。当時のドイツ諸邦の政府、とくにプロイセンのフリードリヒ二世に代表される啓蒙絶対主義にとっては人民の「幸福」こそが改革政治の究極根拠であり、そのためには君主政こそがもっとも機能的かつ合理的な統治を実現できるとされていた。当のフリードリヒ二世や、かれのもとで改革政治を担った官僚スヴァレツもまた、国家の設立目的を「共同の幸福（共通善）の促進」にもとめている。また、北ドイツ圏を代表する知識人ガルヴェなども、同様の論法で啓蒙絶対主義を擁護した[64]。人民の「幸福」の維持促進という国家目的を否定したのは、カントやゲオルク・フォルスター、ヴィルヘルム・フォン・フンボルトといった少数の知識人にかぎられていた。

もちろん、「公論」や「思想の自由」の擁護自体はフィヒテの独創ではない。『返還要求』以前にもヴェルナーの宗教令批判は登場していたし、すでにみたように十八世紀後半のドイツ知識人の多くは「公論」や「思想の自由」の価値を高く評価していた。それでは、フィヒテによる「思想の自由」擁護の特徴はいずこにもとめるべきなのか。

手掛かりとなるのが、『返還要求』の草稿『プロイセン治下の諸国民へのよびかけ』(一七九二年)にほかならない。なんと、この草稿のフィヒテは『返還要求』と正反対の結論、すなわちヴェルナーの宗教令の擁護をめざしていたのである。そこでフィヒテは、先代フリードリヒ二世と現王フリードリヒ・ヴィルヘルム二世の比較から出発する(II, 2: 192ff.)。フリードリヒ二世の能力が驚異的に高い水準にあることを確認しつつも、現王のより人間的な統治方針を肯定的に評価する。とくにフィヒテが強調するのが、「宗教」に対する現王の深い愛着である。「現王は、あらゆる死すべき人間たちのなかでも格別高い地位にありながら神に恭順する点で際立っている。かれにとって宗教は貴いものであり、宗教が安らぎをあたえると感じている」。そして、フィヒテはフリードリヒ二世時代の寛容な言論政策がむしろ道徳的に悪影響をおよぼしつつあると批判したうえで、現王の宗教令を擁護するのである(II, 2: 195)。草稿は未完のまま放置されたが、議論の骨子自体はよくわかる。

『プロイセン治下の諸国民へのよびかけ』から『返還要求』への根本的変化を外的要因に帰することはむずかしい(II, 2: 177ff.)。むしろ、「思想の自由」に対する姿勢の変化は、フィヒテ自身の思索の深化に由来するとみるほうが自然である。過剰な言論の自由のおよぼす道徳的悪影響という伝統的論法——「有用性」の論理——が草稿では採られていたのに対して、すでにみたように『返還要求』ではカント実践哲学の論理が全面的に展開されることとなった。ここにフィヒテのカント理解の深化をみたとしても、あながち不当ではあるまい。

他方で草稿と完成版との連続面も見逃すべきではない。とくに注目すべきは、「思想の自由」への評価の逆転に比して、目的とされる価値自体は一貫しているということである。つまり、草稿と完成版のいずれにおいても、最終目的は道徳的陶冶にさだめられていたのである。『返還要求』は「思想の自由」を道徳的陶冶という究極目標への手段として再評価した、そのようにいいかえてもよい。ここでもフィヒテは「道徳」に強くこだわる。

以上をふまえるとき、フィヒテの「思想の自由」理解の独自性が明らかとなる。まず、各人の「思考の自由」に対する評価をみてみよう(6: 13ff.)。

自分自身の力によって、自分自身の観念系列の自由な選択意志にしたがって、〔自己に〕特定の方向をあたえることこそ、人間の長所にほかならない。それゆえ、この長所を主張すればするほど、そのひとはより人間らしくなる。この長所を可能にする人間の能力は、まさしく、自由に意志することを人間に可能にする能力である。思考における表現の自由は、意志の表現の自由とおなじく、人格の内的構成要素にほかならない。つまり、「わたしは自律的存在である」と言いうるのは、まさしくこの必然的条件のもとでのみなのである。〔中略〕我々の偏見や意見を真理の法則に自由に服従させることによって、我々はまず、法則一般の理念に屈し、沈黙することを学ぶ。この法則はまず、道徳律を支配しようとする利己心 Selbstsucht を制約する。理論的真理に対する自由で無私の愛——真理であるがゆえに——こそ、心情の道徳的浄化のもっとも実り豊かな準備といってよい。我々の人格および道徳性と内的に結合したこの権利を、創造的叡智〔＝神〕によってたしかに我々にあたえられた、道徳的陶冶 moralische Veredelung への道を、我々は社会契約によって放棄できるというのだろうか。(『返還要求』)(6: 14)

ここに明白なように、フィヒテにとって「思想の自由」は「道徳的陶冶」——「利己心」の克服——の必然的前提である。理論を理論として自己目的的に享受するという発想はここにはない。理論的真理の探究は、あくまでも「心情の道徳的浄化のもっとも実り豊かな準備」でなければならない。「自由に思考できることは、動物の悟性と人間の悟性との十分な相違である」(6: 13)。それでは今度は、他者に対する意見交換の権利——本来の意味での「思想の自由」——についてはどうか(6: 15-7, 23-4)。

我々にとって有用なあらゆるものを他者から自由に受けとる権利は、我々の人格の構成要素である。我々の精神的道徳的陶冶に資するあらゆるものを自由に使用することは、我々の使命である。この条件なくしては、自由と道徳性は我々にとって不要な贈物となろう。我々の教化・陶冶にとってもっとも豊かな源泉は、精神から精神への伝達である。我々の人格と自由を放棄することなく、この源泉から汲みとる権利を我々は放棄することはできない。我々はこの権利を放棄してはならないのである。

（『返還要求』）(6: 16-7)

このように「思想の自由」を「精神的道徳的陶冶」の必然的条件とみなす立場は、当時にあって特異といってよかった。なぜなら、言論の自由擁護派の多くは、言論の自由を何らかの政治的・社会的「有用性」によって正当化していたからである。[65] たとえば、宗教心や遵法精神を破壊する「偽りの啓蒙」に対して、「真の啓蒙」は被治者の政府への服従心を養い、学藝への関心を喚起し、他方で統治者の恣意的権力を抑制するとされた。あるいは、各人が「公論」を媒介として意見交換(「社交」Geselligkeit)をおこなうことで、社会全体が物質的・精神的に進歩するという説明――カントやガルヴェに典型的である――もみられた。

これに対して、フィヒテは徹頭徹尾、個人の道徳的実存から出発しようとする。かれにとって、「思想の自由」の価値は何らかの外的な「有用性」の尺度によって測られるべきものではありえなかった。道徳的陶冶は「有用性」の尺度そのものを超越している。そして、「思想の自由」はその道徳的陶冶の必然的条件として不可分の関係に立つ。青年期以来、道徳的陶冶を思索の中心に据えつづけてきたフィヒテらしい議論であった。決定論と宗教のはざまにおける煩悶が示すように、フィヒテにとって、道徳的陶冶にむすびつかない理論知は意味をもたない。その意味で「思想の自由」は功利的色彩をぬぐいさられ、人間の「自由」と「人格」の根源にむすびついた、本源的欲求として位置づけられねばならなかった。フィヒテは「思想」という知的営みを、「道徳性」と不可分一体のものとして理解する。

思想家たることは、道徳的陶冶の途をきわめんとする意志を前提とせねばならなかった。フィヒテは「思想の自由」の貴さを高らかに宣言する。それは、ひとりの思想家が誕生した瞬間だった。

こうした「思想の自由」の個人主義的理解がやや一面的であることは、否定すべくもない。実際に『返還要求』はほとんど反響をよばなかったようである。小冊子ということも災いしたのかもしれない。全体としてレトリック過剰であり、個々の論点について十分な議論が尽くされていなかったことも、原因のひとつに挙げてもよいだろう。もちろん、『返還要求』はフィヒテの政治論の出発点であり、当時の問題関心が鮮明に表れてはいる。これに対して、いまひとつの政論『フランス革命論』は、規模、論点の多様さ、そして反響の大きさからして、『返還要求』の比ではなかった。いまやフィヒテは、国家と革命という同時代を揺るがす巨大な主題にむかって、果敢に挑んでゆくこととなる。

第二章　フランス革命論

第一節　「真理」の政治哲学

(1)　論争の書

フィヒテはみずからの筆によって、しばしば賛否両論の反応をまきおこした。『フランス革命論』については、とくにそれが著しい[66]。「ドイツにおける碩学のひとり」による「真の傑作」(『シュレスヴィヒ雑誌』)と激賞する声が一方にあるかと思えば、政府転覆を企てる典型的な「ジャコバン」の論理だとして拒絶的反応を示す人びともいた。ただ、「公衆のあらゆる判断と推測は、同書が疑いなくドイツにおけるもっとも優秀な頭脳による作品であるという点で一致」してはいた(『イェナ一般学藝新聞』)。

『フランス革命論』は革命を大胆に肯定した書である。形式としては、おなじ一七九三年に公刊された革命批判の書、A・W・レーベルクの『フランス革命研究』への反論のかたちをとり、第一部・第二部分冊で刊行された。続編が予定されていたが、ついに果たされなかった。興味ぶかいことに、フィヒテはこれより以前、著作・書簡の双方においてフランス革命についてほとんど言及していない[67]。後年の回想によれば、『フランス革命論』出版の動機は、「当時、権力者の無法な恣意の擁護者〔＝レーベルク〕が敢えてした誇張」に対する「憤激」の念であったという。

冒頭で、フィヒテは旗幟を鮮明にする(6: 39ff.)。「わたしには、フランス革命は全人類にとって重要であるようにみえる」、と。

わたしにとって、世界のあらゆる出来事は、人類がそこから必要な事柄を学ぶために、人類の偉大な教育者が陳列した教訓に満ちた絵巻物のようにみえる。人類はそこから何かを学ぶわけではない。我々は、自分たち自身が最初に投げ入れたもの以外の何かを世界史のうちに発見することはないだろう。そうではなくて、人類は現実の出来事を判断することによって、より容易に、自分たち自身のうちにあるものを発展させるという意味である。したがって、わたしには、フランス革命は偉大なテクスト、すなわち人権と人間の価値という主題について教えるところ多き、一幅の絵画であるように思われるのだ。(『フランス革命論』)(6: 39)

以上の引用からもわかるように、フィヒテはフランス革命の事件史的経過には関心がない。あくまでも関心は、「人権」や「人間の価値」の問題にあるというわけである。実際に『フランス革命論』は純理論的な色彩が強い作品であり、フランス革命の具体的論点については一切ふれられない。同書の中心を占めるのは、革命の「正当性」Rechtmässigkeit の論究でなければならなかった。この点、独仏の革命関連著作の書評集成・憲法批評といった時論的性格の強いレーベルクの作品とは対照的といってよかった。

これまでのところ、『フランス革命論』で展開される政治理論に対する評価はあまり高くない。後年の体系的政治理論の萌芽、あるいは前段階として理解されることがほとんどである[68]。こういった評価自体は決して誤りではない。主張・結論の是非はともかくとして、政治理論の論理構成、叙述の内的整合性、具体例の適切さといった点で『フランス革命論』が後年の作品群に劣ることは否定しがたいからである。実際に、フィヒテ自身もこの作品の出来栄えには満足していなかったようだ。「わたしはもはや『フランス革命論』の大部分に満足していません」。「しかし、それはわたしにあまりにも行き過ぎた点があったからではなく、むしろ、十分に突き詰めなかったからなのです」。続編が発表されずじまいになったことの一因は、ここにもあるのかもしれない。

ただ、『フランス革命論』は、未熟な作品として切って捨てるにはあまりにも豊饒な作品である。後年のフィヒテ政治思想の基本的な枠組がすでにみられるほかにも、独自の論点を多く含んでいるからだ。純理論的な外観に惑わされ、同書を体系的な政治理論書・抽象的思弁の書としてのみ解釈してしまうと、おそらく、その本領を理解することはできない。理論的色彩にもかかわらず、『フランス革命論』は同時代の諸問題にフィヒテが正面からむきあった成果、いわば論争の書として読まれるべきなのである。それゆえ、この作品の射程を見きわめるためには、ドイツにおけるフランス革命の問題、さらにはフィヒテが論敵としたレーベルクの議論をふまえねばならない。

フランス革命勃発当初、ドイツ知識人たちがこぞって好意的な反応を示したことはよく知られている[69]。一七八九年五月、深刻な財政難を新税によって打開するため、フランス王権は聖職者(第一身分)・貴族(第二身分)・平民(第三身分)の代表者からなる全国三部会をヴェルサイユで開会したものの、採決形式をめぐる「特権身分」と第三身分との争いにより議事は停滞した。国王ルイ十六世の調停工作もむなしかった。そして六月十七日、第三身分代表はついに、みずからを「国民」nation の代表とみなして「憲法制定国民議会」Assemblée nationale constituante となることを宣言する。その後、一旦は譲歩したものの、軍隊動員によって主導権回復をねらう政府に対して、パリの民衆が蜂起し、政治犯収容施設であったバスティーユ牢獄を制圧した。七月十四日のことである。その後、国民議会の主導権を握った第三身分議員たちは、矢継ぎ早に絶対主義統治の改革を推進していった。ドイツ知識人、とくに教養市民層の知識人にとって、フランスにおける第三身分の活躍は他人事ではありえなかった。中・上層市民から一部の貴族におよぶ、「財産と教養」によって区別される同質的な集団の形成は、十八世紀後半の欧州における一般的な現象であったからである。もちろん、フランスとドイツの「中間層」の性格はそれぞれ微妙に異なっていたものの、当時の知識層にとっては、そうした差異に比べて共通性の割合のほうがはるかに大きいように思われた。この点に関して、自身も当初、革命に熱狂した知識人のひとりであるゲンツの回想は、示唆的である。

人びとが長い間、実際にそうであったほどには脆弱とみなしていなかった国制から、新しい政治体への突然の移行が、かの爆発〔＝バスティーユ牢獄襲撃事件〕によって引き起こされた。それゆえ、人びとは諸事件に偉大な性格――おそらく、現実には遠方の傍観者たちが想定していたほどのものではなかったのだが――を付与してしまった。それまでの政府のあらゆる紐帯が一瞬にして解体したようにみえたので、自由の幻想 Illusion der Freiheit――この自由の幻想を、革命の首謀者たちはきわめて巧みにフランス国民に対して利用することができた――が、諸外国の判断にも、いたるところでひとしく独特かつ決定的な転回をもたらしたのである。

（ゲンツ「フランス革命に関する欧州の公論の推移⑺⓪」）

ドイツにおけるフランス革命讃美は、長くはつづかなかった。もちろん、革命に対する姿勢は個々の知識人によって大きく異なるため、一般化することはできない。それでも、当時の政治評論の推移を追うことで大勢を跡づけることはできる。国民議会による改革の総決算ともいうべき一七九一年憲法制定を頂点として、その後は穏健派と急進派の対立によって政局が混乱するなか、次第にドイツの世論もフランス革命に対して冷淡になってゆく。とくに一七九二年八月十日以降、君主政の廃止・共和政の樹立によって、世論は明白に硬化した。穏健派の政論家アルヒェンホルツはいう、「わたしは無数の悪弊と知られざる残酷さを排したフランス革命を愛する」が、同時に「フランス国民と不偏不党の他国民の悪罵を一身に浴びながらも、大衆を騙して誤導するジャコバン派の首領どもを軽蔑するのだ」、と。[71]

さらに、ドイツにおけるフランス革命批判の優勢を決定づけたのが、一七九三年である。まず、エドマンド・バークによる徹底的な革命批判の書『フランス革命についての省察』(一七九〇年)が、政論家ゲンツの手によって独訳され、知識人たちに影響をおよぼすこととなった。[72] そして国王裁判・処刑である。一月二十一日、元国王ルイ十六世が罪人「ルイ・カペー」としてギロチンの露と消えるやいなや、ドイツにおける反革命の世論は決定的となった。同時代を生き、晩年に『革命時代史』(一八四五年)を叙した歴史家B・G・ニーブーアにとって、「処刑というよりむしろ殺戮」の日のありさま、「いかに国王(=ルイ十六世)が賤民どもによって、もっとも不名誉なかたちで侮辱されたか」を回想することは、耐えがたく感じられたという。[73]

バスティーユ襲撃

レーベルクとフィヒテの革命論の出版背景として、こうした世論の転換という具体的状況をふまえねばならない。一言でいえば、一七九三年の言論状況は革命擁護派にとって著しく不利であった。しかも当時、フランス本国ではロベスピエールたち山岳派による悪名高い「恐怖政治」が猖獗《しょうけつ》をきわめていたという事情からも、革命擁護は相当な勇気を要することであった。実際にフィヒテは身の危険を避けるため、『返還要求』と『フランス革命論』を匿名で出版している(6: 45–6)。[74]

『フランス革命論』がレーベルクへの反論というかたちをとる以上、まずはレーベルクの議論の構造を見きわめる必要があろう。従来の研究でレーベルクの立論はほとんど考慮されてこなかった。その理由のひとつとして、多くの場合、フィヒテがレーベルクの主張を過度に戯画化し、正面からとりくまなかったことが挙げられよう。個々の論点に関するかぎり、フィヒテの批判はレトリックに流れ、上滑りしており、生産的な議論になっているとはいいがたい。にもかかわらず、『フランス革命論』の出発点はレーベルクの議論なのである。個々の論点は別にしても、作品全体としてみた場合、たしかにフィヒテの議論はレーベルク的思考枠組への全面的批判になっているのである。[75]

レーベルクは、フィヒテが戯画化したような強硬保守派ではなかった。むしろ、思想家としてのレーベルクの出発点はフィヒテとおなじように哲学であり、カント哲学の革新性をいち早く評価した人物でもあった。[76] ただし、フィヒテがカント哲学を自身の世界観の基礎に据え、そこから政治社会の問題に切り込んでいったのとは対照的に、レーベルクは「理論」Theorie と「実践」Praxis の厳格な分離を強調する。つまり、認識・道徳・政治といった諸々の領域において、たしかに「理論」は一定の原理原則をうちたてることができるかもしれないが、無限の可能性を内包する「実践」を規律するにはまったく不十分だというのである。同一の「理論」(原理)から、まったく正反対の「実践」を解釈によって正当化することさえ可能だと、レーベルクは論ずる。[77] 典型例として、『社会契約論』におけるルソーの議論がとりあげられている。[78] ルソーは政治社会の唯一正当な原則――「主権者たる自分以外の何者にも服従しないこと」――から、社会契約の論理を演繹する。しかし、ルソーのこうした理論は、絶対君主政の正当化にも、過激な民主政の正当化にもひとしく利用することができてしまう。つまり、「実践」を規律する枠組として、「理論」は役に立たない。複雑な権利関係を基礎とする身分制社会の統治を担う官僚でもあったレーベルクらしい議論といえよう。

したがって、レーベルクは政治社会を何らかの原理・規範によって理論化する途を拒否する。政治社会は歴史的形成物である。はるか過去に成立した政治社会に漸次、新たな人間集団が加入してくる場合、新たに加入する集団が政治的・市民的権利の点で既成集団に劣後するとしても、それはやむをえないことなのだ。[79] 身分制社会擁護の論理である。政治社会は、歴史的背景を背負わない抽象的個人によって構成されているわけではない。歴史を貫流する「世代」、すなわち諸々の「家系」Stamm による構築物なのである。ここから、「相続法」Erbrecht は単に民法上の規則として以上に、政治社会の歴史的連続性を保証する制度として評価されることとなる。

政治社会は次々に加入し、死とともに退場してゆく成員によって構成されている。それゆえ、国民のうちのすべての個人がおなじ時間を生きることはない。つまり、諸個人全員を包摂し、相互の諸関係を規定するような契約を締結するといったことはありえないのである。〔中略〕したがって、政治社会はひとつの世代の欲求のみに配慮するのではなく、見渡せないほどにつづいてゆく世代の層を包摂すべきなのである。自分たちの諸関係があらゆる面から一定の基礎を獲得し、持続的体制のたしかな根拠を証するまで、これら数多の世代は長い道のりを歩まねばならない。

人間は政治社会においては、両親が約束し、開始したものを保持するよう強いられる。子供あるいは、ほかの相続人が死者の地位を継承するよう強いられることがないならば、いかなる国家も存続することはできまい。契約当事者の片方が不確実な死を遂げることによって、偶然に義務が解除されてしまうならば、誰が契約などむすぶだろうか。したがって、相続法は政治社会の存続にとって自然なものであり、きわめて必然的かつ本質的であるので、すくなくとも相続法が多くの重要な点で導入されない政治社会はおそらく、かつて存在したためしがない。

（レーベルク『フランス革命研究』）

注意すべきは、レーベルクが身分制社会を理論的・倫理的に優れたものと評価したわけではないということである。身分制をそれ自体自然的・神的秩序として聖化する、バークやドイツ・ロマン派の論理とはまったく異なる。レーベルクは身分制社会をあくまでも事実上《デ・ファクト》の装置として、現状に一定の秩序を保障するがゆえに温存すべきと論じたのでである。

また、レーベルクはドイツ身分制社会の現状を全肯定するわけでもない。上級身分が閉鎖的なカーストと化すことは政治社会にとって不健全である。政治社会が歴史的堆積物として健全な発展をつづけるためには、身分間移動の流動性が欠かせない。「善き国制においては、高い階層への上昇が万人にとって可能でなければならない。これのみが住人の多様な階層を相互に結合し、そこからひとつの全体を生みだすのである。これを欠く場合、不動の真なる愛国心 Patriotismus が完全に支配的となることは一切不可能となる」[80]。『フランス革命研究』では具体的な改革策が提示されるにはいたらないが、後年のレーベルクは身分制、とくに貴族身分制の改革に統治官僚として乗りだしてゆくこととなる。この意味でレーベルクはむしろ、ダールマンやシュトルーヴェといった十九世紀ドイツ自由派の先蹤《せんしょう》といってよい[81]。無論、改革は当該社会の歴史的来歴を前提としたものであるべきである。したがって、青年期以来、英国国制の機能性を高く評価していたレーベルクが、社会構造の異なるドイツに英国国制を移植する試みには終始批判的だったとしても、不思議ではない[82]。レーベルクの思想的立場は陰翳に富んでいた。

しかし、フィヒテの描くレーベルクはどこまでも、詭弁を弄する「ソフィスト」である。レーベルクの論理の微妙な襞にわけいることはせず――意図的かどうかはともかく――フィヒテは一貫してレーベルクを頑迷な保守派として描く。それゆえ個々の論点をめぐるフィヒテの批判を追うことは不毛な試みに終わろう。フィヒテにとって重要なことは、身分制社会の事実性を容認するレーベルクの立論の前提そのものを突き崩すことであったからである。

(2) 国家と革命

「歴史」Geschichte と「真理」Wahrheit の対抗関係は、『フランス革命論』全体を貫流している。フィヒテは両者を相容れないものとみなした。

フィヒテによれば、政治社会の「あるべき」秩序を「歴史」から導きだすことは不可能である。そもそも、過去の事実の集積体にすぎない「歴史」のなかに、「あるべき」秩序のすがたを探しもとめることは、論理的に矛盾をきたしているのではないか(6: 50–5, 65ff.)。また、過去と類似の原因から類似の結果が生じるともかぎらない。人間の行為と事績が一回的なものであるとすれば、過去の「歴史」から一般法則を帰納する試み自体が無益なものとなろう。結局のところ、「歴史」は「経験則」Erfahrungsgrundsätze にすぎない。したがって、道徳的真理を「経験則」によって基礎づけることは、道徳律に対する「感性」や「傾向性」の支配をゆるすことにひとしいのである。「何があるべきかという問いに対して、何が起こるか、何が起きたかという回答で済ませる」ことはゆるされない。『フランス革命論』のフィヒテはこのように、「歴史」的認識に対して実に厳しい態度で臨んでいる。事実命題である「歴史」から規範命題を導くことの論理的瑕疵が、くりかえし強調される。いうまでもなく、政治社会の事実性を前提として議論を展開するレーベルク的思考の拒絶であった[83]。フィヒテにとっては、政治社会を「歴史」という「偶然」の集積体とみなす姿勢そのものが耐えがたかった。

他方で「歴史」的認識に対置されるのが、「真理」の世界である(6: 41–2, 77–8)。「真理は、学校の排他的相続財産ではない。それは人類の共有財産なのである」。「あなたが、真理であるがゆえに真理を愛するよう陶冶されないかぎり、あなたは我々にとってまったく役に立たない。なぜなら、真理こそ、正義であるがゆえに正義を愛することへの第一準備であるからだ。真理こそ、性格の純粋な善良さへの第一歩にほかならない」。すでにみてきたように、当時のフィヒテにとって、「真理」とはすなわち、カント哲学――フィヒテは「[フランス革命以上に]より重要ないまひとつの革命」(6: 41)と讃える――を意味した。『フランス革命論』において、フィヒテはカントを、イエスやルターとならぶ、第三の賢者とまで高く評価する(6: 104–5)。政治社会の「正当性」は、カント哲学という「真理」を尺度としてのみ測定できるのである。「おお、すべての人間に、もっとも明瞭で活力あふれる真理が広まらんことを！　あらゆる誤謬と偏見が地上から駆逐されんことを！　そうすれば、地上には天国が訪れように」(6: 78)。『返還要求』とおなじように、ここでもフィヒテが政治論の基礎とするのは、自然状態論と社会契約論であった(6: 80–2)。「正当に政治社会を設立する基礎としては、構成員間の契約以外は考えられない」。「歴史」的論理を拒否する以上、当然の選択である。

社会契約論の基礎となる人間観も『返還要求』のそれが踏襲される。つまり、人間は理性的感性的存在であり、その究極の存在意義は道徳的自律にこそある(6: 58–61, 73–6)。フィヒテはここで内なる道徳律(「良心」)を「自我の純粋形式」といいかえている。

> この我々の自我の根源的かつ不変の形式は、我々の自我の可変的形式――この部分は経験によって規定され、また他方で経験を規定する――をそれ自身と一致させることを欲する。そうであるがゆえに、命令 Gebot と呼ばれる。この自我の純粋形式は、同様のことをあらゆる理性的存在にひとしく要求する。そうであるがゆえに法則 Gesetz とよばれる。この自我の純粋形式は同様のことをただ自由な行為――すなわち、自然必然性ではなく理性だけに依存する行為――のためだけに要求する。そうであるがゆえに道徳律 Sittengesetz とよばれる。我々自身におけるこの表出のもっとも一般的な名称、もっとも無教養な者さえも知っている名称は、良心 Gewissen、我々の内なる裁判官、自分自身を告発し、赦しをあたえる思考等々である。　(『フランス革命論』)(6: 59–60)

不変の内なる道徳律を出発点とした、人間の生得的権利(「原権利」Urrecht)の分類も『返還要求』と共通している(84)。まず、道徳律によって「許容」された権利があり、そこからさらに、道徳律の実行に不可欠な「不可譲的権利」と、道徳律が命令も禁止もしていない「可譲的権利」に分かれるという構成である(6: 59–61)。そして、社会契約によって国家に譲渡されうるのは、あくまでもこの「可譲的権利」の一部にすぎないのであり、結果として国家権力は限定された、最小規模の秩序として構成される。こうした国家理解も『返還要求』から変わっていない。

一方で『フランス革命論』のフィヒテは、人間の感性的生存の側面を詳細に論じている。とくに「所有権」Eigenthum の問題である(6: 117–28)。人間の究極目標が「良心」への服従、すなわち道徳的自律にあることはたしかだとしても、感性的存在としての人間は、生物的欲求を満たすことによって生存をはからねばならない[85]。そして、生存のためにはまず食糧を「所有」することが不可欠である。では、いかにして人間は物件を「所有」できるのだろうか。それは「労働」Arbeit にほかならない。人間にとって絶対不可譲の「所有物」とはいうまでもなく自己の身体である以上、自己の身体を使用することで、つまり自分の「労働」を投下することで獲得した生産物もまた、自分の「所有物」となるはずである。狩猟・採集によって獲得した物も、土地を耕して収穫した物も、いずれも自身の「労働」の産物という点では共通している。そして、このように獲得した所有物の処分は、各人の自由(「選択意志」Willkür)にゆだねられる。もちろん、他者と「契約」をむすぶことで、売買・贈与・交換の対象とすることもできる。所有物の利用はいうまでもなく、「可譲的権利」に属するからだ。

さらにフィヒテは、「社会」Gesellschaft と「国家」Staat の領域を厳密に区別する(6: 128–30)。かれによれば、「労働」と生産物の交換を通じて生活する人間集団は仮に「国家」が存在しない自然状態においても、一定の秩序を形成しうる。つまり、「万人の万人に対する闘争」というホッブズ的自然状態論は明確に退けられるのである。

> この点に関しては、自然状態についてのかの古き謬見――かの万人の万人に対する闘争こそが正当であるはずであり、この地では強者の権利こそが妥当するはずだという見解――に責任がある。そこでは人びとは、自然状態においてはふたりの人間がすこしでも近づけば、それだけで、相手を捕獲して焼いて食うに恰好な獲物とみなし

てよいと考えたのである。〔中略〕

もちろん、人間が第一の意味における社会〔＝物理的な人間集団〕において、互いに共存することは道徳的に可能である。第二の意味における社会、すなわち契約によって成立する政治社会に入ることなしに可能なのである。自然状態でも、人びとは相互に権利と義務を有する。自然状態の人間存在に共通する法則――これら権利と義務を十分明快に規定する法則――は自由の法則 Freiheitsgesetz である。その根本定理は、他者が汝の自由を棄損せぬかぎり、他者の自由を棄損してはならない、というものである。

（『フランス革命論』）(6: 129-30)

このように自然状態(「社会」)の秩序形成力を高く評価することは、逆にいえば、「国家」の役割を最小限に圧縮することを意味する。フィヒテの秩序像は同心円状をなしている(6: 130-2)。まず、人間は他者の存在を前提とせずとも、みずからの内なる道徳律(「良心」)に服従する義務を負う。つぎに、人間集団のなかに、すなわち複数の他者のなかに置かれたとき、道徳律は「他者が汝の自由を棄損せぬかぎり、他者の自由を棄損してはならない」と命ずることになる。これが「自然法」Naturrecht である。さらに、人間は「自然法」に反しないかぎりにおいて、他者と「契約」をむすび、自分の「可譲的権利」――いうまでもなく所有権が典型例――を売却・譲渡したり、他者の「可譲的権利」を獲得することができる。これが「選択意志」の領域である。そして、最後に、社会契約をむすぶことによって、そうした「可譲的権利」の一部を譲渡し、「国家」に加入することができる。したがって、「国家」が管轄する権利は、人間の社会生活上、ごくわずかな部分に限定されるのである。

このような国家権力の圧縮傾向をより先鋭化させているのが、「契約」の構成である。フィヒテは契約を、自分と他者との意志の一致と定義する(6: 111-6)。つまり、両者の意志が一致した瞬間、契約は締結され、履行義務が発生するのである。逆に、一方の当事者の意志が心変わりなどで消滅した場合、その時点で契約は消滅し、履行義務からも解放される。片方がすでに義務を履行していた場合には賠償・原状回復義務のみを負うことになる。以上の契約論は、政治秩序にとって破壊的な影響をおよぼさざるをえない。というのも、この論理にしたがえば、特権身分との契約も、「国家」との社会契約も、本人の意思次第でいつでも解除可能ということになるからである。レーベルクが擁護したような政治社会の「歴史」性を、フィヒテはここで意図的に切断している。

平民身分は特権身分との契約をいつでも解除することができる(6: 157–89)。そもそも、特権身分が平民に対する人格的拘束の権利を相続すること自体が不正である。また、そのほかの財産などをめぐる契約についても、平民が一方的に解除してかまわない。これまで長い間、一方的に「労働」や財産を提供してきたのは平民の方なのだから、契約解除による損害賠償の必要もない。契約解除によって特権身分が困窮するとしたら、特権身分は働けばよいではないか。「自然法」の論理からすれば、「労働」こそが所有権の唯一の源泉なのだから。「地上の人間の誰ひとりとして、みずからの力を使用せずにすませ、他人の力によって食わせてもらう権利をもたない」(6: 188)。フィヒテが「労働」を所有権の源泉と定義した背景には、「労働」を下級身分に押しつけ、「浪費」Verschwendung や「奢侈」Luxus に耽溺する特権身分にむけた批判があったことはいうまでもない。フィヒテによれば、「浪費」や「奢侈」は、染みついた「慣習」Gewohnheit のなせる業にすぎず、権利問題とは一切関係がない(6: 183ff., 186–9)。不正な「慣習」は廃止するほかない[86]。

さらに「国家」との社会契約についても、事情は同様である。つまり、各人はいつでも一方的に社会契約を解除することができるのであり、そのさいにも損害賠償は一切請求されない――所有権も、知的陶冶も自分の活動によって獲得したものだから――ということになる(6: 147–8)。そして、多数の人間が一斉に「国家」から脱退し、新たな「国家」を社会契約によって創設した場合、「革命」Revolution が生じるのである。だが、かならずしも「革命」は戦争や無秩序を意味しない。すでにみたとおり、フィヒテの「社会」観にしたがえば、自然状態で複数の個人が一定の秩序を維持して共存できるのとおなじように、複数の国家もまた、自然状態において平和的に共存できるはずだからである。「ふたつの国家が並立しており、これらはあらゆる諸国家が互いに対して行動するように行動するのであり、これはすなわち、社会契約をむすぶことなく、諸個人が自然法の法則にしたがって共存しているのとおなじことである」(6: 148)。

ここまでみてくれば明白なように、『フランス革命論』のフィヒテは、「国家」にほとんど秩序維持機能を認めていない。かれの論理にしたがえば、「国家」は自律的な権力装置としての条件をほとんど奪われてしまっている。要するに国家は各人の限定された私的権利を管理するためのほぼ名目上の存在と化さざるをえないのだ[87]。

他方でフィヒテは、『返還要求』で展開された絶対主義批判をさらに先鋭化させている(6: 93-8)。すなわち、「あらゆる君主政の傾向は、国内に関しては絶対的単独支配 uneingeschränkte Alleinherrschaft であり、国外に関しては普遍君主政 Universalmonarchie である」。ここでの「普遍君主政」とは、欧州全土の侵略をめざす帝国的支配の意である。つまり、絶対主義は人民の「幸福」を促進するどころか、正反対の帰結をもたらすこととなろう。「内外にむけた、この絶えざる勢力拡大の努力は、諸国民にとって大いなる不幸である」。「あらゆる絶対君主政は普遍君主政をめざすものなのだ」。また、十八世紀欧州に確立した勢力均衡の外交政策――軍事同盟による合従連衡を通じて、ある一国の突出した強大化を抑止する政策――についても、仮借ない批判を加えてゆく。フィヒテによれば、勢力均衡の内実は、自己中心的な勢力拡大をめざす各国の競争の間にかろうじて成立した危うい「均衡」Gleichgewicht にすぎない。かくして絶対主義の政治体系の秘密は、内政・外政の連動にもとめられることとなる。

この精巧な欧州の政治機械の多様な歯車の回転は、つねに人類を活動に駆りたて、疲れさせるのみであった。それは、国内外の相争う諸勢力による永遠の闘争であった。国内においては、身分制の従属関係という驚嘆すべき人工物を通じて、主権者は自分のすぐ下の身分を抑圧した。この抑圧された者は、さらにすぐ下の身分を抑圧した。この連鎖が、土地を耕作する奴隷にまで下っていったのである。さらにこれらの諸勢力は上から加えられた圧力に抵抗し、ふたたび上の方へと押し返した。こうして、機械の多様な作用と、それを動かす人間精神の弾力性によって、この奇妙な人工物——自然を冒瀆するように組み立てられた人工物——は維持され、出発点においては同一であっても、多種多様な産物を生みだすこととなった。ドイツでは連邦共和制〔＝神聖ローマ帝国〕を、フランスでは絶対君主政を生みだすこととなった。国内のような従属関係の存在しない対外関係においては、作用と反作用が、普遍君主政への不断の傾向——つねに明確に意識されていたわけではなかったが、それでもあらゆる企ての最終目標であった——によって規定され、維持された。
(『フランス革命論』(6: 96–7)

こうした絶対主義の行きつく先は、人民に対する極端な精神的後見にほかならない。かつて「あらゆる君主政の模範」と仰がれたローマ教皇が試みたように、人民の精神を強制し、束縛することによって絶対主義権力は完成を迎えることとなろう(6: 98ff.)。「人間における自律性の最後の萌芽を抹殺するため、人間を受動的にするため、自分の意見を他所の権威に依存させるようにせよ。これこそ、そのうえに恐るべき普遍君主政が打ち建てられる根本定理である」。「自分が信ずるものを自分で決められない者は、自分の行動を自分で決めようとはしなくなるのだ」。

にもかかわらず、フィヒテは現状の暴力的「革命」を是認しない。漸進的改善こそがもとめられるべきなのである。この点では『返還要求』も『フランス革命論』も共通している(6: 44)。あれほど同時代の国家批判を展開し、「国家」の権利を極限までそぎ落とす一方で、フィヒテは直接的な革命行動を戒めた。

人類の諸々の国制、すなわち、人類共通の貧困の元凶はもちろん、これまでのところ改善されてはこなかった

——さもなくば、現状はもっとマシなものになっているだろうから——しかし、国制は改善されねばならない。我々が人類史を眼前に追うかぎりでは、こうした改善は二通りのやりかたで試みられてきたし、人類史がつづくかぎり、今後も試みられるだろう。二通りとは、暴力的な跳躍によるか、漸進的で時間のかかる、しかし確実な進歩によるか、である。跳躍、すなわち、暴力的な国家転覆によって、人民は半世紀の間に千年分の前進を達成することができる——しかし、この半世紀は同時に貧困で苦労多きものである——他方でまた同様に、人民は退行し、前世紀の野蛮に投げ込まれる恐れもある。世界史は以上のふたつの可能性を確証する。暴力革命はつねに、人類にとって大胆な冒険である。もし成功すれば、獲得された勝利は耐え抜かれた災厄に見合うものとなろう。もし失敗すれば、あなたたちは自分自身を貧困を通じて、より大いなる貧困に押しやることになる。大いなる啓蒙、同時に国制の改善への漸進的進歩のほうが、より安全である。あなたたちが達成する進歩は起こっても、より地味である。しかし、ふりかえってみれば、長い道のりを歩んできたことを発見するだろう。我々の現世紀において、人類はそのようにして——とくにドイツにおいて——人目にふれずに多くを達成してきたのである。

(『返還要求』)(6: 5–6)

では、具体的にフィヒテはいかなる改革の方策を念頭に置いていたのか。『フランス革命論』はこの点に関してほとんど沈黙している。当時のフィヒテは、「国家」の脱構築には積極的であったが、秩序形成にむけた建設的意志にとぼしい。断片的な記述からみるかぎり、フィヒテにとってのあるべき「君主」(「執行権」)とは、法律の機械的な執行に限定された機関のようにみえる(6: 243)。「法律は君主を通じて支配せねばならず、君主自身も厳格に支配せねばならない」。「君主は君主として、法律によって息を吹き込まれる機械であり、法律なしに命はないのである」。他方で、フィヒテは君主権力の制限を実現すべき制度的保障としての政体論については一切語っていない。

当時のフィヒテが君主権力の制限機能を「思想の自由」にみたことは、疑いない。『返還要求』とおなじように、ここでも「思想の自由」の価値が強調される(6: 98–100)。「無制限の思想の自由と絶対君主政はならび立たない」。すでにみたように、絶対主義権力の本質は、人民の精神の不断の「後見」にもとめられるからだ。フィヒテはカントに倣い、「思想の自由」の擁護者としてのフリードリヒ二世やルターの功績を高く評価するのである。「みずからの悟性を自由にする者は、すぐに自分の意志も解放するだろう。不滅のフリードリヒよ、これこそが後世の判断において、あなたの名誉を救い、あなたを抑圧的な専制君主どもの群れから際立たせ、自由への諸国民の教育者の名誉あふれる列にあなたを加えたのだ」。

だが、やはりここには不均衡があるように思われる。というのも、あれほどに国家権力に対して破壊的な理論構成をとったにもかかわらず、現実的提言は、啓蒙絶対君主による改革への期待にとどまっていたからである。フィヒテは暴力革命を拒み、あくまでも漸進的な「啓蒙」を選ぶ。しかも、その「啓蒙」の完成はあくまでも「上から」来るものとして前提されている[88]。「まず認識、それから正義への真摯な愛を獲得し、我々の影響範囲のかぎりで両者を周囲に広める」ことが重要なのであり、そうすることで「自由の尊厳は下から上に昇ってゆく」。一方で、「解放は無秩序なしに、上から下へのみやってくるのである」(6: 44)。だが、フィヒテの描く「君主」、すなわち、「法律」の純粋な執行者にとどまる「君主」が、果たして大胆な改革を達成することができるのだろうか。あるいは、どのような「法律」をあるべきもの――「思想の自由」が中核をなすことは確実だとしても――と考えているのか、この点に関するフィヒテの論述は、曖昧さを残したままである。ただ、かれが既存の政治社会に対して激しい不満をいだき、打破しようとしていること、これだけは明白であった。

第二節　世襲貴族制批判――フィヒテとモンテスキュー

(1)「世論の貴族」と「権利の貴族」

フィヒテにとって、君主政と身分制社会は一体をなすものであった。したがって、単に強権的な君主政的支配を否定しただけでは、同時代批判として十分とはいえなかった。君主政は身分制社会という社会構造との関連のもとに把握されねばならないからだ。すでに初期作品「眠れぬ夜の断想」において、フィヒテは統治機構と身分制社会を一体として批判し、理想国家における世襲身分制の廃止を展望していた。また、『フランス革命論』が身分制社会を基礎づける「歴史」の論理を退け、「真理」の世界――カント哲学を機軸とする自然法論――を対置したことも、すでにみた。そして、『フランス革命論』の第二部において、フィヒテは本格的な身分制批判へと進んでゆくのである。『フランス革命論』のフィヒテは、諸々の身分団体を「国家のなかの国家」として位置づける(6: 148–54)。とくに貴族制はフィヒテにとって、身分制社会の象徴であった。

> 貴族は、未成年状態の諸国民の貧弱な文化と富の排他的所有者ではもはやなくなって以来、危険性は減じたとはいえ、しかし依然として、国家のなかの国家である。それは党派心、通婚、依然として存在する特定の奉仕への排他的権利によって分離されている。貴族はせいぜい、人民がなおも専制へのそうした防波堤を必要とするようなところにおいてのみ許容できるものだ。(『フランス革命論』)(6: 152)

フィヒテの身分制批判は結局のところ、貴族制批判に行きつかざるをえない。注目すべきは、賦役・騎士領・公職優先権といった個々の特権に対する批判とは別に、『フランス革命論』第五章が貴族制の存立根拠そのもの、いいかえれば、貴族制の「起源」についての論究に充てられている点である。すでにみてきたとおり、『フランス革命論』の主調音は純理論的な自然法論である。そうであるがゆえに歴史的議論――歴史哲学ではなく、具体的な史論――を展開する第五章は同書のなかでも一際異彩を放っている。(89)

フィヒテが論敵に選んだのは、モンテスキューであった。

わたしは、自分がその肩に乗った偉大な人物〔＝モンテスキュー〕に対する尊敬を否定しようとは思わない。もし、わたしがかれに支えられ、かれよりも遠方まで眺めることができたとしても、である。文藝の領域の偉大な人物のひとりが、まさしくとてつもない知識と驚嘆すべき明敏さによって、先入見――本来ならば、かれの諸特性がそうした見解からかれを守ってくれるはずなのだが――の擁護に導かれてしまうのを見るのは、むずがゆいというよりも注意を喚起する眺めというべきである。

(『フランス革命論』)(6: 207)

フィヒテがモンテスキューを論敵として選んだとしても、それは決して不自然なことではない。というのも、モンテスキューは政治学史上、君主政と身分制社会の守護神ともいえる思想家だったからである。(90) 主著『法の精神』(一七四八年)は、政体を単に統治機構の観点から分析するのではなく、統治機構を成り立たしめている基層、すなわち社会構造と統治機構との相互作用、さらには政体を存立させる中核的価値(「原理」princip)についての探究であった。モンテスキューによれば、「君主政」の強みは、社会に多様な身分団体(「中間権力」pouvoirs intermédiaires subordonnés et dépendants)が一定の特権と自律性――それは「名誉」honneur とよばれる――をもって存在し、君主の政治権力行使を事実上制限する点にある(EL: 2-4)。(91) 「中間的、従属的そして依存的な諸権力は君主政、つまりは一者が基本法によって統治する政体の本性をなしている」。「実際、君主政において、君主はあらゆる政治的市民的権力の源泉である。これらの基本法は必然的に、権力が流れる中間水路を前提とする。国家において、一者のきまぐれと一時的な意志しか存在しなければ、何も固定されえず、結果としていかなる基本法も存立できなくなってしまうからである」。そして、「中間権力」の最たるものが、貴族身分にほかならない。「もっとも自然な中間的従属的権力は貴族のそれである。どういう方法においてであれ、貴族は君主政の本質をなしている。その根本格率は、君主なくして貴族なし、貴族なくして君主なし、というものである」。君主といえども、貴族の「名誉」に反する行為を命令することはできない。「名誉の本性は優先と特別待遇を要求する」(EL: 3-7)。「君主政においては、法律・宗教・名誉が命ずるもののなかに、君主の意志への服従以上のものは何もない。しかし、この名誉が、君主は我々にとって不名誉な行為を命じてはならないと命ずる。なぜなら、そうした行為は我々をして、君主に奉仕することを不可能にしてしまうからである」(EL: 4-2)。これに対して、おなじ単独者統治でも「専制」の権力は無制限である。「君主政」の基層をなす身分制社会および「中間権力」が、一切存在しないからである(EL: 2-4, 3-8, 9, 10)[92]。モンテスキューは、十八世紀欧州の基調をなす君主政と身分制社会をこのように弁証した。かれによれば、政治権力が最悪の「専制」に堕することを防ぐためには、身分制社会――とりわけ貴族身分――の自律性をなるべく温存せねばならないということになる。「君主政は優越、序列、さらに出生による貴族身分をも前提としている」(EL: 3-7)。

モンテスキュー

十八世紀ドイツにおいて、モンテスキューはもっともよく読まれた作家のひとりであった[93]。モーペルテュイなどは、万民に法をあたえた賢者として、ソロンやリュクルゴスといった古代の立法者に比肩する人物と評したほどである。無論、モンテスキューは多様な解釈をゆるす思想家である。かれの著作のどの部分に着目するかは、読者の関心に応じてさまざまであった。それでも、ドイツにおける典型的なモンテスキュー像は以上のごとき、身分制社会と穏和な君主政に関するもっとも洗練された理論家というものであった。つまり、フィヒテのモンテスキュー批判は、モンテスキューの権威を奉じる同時代のドイツ知識人たちにむけられた批判でもあったということになる。

『フランス革命論』第五章の貴族制論において、フィヒテは「世論の貴族」Adel der Meinung と「権利の貴族」Adel des Rechtes という独自の分析概念を導入する。「世論の貴族」とは、優れた功績をあげた人物の子々孫々に祖先の名声が継承されてゆく現象を指す。だが、継承されるのはあくまでも「世論」における名声だけであり、法的特権とは無縁である。この「世論の貴族は、人間集団が継続的な結合と交友のもとに生活するところでは、かならず形成される」。いまひとつの「権利の貴族」とは、特定の法的権利(「特権」)——「世論」における名声とは厳密に区別される——が、業績原理ではなく、血統、すなわち出生原理によって相続されてゆく現象を指す。中世以来の欧州における世襲貴族制が典型例である。つまり、フィヒテにとって「世論の貴族」はあらゆる地域・社会に普遍的な現象であり、それ自体としては何ら非難の対象にならない。他方の「権利の貴族」は、中世以来の欧州に特殊な現象であり、フィヒテはこちらを徹底的に批判してゆくのである[94]。

しかし、古典古代、つまり古代ギリシア・ローマにも貴族は存在していたのではなかろうか。そうした疑問に対して、フィヒテは史論をもって答える。

古代ギリシアには「世論の貴族」以外を確認することはできない。すくなくとも、名声や富といった事実的権力とは区別された意味での法的特権が出生によって相続された例は見当たらない(6: 192-3)。唯一の——だが不完全な——例外とみなしうるのは、スパルタの事例である。スパルタは、ヘラクレスを祖先とする二頭王制を有していたからである。これは「権利の貴族」にあてはまらないのか。フィヒテに言わせれば、スパルタの王権にとって、ラコニアは世襲領地のごときものであった。したがって、かれらの特権はあくまでも世襲土地保有から生じているのであり、直接に出生に依るわけではない。それゆえ、スパルタ王権は「権利の貴族」というよりは、むしろ「授封貴族」に近いとされる。

これに対して、ローマの場合は事情がやや複雑である。フィヒテのローマ史理解によれば、一時期は「権利の貴族」が存在したものの、それはあくまでも「偶然と暴力的抑圧」によって成立したものであった。フィヒテは、ローマにおける貴族制を王政期・初期共和政期・盛期共和政期の三段階に分ける。

まず王政期において、初代王ロムルス――「飽くことなき戦闘者であり、我意の強い統治者」――が、軍事的必要から「パトリキ」Patricier と「プレプス」Plebejer という身分制を創設した。前者は少数の富裕な騎士層を、後者は重装歩兵層を構成した(6: 194–5)。ただし、パトリキの権威は富を根拠とするものであり、法的権利(「特権」)の血統による相続(世襲貴族制)とは異なっていた。それゆえ、プレプスからパトリキへの身分移動も可能であったとフィヒテは推論する。ロムルスの死後、「貨幣貴族」Adel des Reichthums が形成されたものの、それもやはり世襲身分制とみなすべきではない。かれらの権威も「直接的に出生にもとづいていたわけではまったくなく、相続された富を媒介として基礎づけられていた」にすぎないからである。つまり、王政期のパトリキは全体として、「世論の貴族」以外の何物でもなかった。

ところが共和革命によって事態は一変する。王政廃止の混乱に乗じて、パトリキは勢力拡大に転じ、プレプスの圧迫に成功してしまったからである(6: 195–6)。フィヒテによれば、この時期、パトリキは「世論の貴族」ではなく、法的特権を出生によって相続する、本来の「権利の貴族」と化していた。もちろん、それは「国制にもとづくものではなく、偶然と暴力的抑圧にもとづくものにすぎなかった。かれらの権利は、不正な権利であった」。しかし、パトリキの天下は長つづきしなかった。一旦は抑圧されたプレプスであったが、次第に勢力を挽回し、みずからの権利要求を貫徹してゆく。身分闘争である。そして、身分闘争の果てに、パトリキの法的特権は事実上廃止され、パトリキとプレブスとの法的平等が達成されるのである。

身分闘争以後のローマ貴族(「名門」Nobilität)は、典型的な「世論の貴族」だった。元老院を構成する「名門」の条件は、祖先が執政官をはじめとする高級政務官職に就任していることであり、法的特権はともなわなかった(6: 193-4)。つまり、業績原理こそが最重要視されたのであり、そうであるがゆえにキケロのような「新人」novi homines も元老院の一員たりえたのである。「古来の氏族は自分たちの威信への排他的特権をほとんどもたなかったので、むしろ、人民は時機に応じて、まだ無名の新しい氏族の地位を高めることに喜びを見出したのである。これら新たな氏族の長たちは自分たちの血統が無名であることをすこしも恥じることなく、むしろ、自分たちがみずからの力によって、いかなる祖先の名声にも支えられることなく成り上がったことを世間に想起させることに誇りをもったのである」(6: 193)。

このようにフィヒテは、古代ギリシア・ローマにおける「権利の貴族」の不在を確認する。なぜ、あえてフィヒテは古典古代を論ずることからはじめたのか、その含意は明らかである。伝統的な政治学史において、古代ギリシア・ローマの政体は模範であった。近代に移行するにつれて、古典古代の実例を完全に無視するホッブズのような思想家も登場してくるが、あくまでも例外にとどまっていた。十八世紀にいたっても、ドイツのみならずフランス、英国、そしてアメリカにおいて古典古代は依然として強力な権威を有していたのである。かくのごとき状況にあればこそ、「権利の貴族」を批判するにあたり、フィヒテはまず古典古代における「権利の貴族」の不在証明から出発したのである。実力と業績の結果としての名声に基礎づけられた「世論の貴族」はともかく、「権利の貴族」、すなわち世襲貴族制は古代世界には原則として存在していなかった(95)。そのようにフィヒテは強調する。

だが、ここまでは前哨戦である。フィヒテは古典古代における「権利の貴族」の不在を前提としたうえで、やがて真の標的に移ってゆく。批判の主眼はあくまでも、同時代の欧州の貴族制にあった。いよいよ欧州における貴族制の「起源」をめぐって、モンテスキューとの本格的な対決がくりひろげられることとなる。

（2）「名誉」批判――世襲貴族制の起源をもとめて

モンテスキューは、『法の精神』末尾の第三十・三十一章を封建制の成立史に充てた。それは単に古事学的関心によるのではない。封建制成立史とはとりもなおさず、君主政の基層となる身分制社会の、あるいは「名誉」原理の成立史を意味していたのである。[96]『フランス革命論』においてフィヒテが主に引照するモンテスキューの議論は、まさしくこの点にかかわってくる。

モンテスキューは封建制の成立過程を、原初のゲルマン社会・フランク国制・封建政体の三段階で跡づける。まず、始点となるのが、ローマ帝国の「征服」conquête 以前のゲルマン社会である。モンテスキューは、主にタキトゥス『ゲルマニア』に依拠しつつ、原初状態のゲルマン人を、農耕・貨幣をもたない純粋な牧畜民として描きだした(EL: 18–13, 14, 22)。「牧畜民族は大きな自由を享受した。かれらはまったく土地を耕作しなかったように、土地に執着しなかったからである。かれらは非定住民であり、放浪民である。もし首領がかれらから自由を奪おうとすれば、かれらはまず、ほかの首領のもとに自由をもとめるか、家族とそこで生きるために森に引っ込むことだろう」。ゲルマン人の習俗は粗野そのものであるが、同時に「奢侈」も権力への隷属も知らず、「名誉」を最上のものと重んずる独立不羈《ふき》の気概をもっていた(EL: 18–23, 24)。ゲルマン社会では「体面」point d'honneur は命にかかわる価値をもち、決闘裁判の慣行が定着していたという(EL: 28–17, 18, 20)。「力・勇気・武勲が名誉とみなされる戦士的民族においては、奸策・狡知・計略、つまりは臆病から生じる犯罪こそ、真に忌まわしきものなのである」。十八世紀の貴族身分の「名誉」観念の原型を、モンテスキューは原初のゲルマン社会に見出すわけである。

さらにゲルマン的な「名誉」観念の制度的表現として、モンテスキューは「従士制」compagnons の存在を指摘する(EL: 30-3)。ここでかれがタキトゥスの『ゲルマニア』第十三・十四章の記述に全面的に依拠していることは、いうまでもない[97]。

自分が選んだ若者たちの一群につねに囲まれていることは、威信 dignité であり、力である。それは平時にあっては装飾であり、戦時にあっては防塞である。もし、ある人物が自分の従士の数と勇気によって他から抜きんでた場合、かれは自他の国民のなかで有名になる。かれは贈物を受ける。あらゆるところから使者がやってくる。しばしば、名声は戦争の勝敗を決する。戦闘にさいして、勇気の点で従士に劣ることは主人にとって不名誉 honteux である。主人の武勇 vertu に匹敵しないことは、指揮下の軍隊にとって不名誉である。主人が死んで自分が生き残ることは、永遠の不名誉 infamie である。もっとも神聖な務めは、主人を守ることである。〔中略〕主人は気前の良さを、戦争と略奪によってのみ支えている。かれらに土地を耕作し、収穫を待つよう説得するよりも、敵を集めて負傷することを説得するほうが簡単だろう。かれらは血で獲得できるものを、労苦によって獲得しようとはしないだろう。

(モンテスキューによるタキトゥス『ゲルマニア』第十三・十四章の意訳)(EL: 30–3)

従士制的主従関係の核心は、法的権利・制度にはない。あくまでも、主人である勇猛な武将と従士たちとの個別的人格的関係こそが、従士制を成り立たしめている。しかも、ゲルマン人は農耕民族ではなかったため、従士への報酬は武具・食糧であった。「かくしてゲルマン人には封臣はいたが、封地はなかった。封地は一切なかった。主人たちが、あたえるべき土地を一切もたなかったからである」。

だが、ローマ帝国の「征服」にともない、ゲルマン的国制は変容を被ることになる。第二段階としてのフランク国制の成立である。「征服」の過程で、牧畜民たるゲルマン人はガリアに定住し、農耕に従事するようになった(EL: 30-16, 17)。かつての従士はいまや、土地を報酬として主人に臣従する「封臣」vassal と化す。被征服民との関係という新たな問題も浮上してくる。その結果、フランク王国で成立したのは、いわば自由人支配と封臣支配の二元体制とでもいうべき国制だった。つまり、王権は家臣を公職「伯」comte に任命し、管轄地域内の自由人の保有地(「自由地」)を保護・管理させる。他方で、封臣が臣従契約によって獲得した「封地」fief は、伯権力の管轄外に置かれた。封臣を監督するのは、臣従契約をむすんだ直接の主人、すなわち王ということになる。ここでも王と封臣との関係の根本は、個人的人格的関係に帰着するのである。ただし、モンテスキューによれば、伯の公職も封地もいまだ世襲化はされておらず、一代限りの授与であった。したがって、王権の自由な判断によって、伯権力や封地を召し上げることも可能であった。

しかし、第三段階の封建政体になると、王権の自律性は極度に制限されてしまう。ここまでの間に、大部分の自由人は保有する自由地を有力者に寄進し、封地として保有するようになり、結果として伯権力は有名無実化していた(EL: 31-32)。フランク国制における二元体制は決定的に崩壊したのである。これに加えて、王との臣従契約によって得た封地を、さらに陪臣に封地としてあたえる慣行が成立し、権力の遠心化は加速する。「封地の世襲制と復封地の確立は政府を消滅させ、封建政体を形成した。王たちがかつて保持した無数の封臣たちのかわりに、いまや若干の封臣があるのみであり、そのほかの者たちはこれら封臣たちに従属した。王たちはもはやほとんど直接的権威をもたなかった。〔中略〕これほど巨大になった封臣たちはもはや王には服従しなかった」。こうして封地の世襲化が一般化し、封建制が成立したというわけである。

封建制成立史とならんで、貴族の起源をめぐるモンテスキューの見解も興味ぶかい。フランク王国内に単一の自由人身分のみを想定する先行学説を批判する文脈において、モンテスキューは「貴族」の起源が封地授受の慣行に先行したと断言している(EL: 30–25)。「随身も直参も、かれらが封地を有したがゆえに随身または直参であったのではなく、かれらが随身または直参であったがゆえに封地をあたえられたのである」。すでにみたように、原初ゲルマン社会における従士制のもとでは、王が従士たちに軍事的奉仕の報酬として、食糧や家畜を分配していた。ここでモンテスキューは、自由人の誰もが従士たりえたわけではなく、特定の血統・家門出身者のみが従士になれたのだと強調する。いいかえるならば、特定家門出身者はガリア「征服」以前から、すでに原初的「貴族」として認められていたということである。「これらの家門（＝貴族）は、直参としての威信によって、また封地のために托身できるという特権によって抜きんでていた」。したがって、「征服」後の封建貴族に関しては、主人からの報酬が食糧や家畜から「封地」に変化しただけにすぎない。つまり、モンテスキューは、出生貴族――フィヒテの用語によれば「権利の貴族」――の存在を原初的制度とみるのである。[98] モンテスキューにとって、貴族制はある特定の歴史的条件のもとに創出された制度であってはならなかった。貴族制は政治社会の起源と不可分なのである。

　フィヒテの議論をみてみよう。封建制成立史について、フィヒテはモンテスキューの議論に大幅に依拠する。だが、その一方で、両者による評価の方向性はまったく逆をむいている。

　まず、フィヒテはモンテスキューと同様に、「征服」以前のゲルマン人を不定住の牧畜民と解釈する(6: 196–200)。これは、当時のドイツ知識人によるタキトゥス『ゲルマニア』解釈としてはかならずしも自明ではなかった。[99] フィヒテは、ゲルマン人の王が元来「群れの統率者」だったとして、「征服」期における従士制の意義を強調する。「そうした英雄は従士たちの結集点であり、従士たちは個人的にかれと臣従関係をむすび、かれが赴くところに従士たちも随い、かれがとどまるところに従士たちもとどまった。このような関係こそ、恒常的流動性を特徴とした諸民族のもとで、唯一の確固たる基点として残存することとなった」(6: 200)。従士制が主人・従士間の人格的関係にもとづくものである以上、「権利の貴族」が存在したはずはない。注意すべきは、フィヒテが従士をあくまでも自由人の志願者として解釈している点である。フィヒテは、モンテスキューのように従士の存在を特定家門・血統とむすびつけることは決してない。このように古典古代社会と同様に、ゲルマン人社会においても「世論の貴族」だけが存在していたのだと、フィヒテは断ずる。「原初ゲルマン社会にはまだ、権利の世襲貴族の痕跡はまったくみられない」。

「征服」以後も以上の構図は変わらない。「征服」やフランク国制に関しても、フィヒテはモンテスキューの理解を踏襲している。無論、史料を渉猟して法制史を精緻に描きだしたモンテスキューと、フィヒテの問題関心はまったく異なる。たとえば、フィヒテは「征服」の具体的過程やフランク国制の詳細について無関心である。フィヒテによれば、「征服」以前の従士制の基本枠組は、フランク王国時代においても変わっていない(6: 200-10)。たしかにゲルマン人は定住し、臣従契約の報酬は家畜などの戦利品から「封地」へと変化した。だが、それだけである。主人と封臣との関係は依然として従士制のように、個人的人格的関係、いわば「森林の政治」Politik der Wälder にもとづいていたのだという。よって、臣従契約の満了・解除とともに、従士は封地を主人に返還せねばならない。封地の返還とともに封臣は自由人に戻るため、同時に封臣としての特権も失うこととなった。特権が付着しているのはあくまでも封地にであり、封臣本人の人格や血統にではないからだ。したがって、世襲原理をここに認めることはできない。いまだに「権利の貴族」は存在せず、封臣たちは「世論の貴族」にすぎなかった。さらに封地相続慣行の形成期においてさえも、フィヒテは「権利の貴族」の存在を否定している。仮に封臣が封地を世襲したとしても、封地に付随する「特権」の享受は、軍役奉仕という「義務」Verbindlichkeit と引き換えであり、ここでも「特権」が封臣個人の人格や血統に由来したわけではない。「個人的特権は軍役奉仕という義務と一体であった。特権は封地とともに相続されたのではなく、封地にもとづく義務の遂行によってはじめて獲得されたのである。したがって、相続 Erbe によってではなく、契約 Vertrag を通じて封臣は特権を獲得したのである」。つまり、「特権」が出生によって直接取得されることはなかったのであり、よって「権利の貴族」もまた存在していなかったということになる。

フィヒテによれば、「権利の貴族」誕生の背景は、封建制成立にともなう権力の遠心化現象、および自由人身分の消滅――「今後は奴隷と封臣しか存在しない。自由人はもはや存在しない」――そして戦争の増加にこそもとめられねばならない(6: 210-4)。王権の顕著な弱体化に乗じて勢力を拡大した各地の有力貴族は、自前の「宮廷」を運営し、「これらの宮廷は徐々に華美で慇懃になっていった。騎士道精神が生まれ、同時に馬上試合の慣行も生じた」。自分たちの血統の象徴、一門の結集点としての「紋章」が流行する。そして無秩序ゆえに戦争が増加すると、有力貴族は授封されていない貴族の子弟を軍事的に動員し、報酬として「特権」を授与したのである。このように従来は封地(「契約」)に付随していた「特権」がいまや、出生によって相続されるようになる。「権利の貴族」(「出生貴族」)の誕生である。

この間に戦争における事情も変わった。かつては自由人だけが戦場に赴いた。いまや、自由人――いまや貴族となっていた――の数は、貴族となれなかった全自由人の隷属によって、著しく減じていた。しかし、すべての封臣はどれほど小規模でも戦争をしたため、自力救済の数は非常に増加した。最強の封臣といえども、自分の配下の封臣のみを戦場に率いていったならば、敵に抗することはできなかったであろう。〔中略〕強力な封臣は、かれらの陪臣の子孫のうち、武器のあつかいに熟達しているが授封されていない者たちを、自分たちの隷農の指揮官として戦場でもちいようと考えた。そして、おそらくこの有用性ゆえに、自分たちの宮廷と裁判所において、本来の封臣と同等の特権を授けたのである。これが慣行となった。いまや、明示的に特権をあたえられていなかった連中も特権を当然のものとして要求した。誰もそれを調査できなかったし、しようとも思わなかった。こうして、他者に対する特権が出生によって直接獲得されるという大胆な見解が生じることとなったのだ。

(『フランス革命論』)(6: 213-4)

封建制成立史の終局において、ようやく世襲の出生貴族(「権利の貴族」)が登場する。フィヒテによれば、「世論の貴族」と異なり、「権利の貴族」は人間社会に普遍的な現象などではない。「権利の貴族」は「国制に基礎づけられたものではなく、無知・誤用・尊大によって徐々に導入されたものにほかならない」(6: 214)。「征服」以前のゲルマン社会のなかにすでに出生貴族の存在を推定したモンテスキューにとって、世襲貴族制は政治社会の起源と不可分の制度であった。その意味でモンテスキューの封建制成立史論の主眼は、土地(封地)の世襲慣行の成立過程に置かれ、貴族の起源には置かれていなかった。原初的な出生貴族がいかにして、世襲封地を勢力基盤とする封建貴族へと転化したかが、モンテスキューの最大の関心事だったといってよかろう。他方でフィヒテの議論の主眼は、出生貴族、すなわち「権利の貴族」の創出に置かれていた。フィヒテの図式にしたがえば、出生貴族は原初的制度などではなく、封地世襲慣行と封建制の成立後にようやく登場してきた現象にすぎない。封地の授与から封地世襲化が生じ、そこから出生貴族の登場へといたる流れが描かれるのである。かくして、モンテスキュー的図式は完全に転倒させられている[100]。

モンテスキューが貴族制と身分制社会の「原理」として解釈した「名誉」観念についても、フィヒテの批判は容赦ない。モンテスキューはタキトゥスに拠りつつ、古代ゲルマン社会に「名誉」観念の起源を見出していた。これに対して、フィヒテはそうした「名誉」の時代錯誤を指摘する。たしかに貴族が純粋な「戦闘者」Krieger であった時代には、「名誉」観念も重要な位置を占めえたかもしれない。最古のギリシア人、ゲルマン人、アメリカのインディアンといった「あらゆる新生の諸国民」は、「勇気と強さ」を「徳」としていた。だが、「現代」において、そうした「戦闘者」の価値観は、ほとんど役に立たないのではないだろうか(6: 223–6)。「人民が最古の状態を脱し、平和と技藝を享受するようになると、かれらの欲求と誘惑の形態は多様」化し、「単なる勇気だけではいたるところで不十分なもの」となろう。「かの名誉感情 Ehrgefühl の基礎は、いまや取り払われたのである」。

古代と現代の「名誉」観念は同一ではない。かつて「戦闘者」の精神を規律した「名誉」観念は、「宮廷貴族」の登場以降、決定的に変質したとフィヒテは強調する。古代ゲルマン的「名誉」観念が現代で有用たりうるとすれば、それは戦場においてであろう。フリードリヒ二世の指揮下で活躍したユンカーたちは、そうした古き良き「軍事貴族」の「名誉感情」を体現していた。だが、「宮廷人」の「体面」point d'honneur などは有害無益もはなはだしい。「これこそ、かつての貴族と我々の時代の大部分の貴族の名誉感情の真の相違である。かつての貴族は不名誉なことを一切しようとはしなかったのに対して、現代貴族は自分がおこなうことを言わせないようにする。かつての貴族は誇り高く、現代貴族は誇り高くあるにはあまりにも虚栄心が強い。宮廷、廷臣、宮廷の陰謀、宮廷貴族が登場して以来、自分たちの祖先が低劣なやり口、追従や嘘、無力な者からの収奪によって、自分たちが好んで見せびらかそうとする栄誉の一部分を家系のために獲得したことはないと証明できる家系が、一体どれほど残されているだろうか」。モンテスキューが身分制社会の存立根拠とした「名誉」観念を、このようにフィヒテは徹底的な批判にさらしてゆく。

フィヒテは「権利の貴族」を全面的に否定する一方、「世論の貴族」についてはむしろ肯定的であった。なぜなら、「世論の貴族」には、祖先の「功績」や「才能」といった根拠があり、名声も「世論」の自然な「敬意」ehren にもとづいているからである。そこに不自然な法的権利(「特権」)の影はない。「世論の貴族」の典型例たる古代ローマの「新人」に対するフィヒテの好意的評価は記憶に新しい(6: 191, 226)。つまり、「功績」や「才能」といった実体的根拠があるかぎり、相応の敬意や待遇を受けても問題はないのである(6: 234-8)。逆に、優れた能力や業績にむけられた自然な感情としての「敬意」を法的に強制するなど、馬鹿げている(6: 217-21)。そもそもカント主義者フィヒテにとって、「敬意」を「特権」によって強制するなど、道徳律に対する冒瀆でしかなかった。業績原理の主張において、『フランス革命論』は実に一貫している。

したがって、もっとも枢要な国家公職に定められた選り抜きの市民団への採用は、それまでの小さな業績によって国家に対して証明された練熟と誠実にもとづくほかない。こうして我々はふたたび、公職保有の第一原理に立つことになる。つまり、それは、あらゆる高次の公職は下級公職の誠実で練熟した遂行によって獲得されねばならない、というものである。公職遂行のためにもっとも有能な人物を任命し、その人物を最高の確信にしたがって全市民のうちから選出するという権利を、いかなる国家も放棄したことはない。また、みずからの目的と矛盾し、自分自身を解体することなしに、そうした権利を放棄することはできなかったのである。

（『フランス革命論』）(6: 235)

業績原理の貫徹を妨害する貴族制は、いうなれば悪質な「カースト」にほかならない。そうした「カースト」が存在する国家は「分断され、かのカーストによって隷属させられ、勝手に支配される国家」なのであり、「特権はほかの市民から分離した貴族をして、国家のなかの国家にするのみならず、ほかの人民を完全に否定しさえする」ものである。「仮に貴族と市民の区別が存在しなかったら、つまり、均質で平等な公民しか存在しなかったなら、貴族も市民も自分の同輩を贔屓することはできないだろう。なぜなら、全員が同輩となるからである」(6: 237)。『フランス革命論』第五章はフィヒテが具体的な史論の世界に分け入った唯一の機会であり、モンテスキューについて本格的に論じた最初で最後の瞬間であった。世襲身分制と出生原理に対する殲滅的批判と業績原理の徹底的推進という、フィヒテ政治思想の特徴はすでに鮮明といってよい。

第三節　イェナの魂

（1）「陶冶」と「社会」

『フランス革命論』における人類の究極目標は何か。それは道徳的陶冶である。カント哲学を機軸とした自然法論をもちいて、既存の君主政と身分制社会を論理的に解体したフィヒテにとって、道徳的陶冶――「陶冶」Cultur――のみが本源的価値を有する営為なのである(6: 85–90)。[101]「陶冶」とは、単に意志のみならず、肉体をはじめとする「感性」的部分も含めた自我のすべてを道徳律(「良心」)に服従させることを意味する。「陶冶とは、あらゆる諸力を完全な自由――我々自身(純粋自我)ではないすべてのものからの完全独立――という目的のために活用することである」。したがって、「〔感性的〕享楽はそれ自体としては無価値」であり、「陶冶」への「手段」としてのみ意味を有している。

この〔感性に対する理性の〕闘争は、いまや感性に対して二通りの方法で遂行されねばならない。感性はまず馴致され、隷属させられるべきである。感性は命令するのではなく、奉仕すべきである。感性はもはや我々に目的を押しつけるべきではなく、それを条件づけるべきである。これこそ、我々の自我の解放の第一行為、すなわち感性の馴致 Bezähmung である。しかし、これだけでは到底不十分である。感性は命令者であってはならないだけでなく、奉仕者となるべきである。しかも、有能で熟達した奉仕者になるべきである。感性は活用されるべきである。そのためには、あらゆる諸力をもちい、あらゆる方法で感性を形成し、無限に高め、強化することとなる。これこそ、自我の解放の第二行為、すなわち感性の陶冶である。

〔中略〕

それゆえ、人間が感性界の一部であるかぎり、この自由への陶冶は人間にとって唯一可能な最終目的である。この感性の最高目的はしかし、人間それ自体の最終目的ではなく、人間にとってより高次の精神的最終目的、すなわち意志と理性法則との完全一致を達成するための最終手段にすぎない。人間の行為はすべて、この感性界における最終目的のための手段とみなされねばならない。さもなければ、それは目的なき行為、非理性的行為となってしまう。

(『フランス革命論』)(6: 87–9)

フィヒテの出発点は徹底的に個人であった。すでにみたように『フランス革命論』における「国家」は、その機能を最小限度にまで圧縮されていた。教育に関しても、幼少期における保護をのぞけば、個人の主体性・自発性が一貫して強調されている(6: 139ff.)。国家の機能は最低限の法秩序維持に限定されている。実定的制度としての身分制が入りこむ余地はない。「陶冶」はあくまでも個人の努力によらねばならない。

ここから「教会」Kirche——カトリックか、プロテスタントかを問わず——に対するきびしい評価も帰結する。フィヒテは純粋な信仰団体としての「教会」の価値を全否定はしないものの、「教会」には個人の道徳的自発性を奪う傾向があると警戒している(6: 250ff., 254ff.)。さらに、「教会」自体の体制の「寡頭制」的性格も批判にさらされる(6: 256ff.)。ここでもフィヒテは自然法論を援用して、自分が不満を感じた場合にはいつでも一方的に「教会」との契約を解除し、脱退する権利を信徒に認めている(6: 263ff.)。個々人の道徳的自発性、すなわち「陶冶」を妨害する可能性のある団体は、例外の余地なく論理的に解体されねばならなかった[102]。

そして、『フランス革命論』ははるか未来における国家の解体すら展望する。個々人が「陶冶」され、世代を経るごとに「陶冶」された人間の数が増えてゆくならば、最終的には完全な道徳的共同体へと行きつくこととなろう(6: 101–3)。そうなれば、もはや「国家」を設立せずとも、個々人は「社会」(自然状態)においてまったく平和的に共存できるはずである。

もし、〔「陶冶」という〕この最終目的をもっとも確実な手段で意図するような国制があたえられた場合、この国制はまったく不変のものとなるのだろうか。

実際に有益な手段が採用された場合、人類は偉大な目標にむかって徐々に近づいてゆくことだろう。人類はますます自由になり、目的を達成するためにもちいられた手段の使用は不要になってゆくだろう。そうした国制という機械の歯車は次々に停止し、除去されることだろう。というのも、さしあたり介入の対象であった存在〔＝人間〕は、自分自身の推進力で動きはじめるはずだから。この国制はいっそう簡潔なものとなろう。最終目的が達成されうるならば、そのときには一切の国制が不要なものとなろう。一切の反作用が消滅するがゆえに、機械は停止するだろう。普遍的に妥当する理性法則が万人の信条を、最高次の統一へともたらし、ほかのいかなる法則も人類の行動を監視する必要がなくなるのである。

（『フランス革命論』）(6: 101–2)

フィヒテにとって、「国家」は所詮、必要悪にすぎない。それゆえに人類の完全な道徳的陶冶が達成された暁には、「国家」は不要のものとなり、消滅するのだ。それはたしかに「甘味な夢」かもしれない。だが、人類が「陶冶」をつづけるかぎり、いつかは訪れるだろう未来にちがいなかった。「いかなる国制も不変ではありえない。変化するということが、国制の本性である。あらゆる国家結合の必然的最終目的と矛盾する悪しき国制は改変されねばならない。逆に最終目的にかなう善き国制は、自然に変化するものだ」。「国家は蠟燭とおなじである。点灯されるやいなや消耗しはじめ、暁の訪れとともに、消え去るのだ」(6: 103)。

『フランス革命論』は、青年フィヒテの年来の思索の結晶ともいうべき作品となった。「眠れぬ夜の断想」に萌芽的に表れていた、既成の国家や身分制社会に対する殲滅的批判、現代の「道徳」的腐敗にむけた憤り、そして、「道徳」が復活した理想国家といった諸々の要素は、カント哲学という思考の機軸を得て、ようやくひとつの「哲学的探究」として結実することとなったのである。『フランス革命論』の自然法論は、「国家」「教会」「権利の貴族」といった既成秩序を論理的に解体する一方で、はるか未来に実現するはずの、道徳的に「陶冶」された人びとの織りなす理想の「社会」を構想する。「道徳」的に堕落した現代世界と、いつか到来するはずの「陶冶」された理想世界という対比は、こののち、フィヒテの秩序構想に刻印されつづけることとなろう。

イェナ

『フランス革命論』公刊後、フィヒテの人生航路は大きな変化を遂げてゆく。ひとつは、ザクセン＝ヴァイマル公国治下のイェナ大学教授としての招聘、いまひとつは独自の哲学体系「知識学」Wissenschaftslehre への開眼である。

ザクセン＝ヴァイマル公国は北ドイツ・テューリンゲン地方の小領邦である[103]。人口は十万八千ほどで、五千人を超える規模をもつ都市はヴァイマルとアイゼナハのふたつのみ。イェナは人口およそ四千ほどの小都市だった。つまり、イェナ大学は田舎大学に属する。とはいえ、ヴァイマル公国の文教政策の舵をとったゲーテとフォイクトによって、イェナ大学は生まれ変わりつつあった。両者は大学の制度改革が困難とみてとるや、積極的な招聘策をとり、新進気鋭の人材の獲得につとめたのである。また、文献学者シュックによって創刊された雑誌『イェナ一般学藝新聞』は当初よりカント哲学の普及を目的に掲げており、カント本人の積極的な協力も手伝って、イェナ大学を

イェナ大学講堂

カント学派の拠点として認知させることに一役買うこととなった。[104]『全啓示批判の試み』によって気鋭のカント学者として認知されたフィヒテに、ヴァイマル政府が関心を示したとしても不思議ではない。

イェナ大学には、法学に代表される実学よりも哲学を重んずる学風があった。十八世紀後半のドイツにおいて、大学教育は官職の獲得や仕官の前段階とみなされ、実学的素養を重視する傾向が強まっていた。実学主義を前面に押しだして多くの学生を獲得したのが、ハノーヴァー選帝侯国のゲッティンゲン大学である。伝統的なアリストテレス主義を排し、帝国国法学に代表される最新の法学知を中心にしたカリキュラムは、立身出世を夢みる青年たちを魅了した。[105]逆にイェナにはこうした風潮を嫌う知識人や学生が集うこととなった。イェナの精神的雰囲気をよく表しているのが、一七八九年に歴史学員外教授として着任したシラーの就任講義『世界史とは何か』であろう。シラーは「哲学的精神」の知識人を「パンの知識人」に対置する。そして、官職の獲得を目的として学問にとりくむ後者に対して、有機的な世界把握を試みる前者をこそ、真の知識人と評すべきと断ずるのである。[106]「有用性」の価値に背をむけ、「哲学」に真の希望を見出したフィヒテは、こうした学風にも親和的であった。

だが、イェナに招聘されたとき、フィヒテはすでにカント哲学から一歩踏みだしていた。フィヒテが独自の哲学体系・知識学に開眼したのは、一七九三年春頃である。「わたしの体系は、最初の自由の体系です。あの国民〔＝フランス人〕が人間を外的な鎖から解き放つように、わたしの体系は人間を物自体、つまり外的な影響の鎖から解き放ち、その体系の第一原則のなかで人間を自律的存在として設定します」(III, 2: 298)。[107]知識学は「自我」の概念から出発し、カント哲学では分離されていた理論哲学と実践哲学、感性界と超感性界の綜合をめざした[108]。人間精神の全構造を解明する知識学は、個別の諸学問を統合・体系化する「学の学」にほかならない。イェナ大学における講義要綱『全知識学の基礎』において、フィヒテは全認識の出発点として「事行」Tathandlung の原理を置く。「事行」とは、各人の自己意識(個我)そのものの根底に存する絶対的自己定立としての「絶対的自我」das absolute Ich である。そして、「事行」から出発し、フィヒテは理論知と実践知の存立条件を演繹してゆくのである。「純粋自我、すなわちそれによって自己意識が自己自身を把握し、自分自身をしっかりとつかむような行為が、あらゆる理性的思惟の発端であり、哲学の最高原則である。この原則において、思惟する自我と思惟される自我、認識作用と認識の対象は一体であり、またそこからすべての認識と知識も生じてくるのである」。これ以降、フィヒテは生涯をかけて知識学の彫琢に邁進してゆく。

カント哲学から知識学への移行は、フィヒテの秩序構想にも影響をおよぼさずにはおかない。この意味でイェナ大学就任講義『知識人の使命』(一七九四年)は画期的であった。フィヒテは『全知識学の基礎』の純粋哲学をふまえたうえで、独自の秩序構想を提示したのである。『フランス革命論』の秩序構想を知識学の観点から読みかえ、さらに急進化させた構想といってもよい。『知識人の使命』は、こののちのイェナ期秩序構想のプログラムとなる点でも重要な役割を果たすこととなろう。

『知識人の使命』の出発点もやはり自我である(6: 294–6)。フィヒテによれば、各人の自己意識、すなわち個我(「可分的自我」)は、「非我」——認識対象となる外的世界や事物、内なる本能・欲望・傾向性を指す用語——にとり巻かれながら存在している。外的世界や事物は自己意識に対立するかぎりで、自我の一部ではない非我である。そして、個我は外的世界としての非我に働きかける主体として個我なのであり、非我は行為の対象として非我なのである。他方で、個我は非我と相対している、対立していることを自覚することによって個我たりえている。フィヒテによれば、こうした自覚の根源に、個我と非我の対立そのものを成り立たしめる絶対的なものが存在するという。これこそ、個我と非我の双方を包摂する主客未分離の真の自我、すなわち「純粋自我」――『全知識学の基礎』では「事行」、あるいは「絶対的自我」とよばれる――にほかならない。それは、自己意識・感情・表象といった一切の「経験的規定」を捨象した「絶対的存在」といいかえてもよい。

道徳的行動とは、こうした「純粋自我」との一致をめざす個我の「努力」である。外的世界、あるいは自分自身の内なる非我(「多様性」)を超克し、個我の根源にある「純粋自我」に還帰するように行為せよ、非我に働きかけよ、非我を改造せよ、「自分の意志が自分にとって永遠の法則となるように行為せよ」。ここにこそ、道徳律の本質はある(6: 297–300, 304–7)。「永遠に妥当する意志」としての「良心」にしたがって、非我に働きかけ、不断に改造してゆくこと。非我の障害が、すなわち道徳的困難が大きければ大きいほどに、自我は道徳的行為へと一層駆りたてられることだろう。道徳的行動に踏みだすとき、人間は日常的意識としての個我を超越して、本来の自分である「純粋自我」に接近することができる。世界は道徳的でありうるのでなく、道徳的であらねばならないのだ。

『フランス革命論』と同様に『知識人の使命』のフィヒテも、非我――感性や表象といった「傾向性」――を道徳律に一致させる能力(「熟練」Geschicklichkeit)をもって、「陶冶」Cultur と定義している。つまり、「陶冶」の「最終目標」は単に道徳的意志をもつだけでなく、「非我」(外的世界)の道徳的秩序への改造にある。これこそ、「純粋自我」との完全一致、すなわち「自己自身との完全一致」――カント哲学でいう「最高善」das höchste Gut――にちがいない。まずは自分の意志を道徳律と一致させることで「道徳性」Sittlichkeit を実現し、つぎに外的世界を「道徳性」に合致させること、すなわち外的世界を道徳的に改造することによって「幸福」Glückseligkeit を達成する。もちろん、人間が理性的感性的存在である以上、「純粋自我」との完全一致――つまり、完全な道徳的共同体の建設――は「到達不能」である。「自己自身との完全な一致」という「最終目標」は、人間が有限な存在であるかぎり「到達不能」

なのである。だが、「完全性」に無限に接近しつづけることはできる。この「完全性」への無限接近にこそ、「人間の使命」[109] Bestimmung des Menschen はある。

カント哲学から知識学の枠組に移行してはいるものの、以上の人間論が『フランス革命論』のそれを踏襲していることは明らかである。また『知識人の使命』における「国家」Staat も、『フランス革命論』の「国家」と同様に必要悪の域を出るものではなかった。人類の究極目標が完全な道徳的共同体の建設にある以上、「国家」は人類にとって「絶対的目的」たりえない。政府の目的とは、政府自身を「不要」にすることだ。もちろん、「国家」の止揚ははるか未来ではあろうが、人類はかならずそこに到達するだろう。フィヒテはそう論ずる。

そして、「社会」Gesellschaft の位置づけに関して、『知識人の使命』のフィヒテは『フランス革命論』の立場からより急進化している。『フランス革命論』の「社会」概念は複数の人間の平和的共存にとどまっていた。対する『知識人の使命』では、「社会」で共生する人間同士が相互に道徳的に高めあうようになるのである。[110] フィヒテによれば、他者と共存し、他者のうちに理想的な「人間」を見出すことは、人間の「根本衝動」Grundtrieb に属する。それゆえ、人間は相互に交際することで、道徳的により高次の「陶冶」と「類の完全化」を漸進的に実現してゆくことができるはずだ。「共同的完成化」gemeinschaftliche Vervollkommnung の理論である(6: 307–11)。人間はもはや個人の努力だけで「陶冶」されるのではなく、他者と「道徳的作用」をおよぼしあうなかで真の「陶冶」を獲得してゆくのである。『返還要求』や『フランス革命論』では「陶冶」が個人的営為として強調されていたのに対して、いまや「陶冶」は「社会」に共生する人びとの共同作業の趣さえおびてくる。

人類に属するすべての個人は異なっている。だが、人類が完全に一致する、〔道徳的〕完全性 Vollkommenheit という最終目的はただひとつである。完全性はただひとつの方法によってのみ規定されている。人類は自己自身と完全に一致する。つまり、すべての人間が完全になりうるとすれば、すべての人間がその最高かつ最終目標を達成できるとしたら、かれらは完全に一致する存在となろう。かれらはひとつの存在、唯一の主体 Subject となろう。したがって、社会における各人は他者を、すくなくとも自分の理解に沿って、より完全な存在にしようと努力する。自分が人間についていだく理想のすがたまで他者を高めようとする。したがって、社会の最高かつ最終目的は、社会のあらゆる構成員との完全な結合と結束にほかならないのである。

(『知識人の使命』)(6: 310)

フィヒテによれば、他者を自分の「手段」としてあつかうことは道徳的に絶対ゆるされない。「社会」における他者は、それ自体「目的」として道徳的に尊重せねばならない。「社会的衝動は交互作用、相互作用、相互の授受、相互の煩悶と行動にむかってゆく」。「社会的衝動は、我々の外部に自由な理性的存在者を見出すように、かれらとともに社会に入るように駆りたてる」。こうした『知識人の使命』の議論のうちには、フィヒテの強烈な道徳的確信が脈打っている。迷いは一切なかった。その激しさを前にしては、カント倫理学さえも霞んでしまう。完全な道徳的共同体の建設という「人間の使命」のためには、あらゆる現存の既成体制は道を譲らねばならない。フィヒテの議論をほかの思想家から分かつのは、そうした一種の道徳的厳格さだった。

(2)「ジャコバン」としてのフィヒテ?

『知識人の使命』において注目すべきは、フィヒテが「身分」Stand の問題を論じていることである(6: 312ff.)。もちろん、『フランス革命論』の著者がここで伝統的な身分制社会の擁護に後退するはずはない。それはフィヒテ独自の「身分」論にほかならない。かれによれば、従来の身分論のほとんどは「経験則」から出発し、身分制の「利点」だけを論じ、「正当性」の問題を閑却してきたという。この点を批判したうえで、身分制の「正当性」はあくまでも純粋実践理性に基礎づけられねばならないとする。

まず出発点となるのが、「自然」によって定められた各人間の「物理的不平等」である。人間は誰しも、身体的・知的「能力」(「素質」)の面で「物理的不平等」を背負わざるをえない(6: 313-5)。それゆえ、各人の「陶冶」Bildungは「一面的」たらざるをえない。これは「自然」の作為であり、どうしようもない事実である。にもかかわらず、すでにみたように「人間の使命」は、人類全員の「同質的」な道徳的陶冶であった。フィヒテによると、ここに矛盾が生ずる恐れがある。「自然」によって定められた個々の人間の「物理的不平等」と、万人の「同質的」な道徳的陶冶は背反するのではないか。この矛盾を解消するためには、「社会」における「道徳的相互作用」を通じて、各人が相互に他者の不足部分を補いあい、「社会」全体の「陶冶」をめざしてゆくほかはない。むしろ、各人は「物理的不平等」を負うがゆえに、「社会」内に共同の「紐帯」が形成され、各人を「社会」に一層強くむすびつけることとなる(6: 315-7)。

「身分」が登場するのは、ここである。すなわち、各人は「社会」全体の道徳的陶冶により効率的に貢献するため、自分の個性と能力に適した「身分」を選択すべきだ、そのようにフィヒテは主張するのである(6: 317-22)。個人は自分に適した「身分」のなかで「労働」する。そのようにして、人類全体の「陶冶」に貢献し、「永遠性」に参与することができるのである。無論、個人は他者によって身分の選択を「強制」されることがあってはならない。フィヒテにとって、身分の選択は道徳律のもと、あくまでも「自由」な選択であるべきだからである。

そして、フィヒテがもっとも重要な身分として位置づけるのが、「知識人」Gelehrterにほかならない(6: 325-6, 328-33)。人類の最終目的が万人の道徳的陶冶、あるいは完全な道徳的共同体の建設にあるからには、人間存在に関する真の「知識」Kenntnissが欠かせない。この「知識」の修得と伝達に専念する身分こそ「知識人」なのである。フィヒテのいう「知識人」は、統治者・著述家・学者といった幅広い内容を含んでいる。[11] ほかの身分よりも知的に先んじ、人類の「進歩」と「陶冶」を監督し、促進することにこそ、「知識人の使命」はある。つねに他者の「誠実さ」と「有能」を信頼し、「真理感情」に突き動かされる「人類の教師」Erzieher der Menschheit。それが、フィヒテのいう知識人、「現状」のみならず、人類の「未来」をみつめる「知識人」にちがいなかった。

さらに人類の最終目的が道徳的共同体の建設にある以上、「知識人」の道徳的資質が強調されたとしても不思議ではない(6: 330-3)。「知識人は同時代で道徳的に最善の人間であるべきである。かれは、自分にいたるまでに可能となった道徳的陶冶の最高段階を体現すべきなのだ」。フィヒテによれば、「人類の教師」としての「知識人」の活動は道徳律によって制約されている。「強制手段」や「欺瞞」の使用は一切ゆるされない。それは、他者を「手段」としてあつかうことにひとしいからだ。フィヒテにとって、学問と道徳は密接不可分であった。両者を切り離すルソーの議論——文明社会における道徳的腐敗の原因を学問の普及にみる議論——をフィヒテは峻拒する(6: 335ff.)。

各人の、社会全体の、社会における知識人のすべての仕事 Arbeiten の最終目的は、人間全体を道徳的に高貴な存在にすることに尽きる。この最終目的をつねに念頭に置き、社会における全行動を考慮することは、知識人の義務である。しかし、そのひと自身が善き人間でないならば、道徳的高貴化 sittliche Veredelung という仕事の成功はおぼつかない。我々は言葉によって教えるのみならず、我々自身という実例によってはるかに徹底的に教えるのである。

(『知識人の使命』)(6: 332)

こうした知的道徳的前衛としての「知識人」は、フィヒテ自身の自画像でもある。「知識人」の有する知識が「哲学」を中心とすることからも、それは明らかである(6: 326-7)。「知識人」と非「知識人」の区別は以後、フィヒテの秩序構想にくりかえし登場することとなろう。フィヒテは「知識」が階層的区別を正当化するという点に、一切の疑問をもたない。出生・世襲にもとづく身分制社会の徹底した批判者であると同時に、フィヒテは「知識」という業績原理にもとづく位階秩序の正当性を一貫して説くのである。「知識人」にもとめられるのは、学問という「仕事」への献身にほかならない。「わたしの仕事から、将来の世代の歩みが、今後生成することとなる諸国民の世界史が展開してゆく。わたしは真理を証言するよう召されている。わたし個人の人生や運命など、どうでもよい。それよりも、わたしの人生がいかなる影響をおよぼすかが、はるかに重要である。わたしは真理の伝道師なのだ」(6: 333)。

イェナの学生たちは、この新たなる「知識人」を歓呼して迎えた。就任講義『知識人の使命』にしてすでに大盛況であった(III, 2: 114ff.)。「わたしは先週の金曜日に最後の公開講義をおこないました。イェナでもっとも大きな講堂も狭すぎるほどでした」。フィヒテ自身も満足気である。「自分の人気は、ひとつにはわたしの高名さによるものです、これは実際に自分が考えていたよりもはるかに大きいのです。〔中略〕もちろん、これをもとめて自分は努力してきたのです。しかし、これをかくも早く達成するとは思ってもいませんでした」。「わたしはとても健康です。だから、いつも朗らかで楽しいです」。自分の学問は高い評価を受け、当地の教養人士や学生からは手厚くもてなされ、そして、かたわらには愛する妻がいる。「本当に、わたしはなんと幸福な人間なのでしょう。世間的にはこのような地位にあり、家庭には我が心を満たし、満足させてくれる妻がいます」。かれはまさしく黄金のときを生きる、絶頂のひとであった。人生と格闘し、絶望したかつての煩悶青年のおもかげは、もはやない。

これほどの人気と期待は、フィヒテの純粋な学問的業績だけによるものでは、おそらくない。かつてのフィヒテ自身のように、既存の体制に不満をいだき、自我の不安をかかえる青年たちは単なる学問的業績に心酔することはない。自信に満ちた様子で、道徳的共同体の夢と「人間の使命」を説くすがたに、学生たちは惹きつけられたのである。当時、イェナ大学で学んでいた青年詩人ヘルダーリンもまた、フィヒテに魅せられたひとりであった。

フィヒテは、いまやイェナの魂だ。フィヒテがそうであるのはありがたいことだ。これほど深遠で力あふれる精神のひとを、ぼくはほかに知らない。人間知識のもっとも深遠な領域に、この知識の原理を、それとともに正義の原理を探究し、規定し、精神の同様に強力な思考力をもって、これらの原理からもっとも深遠で大胆な結論を導きだし、闇の力に抗して一種の熱情、一種の明確さをもって、その結果を書きしるし、講義する。この熱情と明確さの結合は、ぼくのような貧しい者には、この実例がなければ、解き難い謎としか思えなかっただろう。

（一七九四年十一月[112]・ヘルダーリンからノイファー宛書簡）

知的道徳的前衛としての「知識人」論は、口先だけの方便ではなかった。フィヒテは言行一致を重んじた。学生組合事件はその典型例である。十八世紀後半において、伝統的な学生組合は、ドイツ諸大学の風紀を乱すとして批判の的であった。このとき、フィヒテは身の危険にさらされながらも、イェナの学生組合の解散のために奔走している。勇気ある行動であった。また、自分の学問に興味を示す学生たちとは親密に交流したといわれている。フィヒテの人気の秘密はこうしたところにもあった。

他方でイェナ時代を通じて、フィヒテを革命派とみる嫌疑はくすぶりつづけた。フィヒテはフランス革命に心酔し、国家転覆を企てる「ジャコバン」ではないのか。嫌疑の根拠となったのは、いうまでもなく『フランス革命論』である。匿名出版にもかかわらず、当時、フィヒテが同書の著者であることは広く知れわたっていた。陰でフィヒテを「形而上学のロベスピエール」「学藝共和国のジャコバン派」(FG, VI-1: 219, 270)などと揶揄する声は絶えなかった。フィヒテ自身もこの点はよく意識していた。後年、イェナ退去の原因となる無神論論争の契機となったのは宗教論文であったが、フィヒテは無神論という嫌疑の背後に「ジャコバン」疑惑があったと主張する。「わたしは告発者たちにとっては過激民主派 Demokratismus であり、ジャコバン派である。事態はそのようになっている」(5: 286)。

実際にフィヒテのフランス革命に対する姿勢は微妙である。[113]

まず、イエナ期フィヒテのフランス革命への共感に関しては疑う余地がない。一七九五年にいたっても、年来の知己シェーンに対して、『フランス革命論』の原則的立場に変更はないと語っている(III, 2: 404)。また、フランス革命軍の勢力範囲であるマインツ共和国の官吏ユンクとも書簡を通じて頻繁に交流していた。無神論論争の余波でイエナ退去を強いられたさいには、マインツやフランスへの移住さえも視野に入れていたほどである。フィヒテは自分自身を「政治的自由と、その普及を約束する国民〔＝フランス〕の讃美者」であるとして、「政治的自由を享受し、すべての同胞と平等で、誰の主人でも奴隷でもないような人びと」を賞讃する。「この点に関して、将来の市民の陶冶のため、自分の生涯を偉大な共和国〔＝マインツ〕での奉仕に捧げることほど望ましいことはありません」(III, 3: 138)。「また共和国〔＝フランス〕がわたしとわたしの力を必要としてくれていて、この方法によってドイツ――結局、わたしに関するかぎり、外国とみなさざるをえないドイツ――から脱出することこそ、わたしの第二の願いなのです」(III, 3: 390)。

他方で、フィヒテはフランス革命について全面的に賛同するわけでもなかった。当のユンクに対しても、革命の「原則」Principien には賛成と断わったうえで、革命の「実情」Praxis については判断を留保している。「両派〔＝革命派と反革命派〕いずれの側も矛盾をきたしているため、相対立する両派の実情は互いにとても似たものになっています。しばしば共和派の方がより一層酷いようにみえます」(III, 3: 348)[114]。知人の哲学者ラインホルトに対しても、フランスおよびドイツの革命派への嫌悪感を漏らしている(III, 3: 358)。

さらに革命一般についても、フィヒテは賛成しなかった。すでにみたように、あれほどドイツ政治社会の現状を辛辣に批判した『返還要求』や『フランス革命論』においてさえ、暴力革命の選択肢は慎重に除外されていた。『知識人の使命』において、『フランス革命論』と同様に将来的な国家解体が展望されていたとしても、それはあくまでもはるか未来に属することとされていた。いずれにしても、フィヒテの議論の主眼は、漸進的な知的道徳的陶冶にあるのである。実際に『フランス革命論』と『知識人の使命』の秩序構想は、革命政府――「人民」の唯一無二の「代表者」――の無制限的権力による革命政策の推進というジャコバン的国家理論――ロベスピエール、サン＝ジュストといった山岳派に典型的――とは似ても似つかない。[115] 無神論論争にさいして執筆された『法廷弁明書』(一七九九年)において、フィヒテはいう。静穏な研究生活を望む自分が、革命など望むはずがない、と。「わたしはいかなる革命も引き起こしたり、支持したりするつもりはない。というのも、そんなことのために費やす時間がないからである」(5: 293)。さらに同書において、フィヒテは自分が「過激民主派」であることを全否定する。自分ほどに「断固として、また強力な根拠をもって民主制に対抗し、民主制をまったく不法な体制だと説明した著述家」はいないとまで言う。「わたしは法律への服従をもとめ、市民の行動に対する法律の監視をもとめている」(5: 287ff.)。

だが、これらの言明はあくまでも法廷向きのカモフラージュにすぎないのではないか。かくのごとき反論はありえよう。他方で、フランスやマインツといった革命勢力に対する共感の多くが無神論論争の最中――フィヒテがドイツ諸邦の対応に失望し、将来への不安から極度に神経過敏になっていた時期――に表明されている点を、割り引いて考える必要がある。もちろん、ユンクを介したマインツへの仕官話に乗り気なフィヒテではあったが、好待遇も間違いなく重要な動機のひとつであり、政治的信条にすべてを還元することはできまい。実際、無神論論争の最中はフランス圏への移住についてあれほど雄弁に語っていたフィヒテだが、プロイセンに保護され、快適な生活が保障されるやいなや、途端に移住話は一切口にしなくなるのである。フォルスターをはじめとするドイツ・ジャコバン派の行動と比較した場合、フィヒテを革命派とよぶのはやはり憚られよう。さしあたりたしかなことは、フランス革命についての錯綜する発言によれば、フランス革命に対するフィヒテの姿勢は全肯定でも全否定でもない、ということに尽きる。

先を急ぎすぎた。まず問われるべきは、イェナ時代におけるフィヒテの秩序構想である。フランス革命に関する個々の発言もそれ自体から内容を推測するべきではなく、イェナ期の秩序構想全体の文脈のなかに位置づけられてこそ、はじめて理解されうるはずだからである。[116]『知識人の使命』で素描された秩序構想は、いまや体系的な国家論・道徳論へと結実してゆく。フィヒテはカント哲学から一層離れ、独自の秩序構想の模索がはじまるのである。

第Ⅱ部　イェナ期の秩序構想とその隘路

はじめに

イェナ時代(一七九四〜九九年)において、フィヒテは体系的思想家としての地位を確立した。たしかに辺鄙な大学都市ならではの人間関係の摩擦、とりわけ、学生組合問題はフィヒテを悩ました。それでも、全体としてみた場合、イェナ期は学問的に充実した時期だったといえる。一方で当時の欧州全土は混乱のきわみにあった。フランス革命政権のオーストリアに対する宣戦布告(一七九二年四月)によって、戦乱の幕は切って落とされた。その後、オーストリア・プロイセン連合軍は一時優勢となるが、同年九月のヴァルミーの戦いで形勢逆転し、フランス軍は国境を越えて進撃するようになる。戦闘は欧州全域に拡大していった。だが、バーゼルの単独講和(一七九五年)によって、プロイセンを中心とする北ドイツ諸邦が対仏大同盟から脱退すると、一八〇六年まで北ドイツは例外的に平和を享受することとなる。いわば、政治的無風状態にあったのである。

政治的安定を背景として、ゲーテとシラーを中心とするヴァイマル古典主義文学が花開いたことはよく知られている。その知的雰囲気は非政治的とまではいわないにしても、フランス革命以後の動乱を忌避し、静謐を重んずる傾向が強かった。(117) 著しく哲学と文藝に傾斜していった。ゲーテとシラーによる以下の諷刺詩は当時の雰囲気をよく伝えている。

ドイツ人よ、君たちは国民になろうと望んでいるけれど、無駄なことだ
そんなことではなく、自分をより自由に、人間へと陶冶せよ
（『クセーニエン』）

こうした環境のもと、フィヒテは学問研究に没頭した。「哲学」と「宗教」のはざまで煩悶し、各地を転々とした青年期はもはや去った。大学教授という安定した社会的地位を得たフィヒテは、かれを慕う学生や同僚たちとの交歓を満喫し、大いに学問的刺激を受けることとなる。[118] フィヒテはイェナ、さらにはヴァイマルを中心とする学問界の中心人物であった。そして、「イェナの魂」の思想に心酔したのは、学生たちだけではなかった。シュレーゲル兄弟、ノヴァーリス、シェリングといった、すでに知識人としての自己を確立した人びともみな、フィヒテと接したときの衝撃を語っている。「現代のもっとも偉大な哲学者」フィヒテが「公共生活において示す一挙手一投足は、これこそ男だ、といっているようなものです」（フリードリヒ・シュレーゲル）。「フィヒテは、わたしの知っているあらゆる思想家のなかで、もっとも危険な思想家です。フィヒテは自分の仲間たちの間で他人をしっかりと魔法でとらえてしまうのです」（ノヴァーリス）。若きロマン派知識人たちは哲学的思索のことを「フィヒテする」fichtesieren と名づけた。初期ロマン派の機関誌『アテネウム』におけるフリードリヒ・シュレーゲルの断章は、こうしたフィヒテ熱のもっとも鮮明な表現といってよい。「フランス革命、フィヒテの知識学、それにゲーテの『ヴィルヘルム・マイスター』、これが時代の最大の傾向である」。[119]

イェナ期に彫琢された秩序構想は、就任講義『知識人の使命』で素描された世界観の体系的表現であった。新任教授フィヒテは、人間存在の究極目的は道徳的な「完成」Vervollkommnung でなければならないと説いていた。この場合の「完成」とは、個人的な陶冶のみならず、「社会」全体の構成員による道徳的共同体――カントのいう「目的の国」――の形成を意味している。こうした「人類」全体の道徳的「完成」という究極目的からみれば、「強制」秩

序としての国家は、あくまでも最低限の秩序形成の手段価値しかもたない。つまり、国家はそれ自体の固有の価値をもたないのである。「強制」から「徳」へ。イェナ時代のフィヒテの思索は、この発展図式の哲学的体系化をめざした。『知識学の諸原理にもとづく自然法の基礎』(一七九六年、以下『自然法の基礎』)は「強制」の論理に、『知識学の諸原理にもとづく道徳論の体系』(一七九八年、以下『道徳論の体系』)は「徳」の論理にそれぞれ対応している。これまでの研究は、イェナ時代をもってフィヒテの全盛期と位置づけてきた。[120]

フィヒテの政治思想を考えるうえで、イェナ期の秩序構想を避けてとおることはできない。青年時代の知的遍歴と先鋭な身分制社会批判の結晶たる『フランス革命論』を経て、ようやく、フィヒテは独自の思想世界を開拓することとなった。これまでみてきたように、青年期のフィヒテはまぎれもなくカント主義者であった。『実践理性批判』の衝撃から出発したフィヒテは当初、カント倫理学の一般向け註釈者たらんとしていたし、実際に『返還要求』も『フランス革命論』もカント哲学の枠内におさまっていた。ところが、イェナ期の構想はカント哲学の限界を突破することを明確に意図していた。フィヒテは「純粋自我」を基礎原理とする知識学を軸として、独自の体系構想へと進んでゆく。イェナ期の秩序構想はその後のフィヒテの思想形成を把握するうえでも重要である。なぜなら、かれの政治思想にみられるその後の変化は、イェナ期構想への追加や修正のかたちをとって現れたのであり、構想自体が根本から廃棄されるということはなかったからである。[121]

イェナ期の秩序構想に欠点がなかったわけではない。なかでも最大の欠点は、「法」と「道徳」を媒介する論理の不備にあった。もちろん、イェナ期の構想に媒介の論理が完全に欠落していたということではない。むしろ『知識人の使命』を基礎とする媒介の論理を、フィヒテは精緻に展開した。だが、十分なものとはいえなかった。フィヒテ自身もそのことに遅かれ早かれ、気づかざるをえない。それゆえイェナからベルリンへの移住後、つまり前期ベルリン時代の思索は、イェナ期構想にはみられなかった新たな媒介の論理、とくに「歴史」や「宗教」固有の論理の模索にむかってゆくのである。

まず第三章では、イェナ期の秩序構想を政治学的に分析する。まず、最初に(一)『自然法の基礎』、とりわけ「代表制」概念を中心にイェナ期構想を概観した後、(二)イェナ期の政体論の要ともいうべき「監督官」制度を分析し、(三)最後にイェナ期構想における「法」と「道徳」の媒介の論理、さらにはその隘路についてみてゆきたい。

つづく第四章ではイェナ退去後の前期ベルリン時代に焦点を当て、イェナ期の秩序構想がいかにして補完されてゆくかを論ずる。まず、(一)「純粋自我」から「絶対者」への知識学体系の転換と、イェナ期に萌芽的にみられた統治者論とその欠点を提示し、そのうえで(二)イェナ期の論理的隘路を打破すべく「歴史」と「宗教」の領域を開拓した作品『現代の根本特徴』を分析し、(三)最後にナポレオンのドイツ侵入という例外状況下におけるフィヒテの反応をみてゆきたい。

第三章　「法」と「道徳」のはざまで——イェナ期の秩序構想

第一節　「代表制」と国家

（1）「強制装置」としての国家

イェナ期秩序構想の特徴は、「法[122]」Recht と「道徳」Moral の厳格な分離にある。[123]『自然法の基礎』は「法論」Rechtslehre、『道徳論の体系』は「道徳論」Sittenlehre として位置づけられる。『フランス革命論』では未分離だった「法」の論理と「道徳」の論理は、いまや知識学という新たな体系のもと、完全に別個のものとしてあつかわれるようになるのだ。「道徳」の眼目が道徳律への献身を通じた、自己自身（「良心」Gewissen）との内面的一致にあるとするならば、「法」の目的は、複数の「理性的存在」、すなわち、複数の人間の平和的共存（「安全」Sicherheit）にある。「道徳」の領域では、各人は自分の「善意志」だけにしたがって、自発的に行為する。対する「法」の領域では、人間の行為を規制し、秩序を維持する方策は「強制」Zwang あるのみである。そして、この「強制」の基準を定めたものが「法律」Gesetz であり、「法律」を執行する国家は、「強制」の機構として位置づけられるのである（3: 10–1, 99）。[124]後年の作品『現代の根本特徴』において、フィヒテはみずからの理想国家を「強制装置」Zwangsanstalt と呼ぶこととなる。

「法」と「道徳」の区別は、外面と内面の区別といいかえてもよい(3: 88, 98ff., 137–41, 142ff., 200–1)。つまり、「道徳」においては行為者の内面の動機(「良心」)と道徳的拘束力が問題となるのに対して、「法」において問題となるのは、あくまでも行為の外面的結果にすぎない。逆に、「法」の領域では行為の「動機」Triebfeder の善悪はまったく問題とならない。「つまり、法律はこの欲望のみを計算に入れ、動機として活用し、この欲望を介してのみ意志に作用するのである」。それゆえ、「法」的論理の世界にあって、他者の「信頼」Vertrauen、「信義誠実」Treue und Glaube、「誠意」Redlichkeit をあてにすることはゆるされない。

> 相互間の信義誠実は権利法則に依存しない。そうした信義誠実は強制されえないし、他人にそれを強制する権利もない。誰に対しても、わたしの誠意を信頼してくれるよう強制することはできない。というのも、この誠意というものは外面に表れない、したがって、自然法の管轄外にあるからである。〔中略〕
> つまり、ふたりの人間の間では、意志の形式という意味における他者の善意志は問題にならない。こうした道徳的観点からすると、各人は自分固有の良心の法廷の前に立つこととなる。〔自然法の領域では〕ただ結果のみが、意志の内容だけが問題となるのだ。各人は他者から一定の行為、すなわち、他者が善意志をもっている場合に行うような行為〔の動機ではなく、結果〕を期待する権利を有する。他者が実際に善意志をもっているかどうかは、問題ではない。各人は他者の行為の合法性 Legalität だけを要求できるのであり、道徳性 Moralität を要求することはできないのだ。
> (『自然法の基礎』)(3: 139–40)

内面の信条の道徳的改善は〔法論では〕問題にならない。というのも、この点について、人間は他者の裁判官たりえないからである。そうではなくて、〔法論では〕単に政治的改善のみが、つまりは現実の行為に関わる習俗と準則の改善だけが問題となるのである。道徳的信条が、義務のための義務への愛であるのと同様に、政治的信条とは、自分自身のための自分自身への愛、すなわち自分の人格と所有権の安全への配慮にほかならない。そして、国家は躊躇なしに以下の行動準則を根本原理とすることができる。その行動準則とは、自分自身を自分自身のために愛せ、そして、自分自身のために同胞を愛せ、というものである。（同右）(3: 273)

仮に万人が「欲望」Gelüst や「不信」Mißtrauen、いうなれば「利己心」Eigenliebe に突き動かされたとしても、なお、「全員の安全」(「相互の安全」)を保障しうる共存の秩序を形成する(3: 150ff.)。これこそが「法」の根本原理である。ホッブズ的な論理である。[125] こうして「法」と「合法性」は、個人の内面の「善意志」、すなわち「道徳性」から切断されるのだ。

フィヒテは、法論と道徳論にそれぞれ、対極的な論理的仮説を設定することで、「法」と「道徳」の論理を峻別した。たしかに、「法」と「道徳」の区別という発想自体は、すでにカントの論文「理論と実践」(一七九三年)——奇妙にもフィヒテはこの論文について一切言及していない——において素描されていた。[126] だが、フィヒテは、カントの問題提起をふまえたうえで、「法」と「道徳」の体系的峻別をより徹底させてゆくこととなる。

『自然法の基礎』と『道徳論の体系』は、いずれも「知識学の諸原理」から出発する。つまり、法論と道徳論はそれぞれ別個の体系をなしているが、始点——「知識学の諸原理」——自体は共通しているのである。この「知識学の諸原理」の根幹をなすのが、「自我」Ich の絶対的な活動性である。「人格」Person に内在する無限の「自由」Freiheit といいかえてもよい(3: 1-7)。

人格的「自由」の法論における端的な表現こそ、「原権(根源的権利)」Urrecht にほかならない(3: 92-4, 111-9)。フィヒテによれば、「自我」および「人格」が絶対的に「自由」である以上、絶えず、みずからを「感性界」Sinnenwelt に外化し、不断に作用をおよぼさねばならない。「人格」は「感性界」において、絶対的な「原因」Ursache でなければならない。そこから、みずからの身体――「人格」の「感性界」における表現――の絶対不可侵と、「感性界への自由な影響力の持続」、すなわち、外的事物の無制限的利用・占有・改変への「原権」が帰結するのである。それは「絶対的権利」absolutes Recht である。[127]

だが、「感性界」には複数の理性的存在(人間)が存在することから、困難が生じてくる。というのも、各人は無制限の「原権」をもつにしても、それぞれの「原権」同士が衝突することがありうるからである。たとえば、ふたりの人間が同一の事物を占有しようとすれば、両者の「原権」は衝突する。権原の「不確実性」に起因する両者の衝突は、しかして、妥協の余地なき「戦争」Krieg に発展することとなろう(3: 125-8)。「両者の間には解決しようのない法的紛争が生じる。この紛争は物理的闘争であり、両者のうち片方の物理的抹殺か、完全な追放によってのみ終息しうるのである」。

「戦争」を回避するため、フィヒテがもちだすのが「相互承認」gegenseitige Anerkennung の論理である(3: 128ff.)。[128]「人格」の絶対的「自由」という前提がある以上、理性的存在(人間)が他者から一方的な強制を受けることがあってはならない。残された途は、理性的存在同士が、衝突を回避するために協定をむすぶなどして、みずからの「原権」の行使を相互に自発的に制限しあうしかない。いいかえるならば、無制限の「原権」は複数の人間の間では実現不可能な、理論的「擬制」Fiction ということになる(3: 111-2)。「複数の自由な存在者の共存は、かれらの権利の相互制限、すなわち、原権の範囲が国家における諸権利の範囲へと転化することなしには不可能である」。つまり、相互に活動圏を策定しあい、互いの活動圏を尊重しあうことによって、「占有」Besitz は正式な「所有権」Eigenthum へと転化するのである。他者から「原権」や「占有」が「承認」されることによって、人間ははじめて、みずからの安全な権利行使を保障されることとなる。

こうした「相互承認」の論理は、法論のあらゆる箇所に登場する。フィヒテによれば、他者との共存のため、理性的存在同士が相互に権利を「承認」しあい、みずからの無制限の権利行使を自己制限するという論理こそ、「法」(権利)の根幹をなす原則、すなわち「権利法則」Rechtsgesetz にほかならない(3: 89ff., 112, 101ff., 123, 152)。「各人がみずからの自由、すなわち、自由な行為の範囲を他者の自由の概念によって——他者もまた自由な存在として共存できるように——制限する。これこそがあらゆる法的判断の根本定理である」(3: 112)。逆に、他者との殲滅的な「戦争」状態は、「法」の対極に位置する状態である。「戦争において、あらゆる法関係は停止する」からである(3: 131)。「相互承認」を介して「権利法則」が実現した状態を、フィヒテは「権利の均衡」Gleichgewicht des Rechts と呼ぶ(3: 120, 135–6)。

問題は、法論の前提となる各人の「利己主義」である。たしかに「相互承認」によって、互いの権利範囲が策定されれば、平和的な共存は可能だろう。だが、「欲望」や「利己心」に駆られた人間が、「相互承認」を一方的に取り消して、他人の権利を侵害する場合はどうするのか。「戦争」を仕掛けてくる場合はどうするのか。法論の前提が各人の「利己主義」にある以上、他者の「信義誠実」や「信頼」といった内面的動機(「道徳」)に頼ることはゆるされない。一旦は「相互承認」によって実現したかにみえた「権利の均衡」は、もろくも崩れさってしまう(3: 135–9)。

フィヒテはここでようやく「強制」Zwang の必要を説くにいたる(3: 106ff., 139–46)。「相互承認」によって達成された「平和」を維持するためには、一方的な権利侵害者に対して「強制権」Zwangsrecht——その端的な表現はいうまでもなく刑罰である——でもって対抗するしかない。無論、「強制」によって、権利侵害者の「利己心」そのものを矯正することはできない。だが、法論が前提とする利己的人間は、権利侵害から得られる利益と、刑罰によって被る不利益とを考量して行動する。それならば、権利侵害による利益を覆す程度の不利益を刑罰として科せば、権利侵害を抑止することができるはずだ。つまり、刑罰への恐怖が、権利侵害から得られる利益にまさるとき、平和は維持される(3: 273–4)。このようにフィヒテは推論する。[129]

以上のごとき「強制権力」を実現するのが、「公民契約」Staatsbürgervertrag と「委任契約」Uebertragungscontract にほかならない(3: 150–5, 164–5)。「権利の均衡」が不安定であるということは、自分の権利さえも危ういということである。それゆえ、自己保存(「私的意志」Privatwille)を最優先させる各人は、自分の権利を確保するために「全員の安全」を欲せざるをえない。[130]「共通意志 gemeinsamer Wille の対象は相互の安全である」。そこからさらに、「共通意志」を「強制権力」によって担保する政府が、全員一致の「公民契約」と「委任契約」――前者によって政治社会が設立され、後者によって政治権力が統治者に委託される――によって樹立されることとなる。「この共通意志が強制力を介して自分自身を保持するためには、権力を――いうまでもなく、個人の力を無限に凌駕するほどに強力な権力を――そなえねばならない。これが国家権力 Staatsgewalt である」。かくして「万人の万人に対する闘争」は抑止され、「法の支配」Herrschaft des Rechts が基礎づけられる(3: 157)。[131] そして、以後は統治権を有する政府が、各人の権利の平和的共存という抽象的な原理にとどまっていた「権利法則」を、民法や刑法といった「実定法」positives Gesetz によって具体化してゆくこととなる(3: 103–110, 153)。

公権力が確立すると、それまでの暫定的な「占有」は、完全な権利としての「所有権」に転化する。[132] フィヒテの秩序構想で特異な点は、この「所有権」に関わる。『自然法の基礎』と『閉鎖商業国家論』(一八〇〇年)において、フィヒテは独特の計画経済体制を描きだす。その理論的出発点となるのが、独特の「所有権」概念にほかならない(3: 210–5, 399–403, 440–7)。通常、法的な所有や占有の対象は物件である。だが、フィヒテにとって、「所有権」の対象は物件ではなく、理性的存在の「活動圏」Sphäre なのである。つまり、物件のみならず、職業・生業も「所有権」に含まれることになる。さらに、「所有権」の究極目的は、理性的存在(人間)にとって不可欠の「生存」Lebenkönnen にある。それゆえ、各人は「労働」Arbeit による「生存」を保障されねばならない。そして、この保障の義務を担う主体は政府しかいない。そのようにフィヒテは論ずる。「生存こそ、あらゆる人間の不可譲かつ絶対的な所有権である」(3: 212)。「各人がみずからの労働で生存可能であるべきである。これこそが、理性国家の根本原理である」[133]。

ここからフィヒテは、各人に「生存」を保障するための計画経済論へと突き進む[134]。経済を自由放任にゆだねれば、かならず貧富の差が生じ、自分の「労働」によって生計を立てることのできない人びとが発生してしまうはずである(3: 421-4)。「そのような状態に置かれた国民は、貧しく、その半数がいまだ野蛮 Barbarei の状態にとどまっているような国民なのだ」。逆に政府が生産・流通・経済を完全に統制すれば、各人は自分の「労働」による「生存」を保障されることとなろう。

以上で定立された理論の主な帰結は以下のとおりである。権利法則に沿った国家においては、国民の主要三身分〔＝生産者・製造者・商人〕が相互に計上され、各身分は一定数の構成員を割り当てられる。各市民には、課せられた労働量の対価として国内のあらゆる生産物と製品の一定の割合分が保証される。官吏の場合にはそうした目に見える労働の対価ではないとしても。この目的のため、あらゆる物の価値と貨幣価格が相互に設定され、守られねばならない。最後に、以上すべてが可能となるため、市民による外国との直接取引はすべて禁止されねばならない。以上の主張はわたしの所有権理論にもとづいている。

(『閉鎖商業国家論』)(3: 440)

かくして人民は、生産物の生産・加工・流通を担う「労働身分」と、国家統治・国防・教育を担う「官吏」身分に分けられる。貨幣や商品の流通も徹底的に管理され、外国との「商業」から遮断された「閉鎖商業国家」geschlossener Handelsstaat が帰結する(3: 215ff., 403-21)。各人がいずれの「身分」Stand に属するかは届出制によって決定され、各身分の総数を国家がすべて管理することになる。「ここで定立された憲法をもつ国家において、各人は特定の身分を有する。警察も、各人が一日の何時に何をしているかを十分にわかっている。各人は労働せねばならず、労働するならば、生きねばならない。ここにはペテン師はいない」(3: 302)。フィヒテは旧来の世襲原理にもとづく身分制社会を退けて、合理的な設計と統制によって維持される、新たな位階秩序を構想するのである。[135]

(2)「代表制」——フィヒテの政体論

『自然法の基礎』の統治機構は、政府と「監督官」Ephorat 制度の二元体制によって特徴づけられる。フィヒテはまず政治秩序の始点として、「公民契約」の主体であり、憲法制定権力でもある「人民」Volk を設定する。政治社会の設立にさいして、「人民」はまず、「憲法」Constitution(「基本法」)を制定する。「憲法」の主な内容は、政府と監督官の権限・組織条項だという(3: 157, 160–1, 184)。「執政権保持者の選出、監督官の選出と義務といった上述の規定は、いわば法律の執行に関する法律である。この種の法律すべてを憲法という」。つまり、「憲法」の内容の中心は統治機構論にあるのであり、基本権の規定にはない。政治秩序がうまく機能するかどうかは、ひとえに統治機構の巧拙にかかっているのである。また、一旦「憲法」が定立されたのち、政府と監督官制の中心規定に関する改廃を、フィヒテは一切認めていない(3: 184–5)。監督官に関しては次節にまわすとして、以下ではフィヒテの政体論、とりわけ、その核となる「代表制」概念について論じたい。

『自然法の基礎』の統治機構論を理解する鍵は、「代表制」Repräsentation 概念にある。そして、自身が明示するように、フィヒテはカントの『永遠平和論』の「代表制」概念に依拠した。

「代表制」概念はカントの政体論の中核をなすものであった。カントはルソーの『社会契約論』における政体分類を踏襲し、政体を分類するさいに二重の基準をもちいたのである。[136]

国家の形式は、最高権力を保持している人間の数か、統治者――それが誰であれ――による人民の統治方法によって分類することができる。最初の分類は支配形式というもので、そこでは三つのみが可能である。つまり、政治社会を構成し、支配権力を有する人間が、ひとりか、少数集団か、全体か、である(それぞれ、君主権力による君主制、貴族権力による貴族制、人民の権力による民主制となる)。第二の分類は統治形式であり、憲法(一般意志の行為であり、それによって人間集団は[集合的存在としての]人民となる)にもとづいた、国家が支配権を行使する方法に関するものである。この関係において、統治形式は、共和主義的か、専制的かである。共和主義とは、執行権(政府)の立法権からの分離という国家原理を指す。専制とは、国家がみずからにあたえた法律をみずから執行する国家原理、すなわち、統治者によって私的意志としてあつかわれる公的意志にほかならない。

(カント『永遠平和論』)

カントによれば、政体分類の基準には統治権保持者の数(「支配形式」)のほかに、執行権の立法権からの分離という基準(「統治形式」)があるという。そして、後者の方が、政体の善悪を判断するうえで前者よりもはるかに重要なのである。カントは、こうした執行権の立法権からの分離を「代表制」と定義する。「つまり、代表制的 repräsentativ ではないあらゆる統治形式は本来的には畸形 Unform である。立法者が同一人格において、同時にみずからの意志の執行者でありえてしまうからである」。また、カントにとって、立法権は社会契約の主体である「人民」Volk に属するため、「代表制」を、執行権の「人民」からの分離といいかえることもできよう。このように、カントの「代表制」概念は通常の語法と異なり、代議制(議会政治)とは一切関係がないのである。

ここから、「民主制」Demokratie に対するカント特有の評価が帰結する。立法権から執行権が分離されていれば、すなわち「代表制」をそなえてさえいれば、その政体は「共和主義」Republicanism である。逆に「人民」の自己統治——「人民」が立法権と執行権の両方をみずから行使する——としての「民主制」は、「必然的に専制」Despotismus の烙印を押されることとなる。「民主制においては全員が支配者たろうとするがゆえに、代表制の精神に沿った統治形式を採ることができないからだ」。つまりカントにとって、「君主制」や「貴族制」は「共和主義的」でありうるのに対して、「語の本来の意味における民主制」はつねに「専制」、つまり悪しき政体なのである。「いわゆる古代の諸共和国はひとつとして、この代表制を知らなかった。そしてこの点について、まさしく専制へと解体せねばならなかった」。

フィヒテの「代表制」概念もカントと同様に、「執行権」の委任を意味した。それゆえ、フィヒテの「代表制」概念も、代議制(議会政治)とは一切関係がない。「人民」から「執行権」を分離することをもって、フィヒテは「代表制」と定義しているにすぎない。フィヒテによれば、「執行権」が特定の統治者に委託され、さらに監督官制度をそなえた政体はいずれも「正当」rechtmässig であり、広義の「共和政」Republik たる条件を満たす。これに対して、「執行権」が「人民」から分離されない政体は、いかなるものであろうとも「専制」の烙印を押されよう。「人民」が執行権をみずから行使する政治体制、すなわち、「人民」の自己統治としての「民主制」は権力の濫用をまねくがゆえに、つねに「専制」に帰着する。「執行権」は人民中の「もっとも賢い人びと」にゆだねられねばならない(3: 157-61, 175)。「統治者が責任 Verantwortlichkeit を負わない政体は専制」だからである。そして、一旦「委任契約」が締結されたのちは、一方的な解任・辞任はゆるされない(3: 164-5)。

だが、フィヒテは重要な点で、カントと袂を分かつ。それは「執行権」の内実である。ルソーの『社会契約論』以来の語法によれば、「執行権」の機能は、「立法権」が定立した「法律」の忠実な執行にあった。したがって、「執行権」はあくまでも「立法権」を前提にしてのみ存立しうる——すくなくとも理論的には——従属的権力である。カントも、こうした「立法権」と「執行権」の定義を踏襲している。しかし、フィヒテの「執行権」概念は、単なる「法律」の執行に職務を限定された狭義の「執行権」ではなく、立法・行政・司法の三権を統合した広義の「執行権」(以下、「執政権」)を意味しているのである。[137]

とくに「立法権」をめぐるフィヒテの理解は独特である。カントによれば「立法権」こそが、公権力の本質をなすのであり、ゆえに集合的存在としての「人民」に帰属せねばならない。ところがフィヒテは、カントのいう「立法権」を抽象的な「権利法則」として解釈するのである(3: 160–1)。[138] フィヒテによると、政治体の目的は、「純粋理性」によって演繹された「権利法則」——複数の人間が平和的に共存するために、互いに自分の権利を自己制限するという原則——の実現である。ただし、「権利法則」自体はあくまでも抽象的原則にとどまるため、具体的な内容を欠いている。したがって、実際の適用にさいしては、個別の実定法へと具体化される必要が出てくる。この実定法の制定を一手にゆだねられるのが政府、すなわち「執政権」(〔広義の執行権〕)というわけである。「立法権と〔狭義の〕執行権は決して分離されるべきではないのであり、むしろ、必然的に統合されていなければならない。法一般が執行されるべきであるかぎり、民事立法は執行の一部をなしているのである」(3: 16)。つまり、「権利法則」というゆるやかな縛りの範囲内において、「執政権」は実質的に無制限の立法権を掌握することとなるのだ。[139]

執政権の行使者には法一般の維持という任務が課され、かれらは法の支配について責任を負うがゆえに、法的観点からして、かれらには法の実現方法についての配慮、すなわち、政令 Verordnungen の起草が委任されねばならない。この政令というのは本来的に新しい法律ではまったくなくて、唯一の根本法〔＝権利法則〕の具体的適用にすぎないのである。そして、この根本法の内容とは、この特定の人間集団が法的に共存すべし、というものである。権力者がこの根本法を誤って適用した場合、たちまちにして無秩序 Unordnungen が生ずるであろう。そして、この無秩序はかれらの責任を問うであろう。したがって、権力者は、いかなる良識人にも認められるべき

正しい法律を作るように強いられるのである。（『自然法の基礎』）(3: 161)

つまり「執政権」は、「権利法則」という根本原理を解釈し、個別具体的状況に適用する——「実定法」を制定する——役割を独占するのである。「一体、誰が、かの自然と権利法則の命令を解釈 deuten und auslegen すべきなのだろうか。群集ほどに不適当な存在はない」。「権利法則の解釈というこの職務は以下のような者に属する。つまり、全体と全体の欲求をつねに概観し、もっとも厳格な法が絶え間なく支配することに責任を負う人物、すなわち執政権力の執行者に属するのである」。いいかえるならば、「執政権力の保持者は、国家内の個人間の関係についての共通意志の自然な解釈者である。無論、かれらが現実にもつ共通意志ではなく、かれらの共生のためにもたねばならない共通意志の解釈者、という意味である」(3: 15–6)。

かくして政府の権限は絶大である。

統治者 Verwalter der öffentlichen Gewalt はこの委任契約において、法と安全のために責任を負うため、必然的に、この目的に必要と思われうるかぎりの権力とその行使を自身に留保せねばならない。こうした権力はかれに認められねばならない。国家目的の振興のために各人が拠出すべきもの〔＝租税や軍役など〕を定め、自身の知識と確信に完全にしたがって権力を行使する権利が認められねばならない。〔中略〕したがって、国家権力の概念自体からどのみち帰結するように、統治者には国家権力の無制約的行使が帰属せねばならない。

公権力はあらゆる場合に、各人に権利をあたえ、不正を放逐し、罰せねばならない。公権力はそのことに対して責任を負っているのであり、ひとつの未発見の暴力行為さえも国家と統治者にとってもっとも悲しむべき結果をもたらす。したがって、統治者は市民の行動を監視する権力と権利を有する。行政権力 Polizeigewalt と行政

法 Polizeigesetzgebung のことである。(『自然法の基礎』)(3: 165-6)

民法と刑法の立法は無論のこと、権利侵害や犯罪、災害を予防するための「行政権力」さえも有する「執政権」は事実上——「国家目的」による縛りはあるものの——全能の権力を有するといってよい(3: 291ff.)。こうした「執政権」に対して、あたかも誤作動のない精密機械のごとくあることを、フィヒテはもとめる(3: 166-8)。つまり政府は、絶対に矛盾や間違いのゆるされない、あらゆる私的関係から切断された、「権利法則」の厳格な執行者であらねばならない。「執政権保持者は党派性によって誤導されることなきよう、友情・結合・愛着からは可能なかぎり身を遠ざけねばならない」のだ。ここからフィヒテは、政府の行動には「最高次の公開性」Publicität がともなうべしと説く。

さらに、フィヒテは政治体の「全体性」Allheit についても独特のこだわりをみせる(3: 202-5, 208-9)。カントの政体論が、各人に権利を保障する法共同体的側面を強調したのに対して、フィヒテは個人を包摂する有機体的秩序として政治体を把握する。「有機体においては、各部分はつねに全体を維持し、そうすることによって自己自身を維持するのである。公民の国家に対する関係もまったくおなじである」。つまり、「国家の各部分、すなわち公民は、全体によって自分に割り当てられた身分において自分自身のみを維持」し、「そうすることで自分の持ち場において全体を維持する」というわけだ(3: 209)。「人民」による政治的決定に関して、フィヒテが多数決原理に否定的で、「全会一致」を重視するのも、「全体性」の強調と解釈することができよう(3: 178-80)[140]。「わたしの理論においては多数決原理の法的有効性ではなく、全会一致原理の法的有効性が仮定されるのである」。こうした理路は、恐怖政治期のジャコバン主義国家理論すら想起させる。

だが、ジャコバン主義国家理論とフィヒテの議論とは決定的な点で異なっている[141]。「徳」vertu の問題である。恐怖政治期の政治指導者たち——ロベスピエール、サン゠ジュスト、ビヨー・ヴァランヌなど——が、自分たちの政治権力の弁証に「徳」の言語をもちいたことはよく知られている。自分たちは「徳」の選良であるがゆえに、「善」なる「人民」と同一化しつつ、国家を指導することができるのだ。否、「徳」ゆえに、自分たちは「人民」そのものである。かれらは倦むことなく、そう語った。だが、すでにみたように、フィヒテの国家論において、理論的前提の段階で「道徳性」は慎重に排除されている。法論の前提は、各人の「利己主義」と相互の「不信」だからである。「徳」のレトリックに頼ることはできない。

では、フィヒテはいかなる「執政権」の態様を念頭に置いていたか。フィヒテの政体分類論は、ここでも『永遠平和論』におけるカントの議論を出発点としている。カントは「統治形式」による分類とは別に、「支配形式」による分類――執行権保持者の数に応じて、君主制・貴族制・民主制に分類される――を挙げていた。「支配形式」と「統治形式」との関係をめぐり、カントが「民主制」を真っ先に退けたことはすでにみた。一方、カントは「君主制」をもっとも「代表制」の精神にかなった政体として評価している。「支配者の数が少なければ少ないほど、国家権力の代表の度合いは高まり、一層、共和主義の可能性に適するようになる。そして、漸進的な改革を通じて、最終的には完全な代表制に達することを望みうるのである。こうした理由から、この完全に合法的な唯一の政体に到達することは、貴族制にとっては君主制以上に困難なのであり、民主制にいたっては暴力革命以外の道を通ってそこに到達することは不可能といってよい[142]」。このとき、カントが念頭に置いていたのは、みずから「国家第一の下僕」を名乗った啓蒙絶対君主、フリードリヒ二世だった。

フィヒテもまた、「執政権」の保持者の数に応じて「政体」を分類している。「執政権」がひとりにゆだねられれば、「君主制」Monokratie/Monarchieとなり、合議制がとられる場合は狭義の「共和制」Republikになる。さらに統治者の選抜方法――世襲、選挙、任期付きか否かなど――によって、「政体」は細かく分類されてゆく(3: 161-3, 286-8)。ここで問題となるのが、「君主制」と狭義の「共和制」の得失である。

意見を相互に修正しあうことのできる複数の統治者からは、より多くの知恵 Weisheit を期待できるが、まさにそのゆえに、より多くの遅滞も予測できる。また、各人は他の構成員に責任転嫁するがゆえに、そもそも複数の統治者の間では責任意識が分散してしまい、監督官制がそれほど強力には作用しないであろう。これに対して、ひとりの首長はたしかにより容易に誤りうるが、権力はより実効的に働く。自分ひとりに責任がのしかかるがゆえに、責任意識はより強力に作用する。したがって、一人者支配の場合、政府はより多くの力と生命力を有する。したがって、政体の決定は以下のようにあるべきである。つまり、政府がより多くの力を必要とする場合——厳格な法治にまだ慣れていない人民とその思考法ゆえか、あるいは、国際関係における無秩序状態ゆえか——には、一人者支配が望ましい。これに対して、正当な政体がすでに作用しており、上述の状態——法律がそれ自体の重みで作用しうる状態——を生みだしている場合には、〔狭義の〕共和制が望ましい。（『自然法の基礎』）(3: 287)

「君主制」も「共和制」も、「代表制」の条件——「執政権」の委任と監督官制の存在——を満たすかぎりで、いずれも法理論的には「正当」である。そのうえで強力な権力の発動が期待される状況では「一人者支配」が、すでに「人民」が「法の支配」に慣れ親しんだ状況下では「共和制」が望ましいとされている。つまり、政体の選択はあくまでも外的状況に依存する、「賢慮」Klugheit の問題にすぎない。

さらにフィヒテは統治者の選出方法について、選挙制の是非を論じている。ここでも問題は「人民の陶冶」Cultur des Volks の程度に還元される。つまり、「みずからの統治者を選ぶこととなる人民はすでに十分に陶冶 gebildet されていなければならない。選挙は上述の根本原理によれば、全体に妥当するためには全会一致でなければならないからである」。したがって、「人民がいまだこれほど高度の陶冶を有していないかぎりにおいて」、統治者の選挙制は廃止すべきと、フィヒテは考える。

世襲君主制についても、フィヒテは決して否定的ではない。世襲制によって「執政権」保持者としての君主は被治者から完全に切り離され、統治の中立性を確保できるからである。また、統治者は「人民」に対して統治の「責任」Verantwortlichkeitを負わねばならないが、本来の「責任」担保制度である監督官制が不在の場合にも「統治者はあたかも責任を負い、もとめられれば、いつでも統治について釈明する用意ができているかのように統治」せねばならない(4: 360)。そのさい、世襲君主制は統治者に「責任」を意識させるための最良の方策である(3: 163)。

> いまだ監督官制度が導入されていない、もしくは〔人民の〕大多数がまだ野蛮であるために導入することができないところでは、やはり世襲代表制〔＝世襲君主制〕がもっとも目的にかなっている。〔その理由は〕神を恐れず、また裁判所を恐れる必要のない不正な権力保持者も、すくなくとも以下のような復讐を恐れるがゆえである。〔つまりそれは〕みずからのあらゆる違反行為によって、罪なき子孫のうえに累積し、自然の必然的ななりゆきにしたがって、確実にその子孫の首に降りかかってくるような復讐である。
>
> (『自然法の基礎』)(3: 163)

いささか皮肉な調子ではあるが、フィヒテにとって、「人民の陶冶」がいまだ成熟をみない政治社会においては、世襲君主が改革を強力に推進してゆく方が「陶冶」への近道であった。指摘されているように、フィヒテの描く「世襲代表制」において、君主は政治的「責任」をとらねばならない。通常の君主政においては――絶対君主政、立憲君主政を問わず――主権者たる君主は神聖不可侵、つまり政治的責任を一切負わない。これに対して、フィヒテは君主にも例外なく統治の「責任」をもとめるのである。

以上の議論を整理すると、「人民の陶冶」の程度に応じて、フィヒテがどの政体を選択しているかは明白である。

要するに、「陶冶」の度合いがもっとも低い政治社会にあっては世襲君主制が望ましく、「陶冶」の進展にともなって非選挙制的共和制へと移行し、「陶冶」の完成段階において、選挙制的共和制が最終的に確立するという見通しである。狭義の「共和制」はそれ自体としては望ましいにせよ、はるか未来の彼方においてのみ実現可能な政体なのである。逆にフィヒテにとって、後進的な政治社会においては世襲君主制こそ、むしろ最良の選択なのである。(143) そして、この「陶冶」の度合いが低い政治社会が、同時代のドイツを意味していただろうことは、想像に難くない。君主制・共和制を問わず、フィヒテによれば、統治者は終身制が望ましい(3: 180–1)。

「君主制」への好意的評価を『フランス革命論』からの転向と理解するのは、正しくない。たしかに、青年期以来、フィヒテは身分制社会、とりわけ、その中核たる貴族制度と領邦教会制度に対して殲滅的批判をくりかえしてきた。『フランス革命論』はその集大成ともいえるものであった。しかし、実は、フィヒテが統治機構としての君主政自体に不満を漏らした形跡は見当たらない。『返還要求』や『フランス革命論』においても、君主政自体への批判は見当たらない。カントの「代表制」概念を踏襲したフィヒテは、「代表制」の有無をもって、広義の「共和政」と「専制」との分水嶺とした。また、はるか未来においては狭義の「共和制」が望ましいと考えた。その意味で、フィヒテを「共和主義者」とよぶのは正しい。だが、フィヒテにとって、広義の「共和政」は世襲君主制と矛盾するものではなかった——「陶冶」の完成段階では狭義の「共和制」がより望ましいにせよ——ことは、記憶しておくべきことである。

こうした政体論から、フィヒテのフランス革命観の特徴も浮かびあがってくる。フィヒテにとって、フランス革命は「人権」の理念——万人の市民的自由、法の下の平等、労働による「生存」の保障——の貫徹、いいかえるならば、世襲身分制社会の打破を意味していた。この点に限定するならば、フィヒテは終生、フランス革命の理念に忠実だったといってよい。しかし、その一方で、フィヒテは議会制(代議制)や政治参加、いわゆるデモクラシーの問題については冷淡であった[144]。すでにみてきたように、フィヒテのいう「代表制」は議会制ではなく、あくまでも「執政権」の統治者への委任にすぎない。たしかに「人民」は主権者ではあるが、みずから政治参加する途は完全に断たれている。むしろ、「人民」の自己統治としての「民主制」は必然的に「専制」に堕すると評されるのである。したがって、フィヒテの政治理論をジャコバン的国家理論——絶対不可謬な「人民」の善性を根拠として既成権力を攻撃した——と同一視するのは無理があろう。

もちろん、フィヒテの「代表制」概念は、広範な「執政権」の委託に尽きるものではない。法論の理論的前提が各人の「利己主義」にある以上、統治者もまた、例外ではありえない。つまり、統治者が「利己主義」に駆られて、権限を濫用する恐れがあるのだ(3: 168)。それゆえ、「代表制」が完全に機能するためには、「執政権」の濫用をなんとしてでも防止せねばならない。そのためにフィヒテが自信をもって展開したのが、監督官制度である(III, 3: 72, 79-80)。「執政権」の委託を説いたフィヒテにとって、監督官制は政体の安定と正当性を保証する要にちがいなかった。したがって、いかに「執政権」が委託されようとも、監督官制を欠く「代表制」は不完全なものにとどまるだろう。結局のところ、個々の政体の善し悪しは、「監督官制がどれほど強力に作用するか」で計られるのである(3: 163)。

第二節　「監督官」

(1) 機　能

「監督官」Ephorat の名称は、古代スパルタの官職「エフォロス(定訳は「監督官」)」*ἔφορος* に由来する。エフォロスはスパルタの国制において、統治の主体として機能する官職であった[145]。市民団によって直接選出されるエフォロスはスパルタの王権——スパルタの王権は軍事指揮官・祭祀長にひとしい——を掣肘《せいちゅう》し、場合によっては投獄することさえできたし、最終決定権こそ民会に属していたが、政策判断はエフォロスにゆだねられていた。「エフォロスたちはこれほどの権力を有しており、他のポリスが公職被選出者に一年間限定で支配をゆるしているのとは異なり、あたかも僭主や体操競技の主催者のように(ὥσπερ οἱ τύραννοι καὶ οἱ ἐν τοῖς γυμνικοῖς ἀγῶσιν ἐπιστάται)、法に違反したと判断した者を即座に処罰するのである」(Xenophon. Lac. Pol. 8. 4)。

これに対して、フィヒテの監督官は、「執政権」の濫用を防止する制度として位置づけられている。(146) 一定任期で「人民」によって直接選任される監督官の役割は、「執政権」の監視・警告にある(3: 168–72, 180–1)。つまり、監督官自体は一切の実行権力をもたないが、「執政権」保持者が「憲法」――「共通意志」の表現たる「基本法」であり、政治体の設立目的を体現している――に違反する場合には、「執政権」の授権者たる「人民」Volk に対して「執政権」保持者を告発することができるのである(3: 172–6)。憲法違反を察知した監督官は「国務停止令」Staatsinterdict を発して、「人民」を召集し――具体的な方法は「純粋国法論」の埒外とされる――起訴理由を提示したうえで、「人民」の判決をあおぐこととなる。ここでの政府と監督官はあたかも「集合した人民の前で裁かれる訴訟当事者」のごとくである。「監督官が訴訟を開始し、そのかぎりで原告である。執政権がそれに応ずるかぎりで被告人ということになろう」。そして、「執政権」であれ、監督官であれ、この人民裁判に敗訴した側は「大逆罪」として厳重に処罰されることとなる。監督官の機能は「絶対的予防権力」absolut prohibitive Gewalt――あるいは「絶対的肯定権力」absolut positive Macht たる「執政権」の対極としての「絶対的否定権力」absolut negative Macht――とでもいうべきものであった。

フィヒテにとって、監督官は政治体の要である。したがって、監督官は身体の不可侵を保障されねばならない(3: 177)。「国家全体の安全は、監督官の絶対的自由と身体の安全にかかっている」。「監督官に対するほんのわずかの暴力行為、あるいはその脅しだけでも大逆罪となる」。また、重要な職務に臨む監督官には、「とりわけ熟達した老齢の人物」がふさわしいという。「執政権」との癒着がないかどうか、監督官は在任中も離任時もきびしく「人民」によって審査・監視されねばならない(3: 180-1)。「監督官たちは執政権者と、いかなる親しい交流・血縁関係・友好関係等々ももってはならない。この点について人民は監視するだろうし、監督官はまず、このようにして人民の信頼を失うだろう」。

フィヒテの秩序構想において最高権力を有する存在は「人民」Gemeine/Volk/Nationである(3: 171, 177)。この点は疑いない。「人民の権力は執政権者たちの有する権力を凌駕せねばならない」。「人民」こそが「憲法」、すなわち政治社会そのものの設立者であり、憲法制定権力としての座を占めている。(147) したがって、「執政権は集合した人民にのみ責任を負う」のである。「人民」は「地上における最高の存在であり、そうであるがゆえに、本来的にいかなる存在に対しても不正をおこなうということがない。不正をおこなうとすれば自分自身に対してだけ、すなわち、自分の権利を自発的に放棄する場合だけなのである」(III, 3: 72)。「人民を超越する存在は、神だけだ」(3: 182)。

だが、注意すべきは、「人民」があくまでも集合的存在であるということである。つまり、政治社会設立後、集合的存在としての「人民」は解体され、各人は「執政権」の支配に服する個々の「臣民」Unterthanとしてのみ存在しうるのである(3: 169-70, 176-7)。「委任契約が締結されるやいなや、同時に服従が生じる。以後、〔集合的存在としての〕人民は存在しない。被治者は人民でも全体でもない。臣民の集合体にすぎない」。したがって、一個人が政府に抵抗した場合、それは単なる「私的意志」による「共通意志」への「反逆」Rebellionとみなされる。処罰の対象とみなされる。

この公権力の法廷は中断することなく持続するので、この法廷の前では、国家のあらゆる成員は私人にすぎず、〔集合的存在としての〕人民Gemeineではありえない。各人はつねに公権力Obergewaltに服している。〔中略〕「人民は召集されるべきだ、これまで私人にすぎなかったすべての個人が集合して、人民になるべきだ」。このようなことを私人は言ってはならない。ある個人の意志が、共通意志をつねに代表する統治者の意志と一致しない場合、それは私的意志にすぎないからである。つまり、共通意志に反抗し、共通意志に反する意志にすぎないのだ。したがって、これは反逆である。そして、即座に反逆として処罰されねばならない。（『自然法の基礎』）(3: 169)

フィヒテは平時の抵抗権を認めない。だからこそ、監督官が重要となってくるのだ。監督官による「国務停止令」と召集を合図に、個々の「臣民」は集合的存在としての「人民」へと一時的に復帰し、憲法制定権力として「執政権」の憲法違反を裁く最高権力を発動し、政治体の危機を救う(3: 172-3)。各人の「利己主義」という法論の理論的前提は、統治者にもあてはまる。いかなる政体であろうとも、「執政権」はつねに濫用の誘惑にさらされるのだ(3: 168)。それゆえ、監督官制の有無は政体の安定性を保証する要となる。「〔民主制をのぞく〕あらゆる政体は、監督官制をそなえてさえいれば法にかなっている。また、監督官制が適切に組織され実効的でありさえすれば、国家において法を全面的に実現し、維持することができるのである」(3: 163)[148]。

（2）典拠と限界

フィヒテの監督官制度は、古代スパルタのエフォロスとは機能・権限の面で明らかに異なっている。エフォロスが統治の主体として「僭主」すら彷彿とさせる権力をふるったのに比して、監督官はあくまでも「絶対的否定権力」であり、実体的権力を有さない。それでは、フィヒテの監督官構想の典拠をどこにもとめればよいのか。

典拠を推定するうえで、唯一の手掛かりとなるのが、次の一節である。『自然法の基礎』において、歴史上の事例に言及した、ほぼ唯一の箇所である。

ここで純粋理性から演繹された（狭義の）監督官制は、スパルタの国制におけるエフォロスやヴェネツィアの十人評議会 Staatsinquisition などとは完全に別物である。共和政ローマにおける護民官 Volkstribunen が、上述の監督官制とまだしも一番類似している。

（『自然法の基礎』）（3: 171 Anm.）

この謎めいた註釈を理解する鍵は、ルソーにある。フィヒテはルソーの『社会契約論』の熱心な読者であり、『自然法の基礎』執筆中にも座右に置いて参照していた[149]。ルソーは『社会契約論』第四篇でいくつかの制度構想を展開しているが、注目すべきは第五章の「護民府」tribunat 制度である。

国家内の諸々の構成要素の間に正確な比率を確立できない場合、あるいは破壊しがたい原因が諸関係を絶えず変更する場合、特別な官職を設けることができる。この官職はほかの部分とは一体とならず、各項を真の関係に戻す。そうして、政府と人民との、政府と主権者との、または必要な場合には同時にこの両辺において、結合要素あるいは中間項の役割を果たすのである。わたしが護民府とよぶ、この機関は法律と立法権の守護者である。あるときには、共和政ローマにおける護民官のように主権者を政府から守り、あるときにはヴェネツィアの十人評議会のように政府を人民から保持し、またあるときにはスパルタのエフォロスのように部分間の均衡を維持する役割を担う。

護民府は国家の構成要素ではまったくなく、立法権および執行権のいかなる部分も保持してはならない。だが、この点においてこそ、護民府はより強力なのである。何もなすことができないが、すべてを阻止できるからである。護民府は法の守護者として、法律を執行する執行権者よりも、法律を定める主権者よりも神聖視され、尊敬

される。（ルソー『社会契約論』)(CS: 4-5)

古代ローマの護民官、ヴェネツィアの十人評議会、そして、スパルタのエフォロスが例示されている。フィヒテの箇所と完全に一致している。「主権者」たる一般意志と執行権とのはざまにあって、両者の関係を媒介し、調停する権力としての「護民府」。フィヒテはここから「絶対的否定権力」たる監督官制の着想を得たのではないか[150]。

とはいえ、「護民府」に関するルソーの記述は簡潔である。また、その機能が具体的に定義されているわけではないので、フィヒテの監督官論にはまだ距離がある。ここでルソーとフィヒテをむすぶ補助線として、フランス革命期に登場した多くの「調整権力」pouvoir régulateur 構想——権力各部の憲法違反を監視する役割を担う——を思い浮かべてもよいかもしれない[151]。ただ、その場合にもフィヒテがなぜ、数ある「調整権力」構想のなかから監督官制を選択したかという問題は依然として残る。監督官の存在理由が「執政権」の権限濫用、すなわち「代表制」の逸脱の防止にあることは、疑いない。問題はなぜ、フィヒテがあえて監督官にこだわるか、ということだ。

フィヒテの監督官は、憲法秩序の臨界に立つ存在である。カントと同様に、フィヒテもまた平時における抵抗権行使を否認したことは、すでにみた。「人民」はあくまでも集合的存在なのであり、社会契約後は個々別々の「臣民」としてのみ存在しうる。「臣民」は「私的意志」にすぎないので、「執政権」——「共通意志」の唯一の解釈者である——に対する抵抗は、即座に「反逆」として処罰されることとなろう。しかし、一方でフィヒテはカントとは異なり、監督官制度という、公権力の濫用に対する確実な制度的保障をもとめている。そして、監督官の機能の本質は、例外状況の惹起にこそあるとみるべきだろう。監督官は「執政権」の不正をみずから裁くことはできない。「絶対的予防権力」たる監督官の権限は、「執政権」の監視と、憲法制定権力たる「人民」の非常召集に限定されている。いいかえれば、「執政権」が憲法違反を犯したか否かの最終判断は、あくまでも憲法制定権力に、憲法秩序を超越した「人民」にゆだねられているのである。監督官は、憲法秩序を超越する「人民」の召喚装置として機能する。「国務停止令」から最終判決までの期間、憲法秩序が完全に停止するという規定もまた、憲法秩序そのものを停止する存在としての監督官を裏付ける。フィヒテの監督官は、いわば「革命」を制度化するための装置であった[152]。

この点で、ルソーとの比較は示唆的である。ルソーもまた、「人民」の一般意志に帰属すべき「主権」が、執行権力によって「簒奪」される事態を懸念していた。「政府が主権を簒奪した瞬間、社会契約は破壊される」。解決策としてルソーが提示したのが、人民集会の定期開催だった(CS: 3-13, 18)。「人民」が定期的に集会し、一般意志のもとに現行秩序を確認することによって、執行権力を牽制しようというのである。無論、定期集会の開催中、執行権力は停止する。それゆえ、「政府が強力であればあるほど、主権者はより頻繁に集会せねばならない」。

憲法秩序を超越する「人民」へのこだわりという点で、フィヒテはルソーに接している。両者ともに、あらゆる政治秩序の頂点に君臨する、「主権」そのものとしての「人民」の重さを強調するからだ。ルソーとフィヒテにおける、人民集会時における執行権の停止は、「人民」の絶対性の端的な表れにほかならない[153]。ただし、フィヒテは、監督官による「国務停止令」および「人民」の召集という制度的契機を不可欠の要件として強調する(3: 176-7)。監督官を媒介しない集会は違法であり、「反逆」とみなされる。もちろん、ルソーも正規の人民集会と違法集会との厳格な区別をもとめてはいるのだが、そのためにあえて特定の制度を導入しようとはしないのである(CS: 3-13)。ルソーに比して、制度化へのフィヒテの意志は強い。「法律を欠く群集」は「放埒」に身をまかせるかもしれないが、「法律にしたがい、法律のもとに集合し、何らかの形式に則って協議する」場合、そうした懸念は無用である(3: 187)。「形式 Formel こそは「人間にとって最大の救いのひとつ」だからである。「人間性からあらゆる形式を取り払おうとする場合、それは人間性に対して誠実な態度とはいえない」。

さらにフィヒテは、ルソーの定期集会案――ルソーの名前は挙げていないが――を検討したうえで明示的に退けている。

〔前略〕この憲法によって以下のように規定することはできるだろう。その規定とは、人民がある特定の時期に定期的に集会し、統治者に対して国家統治について説明をもとめるというものである。そうした制度は小国、とりわけ共和制国家──民衆があまり散在せずに居住しているため、大きな時間の無駄もなく集会し、また国家統治も簡単に概観できるような国家──では実行可能である。しかし、ここでも以上のごとき大きな訴訟 Rechtshandlung は惰性によって品位を失うこととなろう。そうした訴訟への準備期間があり、そのために訴訟の結果はたいてい、共通意志というよりは、むしろ陰謀好きで名誉心の強い党派の私的意志となるであろう。一定の規模を誇る国家においては〔中略〕そうした法律は端的に実行不可能である。そうした制度と必然的にむすびつく時間の無駄と私事への妨げゆえに、自身を損害から守ろうとする配慮〔＝定期集会〕自体が、人民にとって最大の損害となるだろうから。

（『自然法の基礎』）（3: 170）

定期集会案が退けられる第一の理由は、大規模な政治社会における定期集会の開催がほとんど不可能だということである。第二の理由は、より興味ぶかい。たとえ小国において定期集会が可能であるとしても、人民集会自体が「陰謀好きで名誉心の強い党派の私的意志」によって引き裂かれてしまうというのである。フィヒテは「人民」による討議に期待しない。これは、「人民」による自己統治としての「民主制」に対する批判の論理とも共通している。「そうした政体、つまり本来的な意味における民主制は、存在しうる政体のうち、もっとも不安定なものとなろう。国家の外におけるのとおなじように、つねに万人の暴力行為のみならず、法律の名のもとに不正にふるまう激した徒党の盲目的な暴虐を、その時々で恐れねばならないからである」（3: 158）。憲法制定権力としての「人民」を前提とする一方で、フィヒテは「人民」の直接的な政治行動に対しては強い不信感をいだいた。この点でも、「人民」の根源的善性を根拠として既成権力への激烈な批判を展開したジャコバン的国家理論との差異は、明白である。

フィヒテの監督官は、憲法制定権力たる「人民」と憲法秩序との境界に立っている。それは法論内の制度でありながら、法論の限界を突き破る可能性を秘めている。これまで、フィヒテは法論の「利己主義」という前提を論理的に一貫させてきた。ところが、監督官に関しては——明言こそされないものの——「良心」に忠実な職務遂行が前提とされているようにも読めるのである。[154]

けれども、監督官自体が腐敗することはありえないのだろうか。各人の「利己主義」という前提と矛盾してはいないだろうか。たしかにごく稀な事例ではあろうが、監督官が腐敗することもあるかもしれない。そのようにフィヒテは応答する。だが、仮に既存の監督官が腐敗しきったとしても、すべての道が閉ざされるわけではない(3: 181-4)。ひとつのありうる解決方法は、政府と監督官の腐敗が目に余るものとなったとき、「人民」の「全員」が一斉に蜂起するというものである。個々の「臣民」による蜂起は「反逆」にすぎないかもしれないが、「人民」があたかも「ひとりの男のように」wie Ein Mann 立ち上がるとき、蜂起は「形式面のみならず、内容面でもつねに正しい」ものとなる。だが、これはどこまで実現可能なのだろうか、疑問は残る。

いまひとつの方法は、「ひとり、あるいは複数の私人が臣民たちに、「人民」を構成 constituiren するように呼集する」というものである。当然、政府はこうした行動を「反逆」として処罰しにかかるだろうが、「不正な権力は不正であればあるほど、一層弱体で無力となる」がゆえに処罰を逃れることもありうるという。問題は、「人民」がこの「呼集」に応ずるかどうかである。

人民がこの呼集に応じた場合、執政権力は無に帰するのであり、人民は呼集者たちと政府の間の裁判官——執政権と監督官との間においてそうであったように――となる。人民がこの呼集を正当なものと判断する場合、その後に表明される人民の意志によって、呼集者たちの意志は真の共通意志として確認されるのである。つまり、呼集者たちの意志が法の実質を含むことが示され、いまだ欠落していた法の形式を人民の同意によって獲得することとなる。この呼集者たちは心情と徳 ihr Herz und ihre Tugend によって、人民の守護者であり、任命を経ない自然の監督官 ohne Ruf natürliche Ephoren にほかならない。反対に人民が呼集と告発を不当と判断する場合、かれらは反逆者であり、人民自身によってそのように判定されることとなろう。

(『自然法の基礎』)(3: 183)

政治秩序が破滅に瀕したとき、救世主のごとく登場する「自然の監督官」。ここで着目すべきは、かれらの行動が「心情と徳」によって特徴づけられていることである。さらに「人民」への「呼集」が失敗して「反逆者」として処罰される場合でも、かれらは「良心の前では法の殉教者」たりうるとされるのである。これは「徳」の論理と「法」の論理の混在ではなかろうか。法理論的には「反逆」であった行為が、その結果において「正当」とされる。さらに政治社会の究極的救済を「心情と徳」をそなえた人間たちに期待するのは、法論自体の限界を示してはいないか。⒂ 「革命」の制度化を目的としたはずの監督官制度が、現実の「革命」を果たして正当化できるのだろうか。フィヒテの自信作ともいうべき監督官制度は、その究極の地点において、危うさを孕むものであった。

第三節　媒介の論理

(1)「教育」と「国家」

『自然法の基礎』と『閉鎖商業国家論』の国家は、法論の課題――各人の「利己主義」を前提としたうえでの秩序建設——に対する、フィヒテの回答であった。その最大の特徴は、「道徳」や「善意志」といった内面的道徳への期待を一切捨象した点にある。[156]それゆえ、イェナ期の国家論は読者に、「強制」を発条とする精緻な機構といった印象をあたえずにはおかないのである。

フィヒテの秩序構想は、伝統的な混合政体論や英国国制論、世紀転換期ドイツの身分制社会を前提とした政治論、あるいはカントやヘーゲルの政治哲学のいずれとも異質であった。フィヒテの秩序構想に対する同時代人の反応もまた、後代の研究者たちとさほど変わらない。『閉鎖商業国家論』で詳述された計画経済論に大方の論者が当惑したのは無論のこと、『自然法の基礎』の「執政権」や監督官制をめぐる議論の妥当性についても疑問を呈する声は多かった。[157]また、著作公刊に先立ち、講義にてフィヒテの秩序構想に接した聴講者たちの感想は、フィヒテの理想国家には「住みたくない」というものだったという(FG, II: 334)。

だが、国家による「強制」の側面だけを強調するのは、片手落ちというものだろう。フィヒテにとって、現実の人間は「法」と「道徳」の中間を彷徨う存在だった(3: 148–9)。人間の世界に対して「完全な道徳性と道徳性への全面的信頼」を期待することはできない。「完全な道徳的存在の種族にとって、権利法則は存在しない」。だが、「人間がこのような種族でないことは以下のことからも明らかである。つまり、人間は道徳性へと教育 erziehen されねばならないし、また、自分自身を教育せねばならない。人間は生得的に道徳的なのではなく、自分の努力 Arbeit によってはじめて道徳的となるべきだからである」。『知識人の使命』で語られたように、フィヒテの最終目的は、完全な道徳的共同体の形成、すなわち人類の道徳的「完成」にこそあった。実際に道徳的共同体の理念は『道徳論の体系』において詳述されている。[158]そこでは「強制装置」としての国家はあくまでも、道徳的陶冶のための手段価値をもつにすぎない。法論と道徳論は相互に補いあって、ひとつの秩序構想をなしていた。[159]

むしろ問題は、「法」の論理と「道徳」の論理をいかにして媒介するか、であろう。「法」と「道徳」の分離こそ、イェナ期構想の出発点であり、ふたつの領域を厳密に画することによって、フィヒテは体系的整合性を獲得した。しかし、媒介を欠いては、「法」と「道徳」は孤立してしまい、袋小路に陥ってしまうのではないか。その意味で、「法」と「道徳」の媒介の論理こそ、イェナ期構想の要となるはずである。こうした媒介の論理は存在したのか、存在したとすれば、成功したのか、どうか。

この問題を論ずるうえで恰好の出発点となるのが、「商業」commerce/Handelをめぐる論争におけるフィヒテの立ち位置である。「商業」の是非をめぐって、十八世紀を代表する思想家たちは論争をくりかえした。それは単なる経済的問題を超えて、同時代の「文明社会」civilized societyのありかたそのものを問う論争でもあった。

「商業」擁護派の論理によれば、近代社会の本質的特徴は「商業社会」にある。[160] つまり、農業・牧畜に生産の重点を置いていた古代や中世とは異なり、近代社会の特徴は「商業社会」にこそあるのであり、「商業」はそれまで群雄割拠してきた諸国の関係をむすぶ、平和的な紐帯となりうる。土地に緊縛されがちな農業や牧畜とは異なり、移動性こそ「商業」の本質をなすからである。さらに「商業」の活発化は国内の「分業」を進展させ、ひいては各国の社会全体の生産性を底上げし、「文明社会」の発展につながってゆくだろう。その恩恵は上級身分から下層身分まであまねく行きわたる。それまで理想化されてきた古代社会が現実には不断の「戦争」状態にあったのに比して、「商業の精神」はまさしく「平和」の精神にほかならないのだ。「商業」派のもっとも洗練された思想家たち——モンテスキュー、ヒューム、アダム・スミス、カントなど——はこのように語った。

一方、フィヒテの「商業」に対する見方はきびしい。すでに青年時代から「商業」に不信感をいだいていたフィヒテである。『閉鎖商業国家論』によると、「商業」は三つの「戦争」Kriegの原因として否定さるべきものであった。

まず第一は、商業利益をめぐる売り手と買い手との間の、「万人の万人に対する不断の戦争」である。商業社会では需要と供給の均衡が不断に変動するため、労働市場はつねに不安定で、生活必需品の価格も一定しない。つまり、職業選択の自由に代表される経済の自由放任体制のもとでは、各人に自分の「労働」による「生存」を確保することがむずかしいのである。各人に平等に保障さるべき「生存」は、完全に自己責任にゆだねられてしまう(3: 421–2, 446–7, 457–8, 469–72)。

第二が、商業利益をめぐる国家間の「戦争」である。フィヒテによれば、「商業」が「平和」に資するというのは虚偽である。というのも、「商業」の本質は利益をめぐる不断の競争にあるのであり、表面的には平和が保たれているとしても、実際には水面下で「潜在的戦争」が継続しているとみるべきだからだ。つまり、「平和」は偽善にすぎない。「商業」的利益が衝突すれば、すぐに現実の「戦争」に移行するにちがいない。表面的には政治的理由で争われる「戦争の真の原因」が「商業利益」Handelsinteresse にあることもしばしばである(3: 467–9)。さらに商業は植民地支配の温床でもある。欧州の「商業」国家は自国の利益をもとめて、世界各地で市場獲得競争を展開せざるをえないのであり、その結果、「欧州各国」と「欧州外の世界」との関係は「法と衡平」から逸脱することとなろう(3: 392–3)。「欧州各国は、欧州の他国との関係では貿易収支がいかに悪くとも、欧州外の世界というこの共通の獲物から、何らかの利益を引きだしている」。この点に関しても、「商業」が「平和」に資するというのは偽善的見解にすぎない[161]。

最後に、臣民の自国政府に対する「戦争」である(3: 472–5)。近世以降、欧州各国は商業利益を確保するため、重商主義政策——外国貿易における輸出を増やし、輸入を減らすことでより多くの「世界貨幣」を獲得する(3: 465–6)——を推進してきたが、これも結局は弥縫策《びほうさく》にとどまる。むしろ、自由貿易から利益を得てきた人びとは重商主義政策に反発を強め、最終的には臣民による政府への「戦争」が帰結するという。密貿易や脱税といった「政府に対する詐術は人民の意識のなかで違反行為であることをやめ、公敵に対する自己防衛として許容され、賞讃さるべきものとなろう」。『閉鎖商業国家論』で詳細に論じられた経済統制——生産者・製造者・商人からなる労働身分、生産・加工・流通の徹底的な国家統制、国家による農地分配、生業選択の届出制、外国貿易の原則禁止、計画外の物価変動を排除するための「世界貨幣」の遮断および国内貨幣の導入、自国に滞在する外国人への監視など——は、こうした「商業」批判に裏打ちされたものであった。

　ところが、「商業」批判のさいにかならず浮上する、ある論点がフィヒテの議論にはみられない。その論点とは「徳」と公教育である。

　十八世紀において、「徳」は「商業」に対抗しうるもっとも強力な概念であった。ルソーやマブリといった反「商業」派の定番の論理は、「商業」あるいは、「商業」に由来する学問や藝術は人間精神を私益へと誘導し、政治体に対する献身や公共心といった「徳」をないがしろにさせる、というものであった。ここで重要な点は、反「商業」派にとっての「徳」とは単なる個人的な人間関係における美徳ではなく、政治体に対する献身や公共心を意味したということである。この「徳」が欠落した政治体は、もはや政治体の名には値しない。

「徳」を国民に注入する装置として注目を集めたのが、公教育である。当初は知識人たちのユートピアにすぎなかった公教育構想は、フランス革命期において俄かに現実味をおびてくる。国民の全面的「再生」を企図する革命家たちは、その夢を公教育に託したのである。革命期にあまたの公教育構想が浮上した由縁である。(162) 古代スパルタをモデルにした国民教育案を提示した国民公会議員、ルペルティエはいう。「この〔公教育〕法案の目的は、真に国民的で共和主義的な教育、全員に対して平等かつ実際に共通な教育、身体的能力に関しても道徳的資質に関しても、人類を唯一再生させることのできる教育を確立することにある。要するに、この法案の目的は公教育の確立である」。

　フィヒテはなぜ、「商業」批判との関連で「徳」や公教育に言及しないのであろうか。

　ひとつの理由として挙げられるのは、「商業」批判が展開される『閉鎖商業国家論』が法論に属するということである。『閉鎖商業国家論』は、『自然法の基礎』の経済論の補遺である。したがって、法論の一部である以上、「徳」を直接の論拠としてもちだすことはゆるされない(3: 400)。法論の論理的前提は各人の「利己主義」だからである。

『閉鎖商業国家論』の叙述の生硬さは、おそらくここに由来している。つまり、「利己心」という法論の論理的前提を一貫させたがゆえに、構想全体が微細な制度論に収斂せざるをえなかったのである。

教育の問題はより複雑である。「法」と「道徳」の媒介としての「教育」Erziehung の重要性は、『自然法の基礎』と『道徳論の体系』の両方で強調されている(3: 358-68; 4: 335-43)。「あらゆる自由な存在は道徳性への能力を有するのであり、道徳性にむけて陶冶されるべきである。したがって、子供も道徳性へと陶冶されるべきである」(4: 336)。しかし、フィヒテは公教育制度を採らない。一貫して、家庭教育に固執する。[163] 子供の「教育」について、法的・道徳的義務を負うのは両親なのである。たしかに「理性国家」は「法」秩序維持という目的を有するため、人口を維持・増大させるために教育を管轄する権限を有している。だが、教育の実際はほとんど両親に一任されるのであり、教育に関して国家が有する具体的な権限はかぎられたものでしかない。「両親こそが、子供に関する事柄の裁判官である。両親は主権者なのであり、両親が子供を教育するかぎりで、子供は両親に無制限に服従する」(3: 360)。もちろん、国家は教育施設を整備することができる。けれども、それを利用するかどうかは、あくまでも両親の判断にゆだねられるのである(3: 363)。こうした公教育に対する無関心は、革命期フランスの公教育論争、さらにフランスの政局に対するフィヒテの関心を鑑みると、興味ぶかい。[164] 公教育の不在と家庭教育の重視は、フィヒテの意識的な選択ではなかったか。フィヒテは、「教育」を、すなわち「法」と「道徳」の媒介という秩序構想の要を、あえて両親の判断にゆだねたのである。フィヒテにとって、国家はあくまでも「強制装置」であり、「道徳性」とは切り離されている。国家は人間の全存在を包摂するものであってはならなかった。

イェナ期のフィヒテは国家に手段価値しか認めない。この点がよく表れているのが、『自然法の基礎』における「公民」・「臣民」・「個人」の区別である。[165] フィヒテによると、各人は、租税や軍役、統治者の選出といった国家活動に参与するかぎりで「公民」Bürger であり、義務を負う。国法に服するとき、かれは「臣民」Unterthan である。しかし、それ以外のとき、かれはあくまでも「自由な個人」freies Individuum なのである(3: 206)。そして、国家とは関係なく、みずからの道徳的陶冶につとめるのである。「絶対的自由をもって自身を道徳性へと高めるために人間であること Menschheit は、公民であること Bürgerthum とは別である。人間は国家をくぐり抜けるかぎりでのみ、公民であるにすぎない」。国家の「全体性」を有機体的比喩でもって強調する一方、フィヒテは各人が完全に国家秩序に回収されることを望まない。(166)

フィヒテの「理性国家」は、未来の道徳的秩序の前提としての役割を担う。「理性国家」自体は公教育によって、直接に「徳」を振興することはない。体系上、不可能なのである。しかし、「理性国家」はふたつの点で道徳的陶冶を支えることとなる。刑罰の廃止と、「余暇」の創出である。(167)

まずは刑罰の廃止について。フィヒテによれば、『自然法の基礎』で構想された「理性国家」は、完璧な秩序維持機能を果たすはずである。整備された実定法、「行政権力」による行動の「監視」、そして、権利侵害者に対する「強制」によって、構成員の「権利」は十全に保護され、「犯罪」は実質的に不可能になってゆくという(3: 185-6)。それゆえ、「理性国家」の完成後、年数を経るごとに「犯罪」は減少し、ついには「犯罪」そのものが絶滅するにいたる。そして、人びとはついに「犯罪」の可能性すら忘却し、秩序は完全に定着する。この段階において、刑法と刑罰そのものが不要となる。

貪欲、貪欲によって刺激された情念、さらに欠乏と貧困以外のどこから、あらゆる犯罪が生じてくるというのだろうか。こうした犯罪要因は、法律が各人の所有権を適切に監視する場合には一切、発生しないであろう。また、犯罪の根源が除けられたあと、どこから犯罪が生じうるというのだろうか。善き民法とその厳格な運用は、刑法の執行を完全に不要なものにするだろう。これに加えて、仮に犯罪行為をおこなったとしても、確実に露見して処罰されることがわかりきっているのに、誰があえて犯罪行為に走るだろうか。半世紀ほどもこうした状態に慣れてしまえば、犯罪の概念自体が、そうした法律によって統治される幸福な人民の意識から消え去ってしまうはずだ。

（『自然法の基礎』）(3: 186)

ここでも国家は、人びとの「徳」を直接振興しているわけではない。ただ、「強制」による「犯罪」の不可能化と刑罰の廃止を通じて、道徳的陶冶の可能性そのものを基礎づけている。そして、万人の道徳的陶冶が完成した暁には、「強制」の秩序自体がもはや不要となるのである。「強制」が国家権力の本質である以上、国家の止揚といいかえてもよい。もちろん、気の遠くなるような年月を要するにしても、最終的には「執政権」や監督官の存在さえも不要になってゆくはずだ。そのようにフィヒテは考える。

いまひとつは「余暇」の創出という点である(3: 423, 425–6)。すでにみたように、「理性国家」においては独自の位階秩序を基盤として、徹底的な経済統制がおこなわれる。それは管理された「分業」とでもいうべきものである。フィヒテによると、計画経済の帰結として生産力と生産技術の向上がみられ、「国富」Wohlstand は増加の一途をたどるという。ここでの「国富」とは、よりすくない労働量による生産量の向上を意味する。フィヒテは、各人の「労働」による「生存」の保障を重視する一方、「労働」それ自体に美的・実存的価値を見出すわけではない。とくに労働身分の生業は「機械的労働」とされ、その量はできるかぎり軽減されねばならないという(4: 362)。そして、「理性国家」においては、「国富」が増加し、「労働」は次第に軽微なものとなってゆくため、必然的により多くの「余暇」Musse が生じてくる。[168] そして、この「余暇」こそ、道徳的陶冶のために不可欠な要素なのだ。「機械的労働」に日々追い立てられていては、道徳的陶冶への余裕は生まれない。「人間は不安なく、喜びと楽しみをもって働き、みずからの精神とまなざしを天に向けるための余剰時間をもつべきである」。ここでも「理性国家」は直接に「徳」を促進はしないが、道徳的陶冶の物理的条件である「余暇」をもっとも多くもたらすこととなろう。以上のように限定された意味において、フィヒテの「理性国家」は同時に、「陶冶」国家でもあるのだ。

（2）「学藝共和国」

それでは人びとはいかにして、「自由な個人」として「徳」を養いうるのだろうか。フィヒテの回答は「結社」Gesellschaft である(4: 235–52)[169]。各人が孤立した状態での道徳的陶冶にはおのずから限界がある。それならば、「相互作用」Wechselwirkung によって啓発しあえばよい。すでに『知識人の使命』はこうした道徳的相互作用の重要性を強調していた。とくにフィヒテは、「知識人」か否かを基準として、「教会」Kirche と「学藝共和国」gelehrte Republik という二種類の「結社」を構想している。ここではイェナ時代のフィヒテが重視した「学藝共和国」に焦点を当ててみたい[170]。

「学藝共和国」は、「知識人」たちによる自由な研究と討論の空間である(4: 247–53, 346–7)。すでに『知識人の使命』においてみたように、当時の一般的語用に対して――「知識人」とは高等教育(とくに大学)修了者を意味した――フィヒテは独自の定義を「知識人」にあたえていた。『道徳論の体系』においても、独自の「知識人」定義は踏襲されている。すなわち、「知識人とはまず受託者、いわば時代の陶冶の保管所である」。つまり、ひたすら「真理」をめざす者、それがフィヒテの「知識人」なのであり、「学藝共和国」とは知的選良による自由な議論の空間にほかならない。人類の「陶冶」、すなわち道徳的陶冶を目的とする点は「教会」――非「知識人」も含めた「全員」を構成員とする――と共通しているが、「教会」では日常的概念がもちいられるのに対して、「学藝共和国」では、「真理」の「前提」や「原理原則」さえも徹底的な討究に付される点に両者の決定的な相違がある。

学識公衆 gelehrtes Publicum を特徴づける性格は、思考における絶対的自由と自律性である。その精神の原則は以下の根本原理にほかならない。すなわち、いかなる権威にも一切服従しないこと、あらゆる点について自身の熟慮を頼みにすること、そして熟慮によって確証されないものはすべて拒否することである。〔中略〕学藝共和国にはおよそ、象徴・指針・自制といったものは存在しない。学藝共和国では、確信したあらゆる事柄を発表せねばならないのであり、学識公衆の概念にしたがえば、自分自身の内面に語るがごとくに発言せねばならない。

(『道徳論の体系』)(4: 249–50)

「学藝共和国」には「権威」も「強制」も存在しない。「学藝共和国は絶対的民主政なのであり、さらにいえば、そこでは精神的強者の権利のみが妥当するのである」(4: 251)。その時代のあらゆる人間知と経験が徹底的な懐疑に付され、「真理愛」に突き動かされる誠実な「知識人」たちが交流する、「自由」の空間。これこそ、イェナ時代のフィヒテが理想とした「学藝共和国」の宇宙にちがいなかった。いかなる生まれの者であろうとも、知的意欲に満ち、事物の「前提」そのものの探究を志す「知識人」ならばきっと歓迎されるであろう。かつての自分のように。「学藝共和国」は「人類の完成」という目的を先導する前衛である。フィヒテにとっての「知識人」——大学教員や著述家といった専業の「知識人」のみならず、統治者や「民衆教師」も含む(4: 251ff., 349, 357)[171]——とは、生産活動に従事する「一般人」に対して、より「高次」の使命に献身する存在である。

イェナ期のフィヒテは、「法」と「道徳」の媒介を一貫して個人の自発性にもとめた。そこに「法」的「強制」の介在する余地はない。「教育」にせよ、「教会」や「学藝共和国」といった「結社」にせよ、あくまでも行動と判断は各人にゆだねられている。各人はみずからの内面に突き動かされて道徳的陶冶にむかい、「社会」は道徳的共同体へと完成されてゆく。フィヒテが公教育に対して冷淡であった理由は、まさしくここにある。国家が「教育」を管理することは、各人の道徳的自発性という根本原理に抵触してしまうのである。その意味で、イェナ期秩序構想が、「法」と「道徳」の媒介の論理をまったく欠いていたということはできない。個人の自発性にゆだねられるかたちで、媒介はたしかに存在していた。国家や権力が介入しても、「法」と「道徳」の媒介は達成されないだろう。

だが、こうした媒介の論理は説得的だろうか。そもそも、道徳的陶冶の前提となる「理性国家」はいかにして達成されうるのだろうか。「理性国家」にいたる具体的な道筋は明確ではなかった。また、「理性国家」への道のりという観点から、これまでの人類史がいかに評価されるのかも不明なままである。さらに、道徳的陶冶の前衛たるべき「学藝共和国」もどれほど実効的なのだろうか。自由な討論の結果、「知識人」同士が嫉妬や反目に陥ることはないのだろうか。これらの問いに、フィヒテはかならずしも答えていない。

実際に『道徳論の体系』で華々しく「学藝共和国」の理念を謳いあげたフィヒテは、その直後、無神論論争(一七九八〜九九年)に際会することとなる。事件の発端は、フィヒテが哲学雑誌に発表した論文が、批評家から「無神論」の嫌疑を受けたことにあった。嫌疑自体は——すくなくとも現在の視点からみれば——不当なものであったが、この嫌疑にザクセン選帝侯国の中央宗務局が敏感に反応したことから、ヴァイマル政府や大学当局をも巻き込む騒動となる[172]。そのさい、フィヒテは『法廷弁明書』を提出するのみならず、ほぼ同内容の小冊子『無神論嫌疑に関する公衆への訴え』も公刊した。そのねらいを、フィヒテはこう語る。「真の法廷の前に問題を提示することは、一般的な関心事です。学識公衆は〔そうした問題について〕判定をくだす権利を、各知識人は学識公衆にのみ判定される権利を奪われてはならないのです」(III, 3: 175)。つまり、フィヒテはザクセン選帝侯国政府からの嫌疑に対して、おなじ「知識人」たちからの支援をもとめたのである。また、イェナ大学の文教政策を管轄するフォイクトに対しては、自分が辞職するさいには大勢の同僚教師たちも一緒に退職し、新たな研究施設を創設するだろうとまで強弁したという。客観的にみれば不遜な発言の背景にも、「学藝共和国」に対する強い信頼の念があったのではないか。しかし、現実にはフィヒテと辞職をともにする者は誰もいなかった。

フィヒテが辞職にいたった原因のひとつが、狷介な性格による人間関係のこじれにあったことは疑いない。中立の立場から論争を見守っていた文士ゲンツにとって印象的だったのは、フィヒテの人格のなかで「思想の偉大さと性格上の粗野が結合している」ことであった(FG, II: 69)。とくに興味ぶかいのは、フィヒテ夫妻が再三、周囲の知人友人が示した醜悪なふるまいの数々や嫉妬を非難していることである。

わたしは目下、いわゆる学識公衆全体とその本質に対する心からの反発で一杯ですが、個々人に対する反発はありません。個々の人たちについても、全体としては十分に悪いということは認識しています。ただ、すくなくとも、かれらがある程度は有能だが騙されているのだと、わたしが実際に信じているかのように振舞っています。これまでわたしを欺いたことのない、初見のひとにはふたたび偏見なく接していますが、この点でもわたしは救いようがないと確信しはじめております。疲労と嫌悪が、わたしをあなたにもすでにお伝えした決心、つまり、何年か人前から完全にすがたを消すという決心へとうながしたのです。

(一七九九年五月二十二日・フィヒテからラインホルト宛書簡)(III, 3: 354)

わたしたちはここで、この機会に、いわゆる友人と言われるひとたちがいかにあさましく振舞ったかを知りました。またこの冬最高の段階に達した嫉妬が、主人は四百名の聴講者をもっておりましたから、いかに仮面を脱ぎ、いまや全力で影響をおよぼしているかを知りました。わたしたちを本当に苦しめるために、いかに意地悪や虚偽が(そのなかには、とりわけ法学者フーフェラントも含まれています)競いあっているかを知りました。しかし、わたしは、こうした一切の出来事の詳細をあなたにお伝えするつもりはありません。むしろ、人間嫌いにならないために、そうした出来事を記憶から追い払おうと努めております。

（一七九九年八月二十日・ヨハンナからヴァグナー宛書簡）

人類の道徳的陶冶を担うべき「学藝共和国」の実態を、フィヒテは身をもって体験したわけである。かれは深く傷ついた。[173]「法」と「道徳」の媒介を個人の自発性のみにゆだねることには、やはり限界があったのだ。フィヒテが知的前衛として熱い期待を寄せた「学識公衆」でさえ、このありさまである。ましてや、知的陶冶を欠いた「一般人」は推して知るべしといえよう。「学藝共和国」をはじめとする道徳的結社だけに陶冶を期待するのは、やはり問題があったのだ。

一七九九年四月、フィヒテはヴァイマル政府によって大学教授を解雇された。フィヒテは周囲との軋轢に苦しみ、まったく孤立無援となった。ところが、その直後、フリードリヒ・シュレーゲルやプロイセン官僚ドームの仲介によって、ベルリン移住の可能性がひらかれる。当初はプロイセン政府の反応を警戒したフィヒテであったが、国王も統治官僚たちもフィヒテの無神論嫌疑を意に介さず、平穏な生活を約束した。それまでフィヒテとプロイセンの縁は薄かった。青年時代にケーニヒスベルクのカントを訪ねたとき以来、フィヒテはプロイセンにほとんど関心をもってこなかったのである。無神論論争の最中も、プロイセンに頼るという選択肢はなかった。ところが、フィヒテの意に反して、プロイセンはフィヒテを好意的に迎え、その後の人生に大きな影響をおよぼすこととなる。一八〇〇年三月、フィヒテ一家は正式にイェナを退去し、王都ベルリンに移住した。

ベルリンに移住したフィヒテがとりくんでゆくのは、まさしく、個人の道徳的自発性にかわりうる、新たな媒介の論理の模索にほかならない。イェナ期構想の克服をめざすフィヒテは次第に、それまで視界の外にあった「歴史」「宗教」「藝術」「統治」「教育」といった領域に着目するようになる。こうした領域のうちに、フィヒテは「法」と

「道徳」との媒介の手掛かりを模索してゆくのである。『自然法の基礎』で描かれたような理想国家は「歴史」においていかに実現されうるのだろうか。そうした実現を担うべき主体は誰なのだろうか。「法」的理念が実現してゆく過程において、「道徳」や「宗教」はどのように関係してくるのだろうか。筆禍の後、ベルリンに安住の地を見出したフィヒテはいまや、これらの問いと向き合わねばならなかった。

第四章　媒介の模索

第一節　知識学と「政治学」

（1）「純粋自我」から「絶対者」へ

一八〇〇年三月以降、フィヒテの生活は無神論論争以来の平穏をとり戻した。こののち一八〇六年秋にいたるまで、フィヒテは「生涯の計画」(I, 6: 78)と思いさだめていた知識学の探究に全力を注ぐこととなる。移住当初は無職であったが、私講義によって生計を立てながら研究に励んだ。私講義には名士たちが参加し、活況を呈したという。ベルリンのフリーメイソンとの関係、文士フリードリヒ・ニコライ一派との軋轢、盟友シェリングとの疎隔など、多少の波風は立ったものの、全体としてみれば、前期ベルリン時代は平穏な日々にちがいなかった[174]。

フィヒテが身を寄せたプロイセンは、ドイツ圏でも屈指の大領邦である。十七世紀後半から国力を高め、十八世紀を代表する啓蒙絶対君主フリードリヒ二世の時代に欧州列強に名を連ねることとなった。神聖ローマ帝国内の覇権をめぐって、帝位を保持するオーストリアと二度も対戦し、勝利をおさめている。当時のドイツ圏では例外的に、フリードリヒ二世は言論・信教の自由を許容した。ヴェルナーの宗教令のごとく、次代のフリードリヒ・ヴィルヘルム二世の時代に思想の自由は後退したが、新王フリードリヒ・ヴィルヘルム三世の即位とともに伝統的な寛容政策に復帰した。無神論論争のときも、フィヒテの著作を禁圧すべきというザクセン政府の要望を一蹴している。フィヒテのベルリン移住に関する国王の発言は象徴的であった。「もしもフィヒテが万事につけ静穏な市民であり、危険なつながりから離れているとすれば、我が国への滞在は問題なく許可されよう。かれが自分の愛する神と敵対していたとしても、それは神とフィヒテとの間で取り決めればよいことだ。わたしにはまったく関係ない」。フランス革命戦争からもバーゼルの単独講和(一七九五年)によって早々に離脱したプロイセンは、平和を享受していた。

ベルリン

フィヒテはベルリンでの生活に満足した。たしかにイェナの田舎町と異なり、北方の大都会は騒々しかったし、当座は定職もなかった。しかし、ベルリンの寛容な雰囲気は研究生活の自由を保証してくれた。ベルリン在住の文士ゲンツによると、当時の王都は「ドイツのあらゆる不穏分子および危険な革新派の巣窟」であり、そこでは「奔放きわまる革命派が大胆不敵にコーヒーハウスに出入りし、遊歩道をうろつき、フリーメイソンのロッジに入り浸って」いたという(FG, II: 373)。保守派の発言という点を割り引いても、当地の寛容な雰囲気は十分に伝わってくる。また、プロイセン政府の革新官僚たちも、有名知識人となったフィヒテの私講義をしばしば聴講し、個人的な交流にも発展していった。後年、プロイセン国政改革の立役者となる政治家ハルデンベルクもフィヒテには好意的であり、とくに内局顧問官バイメと官僚アルテンシュタインはフィヒテの人物と見識を高く評価した。こうした統治者たちとの交歓は、イェナでは得られない体験だった。当時のフィヒテの様子を彷彿とさせるのが、フランスの亡命知識人スタール夫人との逸話である。ナポレオン政権を痛烈に批判したかどで亡命を余儀なくされていた彼女は一八〇一年三月、ベルリンを訪れている。

ベルリンは大都市であり、街路はとても幅広で完璧に整備され、邸宅は美しく、全体は規則正しい。しかし、再建されてからまもないので、古い時代を偲ばせるものが何もない。近代的な住居のただなかに、ゴシック的記念碑は一切存在していないのである。〔中略〕ベルリン、このまったく近代的な都市はどんなに美しくても、ずっしりとした印象をあたえない。国の歴史の痕跡も、住民の性格の刻印も目にすることがなく、新しく建てられたこれら壮麗な邸宅は、快楽と産業の便利な集積に充てられているとしか思えない。〔中略〕プロイセンの首都はプロイセンそのものに似ている。建物と制度は人間とおなじだけ年齢を重ねており、ただそれだけである。なぜなら、それはただ一人の男〔＝フリードリヒ二世〕がその創建者だからである。

（スタール夫人『ドイツ論⁽¹⁷⁵⁾』）

コマンダンテンシュトラーセ９番地のフィヒテの住居

ドイツ思想に傾倒していたスタール夫人は、フィヒテの知識学にも関心をもった。しかし、フィヒテ本人をはじめ、周囲の人びとに幾度も解説をもとめたが、まったく理解できなかったという。当時、彼女はベルリンの言語学者にある著作の解説をもとめ、困惑させた。その著作とは、フィヒテの哲学書であった。両者の思想的立ち位置を鑑みれば、この完全なすれちがいもうなずけよう[176]。パリ社交界の洒脱な「会話の精神[177]」esprit de conversation の体現者と、人間存在をひたすら探究する哲学者と。前期ベルリン時代のフィヒテは、以前にもまして、哲学研究に沈潜した。シラーに経済的困窮を訴えながらも、なおフィヒテはこう告白する。「わたしはまだ完全に知識学〔の探究〕にとりつかれています。それを発見するためでも改善するためでもなく、ただ純粋な明瞭性へと高めるために、ね」(III, 5: 168)。こうした研究生活への沈潜は、思想の深化をもたらすこととなった。

この時期に知識学は、従来の純粋自我に発する思考から、万物の始源たる「絶対者」das Absolute を中核とする体系へと転回を遂げた。無神論論争後の作品『人間の使命』(一八〇〇年)で萌芽をあらわしていた変化が頂点を迎えたのは一八〇四年の知識学講義においてであるが、フィヒテは講義内容の出版に躊躇したため、結局その変化は聴講者のみに知られるにとどまった。もちろん、「一般向け」著作群においても、知識学体系の概要はそのつど説明された。ただし、そこでは「学」的論証が省かれ、結論の叙述にとどまった。それゆえ「一般向け」著作はかならずしも好評をもって迎えられず、フィヒテが独断論や神秘主義に退行したという批評すら、すくなくなかった。とくにシェリングやヘーゲルといった新鋭の哲学者たちの台頭は、フィヒテの名声を脅かした。

そもそも、前期知識学の始点たる「純粋自我」にかわって登場した「絶対者」とは何か。フィヒテによると、絶対者とは各人の自己意識の根底に存し、自己意識そのものを存立せしめている、いわば「生」Leben の根源的原理、あるいは多様なるものの「絶対的統一」である[178]。人間がある外的対象を把握するさいにはつねに、主観と客観に分裂せざるをえない。こうした「知」を介した主観による客観の把握作用を、フィヒテは「概念把握」Begreifen と定義する。ところが、「絶対的統一」としての絶対者は主観客観関係そのものを成立せしめる存在であるため、主観客観関係を、すなわち「概念把握」自体を超越している。「概念把握」しえない以上、反省的思考が自己否定することによってのみ、絶対者を端的に把握することができるのである。一八〇四年の知識学講義において、フィヒテはこうした絶対者を「光」Lichtになぞらえた。「光」はたしかにそこに存在し、あらゆる「現存在」をあかるく照らしてくれる。他方で、「光」自体を肉眼で直視することはできない。それとおなじように、「概念把握」自体を可能ならしめる絶対者を「概念把握」によって直接把握することは不可能なのである。フィヒテは絶対者を「非実在の否定」Nicht-nicht ansichとよび、詩によって表現している。

神よりほかに何もなく、神は生にほかならぬ
あなたは知り、あなたとひとつになって、わたしは知る
だが、知が神の生の知でないとしたら
いかにして存在することができようか

〔中略〕

みせかけの覆いがまぎれもなく、おまえの前に立ちはだかるなら
それはおまえの自我だ。滅びうるものが死んでも
おまえの努力のなかの神だけは生きつづける

この死を耐えて生き残るものを見通すがよい
さすれば覆いが覆いであることが明らかとなり
ヴェールが上げられて、神の生が見えるだろう

（「ソネット」）(II, 9: 454)

ここでフィヒテが「神」とよぶ実在こそ、絶対者にほかならない。「概念把握」を超越した存在である以上、絶対者が各人の意識のうえに直接現象することはない。絶対者は「それ自体において、自己自身のなかに完全に隠れており、その位置を自己自身のなかにもち、自己自身のなかにとどまり、完全に自己自身のなかに没入し、自己自身にのみ近づきうる」存在である。それは唯一絶対の「存在」Sein そのものであり、前期知識学における「純粋自我」のさらに奥底にひそんでいる。各人の自己意識や精神活動——フィヒテは「現存在」Dasein(「時間的生」Zeitleben)ともよぶ——はすべて、この一なる絶対者の「現象」Erscheinung にすぎない。つまり、人間個々人の意識、外的世界、地上的生は所詮、陽炎のごとき仮象にとどまる。真の意味における「存在」は、絶対者だけなのである。

こうした絶対者の認識——反省的思考の自己否定を通じてではあるが——に到達しうる唯一の学問が、知識学である。知識学は高度の反省的思惟と演繹によって、人間精神を自己意識の事実性から絶対者の「明証性」Evidenz にまで上昇させ、さらには反対に絶対者の各人の意識への「現象」(下降)過程を論理的に解析する。したがって、知識学の境地に高められた意識は、絶対者それ自体ではないものの、絶対者を映し出す「像」Bild としての「純粋知」reines Wissen と化すだろう。この段階にいたった自我はもはや通常の自我ではなく、絶対者のうちに完全に没入した、絶対者の「像」としての自我にほかならない。フィヒテはこのことをして、「純粋な光に接しての自我の滅却」(II, 7: 117)と呼ぶ。究極的認識をもたらす知識学は、数ある可能な哲学体系のひとつではありえない。知識学は唯一絶対の「真理」Wahrheit なのである。したがって、人間のあらゆる認識活動は知識学のもとに統合されねばならない。フィヒテの終生変わらぬ信念であった。

しかもフィヒテにとって、多様な現存在の「絶対的統一」たる絶対者の認識は、実践的要請と不可分一体であった。つまり、「あらゆる現存在の多様性は一なる絶対者の現象である」という事実命題から、「現象界における多様性は、絶対的統一を具現化する唯一の秩序へと統合されねばならない」という規範命題が導きだされてくるのである。知識学が唯一絶対の「真理」であるならば、理論的認識にとどまることなく、現実世界(地上的生)を規律する原理にもならねばならない。

ここで純粋哲学の「真理」を秩序構想へと媒介する理論装置として、フィヒテは五段階の認識階梯を提示する。フィヒテによると、絶対者への接近度合に応じて、人間の認識(世界観)は五段階に序列化されるという(II, 7: 233ff., 416ff.)。[179]

> いまや我々は、それぞれ可能で絶対的に異なるものとして、四つの根本原理を有するであろう。第一に、まったく可変的な静止的客観においてである。これが感性 Sinnlichkeit の原理、自然への信仰、唯物論である。第二に、静止的主観においてである。つまり、人格への信頼、または人格の多様性に直面した場合に、人格の統一性と同等性に対する信仰を意味する。すなわち合法性 Legalität の原理である。第三に主観の絶対的実在的な像化 Bilden のうちにとどまること。像化は静止的主観に関係するので、主観は絶対的統一となり、多様性は像化に回収される。意識という静止的自我から純粋に発する行為の立場としての道徳性 Moralität である。第四に、絶対的客観を絶対的に像化し、生にとどまること。この客観は道徳性に関して挙げられたのとおなじ根拠によって、絶対的統一となる。あらゆる時間的生において唯一真実で内面にのみ生きている神への信仰としての宗教 Religion の立場である。
>
> (『一八〇四年知識学第二回講義』)(II, 7: 416–8)

以上の四つの根本原理に加えて、これらすべてを包摂し、論理的に体系づける絶対知としての「学」Wissenschaft の原理が最後に登場し、合わせて五段階の認識階梯をなすこととなる。フィヒテによると、以上の「感性」・「合法性」・「道徳性」・「宗教」・「学」の五段階の階梯を順にふんで、人間の認識は絶対者へと接近してゆく。以上の五段階は「感性」・「合法性」、「道徳性」・「宗教」・「学」の二群に大別されている。

第一段階の「感性」は、感性界と感性的存在としての個我を絶対視する立場であり、いうまでもなく、絶対者からもっとも離れた低次の認識である。世界観としてみるならば、それは感性的経験や欲望を絶対化するありかたといってよい。「合法性」は、他者との共存を可能にする統一的な法秩序(「権利法則」)のなかに絶対者を見出す立場である。この立場は他者との共生を重視する一方で、各人の内面における道徳性や「良心」には無関心であり、その意味で絶対者の本質をなす「道徳律」を感得することができない。(180) 以上のふたつの認識段階は、絶対者を「像」として把握できていないため、低次の認識とされている。

これに対して、上位の三段階はいずれも絶対者を「像」として把握する、高次の認識(世界観)である。「道徳性」の立場は、道徳的意志(「良心」)として各人の内面に現象する絶対者、すなわち「道徳律」を価値の根源に置く。良心にしたがって道徳的に行動するとき、人間は絶対者に没入しているのである。さらに「宗教」の段階になると、絶対者は「道徳律」としてではなく、「神」(「絶対的客観」)として各人の内面に現象し、各人は「神的理念」と一体化して「浄福」の境地に達することができる。この意味で、「宗教」は「道徳性」以上に絶対者に接近することとなる。そして、最後が「学」である。ここでの「学」とは、通常の学問一般ではなく、フィヒテの知識学を指している。「学」の段階は、以上の四つの原理を統括し、絶対者の現象過程と根拠を論理的に把握することができる。「道徳性」や「宗教」の認識段階は絶対者を「(道徳的)義務」や「愛」という形式を通じて把握するが、絶対者が各個体に現象し、さらに各個体が絶対者に還帰する過程を理論的に追跡することはできない。その意味で「学」とは、「生」の根源的理解と同義であり、ほかの四つの原理とは明確に区別されねばならないのである。(181)

以上の五段階論によって、知識学の「真理」は現実世界へと媒介される。人類は、「感性」や「合法性」といった低次の世界観から脱出したうえで、「道徳性」「宗教」「学」といった高次の世界観へと移行せねばならない。すなわち、完全な道徳的共同体の建設である。『知識人の使命』で祖述された秩序構想は、絶対者という始点から以上のように再構築されることとなった。

ここでとくに重要な論点として浮上してくるのが、第二段階の「合法性」から第三段階の「道徳性」への移行問題である。すでにみたように、五段階の認識階梯のうち、フィヒテは「合法性」と「道徳性」の間に大きな断絶をみていた。「感性」と「合法性」の原理が基本的には感性的利己的人間を前提とするのに対して、「道徳性」「宗教」「学」の認識はいずれも、利己心や自己愛といった「感性の原理」から解放され、絶対者の「像」に到達しているからである。つまり、各人の利己心を前提にしたうえで秩序構築をめざす「法」的認識と、良心にしたがう内発的な「道徳性」との間には、越えがたい溝が横たわっているのである。「法」的認識は『自然法の基礎』、「道徳性」は『道徳論の体系』によって体系化されたものの、両者の媒介の問題は完全な解明にいたっていなかった。また、『自然法の基礎』で構想された「理性国家」にしても、いかに実現するのかは不明なままである。いかにして「理性国家」を実現し、さらには「道徳性」への覚醒へと人類を導いてゆけばよいのか。秩序構想に関して、前期ベルリン時代のフィヒテが格闘したのは、まさしくこの問題にちがいなかった。

「理性国家」に関して、フィヒテがまず着目したのが統治者論である。『自然法の基礎』は「理性国家」の政体論・制度論・立法論を詳細にあつかっていたが、実際の統治にたずさわる統治者の問題についてはほとんどふれなかった。すでに『フランス革命論』と『自然法の基礎』においてみたように、フィヒテは原則として、暴力革命による政体変更を認めない。「理性国家」を実現する方法として残されるのは、「漸進的改善」のみである。したがって、欠陥が多い現実の国家を徐々に「理性国家」へと導く役割を担うのは、統治者ということとなろう。もちろん、統治者が法論を機械的に現実世界にあてはめることはゆるされない。それは暴力革命にひとしい混乱を惹起するからである。では、統治者は何をもって指針とすべきなのか。『道徳論の体系』ですでに萌芽的に表れていた統治者論への関心を、前期ベルリン時代のフィヒテはより深化させてゆくこととなる。[182]

(2)「必要国家」・「理性国家」・「政治学」

フィヒテが新たな知識学体系のなかに統治者論を位置づけたのは、『知識人の本質』(一八〇六年)においてであった。その定義にしたがえば、「統治者」Regentとは、理性的関係を創出するために思考・判断し、最終的な決定権と職務を有する人びとである(6: 420-2)。統治者は「人間の諸関係——ある点では人間相互の関係、つまり法的関係、ある点では人間と意志無き自然との関係、すなわち非理性的なものへの理性の支配——を根源的に、最終的かつ自由な原理として導き、秩序づけ」ねばならない。それゆえ、統治者は時代と政体を「歴史的」に理解するだけでは不十分で、政体の「本質」と可変的部分を識別し、完全に「理解」する必要がある。つまり、既存の政治体制を不変のものとはみなさず、「完全性」の観点から考察する能力がもとめられよう。「部分」と「全体」、「理想」と「現実」を不断に往復し、理性にかなった政治秩序を創出すること。これこそ、統治者に固有の使命なのである。

こうしたフィヒテの統治者論は突然登場したわけではない。フィヒテはすでにイェナ期において、統治者の役割について思索を深めていた。その出発点となったのが、「必要国家」Notstaatと「理性国家」Vernunftstaatの区別である。

『道徳論の体系』によれば、人間社会が道徳的共同体へと高まってゆくためには、まず前提として一定の秩序が存在しなければならない(4: 237ff.)。というのも、最低限度の秩序を欠いては、各人はつねに他者からの権利侵害に怯えねばならず、道徳的陶冶どころではなくなってしまうからだ。本来の「理性国家」において、政治社会の設立は「全員一致」の「公民契約」に拠らねばならない。だが、現実に全員から同意をとりつけることは困難なので、一定の政治秩序における一定期間の居住をもって「暗黙」Stillschweigen の同意とみなしてかまわない。実際にこうして既存の諸国家は形成されてきた。これが「必要国家」である。

無論、「必要国家」は最低限の秩序にすぎない。その意味で「理性と法にかなった国家への漸進的進歩の第一の条件」なのである。現実の「必要国家」に対するフィヒテの批判は辛辣である。「必要国家」の実態は「無秩序」Unordnung に満ちており、「理性国家」とはかけ離れたものだという(3: 300-3)。「我々の必要国家におけるあらゆる災厄の根源は無秩序、そして、秩序を生みだしえない点のみにある」。それは弱肉強食の世界にほかならない。

> いわゆる国家とよばれているもの〔=「必要国家」〕はすべて、強者による弱者の抑圧以外の何物でもないし、また、今後もそうであろう。強者は弱者を思いのままに利用するために法を口実とする。そして、強者による弱者の抑圧は、弱者よりもさらに弱い者たちに、可能なかぎり抑圧の尻ぬぐいをさせてよいという許可と必然的にむすびつけられねばならないのである。そこでの公法とは、みずからの利益を害さずにどこまで強者が不正になりうるかに関する教説――モンテスキューが皮肉ったように――にすぎなくなる。
>
> (『自然法の基礎』)(3: 301)

これに対して、「理性国家」の「人民」は、従来の世襲原理とは異なる、新たな位階秩序へと再編され、誰もが自分の「労働」による「生存」を保障されることとなる。すべてが整然と設計された「理性国家」と、「弱者」が「強者」によって虐げられ、統治者と被治者が「不断の戦争状態」にあるような「必要国家」。それは対極の世界だった。「上で無秩序と不正が支配しているところでは、下々の者たち自身に支障がないかぎりで多くの無秩序をゆるすことによってしか、政府は存続できない」。

しかし、辛辣な批判にもかかわらず、「必要国家」を暴力的に変革する途を、フィヒテは採らない。シニシズムに囚われ、国事への無関心に陥る途も、採らない。いかに「必要国家」が不完全なものだとしても、「無知で不正な者たちが支配するよりは、公正で賢い者たちが統治するほうがよい」からである。

すでにいたるところで、技術によるのではなく、概念に即してもおらず、大部分が偶然と後見によって形成された政体のもとで、人間は暮らしている。この後者の状態において、現実の国家〔=「必要国家」〕は人間を見出すのである。現実の国家がこの政体を破壊するとき、人間たちは離散し、荒廃し、理性国家を建設するという真の目的も放棄されることになってしまう。現実の国家は、理性国家に漸進的に近づいてゆく以外のことはできない。したがって、現実の国家は、理性国家の漸進的な設立途上にあるものとして理解されうるのである。

(『閉鎖商業国家論』)(3: 397)

いかに「必要国家」が「理性国家」から遠いところにあるとしても、「漸進的」な改革によって、すこしずつ改善するしかない。革命ではなく、改革を選択する点において、フィヒテはカントの弟子であった[183]。統治者の問題はここで現れてくる。つまり、フィヒテは改革の担い手として、統治者の手腕に期待するのである(4: 356–61)。フィヒテは、「理想」をめざして一方的に既存の「必要国家」の制度や法律を改変することをゆるさない。「理性国家」への「進歩」を絶対的に阻む国家は「完全に違法」であるにしても、「全体に関しても、個人に関しても、より善きものへの進歩を不可能にしない」かぎり、「あらゆる政体は正当」だからである。仮に「必要国家」が「理想」Ideal の基準からみて落第だとしても、「漸進的」に改善してゆけばよい。カントの統治者論――道徳によって利己的な権力闘争を正当化する「政治的道徳家」と、「法」の理念を漸進的改革によって実現する「道徳的政治家」を峻別した[184]――と同様に、フィヒテも権力者の自己目的的な権力追求を批判し、「理想」の漸進的実現に統治者の使命をみるのである。さらに『知識人の本質』では、人間存在に対する道徳的「尊敬」Achtung の必要性が強調され、統治者の職務として「法の執行」以外に外交・軍事の重要性も指摘されるようになる(6: 422, 424-6)。「統治者は以下のことをかならず知っておかねばならない。まずは自分が義務を負っている現実の政体、および明示的あるいは黙示の契約。つぎに理想となるべき政体。最後に、人類一般、とりわけ自国民が理想の政体に到達するための道筋である」。

こうした「道筋」を示す導き手となるのが、「政治学」Politik にほかならない(3: 286, 390-1, 397-8)。フィヒテによれば、本来の「理性国家」を詳細に「演繹」する『自然法の基礎』や『閉鎖商業国家論』は「純粋国法論」であり、統治者は当然、これを熟知すべきである。ただし、「必要国家」と「理性国家」との距離は依然として遠い。「政治学」とはつまり、「必要国家」と「理性国家」を、「実務的政治家」ausübender Politiker と「思弁的政治家(哲学者)」speculativer Politiker を媒介する学問なのである。[185]「偶然的な指標によって経験的に規定された特定国家に関係し、そこでいかに権利法則がもっとも適切に実現しうるかを論究する学問を、政治学という」(3: 286)。したがって、「政治学」は単なる経験的学問ではなく、「理性国家」を前提とした「統治の学問」ということになる。その意味で、「政治学は既存の国家と理性国家の中間に位置しており、前者が後者へと変化する過程を記述し、最終的には純粋国法論にいたることとなろう」。

もちろん、フィヒテの「政治学」がイェナ期において詳細に展開されたわけではない。『自然法の基礎』や『閉鎖商業国家論』で断片的に言及されはするものの(3: 163, 173, 176)、その全容は明らかではなかった。ただし、自己完結的な「純粋国法論」の外部に、「政治学」という、いわば「経験」と「理念」の中間地帯を発見したことは、フィヒテにとって重要な意味をもったのではないか。絶対者を始点とする知識学が無時間的な絶対的真理であるとすれば、「政治学」は時間の相のもとにある知といいかえてもよい。無時間的真理を歴史的時間に媒介する学問としての「政治学」はこののち、フィヒテに歴史的世界への関心をよびおこしていったようにもみえる。フィヒテは、過去の歴史や先例といった「経験」のみに頼る政治家――「そもそもいかなる概念も計算も信用せず、直接的経験における確証のみを信頼する」「単なる経験家」――をきびしく批判する一方で、「純粋理論」に立てこもることも拒否するのである(3: 390-1)。

もちろん、前期ベルリン時代の統治者論は未熟なものにとどまった。たしかに「理性国家」の非現実性という批判に対して、フィヒテは「必要国家」概念、統治者論、そして「政治学」構想をもって応えた。「必要国家」と「理性国家」との媒介の模索である。その意味で、フィヒテが「理性国家」に没頭して、現実の政治社会を無視したという批判は当たらない。けれども、統治をめぐる議論はまだまだ断片的な構想にとどまっていた。そもそも、統治者が「必要国家」と「理性国家」を媒介するとしても、具体的にどのような経過をたどることになるのか。これまでの説明でははっきりしない。また、以上のような道徳的統治者像についても、現実の政権運営において、政治的判断と信条倫理的な「道徳」との板挟みに苦しむことはないのだろうか。とりわけ、対外関係において、純粋な「道徳」を貫くことは困難をきわめるはずである。むしろ、「道徳」に固執することが、政治社会そのものの崩壊をまねく事態すら考えられよう。こうした点に関しても、フィヒテは十分な回答を用意していなかった。

第二節　「歴史」の発見――『現代の根本特徴』

(1)「歴史」と「宗教」

前期ベルリン時代の著作のなかで、『現代の根本特徴』(一八〇六年)の影はうすい。一八〇四/〇五年の一般講義をもとにした同作は、イェナ期の体系構想と後期作品群とのはざまにあって着目されることがすくない。『現代の根本特徴』は前期ベルリン時代の代表的な政治論であるにもかかわらず、それ自体として考察される機会には恵まれてこなかった(186)。

しかし、『現代の根本特徴』は実は、当時のフィヒテの政治思想に胚胎していたふたつの難問の解決を試みた意欲作である。

第一の難問とは、「理性国家」の具体的な実現過程である。すでにみたように、現実の欠陥多き「必要国家」は統治者の手腕によって、徐々に「理性国家」へと改革されてゆかねばならない。だが、フィヒテの統治者論は一般論にとどまるものであった。つまり、「必要国家」から「理性国家」への具体的な実現過程については一切語られていないのである。統治者に改革の必要性を訴える以上、過去から未来にかけて、フィヒテは「理性国家」実現の見通しを提示する必要があった。

第二の難問とは、イェナ期以来の「法」と「道徳」の媒介である。イェナ期のフィヒテは「法」と「道徳」の領域の相互自律性を強調し、厳格に区分した。その結果、ふたつの領域を媒介する要素にとぼしかったことは、指摘したとおりである。行為の外面のみを考慮する「法」の論理と、行為の内面の道徳律を原理とする「道徳」の論理はいかにして架橋されうるのか。たしかにイェナ期においては、「学藝共和国」や「教会」による「法」と「道徳」の媒介に期待が寄せられた。しかし、そこでも陶冶は基本的に個々人の自発性にゆだねられたのであり、実効性についても疑問の余地なしとはされなかった。

『現代の根本特徴』はこれらの課題に対する積極的な応答といってよい。その特徴は、「歴史」Geschichte に関する豊富な記述にある。もともとフィヒテは、「歴史」的認識に対して冷淡だった。『フランス革命論』にも明らかなように、「歴史」的認識はつねに、「真理」を体現する「哲学」的認識に対置された。「歴史」的認識は、フィヒテが生涯にわたって非難しつづけた身分制社会を擁護するものとされたのだ。フィヒテがこれまで「歴史」をみずからの思想体系に組み込むことに慎重だった理由は、ここにある。それだけに『現代の根本特徴』における「歴史」への転換は画期的だった。

もちろん、フィヒテの想定する「歴史」は、通常の経験的な歴史的知識ではありえない。帝国史や帝国国法学といった、ゲッティンゲン大学で一世を風靡した歴史的学知とは、そもそも「歴史」の定義自体が異なっている。単に国家論の補助として歴史的事例が援用されるのではない。フィヒテの場合、むしろ「歴史」は、「哲学」で証明された「真理」の具体的な展開過程として位置づけられる。いいかえれば、「歴史」は——カントと同様に——「哲学」体系に完全に従属すべきものであった。いまやフィヒテは「歴史」を、「真理」たる「哲学」に対置するのではなく、「哲学」の内部に包摂してゆくこととなる(7: 128ff.)。[187] しかも、歴史論それ自体が国家論と密接にむすびつけられる。つまり、「歴史」による国家の立体的把握、そして「法」と「道徳」の領域の媒介こそ、『現代の根本特徴』を一貫する主題なのである。

それでは、フィヒテの構想する「歴史」はいかなる論理に裏打ちされていたのか。

『現代の根本特徴』の叙述は錯綜している。その原因は、「世界計画」と「古代/近代」(「宗教」)というふたつの概念装置——両者の相互関係はかならずしも明快に整理されていなかった——を導入したことにある。

まず、人類史の流れは「世界計画」Weltplan という概念によって説明される(7: 16ff.)。フィヒテによると、「人類の現世における目的」は「すべての諸関係を自由によって、理性にしたがって秩序づける」ことにある。知識学が永遠普遍の「真理」である以上、「真理」は現実世界をも規律し、改造せねばならない。ここからフィヒテは、人類史の「目的」が実現するまでの道筋をあらゆる経験的所与にさきだって、ア・プリオリに演繹するのである。「世界計画」という骨格なくしては、「歴史」は単なる「事実」Factum の集積体にすぎず、認識は混沌に陥ってしまうからである。こうして「歴史」は、「哲学」的理念の自己展開の場と化すのである。

人類史——人間理性の「解放」Befreiung の過程——は全五期から成る。人類が「理性本能」に縛られた時代(第一期)にはじまり、「理性本能」からの解放(第二期)、理性が解放された結果、「利己主義」へと堕落した時代(第三期)を経て、最終的には自由の体系たる「理性学」Vernunftwissenschaft——知識学のこと——の確立(第四期)と、「理性学」の浸透とその応用としての「理性技術」Vernunftkunst の時代(第五期)にいたり、はじめて人類は理性的諸関係を自由に創出できるようになるという。このように「世界計画」を通じて、知識学の「真理」は現実世界を徐々に変容させ、改造し、最終的には「自由による理性支配」にまで到達するのである。さらに「世界計画」の第一期から第三期までと、第四・五期との間には、決定的な断絶がある。第一期から第三期までの人類は、いまだ諸関係を自由に理性によって規律することができないのに対して、第四・五期になると知識学の「真理」が認識され、地上に完全な理性的共同体が建設されるようになる。フィヒテの診断によれば、十八・十九世紀転換期(「現代」)は「世界計画」第三期の末期に当たる。それは、理性が一旦は解放されたのち、いまだ「真理」に到達できずに迷走をつづける時代——「あらゆる真理に対する絶対的無関心の時代」(7: 18)——にちがいなかった。[188]

これに加えてフィヒテは、「古代」alte Zeit と「近代」neue Zeit の時代区分も導入する。ふたつの時代の境界は、「宗教」、すなわちキリスト教の登場にある。[189] フィヒテによれば、「古代」はキリスト教が人類史の舞台に現れるまでの準備段階であり、「近代」は「真の宗教」たるキリスト教の「真理」が徐々に開示されてゆく過程を意味した。「近代」の「原理」Prinzip とは、「キリスト教の顕現」Manifestation des Christentums にほかならない(7: 98, 185–6)。[190] キリスト教こそ、「一般的陶冶」allgemeine Bildung に関心をもつ唯一の宗教、「真の宗教」というべきである。この「真の宗教」はすでにみたように、絶対者にいたる認識階梯の第四段階をなしている。

フィヒテの構想する「真の宗教」としてのキリスト教は、ローマ・カトリックやプロテスタント諸派のごとき既成宗教とは相容れない。フィヒテの既成宗教批判は、激烈だった。フィヒテによれば、キリスト教のなかには「ヨハネ的」要素と「パウロ的」要素が混在している。[191] 両者の分水嶺となるのが、人格神エホヴァに対する見方である。パウロ的キリスト教は信仰の出発点に、「恣意的にふるまう神」としてのエホヴァを置き、高圧的な戒律と「契約」Vertrag によって、人間の「堕落」に歯止めをかけようとする(7: 99-103, 190-1)。「宗教」や「神」は、戒律や「契約」によって人間を呪縛する外面的権威として現れてこざるをえない。こうした「神への迷信じみた畏怖」は、既成のキリスト教諸派はもちろんのこと、古代の異教、ユダヤ教、イスラム教にも共通する要素であった(7: 44, 196-8)。それは「恐怖」にもとづいた信仰であり、「神」は自己と対峙する「敵」にとどまらざるをえない。また、外面的権威にもとづいた信仰は、過剰な宗教論争や宗教的権威への盲従にも陥りやすい。

フィヒテは、政治権力と宗教とのむすびつきを極度に警戒した。ここからコンスタンティヌス帝以後のローマ帝国——皇帝権力と宗教的権威が融合した支配——や、ビザンツ帝国に対する否定的な評価も帰結する。[192] フィヒテによると、「宗教」は本来、目的・方法において「国家」の対極に位置している(7: 166ff.)。「国家」が秩序維持を目的とした「強制装置」であるのに対して(7: 144-6)、「宗教」の本質は「愛」Liebe にある。それゆえ、「宗教」の普及は、国家権力から独立した「結社(教会)」Gesellschaft によって担われねばならない。「国家」と「宗教」が相互作用をおよぼしあうとしても、それは限定的なものにとどまるべきである(7: 187ff.)。つまり、「国家」が法的平等と安全を保障することによって宗教的陶冶を間接的に促進し、他方で「宗教」が秩序維持という国家目的を正当化するという関係である。ここにもイェナ期同様の「法」と「道徳」の厳格な二元論が、「国家」と「宗教」の対立にかたちを変えて現れている。

以上のごとき外面的権威と癒着結合した「パウロ的」キリスト教に対して、「ヨハネ的」キリスト教は人間の内面にねざした「真の宗教」である。「ヨハネ的」キリスト教は、教義学的「推論」や人格神エホヴァを否定し、「真理感覚」Wahrheitssinn に訴えてゆく(7: 98-9)。「真の宗教」は「内的」であり、かつ「実践的」である。「ヨハネ的」キリスト教を実践する者こそ、「理念における生」を体現するだろう。「理念」とは「自律的で、それ自身において活力を有し、質料を活性化する思想」にほかならない。この「理念」が、知識学における絶対者を指すことはいうまでもない(7: 54ff., 60–1, 104ff.)。「宗教」的認識に達した個人は、「利己主義」Egoismus から解放されている。個人はもはや個人ですらないのであって、自分が、すべてをつつみこむ真なる「神」、いわば「唯一かつ永遠の思想」(「直接感知される唯一の生の源泉」)たる絶対者の「現象」にすぎないことを悟るだろう。もはや個我は存在しない。「理念」への自発的な「献身」Aufopferung だけが、そこにはある。「浄福」Seligkeit の境地である。「ヨハネ的」キリスト教を体現した人間は、いわば「善」そのものと化すのであり、外部から道徳律を押しつけるカント的定言命法も不要となる(7: 56–7)。フィヒテによれば、「歴史」の終極において、キリスト教は腐敗した「パウロ的」要素を捨てさり、「ヨハネ的」キリスト教へと純化されねばならないのだ。かくして真の「宗教」的認識は、知識学の原理と完全に一致する。

以上の議論を整理すると、フィヒテにとっての人類史とは、人類における理性の「解放」過程を意味した。原初状態では「本能」にとどまっていた理性が歴史的時間を通じて次第に自覚化され、人類は理性を次第に開化させ、最終的に完全な道徳的共同体に到達することになる。そこで重要な役割を果たすのが「宗教」である。フィヒテによると、知識学の原理を体現した「真の宗教」は人類の起源において、すでに理性本能として人類に内在していた。この「真の宗教」は人類史の展開とともに一旦は「歴史」からすがたを消さねばならなかったが、「古代」と「近代」の転換期にキリスト教というかたちで復活を果たすこととなる。当初、外面的権威と結合していた「パウロ的」キリスト教は歴史的時間を通じて、内面的信条を本質とする「ヨハネ的」キリスト教へと、すなわち「真の宗教」へと徐々に純化されてゆき、真の道徳的共同体の礎となるであろう。

（2）「自然の狡知」と人類の起源

こうしたフィヒテの歴史観は、中世以来の普遍史――神による天地創造から歴史の終極（最後の審判）までの人類史を叙述する――の系譜に属している。すでに十八世紀において普遍史叙述は世俗化の傾向を強め、ヴォルテールやスコットランド啓蒙、スイスの文明史家イザーク・イーゼリン、ガッテラーやシュレーツァーといったゲッティンゲン学派をはじめとする哲学的歴史叙述へと変容を遂げていた[193]。十八世紀の哲学的歴史叙述はキリスト教的時間感覚を離れ、各国史を綜合し、とくに習俗や文化史に着目したうえで、人類の起源から「現代」までの人類史の合理的再構成をめざした。『現代の根本特徴』も、こうした同時代の哲学的歴史叙述の文法を強く意識した作品であることはまちがいない。同時に「宗教」を重要な要素として歴史叙述に取り込んでいることからもわかるように、フィヒテはキリスト教的歴史感覚にねざした普遍史的枠組も強く意識していた。

他方で同時代の哲学的歴史論と比較すると、フィヒテの歴史叙述の特異性も際立ってくる。まず第一に『現代の根本特徴』では、習俗・商業・技藝といった経済的・文化的要因が重要な役割を果たすことがない。これに対して、十八世紀的社会構造の形成過程を追究する同時代の哲学的歴史論の多くは、社会経済的要因を最重視した。いいかえるならば、フィヒテが社会構造の形成や変動自体にあまり関心をもっていなかったということでもあろう。哲学的歴史論の原型をつくったヴォルテールやスコットランド啓蒙の歴史叙述が「習俗」moeurs/mannersや「商業」を叙述の核に据えたことを鑑みると、まことに対照的といってよい。社会経済的要因よりも、「歴史」を通じた人間精神の自律的発展こそがフィヒテの関心事なのである。風土論的説明――モンテスキュー以来、歴史叙述のトポスとなっていた――を一切採らないのも、おそらくこのためである。この点でフィヒテは、哲学的歴史論のなかでも歴史哲学的思惟を追究したイーゼリンやヘルダー、そしてカントの系譜により近かった[194]。

第二に固有名詞や年代記述の徹底排除である。『現代の根本特徴』の叙述は抽象的であり、具体的な事件史や歴史的個人の活動にもほとんど関心が払われない。各国史や国制史の詳細な叙述は無論のこと、固有名詞や年代記述さえも慎重に排除するのである。たとえばアレクサンドロス、カエサル、カール大帝をはじめとして、欧州史を彩る君主や教皇たちの名前は一切登場しない。フィヒテは個々の統治者の行動準則にも関心をもたないのである。各国史を綜合して百科事典的「世界史」を構想したゲッティンゲン学派は当然のことながら、ヴォルテールやスコットランド啓蒙と比べても徹底した立場である。[195] ここにもフィヒテの歴史哲学的傾向は明らかである。

そして第三に、「世界計画」論を機軸に据えることで、フィヒテの「歴史」は明確な始点(「理性本能」の時代)と終点(完全な道徳的共同体の建設)を有することとなる。これに対して、同時代の哲学的歴史論――イーゼリンやカントなどの歴史哲学も含めて――は、原則として同時代(「近代」)を未完の時代とみなしたため、「歴史」の終点をもたないのである。ここでのフィヒテはむしろ中世的な普遍史的枠組に接近している。というのも、中世的な普遍史には「最後の審判」という歴史の終極があらかじめ設定されていたからである。ただし、フィヒテの歴史論の終点は人間精神の絶対的完成(「自由による理性支配」)に置かれるのであり、レッシングのごとき神学的枠組を前提とはしない。

それでは『現代の根本特徴』の歴史叙述の力点は一体、いずこにあるのだろうか。

『現代の根本特徴』の歴史叙述の主人公は「国家」である。無論、フィヒテの関心は、個別具体的な国家の発展にはない。フィヒテが関心をもつのは、「国家」の理念の発展史である。『現代の根本特徴』は、イェナ期の『自然法の基礎』と『閉鎖商業国家論』の国家像――「強制」を本質とする「法」を通じて構成員の安全と福祉を確保する「強制装置」――を踏襲している。[196]「法」共同体としての「国家」、あるいは「法」の理念が人類史においていかに誕生し、発展し、さらに未来において完成するか。こうした「法」の現象学こそ、『現代の根本特徴』の主題であった。また、そうであるがゆえに、藝術・習俗・商業・文化といった要因、さらには具体的な事件史や個人それ自体に、フィヒテは関心を払わないのである。例外的に「法」の理念に間接的影響をおよぼす要素は、「宗教」に限定されている。国家が未熟な「専制」の段階から「必要国家」へ、そこからさらに完全な「理性国家」へと歴史的に発展する過程に、フィヒテは叙述の焦点を絞っている。

だが、ここでひとつの難問が浮上する。「世界計画」論にしたがうかぎり、「国家」と「法」の発展は意識的過程とはなりえない。人類が理性にしたがって秩序を自由に統御できるようになるには、「世界計画」の第四・五期を待たねばならないからである。逆にいえば、「歴史」の始源から「現代」(第三期末期)にいたるまでの間、「国家」は真の国家目的を悟ることがなかったにもかかわらず、発展をつづけてくることができたということである(7: 160–2)。それでは、いかにして「現代」にいたるまで「国家」はともかくも発展しえたのか。そこにはいかなるメカニズムがひそんでいたか。

フィヒテは国家発展の隠れたメカニズムを、「高次の自然」höhere Natur、あるいは「自然の狡知」Kunst der Natur と表現する(7: 144)。フィヒテによれば、国家の「自然な目的」は「自己保存」Selbsterhaltung にある(7: 160–2)。「国家に固有かつ自然な目的は、理性学の時代以前の時代においては、まさしく個人とおなじように自己保存であった」。この「自己保存」という国家目的が、外政と内政の両面において、国家を自動的発展へと導いてゆく点に、「自然の狡知」はひそんでいた。

対外関係において、国家は外部勢力をみずからの存立を脅かす「未開人」とみなす。ここから「自己保存」を動機とした、絶えざる「自然的戦争」への傾向が生じてくる(7: 162–3)。国家は周辺勢力を反射的に「未開人」とみなし、「陶冶」へと包摂しようとする。そこに限度はない。「人類が複数の国家において一面的に陶冶されているかぎり、各国は自国の陶冶を唯一正当なものとみなし、他国とその住人を野蛮とみなし、そうであるがゆえに征服すべきと考えるはずだ」(7: 181)。しかして「すべての陶冶された国家の必然的傾向は、全面的な自己拡張と、眼前のものをすべて政治的統一に吸収することである」(7: 201)。いわば、無制限の対外拡張——手段は軍事力に限らず、商業などの平和的手段も含む――と権力追求は、国家の本性なのである。こうした「自然的戦争」はつねに「陶冶」対「未開」の戦いとして、必然的に「征服戦争」Unterwerfungskrieg の様相を呈することとなる。だが、「活力と進歩の原則」を歴史にもたらすのは、皮肉にも、この無制限の対外拡張的傾向といってよい。「軍事遠征・商業・奴隷制などの目的がいかにそれ自体としては不正であろうとも、これらを通じて陶冶の一般的拡大という世界計画の第一の根本特徴は徐々に促進されている」からである。

「自然の狡知」は、内政においても作用する。フィヒテによると、国家は本質的に「市民」Bürger に対する支配を強化し、国力の増進をめざすという。国家は「市民」を本質的に「道具」Werkzeug とみなすのである。しかし、自国民を「道具」として強化するためにはまず、自然科学や機械の発明、さらには農業技術や手工業の発展によって「自然」への支配を強め、自国民の物理的生存を確保せねばなるまい(7: 163-6)。そうすると逆説的に、「市民」の福祉が向上し、超感性的世界への思索――すなわち「宗教」や「学」――にむかう余裕も生じるというのだ。重要な点は、ここでも国家の根本動機はあくまでも「自己保存」にあり、人民の福祉それ自体ではないということである。「自己保存」を動機とした富国強兵政策から、逆説的に「陶冶」の進歩が帰結することとなる。

明示はされないものの、フィヒテがカントの歴史哲学に多くを負っていることは明らかである。カントは、人間本性にそなわった「非社交的社交性」ungesellige Geselligkeit、すなわち他者への敵対性こそが、逆説的に人類の物質的・精神的進歩を導くとみていた(「世界市民的見地からの一般史の理念」)。さらに『永遠平和論』では、個々人の思惑を超えて人類を国内・国際秩序構築へと導く「自然の意図」が強調される。つまり、人間相互の敵対性と、道徳性に反した殺戮行為である戦争が、逆説的に地球上の人間居住地を拡大させ、自己防衛のために政治社会を形成させる契機となってきたのだという。『永遠平和論』を読み込み、書評も執筆したフィヒテは、カントの「自然の意図」論を自家薬籠中のものとしていたのである。[197]

フィヒテはカントの「自然の意図」論を「自然の狡知」論として先鋭化させて、歴史叙述に導入した。実際に『現代の根本特徴』のあらゆる場面で、「自然の狡知」論は活用されている。フィヒテによれば、個人や国家の特定の意図によって人類史が前進することはありえない。すでにみたように、いかなる行動主体も所詮、根本動機は「自己保存」にあるからである。にもかかわらず、各行動主体の「自己保存」に発する行為が連鎖反応を起こし、逆説的に人類史における「法」の理念の発展をもたらす点にこそ、フィヒテは「世界計画」と「自然の狡知」の作用を発見した。個々の統治者の意図や能力に関する評価が歴史叙述から排除された理由は、ここにある。[198]

人類史の起源をめぐる問題においても、こうしたフィヒテの姿勢は鮮明である。

中世の普遍史叙述において、人類の起源は問題となりえなかった。いうまでもなく、人類の起源は、『創世記』に記された神の天地創造に見出されたからである。しかし、近世以降、歴史叙述がキリスト教的時間感覚から次第に解放され、世俗化の度合いを強めるにつれて、人類の起源は重大な問題として浮上することとなる。いまや人類史は普遍史的枠組を踏襲する一方で、聖書の記述に安住することができなくなる。人類史の始点をいずこに定めるべきか、実際に十八世紀の哲学的歴史論は人類の起源問題——とくに『創世記』の記述との整合性——に悩まされることとなった。[199]

ここで革命的な解決策を提示したのが、ルソーの『人間不平等起源論』(一七五五年)である。ルソーは人類史の起源をもはや『創世記』の記述にもとめず、「自然状態」l'état de Nature から「社会」Société への歴史的発展として分析した。自然状態の人間は、いわば動物と同様に最低限の本能によって規定された存在である。森林に雑居する人間は道具を使用することもなく、集団生活を営むこともなかった。つまり、かれらは「未開人」homme Sauvage であり、「社会」とは無縁の存在なのである。しかし、徐々に人類は知覚を発展させ、理性に目覚め、家族をもち、集団生活を営むようになる。最終的に自然状態には存在しなかった所有権や政治的支配が登場し、「社会」へと移行することによって「未開人」は原初的「自由」を喪失する。このようにルソーは人類史の起源問題を、自然状態から社会状態への移行問題として語りなおしたのである。その後の哲学的歴史論は中世以来の神学的図式に安住できない以上、多かれ少なかれ、ルソー的枠組に依拠することとなった。(200)

だが、ルソー的枠組にはひとつの難点があった。それは、自然状態から社会状態への移行の原因をどこにもとめるか、という問題である。つまり、自然状態は一切の社会変動から切り離された、永遠の停滞ともいうべき状態であった。ルソーの叙述にしたがうと、歴史的時間以前に属する「自然状態」から、人類が「完成可能性」perfectibilitéを発動して文明を構築する「社会」状態への移行はまったく不可解となってしまう。実際に、移行に関するルソーの説明は曖昧である。フィヒテはこの点を突き、「未開人」から「文明人」への移行というルソー的枠組を痛烈に批判している(7: 133-4)。数千年かけて「オランウータンからライプニッツやカントを誕生させる」ような理論など、「完全に無益で馬鹿げた骨折り」にすぎない。

これに対してフィヒテは、人類の起源問題というゴルディアスの結び目を一気に切断する。つまり、人類の起源は「事実」Factumから再構成される「歴史」的時間の外部にあるとして、「歴史」的説明を放棄するのである。また、『創世記』をはじめとする「神話」Mytheに頼ることもしない(7: 132, 137-8)。(201)フィヒテによると、人類の起源が「歴史」や「神話」の彼方に存在する以上、唯一可能な解決策は哲学的再構成しか残されていない。経験的所与によらずに「世界計画」を演繹したように、人類の起源もまた哲学的に演繹することができるはずだ。「あらゆる事実的な現存在と経験を超越したものとして、事実的な現存在の条件については哲学者が説明せねばならない」。

フィヒテはまず、人類の起源として「基準民族」Normalvolkという集団を設定する(7: 132-4, 148)。基準民族はいわば「無垢」の状態にある人類である。「無からは無しか生じない、理性が無いところには理性が生じようがない」がゆえに、基準民族は端的に理性的な存在と設定されている。かれらは「国家」や「法」なくして平和的に共存できる、いわば「陶冶」と「絶対的理性性」の象徴にほかならない。基準民族は「ただ存在しているだけで、学問や技術の助けなしに完全な理性文化の状態にある」。また、基準民族のうちには言語と「真の宗教」も内在していたという。ただし、基準民族の理性はあくまでも眠った状態(「理性本能」)にとどまっており、自覚的に理性的関係を構築することはできない。このようにかれらの社会はルソーの自然状態のごとき永遠の停滞であり、そこに「歴史」が成立する余地はないのである。この基準民族の社会は、「世界計画」の第一期――「理性本能」の時代――にあたる。

ここから「歴史」を生成させるため、さらにフィヒテは「未開人」Wilde といういまひとつの集団を設定する。「未開人」は基準民族の対極に位置する存在であり、「根源的粗野」(「野蛮」)そのものといってよい。基準民族と同様に、純粋な「未開人」にとっても「歴史」は存在しない。「根源的粗野」からは純粋な無秩序しか生じてこないからである。「未開人のもとでは各人が自分のことのみ、つまり自分にとって最重要な動物的欲求のみ配慮するのであり、高次の欲求という理解に自分を高めることは一切ない」(7: 148)。

ここから、基準民族と「未開人」が「混合」Mischung することによって、はじめて「歴史」は成立する(7: 134-5, 172-3)。「自由によって理性的になること」が人類の目的であるとすれば、それは、「理性への陶冶が基準民族によって土着の未開人のもとにもたらされる」ことで達成されよう。それまで「無垢」の状態にあった基準民族は、「未開人」との邂逅を通じて、「野蛮」を「陶冶」するという課題を担うこととなるのである。「陶冶と粗野のこうした衝突においてはじめて、あらゆる思想と学問――粗野を陶冶に導くための手段と力――が発展してゆくこととなった」。無論、こうした「混合」が実際の歴史において確認されるわけではない。そもそも基準民族や「未開人」の存在自体が哲学的推論に属しているのである。重要な点は、「混合」が哲学によって演繹された「歴史」の成立条件であり、「混合」によって永遠の停滞が打ち破られるという点にほかならない[202]。

そして、「自然の狡知」はここで早くも発動する(7: 162, 174)。周囲を野生動物や「野蛮」な「未開人」に囲まれた基準民族の子孫は防衛のための結合を迫られ、はじめて「国家」が誕生することとなる。「根源的陶冶と根源的粗野の混合における第一の目的は、未開人の陶冶である」。「国家の端緒が訪れるとき、すなわち自由人がほかの自由人とともに継続的に規則に服従するとき、そこにはすでに陶冶がある」。こうして誕生した国家は「自己保存」のために、周囲の「未開人」を絶対的な敵とみなさざるをえない。「国家は自己保存という目的にしたがって、四囲の未開人と自然的戦争状態に入ることとなる」。国家による「未開人」の征服の動機はあくまでも「自己保存」にすぎないのだが、征服と同化を通じて基準民族の「陶冶」が「未開人」の側にも浸透してゆく点に、フィヒテは「自然の狡知」を見出すのである。

このようにフィヒテは、「歴史」の成立――基準民族と「未開人」との「混合」――を「国家」の誕生と同時的現象として理解した。「国家」の誕生によって「世界計画」の第二期は完結し、第三期の幕が切って落とされる。[203]「国家の発展は人類の両種族の混合においてのみ、つまりは歴史に踏みだした本来の人類においてのみ開始し、継続するのである」(7: 148-9)。これは、かれの国家観の特徴をよく表している。つまり、ロマン派知識人とは異なり、フィヒテは「国家」を「自然」的なるものとはせず、あくまでも「人工装置」として把握するのである。「国家」とは、「あらゆる個人の諸力を類 Gattung の生へと方向づけ、融合させるための人工装置」にほかならない。人類の目的が知的・道徳的・物質的進歩、つまり「陶冶」にあるとすれば(7: 144-6)[204]、「陶冶」の進展は「国家」という秩序なくしては考えられない。「歴史」の動因としての国家は「陶冶の国」Reich der Cultur とよばれるにふさわしい。ここからフィヒテは、「国家」を主人公とした人類史を「陶冶の系譜」Faden der Cultur として描きだしてゆくこととなる。

第三節　人類史の試み

(1)「古代」

生成期の国家は不完全なものにすぎなかった。恒常的な組織はいまだ存在せず、戦争のための一時的な結合にとどまっていた(7: 173–4)。当然のことながら、統治者たちが内政に関心をいだくこともなかった。だが、年月の経過とともに、統治者たちの間には支配への「野心」が生じ、当初は統一されていた基準民族の子孫は分裂し、離合集散をくりかえすようになる。そしてここから、古代オリエントの諸帝国——アッシリア、メディア、ペルシア——が興隆する[205]。

フィヒテによると、古代オリエントの諸帝国は一様に「専制」Despotieであった(7: 174–6)。そこには「支配民族」が存在し、被支配民族は統治から除外され、生存方法に関して完全に放置されていた。統治の領域では「気まぐれ」と「恣意」が支配し、「確立した法律」も一切存在しない。最低限の「人身の自由」は保障されるが、本来の「市民的自由」は存在しないのである。当時の諸帝国において、被支配民族はかならずしも抑圧されていたわけではなかった。だが、それは政府の側が「臣民」の力を効率的に動員できなかっただけのことである。むしろ、「臣民の側の無秩序」こそが強調されねばならない。つまり、「専制」においては、国家の本質たる「法」の理念はいまだ誕生していなかったのである[206]。

「法」概念にもとづいた本来の「国家」への発展を画するのが、ギリシア文明にほかならない。小アジアの諸帝国を追放された基準民族の子孫はギリシアを訪れ、技藝や富の力によって「未開人」を懐柔し、服従しない場合には軍事的に制圧した(7: 176–8)。かれらはギリシア各地で小規模の新国家(ポリス)を建設し、王政を布くこととなる。各地のポリスは「自己保存」のため周辺の「未開人」と戦争をくりかえし、征服をつづけた。人類史における「奴隷制」の起源である。ここでもフィヒテは、「未開人」の征服と奴隷化を非難することはしない。なぜなら、奴隷制それ自体は「不正」であるが、結果として「未開人」に「陶冶」をもたらすこととなったからである。「自然の狡知」の典型例といえよう。

だが、王権を掌握した基準民族の子孫は決定的に少数派であったため、強権的支配は不可能であった。被治者の側も支配者の一挙手一投足を観察し、「共通善」にかなった統治がなされているか、監視をゆるめない。フィヒテによれば、「こうした状況からまず、法 Recht への鋭い意識——我々の見解によれば、欧州諸国民の真の性格であり、アジア人に固有の宗教的献身と忍耐の正反対である——が発展することとなった」。「法」への意識、すなわち、真の意味における「国家」の誕生である。つまり、オリエント的「専制」から、ようやく人類は本来の「国家」——もちろん、完全な「理性国家」にはほど遠い「必要国家」ではあったが——への第一歩を踏みだすこととなったのである。その後、王政は徐々に消滅し、政体は狭義の「共和制」Republik へと変化していった。

さらにフィヒテは、ギリシア人が独自の民族意識を発展させ、一国規模にとどまらない、共通の「法」的枠組を形成した点を高く評価する(7: 181-2)。「ギリシア人の諸国家はギリシア人として、すなわち市民権や国家に関する特定の見解や、共通の言語・祝祭・神託によって結合した国民として、連邦組織やそこで一般的に妥当した国際法を介して唯一の陶冶の国となった」。こうした共通の紐帯があればこそ、アレクサンドロス大王はギリシアの政治的統合をなしえたのである。フィヒテにとって、ギリシア人は人類史上はじめて「法」と「国家」の理念を、すなわち「欧州的国民の真の性格」を明確に体現した民族である。「ギリシア人の陶冶は、国家とその目的——立法、行政、海陸の戦争——を直接めざすものであった」。したがって、ペルシア戦争における勝利や、アレクサンドロスによるオリエントの征服は当然の結果といってよかった。

「法」の理念は共和政ローマにおいて、さらなる発展を遂げることとなる(7: 178-80)。フィヒテはローマの起源を、ギリシアからの「植民団」Colonien——基準民族の系譜を継ぐ集団——と現地の「未開人」との「混合」にみた。現地の「未開人」に対する支配は、必然的に「貴族支配」aristokratische Regierung の様相を呈さざるをえない。このままではおそらく、オリエント地域のような大規模な「専制」が中部イタリアに出現していたことだろう。ところが、後発の植民団のなかには「未開人」側に協力し、結合する人びともいたことから、ローマの内部にはふたつの対立する「党派」が形成されることとなった。植民者、つまり基準民族の末裔たる「貴族」Patricier と、現地の「未開人」の末裔たる「平民」Volk である。そして両「党派」間の身分闘争が、「法」理念の発展をさらにうながしてゆく。

平民は貴族に対して反抗したのだが、それでも、その反抗は、正しく欧州的国民性にかなったものであった。つまり、反抗は、抑圧者〔=貴族〕を逆に抑圧するためのものではなく、法の形式的平等のみを熱望するものとなったのである。これに対して、貴族は外敵から国家を防衛するために平民の勢力を必要としたので、危機に圧されたあげく、平民に譲歩することとなった。とはいえ、かれらは危機が過ぎ去ると、ただちに譲歩をふたたび取り下げたのである。こうして両派の間で数世紀にもわたる闘争が生じてくる。この闘争は、以下のようにはじまった。つまり、貴族が、平民の家系との婚姻を汚らわしいものと宣言し、平民に鳥占 Auspicien の資格を認めず、神性への参与を拒否することによって、開始したのである。また、この闘争は、以下のようにして終わりを迎えた。すなわち、おなじ貴族たちが、最高位の政務官職を平民出身者たちと分かちあい、平民出身者たちが自分たちと同様に巧みに公職を務めるのを目の当たりにせねばならなかったことによって、終結したのである。にもかかわらず、貴族はこの長き数世紀を通じて、かつての優位を忘れることができなかった。それゆえ、ふたたび平民に先んずるようなあらゆる機会を見逃さなかった。これに対して平民の側も、かならず反撃手段をみつけだすのだった。これらすべての闘争は、あらゆる権力がたったひとりの人物〔＝カエサル〕の手中に落ち、両派ともども同じように隷属させられるまで、つづいた。（『現代の根本特徴』）(7: 180)

このように「法の形式的平等」Gleichheit des Rechts の理念は身分闘争から発展することとなった。「貴族」と「平民」の双方にとって、身分闘争の動機はあくまでも「自己保存」であった。各身分は自己防衛に迫られ、なおかつ近隣諸国からの「憎悪」によってローマは「対外拡張」へと圧迫されることとなった。しかしここでも、「自己保存」を目的とした闘争から、「法」の発展が逆説的に帰結してくる。「自然の狡知」である。しかもフィヒテは、身分闘争を敵対党派の絶滅を目的とした闘争ではなく、あくまでも「法」の実現のための、「欧州的国民性」にふさわしい抗争とみていた[207]。

対外戦争の面でも、ローマは「自然の狡知」を最大限に発動した(7: 183-4)。「この民族はほかの民族以上に、高次の世界計画にとって盲目的かつ無意識の道具となったのである」。ローマ人は「これまで混合によって生みだされてきた陶冶を一国に結合し、そうすることで古代全体を完成し、単調に流れてきたこれまでの陶冶の系譜を完結させることとなった」。もちろん、ローマ自身は「他国民を征服するときに陶冶の普及など考えもしなかった」。ローマは、周辺諸国やカルタゴの軍事的圧迫に抗する過程で「優秀な戦闘者」へと成長し、継続的な対外戦争に駆り立てられてゆく。ここでもフィヒテは内政と外交の連動を見逃さない。

勝利によって外敵からの圧迫を退けた後、ローマの有力者たちは自分たち自身のために戦争を欲するようになりはじめた。多数者から抜きんでて第一人者となるために、民衆動員のための祝祭で使い果たした財産を補塡するために、絶えずつづく貴族による国内の陰謀から外国の諸事件、凱旋式、捕虜にした王たちへと市民のまなざしをむけさせるために、有力者たちは絶えざる戦争を欲したのである。戦争は必要から持続的におこなわれた。対外戦争だけがローマ人に国内の平和を保障したからである。

（『現代の根本特徴』（7: 183）

「ローマの有力者たち」は、「自分たち自身」の権勢のために対外戦争を利用しているにすぎない。それでも、私利私欲を動機とする対外征服を通じて、地中海世界全体への「陶冶の拡大」が帰結することになった。そして、対外征服の完了とともに国内の党派対立も限界に達し、ローマは共和政から帝政に移行する。フィヒテによるローマ共和政崩壊の分析である。

以上のような古典古代観は当時にあって斬新であった。これは、同時代の古典古代観と比較してみるとよくわかる。十八世紀の古典古代観は、おおよそ以下のように三つに類型化することができる。

第一に、モンテスキューに由来する「徳」を原理とする共和政という理解である。モンテスキューは周知のように『法の精神』において、民主政と貴族政を問わず、古代の共和国を「徳」を原理とする「共和政」に分類した。ここでの「徳」とは私生活における道徳的卓越性ではなく、祖国への献身という意味での公共心や愛国心を指している。モンテスキューによれば、「共和政」の本質は統治機構の巧拙にではなく、あくまでも「徳」を身につけた、平等で同質的な市民団にこそもとめられるべきであり、そうした「徳」の同質性を維持するための法律や教育こそが最重要要素とみられたのである。ルソーやマブリといった古典古代を偶像視する思想家や、ロベスピエールやサン＝ジュストらジャコバン派の政治家は無論のこと、イーゼリンやスコットランド啓蒙のように古典古代に批判的な思想家たちにも、こうした「徳」の共和政という理解は共有されることとなった。

つぎは、混合政体に「共和政」commonwealth の本質をみる見方である。十七世紀から十八世紀にかけてとくに英国で流行した議論によると、「共和政」の本質は市民の道徳的卓越性にではなく、統治機構の巧拙にある。その核となる基準こそ、古代ローマの歴史家ポリュビオスによって定式化された混合政体の理論にほかならない。統治機構の一部に権力を集中させるのではなく、統治機構の各部分に権力を分散して均衡をとることによって、政体の「暴政」への転落を予防し、安定した統治を実現する。そうした混合政体の古典的模範こそローマ共和政であり、十八世紀の英国国制は「現代」におけるその再現版というわけである。[208]

第三に、美の理念を体現した古典古代の共和政という、ドイツで普及した見解である。十八世紀中葉の歴史家ヴィンケルマンの『古代美術史』(一七六四年)以来、古代世界、とくにギリシア文化に美の模範を見出す議論がドイツを席巻し、ゲーテ、シラー、ヘーゲル、フンボルト、シュレーゲルといった世紀転換期の知識人に巨大な影響をおよぼすこととなった。実利的なローマに対して、美的「陶冶」を体現したギリシア、とりわけアテナイが讃美の対象となった。無論、議論の焦点は藝術論であり、政体論ではない。それでも、共和政は卓越した藝術活動の舞台となった政体として好意的に評価されることとなった。「ギリシアにおける国制と統治に関しては、自由こそ、藝術の卓越性のもっとも重要な原因にほかならなかった[209]」(ヴィンケルマン)。

フィヒテは三つの見方のいずれも採らない。まず、かれのギリシア観はヴィンケルマンに代表される美的憧憬とは無縁である。[210]すでにみたように『現代の根本特徴』の主題は「法」の現象学にこそあるのであり、藝術に対する関心は一切みられない。アテナイとスパルタも区別しない。同様に統治機構論に関しても――ギリシアの政体論の伝統を明示しつつ――フィヒテは無関心を貫いている(7: 154–6, 177–8)。[211]フィヒテの関心事は「法」の形式に集中しており、統治機構の巧拙は問題とされない。ローマ共和政の崩壊原因についての指摘も簡潔である。また、フィヒテの立場は、モンテスキューのように「徳」と「共和政」を関連づける議論とも相容れない。フィヒテにとって「国家」は「法」共同体であり、「法」の本質は「強制」にある。「強制装置」としての国家観である。したがって、国家が内面的な「道徳性」を構成員に要求することはゆるされない。[212]

フィヒテの古典古代観の最大の特徴は、植民性への着目にある。すでにみてきたように、ギリシアとローマのいずれについても、フィヒテは植民者による創設の契機を強調していた。ギリシアの場合にはケクロプス、カドモス、ペロプスといったオリエント地域からの植民者が、ローマの場合にはギリシアからの植民団が建国の主体であった[213]。実際に、古代国家の建国伝承において、植民性と土着性との緊張関係は存在していた。とくに古典期ギリシアでは、アテナイの「生え抜き神話」に代表されるように、土着性の伝承がしばしばポリスの公定イデオロギーとして機能した。当時の人びとは、土着性の伝承を意図的に選択することによって、市民団(とりわけ男性市民同士)の一体性を強化しようとしたのである[214]。これに対して、フィヒテは土着性の伝承をあえて捨象し、むしろ意図的に植民性の伝承を強調する。たとえば、実際には古アテナイの建国者ケクロプスを「土着」とする伝承が多いなかで、あえてエジプト渡来説が採用されている。こうした植民性強調のねらいは、「古代」を基準民族の遍歴譚として描きだすことにあった[215]。「陶冶」を体現する基準民族の子孫がまずオリエントの諸帝国に、つぎにギリシアに、そして最後にローマに到達し、「陶冶」をきわめてゆく過程こそ、フィヒテにとっての「古代」なのである。

しかも、こうした植民性の強調は、フィヒテの古典古代観のいまひとつの特徴とも密接に関連している。それは、市民団内部の潜在的対立関係である。ギリシアとローマの双方において、基準民族の末裔たる植民者が建国するやいなや、土着の「未開人」との対立が惹起されていた。「未開人」の国家秩序への同化にともない、植民者に代表される支配層と「未開人」の末裔たる平民層との党派抗争が発生し、その対立関係と「混合」の連鎖から「法」の理念は発展していったのである。さらにローマの場合には、身分闘争と無制限の対外戦争との完全な連動についても指摘されていた。「自己保存」を動機とする権力闘争が連鎖反応を起こし、逆説的に「法」の理念を発展させてゆく。ここでも「自然の狡知」は一貫している。モンテスキューが理論化したような、「徳」の古典古代というイメージが介在する余地はまったく残されていないのである。とくに国内の階層間の政治的対立(身分闘争)に善き「法」の起源をみる思考は、マキアヴェッリを思わせる。[216]

古代の諸帝国の赤裸々な権力闘争から生じた「自然の狡知」の果てに、ローマ帝国は地中海世界の征服を完遂する。各地の戦乱には終止符が打たれ、「古代」の「陶冶」Cultivierung は頂点に達することとなろう(7: 184-5)。「市民的自由、あらゆる自由人の法への参与、法律に沿った訴訟、原則に沿った財政、被治者の生存への現実的配慮、より穏健で人間的な習俗、あらゆる諸民族の思考・宗教・慣習の尊重、これらすべてがローマの統治によって、国制に沿ったかたちで全文明世界にゆきわたったのだ」。「これこそ、古代文化の精華だった」。また、オリエント地域にはアレクサンドロス大王の東征を契機としてギリシア語が普及し、キリスト教の登場と普及を準備することとなった。だが、ここまでは人類史全体のいまだ道なかばである。古典古代に関する記述において「欧州的国民性」という概念が登場していたことからもわかるように、フィヒテにとって人類史の真の舞台は「陶冶された欧州」――「現代における陶冶の国」――にほかならなかったからである(7: 171)。こうして「古代」世界における「陶冶」はようやく完成を迎え、「近代」世界という新たな「陶冶」の段階が準備されることとなる。

(2)「近代」

キリスト教の登場とともに「近代」は開幕した。基準民族のもとで信仰されていた「真の宗教」は「歴史」の開始と同時にすがたを消し、「古代」の期間中はオリエント地域で「保存」されたのち、イエスの降誕とともに人類史に再浮上するのである。[217] フィヒテは「近代」を、宗教改革を境に中世と近世に二分している。

(a) 中　世

十八世紀の哲学的歴史叙述において、中世は一般的に不人気であった。当時の歴史叙述は古典古代か、同時代の十八世紀のいずれかを高く評価する一方で、はざま期に当たる中世に対しては冷淡であった。ヴォルテールにとっての中世は「都市と農村の大部分が奴隷状態にあった」時代であり、「唾棄すべき無秩序」にちがいなかった。[218] 個々の歴史家ごとに偏差はあるものの、封建政体の政治的不安定、外面的権威と一体化した不純なローマ・カトリック教会の支配、理性的思考の対極に位置する宗教的熱狂などが批判の的となったのである。

フィヒテもまた初期の「パウロ的」キリスト教を、外面的権威と「恐怖」に依存した信仰として批判した点はすでにみた。キリスト教は「歴史」への登場と同時に真価を発揮できたわけではない。フィヒテにとって、キリスト教成立時のローマ帝国の状況は、「真の宗教」にふさわしいものではなかった(7: 190–1)。当時のローマ帝国にはオリエントの異教やユダヤ教がはびこり、「神への迷信じみた畏れ」や「罪」の意識が人びとの内面を支配し、此岸と彼岸の完全な宥和とはほど遠い状況にあった。そして、本来は異教的意識とは相容れないはずのキリスト教も――主としてパウロの指導によって――異教化してしまったのだという。キリスト教は内面の真実の救済から乖離し、外的典礼と罪浄を目的とした宗教に堕落してしまった。恐怖をあたえる神と「罪」に恐れおののく人民の「媒介者」を名乗るカトリック教会が「権威」を獲得していった。カトリックの広める「迷信」は政治にも悪影響をおよぼさざるをえない。

ここで登場するのが、ゲルマン人である(7: 193–4)。ローマを遠く離れたかれらのもとには、「神への迷信じみた畏れ」は存在しなかった。したがって、帝政ローマで国教と化した教会の権威も根本からねづくことはなかった。ゲルマン人は「万人の独立・自由・平等」を自然本性とした民族として、その後の「欧州国民」の原型となるだろう。

このゲルマン族は、たしかにギリシア人と共通の出自と関連を有しており――両民族の言語に関するより深遠な研究が、おそらくこの点を矛盾なく証明しうるだろう――森林のなかにあって、おおよそギリシア人の英雄時代と同程度の陶冶段階にあった。どれほど多くのヘラクレス、イアソン、テセウスが歴史に顧みられることなく、この居住地において、従士 freiwillige Gesellen/Gefährten たちに囲まれながらともに驚嘆すべき冒険を成し遂げていたかしれない。かれらの神への信仰は習俗と同様、きわめて簡潔であり、道徳的尊厳についての良心の呵責などはほとんど生じなかった。万人の独立・自由・平等はゲルマン人にとって、千年の習慣によって本性となった。大胆無比な行動によって衆人のまなざしを一身に集め、後世の歌謡のなかに死後も生きつづけることこそ、高貴な人びとのめざすところであった。また、従士の指揮官に対する、死を賭した忠誠 Treue こそ、その他の人びとにとっての名声であり、名誉にほかならなかったのである。

（『現代の根本特徴』）(7: 193-4)

ゲルマン人が建設した諸国家は、「欧州の一般的性格」を内に秘めていた。つまり、かれらの国家は「専制」に堕することなく、ギリシア・ローマで発展した「法」の理念を継承したのである。古代ギリシア人との血縁的・言語的親近性の指摘からも、ゲルマン人を基準民族の系譜に位置づけようとするフィヒテの努力をうかがいしることができよう。

ここでフィヒテが強調するのが、キリスト教の「公論」への浸透を支えた「名誉感情」Ehrgefühl である。ゲルマン人の「名誉感情」は、個人の尊厳というキリスト教の理念と親和的であった。タキトゥスが発見し、モンテスキューが高く評価した「名誉感情」は、いまや世襲身分制の起源にではなく、真の「宗教」的認識にむすびつけられる。「神への迷信じみた畏れ」に怯え、国家権力と一体化したキリスト教によって呪縛されたローマ人とは異なり、「独立」と「名誉」を重んずるゲルマン人こそ、キリスト教の精髄を発展させる素質をそなえていたのである。ゲルマン人は、「真の宗教」たるキリスト教を開花させる「近代」を象徴する民族にほかならない。ただし、注意が必要なのは、『現代の根本特徴』のゲルマン人はあくまでも「欧州諸国民」全体の祖先とされている点である。ゲルマン人はドイツ人と特別に関係づけられてはいない。ゲルマン人はドイツ人のみならず、フランス人や英国人をはじめとする

「欧州国民」に共通の父祖なのである。[219]

さらに「封建制」Feudalverfassung の形成もゲルマン人と切り離すことはできない (7: 198–200)。ここでのフィヒテはかつての『フランス革命論』と同様に、モンテスキューの封建制起源論を踏襲している。すなわち、原初のゲルマン社会の主軸となった従士制が、ガリア征服を機に「個人的結合」から、封地を介した「継続的政治的関係」へと次第に変化し、封建政体が成立したという見方である。封臣は絶えず「独立」をもとめて主君に反抗したために権力の遠心化が発生し、政治的安定性が失われることとなった。[220]

これに対して、教皇制、すなわち「霊的中央権力」geistliche Centralgewalt に対するフィヒテの評価は高い (7: 194–8)。もちろん、カトリックの教義や教皇制そのものに共感を寄せたわけではない。教皇制は外面的権威の象徴であり、真の「宗教」的認識の対極に位置する存在として嫌悪されていた。ここでの好意的評価は、あくまでも教皇権力の政治的帰結にむけられたものである。フィヒテによれば、ローマ帝国期のように「宗教」が国教として権力機構に吸収されるのではなく、「宗教」自体が国家から独立した「中心点」をもつことは、「宗教」を権力との癒着から解き放つ点で望ましいことであった。しかも、教皇はキリスト教諸国を外的に結束させ、「国際法」と「キリスト教連邦共和国」の管理者、すなわち「国際法の監督者」として、諸国家間の「均衡」と平和の維持に貢献したというのである。

> ここで宗教と国家の双方にとって、もっとも有益だったことは、宗教が対外的に政治的権力をそなえ、中心点をもったこと、さらには、この中心点が独立した領土を有したことである。以前のように帝国自体のなかに座を占め、その行動を不断に統御するのではなく、この中央権力は、一なるキリスト教国家 ein christliches Reich のなかの多様な諸国を外的に結束させ、その調停者の役割のみを負うこととなった。この中央権力は、いまや獲得し

た使命によって、国際法の監督者となった。その度合いは、かつて国内統治の指導者であった度合いとは比べものにならないほどであった。それ以来、キリスト教国家が分割され、すべての部分の均衡が維持されることこそ、単一国家への再統合などよりもはるかに、この中央権力にとって重大な関心事となったのである。この再統合は、いまだほとんど馴致されていない人心のもとでは、霊的権力自身にとって危険な結果をまねきかねなかった。

（『現代の根本特徴』）（7: 194–5）

ここから、キリスト教国家間の「相互承認」や「絶滅戦争」の禁止といった「国際法」、人格的平等と奴隷制禁止の理念といった「キリスト教国家の根本諸原理」が生まれてくる。「国家はキリスト教国家であることで、現状のまま存続する権利をもち、完全に独立した主権を有する。そして、キリスト教国家はほかのキリスト教国家の内政への影響力を欲してはならない」。こうした「教皇権力の保護のもとで、キリスト教を奉ずる各国は相応の自由をもって固有の性格に沿って発展することができたのである」。キリスト教は、教皇を中心とする「キリスト教連邦共和国」という枠組のなかで「公論」に浸透することとなった[221]。

フィヒテにとって、「近代」の主人公は欧州各国ではなく、「陶冶の国」としての欧州全体である。「古代」の歴史叙述でもギリシアやローマにおける「欧州的国民性」が強調されていた点は、すでにみたとおりである。それゆえ、「古代」世界の赤裸々な権力闘争の世界から、教皇権力という精神的統一点を中心とした「キリスト教連邦共和国」への移行は望ましいことであった。欧州共同体のためには、キリスト教を核とした「公論」が欠かせない。そうであるがゆえに、十八世紀には宗教的熱狂として否定的に評価されがちであった十字軍さえも、フィヒテは好意的に評価するのである（7: 196–8）[222]。十字軍は、各人が国籍の個別性を克服し、キリスト教徒として、キリスト教という「全体」のために戦った点で「永久に記憶に値する」大事業であり、「キリスト教連邦共和国」がイスラム教――「専制」の教義——に対する軍事行動を共通の関心事とし、明瞭な意識をもって「省察」した結果にほかならなかった。

中世においても、「自然の狡知」は作用していた。教皇権力、各国の王権、封臣たちといった各行動主体の根本動機は、「自己保存」と権力追求にすぎなかった。教皇制を高く評価したとしても、フィヒテは決して個々の教皇の善意や能力を評価したわけではないのである。また、各国の王権も自発的に教皇に服従したわけではなかった。フィヒテによると、各国の王権は教会の権威による拘束を嫌い、「独立」を志向していたが、「封建制」にねざす政治的不安定ゆえに十分な抵抗力を結集することができなかったのだという。封臣たちは主君の権力からの「独立」をもとめて反抗し、教皇も自分の権力追求のためにそうした「封建制」下の政治的不安定を利用したにすぎない[223]。また、非キリスト教国の軍事的征服や改宗——動機が利己的であろうとも——を通じて、「キリスト教連邦共和国」が拡大した点も、「法」の発展という観点からは望ましい現象であった(7: 195)。このように中世世界において各行動主体が自己利益を追求するなかから、逆説的に「国際法」や奴隷制禁止の理念、さらには「キリスト教連邦共和国」に代表される「法」の新たな発展が帰結したのである。

（b）近　世

宗教改革とともにこの「キリスト教連邦共和国」も終焉を迎える。ここでもフィヒテの関心は宗教改革の「教義的原理」にではなく、「政治的原理」にあった(7: 200–2)[224]。そもそも中世の「キリスト教連邦共和国」自体が、「封建制」における権力の遠心化現象と教皇権力との間の危うい均衡関係のうえに成立していたにすぎない。それゆえ、中世後期にいたって諸国が中央集権を確立し、宗教改革にともなって教皇権力が弱体化した途端、「キリスト教連邦共和国」もまた崩壊する運命にあったのである。共通の枠組を失ったキリスト教的「統一感覚」は今後、「本能」として「公論」のなかに生きつづけてゆくこととなろう。宗教改革に端を発する激しい宗派対立によって欧州の国際関係は悪化したが、各国内では政教分離と宗教的寛容が普及していった。ここで興味ぶかいのが、同時代の哲学的歴史論と異なり、近世への発展をうながした社会史的要因——中世都市と商業の興隆、大学の成立と学藝の復興、活版印刷術の発明など——について、フィヒテが一切沈黙していることである。[225]

十八世紀の哲学的歴史論は通例、宗教改革後の時代を十六・十七世紀と十八世紀に二分する。そのうえで、前者を宗派対立と宗教戦争に彩られる「熱狂」の時代として否定的に位置づけ、後者を「商業社会」を基礎とする「平和」の時代として好意的に評価した。[226] 脱宗教的性格をもつ「商業」は利益を媒介として機能し、技藝を振興することで諸国家間の紐帯を強化する。仮に一国が「普遍君主政」Universalmonarchie——欧州全土の侵略をめざす帝国的支配——をめざして侵略政策にふみきったとしても、ほかの諸国は攻守同盟を締結して対抗し、欧州の「勢力均衡」を維持することとなろう。したがって、局地戦は別としても大規模な戦争は徐々に減少してゆく傾向にある。当時の歴史家たちは同時代をこのように把握していた。

他方で、フィヒテの近世史論の特徴は、宗教改革後から十九世紀初頭までをひとつの全体としてあつかう点にある。それは、欧州各国による無制限の権力闘争の時代にほかならない。「各国が内政面で強力になり、かの外部権力〔＝教皇権力〕が崩れるやいなや、普遍君主政への傾向が全キリスト教圏に出現することとなった」。つまり、中世の「キリスト教連邦共和国」という制約が消滅したことで、権力拡大という国家本性が全面的に解放された結果、大国・中小国を問わず、すべての欧州各国は本能的に「普遍君主政」をめざすようになったというのである(7: 201-4)。「すでに過剰に強力になっていた諸国は強力であればあるほど、一層大きな領土欲を示し、婚姻・遺言・征服を通じて新たな領土を獲得しようとした」。中小国は「自己保存」のために「勢力均衡」Gleichgewicht政策をもって対抗するが、これは平和を望んでのことではない。「ただより良い選択肢がないという理由だけで、つまりは自国一国の拡大という目的、あるいはそこにひそむ普遍君主政の計画にまだ着手できないがゆえに、諸国は欧州連邦共和国内部の勢力均衡をもとめるにすぎない。だから、より強力になりさえすれば、まちがいなく普遍君主政の計画に着手するであろう」。仮に十八世紀が相対的に平和な時代だとしても、それは「商業の精神」と技藝の発展によって習俗が穏和になったからではない。一時的な平和は、赤裸々な権力闘争がかろうじて均衡に達した状態にすぎないのである。[227]

しかし、フィヒテの近世評価は決して否定的ではない。なぜなら、近世においては「自然の狡知」が全面的に発動することになったからである(7: 204-7)。フィヒテによれば、大国・中小国を問わず、「自己保存」を動機とした無制限の権力追求に駆り立てられた各国は、積極的な富国強兵政策(「国内強化」)に取り組むようになるという。たとえば、政教分離(「宗教的寛容」)、移民受け入れによる人口増加、人身の自由の保障、福祉行政、商業と各種産業の活性化などである。[228] もちろん、こうした政策の動機はあくまでも国家の「自己保存」であった。「現在の国際関係において、必然性と自己保存への配慮から各国はこうした政策を採用するよう迫られるのである。併合の恐怖が自己拡大を強いることとなる」。それでも、結果として各国民の福祉は向上し、より高次の「陶冶」が可能になればよい。各国が無制限の権力闘争に専心すればするほど、国内改革は進展し、市民の生活状態も改善されてゆくことだろう。「現在の各国は継続的苦境のなかでほかの諸国とともに地位を失い、最終的に没落したくなければ、こうした政策をより一層完全に導入するほかなくなっている」。同時代の啓蒙絶対主義に対するフィヒテの診断である。[229]

そして、最終的に各国は「封建制の残滓」である身分制的特権の漸進的廃止に進むこととなる(7: 207-10)。富国強兵のためには市民に一律の負担をもとめねばならなくなるからである。身分制的特権の廃止によってこそ、国家は「自国の市民のあらゆる力の余剰を国家目的のためにすべて活用する権利」(7: 208)を盤石なものとすることができる。[230] こうして従来の「法の形式的平等」は「法の実質的平等」Gleichheit der Rechte へと発展し、「必要国家」は真の「理性国家」――『自然法の基礎』と『閉鎖商業国家論』の理想国家――へと移行してゆくのである。この最終的改革にふみきれない国家は、国際関係において没落を余儀なくされることだろう。

キリスト教的欧州の全面で、ほとんどすべての国家が可能なかぎり努力している。内的・外的拡大のための方法も周知のものとなっている。この勢力間の全面闘争においては、すこしの利益も手放さぬようもとめられる。なぜなら、隣国は我々が手放した利益を即座に手に入れ、さらに我々に対して利用してくるだろうから。善き統治のためのいかなる準則も、行政のいかなる分野もなおざりにしないようもとめられるのである。ここで前進できない国は後退し、最終的に政治的自律性を喪失するまで後退しつづけることとなろう。〔後略〕

(『現代の根本特徴』)(7: 211-2)

かくして「国家による市民の内的貫徹」、あるいは「道具」化のプロセスは完成を迎える(7: 210ff.)。近世は「自然の狡知」のメカニズムが全面的に発動する時代であり、実際にフィヒテはこの過程をくりかえし「必然」Notwendigkeit と表現している。身分制社会が最終的に廃止され、各国で「理性国家」が実現したのち、フィヒテは国家間の潜在的敵対関係——「万人の万人に対する一般的危険性および、そこから帰結する臨戦態勢」——の消滅さえも展望する(7: 163-6)。国家は、それまで国防にそそいできた国力を「藝術」schöne Kunst の振興にまわすようになる。美的陶冶への道——シラーの美的国家論が想起されるべきである——が拓かれる。「現実的な平和、すなわち永遠平和だけが、諸々の藝術を産みだすのである」。「理性国家」の完成とともに「世界計画」の第三期は終了し、混乱と堕落の時代を経て、いよいよ人類はより高次の段階へと足を踏み入れてゆく。

(c)「永遠平和」

イェナ期秩序構想における第一の難点——「理性国家」の実現過程という問題——はこうして克服された。フィヒテは国家を一貫して「強制装置」として把握したがゆえに、その発展を「自己保存」の連鎖から生じる「自然の狡知」として「歴史」に組み込むことができたのである。仮に国家と「道徳性」をむすびつけた場合、「自然の狡知」という自律的発展の論理との間に不整合が生じてしまったことだろう。国家は「自己保存」と権力追求に徹したがゆえに、対外拡張によって「未開人」を「陶冶」へと導き、富国強兵のために国内改革を試み、最終的には身分制社会の廃止にたどりつくこととなった。合理化を突き詰めるほどに、国家は「強制装置」として、「理性国家」として純化されていったのである。

それでは第二の難点――「法」と「道徳」の二元論的並立――はどうだろうか。フィヒテ自身が強調するように、国家は構成員の「善意志」を前提とすることができないため、「強制」によって秩序を維持する。認識論的にみれば、「感性」や「合法性」といった低次の段階にとどまらざるをえないということである。それは、道徳的義務や「愛」、そして反省的思考による絶対者との合一(「道徳性」・「宗教」・「学」)の段階とは本質的に異なっている(7: 166-70)。「法」と「道徳」――『現代の根本特徴』の論理にしたがえば、「国家」と「宗教」――は人類史の終点にいたってもなお架橋されえないのだろうか。

ここでフィヒテがもちだすのが、「習俗」Sitte――「法」とも「道徳」とも異なる「慣習と陶冶の状態による第二の本性」――の論理にほかならない(7: 214ff.)。フィヒテによれば、「刑罰」制度の完成にともなって犯罪の可能性そのものが消滅する。すると、今度は「刑罰」そのものの存在意義が減少し、「刑罰」自体が緩和されてゆく。そこから、各人が他者を「類の代表」として尊重する「善き習俗」が普及するというのである(7: 215-21)。「万人の根源的平等」という理念こそ、キリスト教の真の「原理」にほかならない。いまや「公共生活」も「習俗」を介して、この「原理」によって貫徹されることとなる。これまでの「悪しき習俗の源」は、身分制社会であった。だが、すでにみたように、「理性国家」の完成過程において伝統的な身分制社会は解体され、財産の平等を含む「法の実質的平等」

が実現していた。「悪しき習俗の源」はもはや存在しない。したがって、「キリスト教の無意識的支配」としての「善き習俗」は、いまや盤石な基盤を得ることができるのである(7: 221-2)。

かくして、理性の時代(第四・五期)は目前に迫っている。第三期(「現代」)から第四期への移行をうながす要素として、フィヒテはあらためて「宗教」の意義を強調する。「善き習俗」は「万人の根源的平等」の理念を体現するにせよ、それはいまだ「無意識的」なものにとどまっていた。キリスト教の「原理」がここからさらに「意識的」なものに高まるためには、最後の一歩が必要である。十八世紀の敬虔主義 Pietismus を念頭に置いたうえで、フィヒテは新たな時代を切り拓く「宗教」的人間を、「精神的に昂揚した人びと」begeisterte Männer とよぶ(7: 237-8)。既存の「宗教」のありように満足せず、新たな秩序をもとめる少数の人びと。かれらこそ、新時代への突破口を切り拓く主体たりうるはずである。「善き習俗」がゆきわたり、国家が「藝術」を振興する地において、宗教的革新は根づくことであろう。もちろん、新時代の「宗教」は、「哲学」(知識学)と無縁な熱狂に終わってはならない。真の「宗教」的認識はつねに知識学の「真理」をめざさねばならない。「宗教」的認識を通じて、人類は個体性(「現存在」)への執着を脱し、人間の個体性の根底にひそみ、個体性そのものを存立せしめる究極的実体としての「神」(「生」)への「愛」に覚醒することとなろう。

一旦突破口が拓かれてしまえば、あとは容易い。絶対者への「愛」によってのみ、唯一絶対の「真理」たる知識学(「理性学」)の浸透は準備されうる。堕落した「現代」において、知識学はいまだ孤立した認識にとどまっているとしても、「利己心」の時代たる第三期の終了と第四期の開幕によって、知識学は全精神活動を統合する唯一絶対の「学」としての地位を確立するだろう。あらゆる人間の認識活動が、知識学を通じて「絶対的統一」としての絶対者へと還帰する。そして、知識学の「真理」を地上的生に応用する「理性技術」Vernunftkunst の発明にともない、第五期の「自由による理性支配」は最高潮に達するのである。「理性技術」の活用によって人類社会は理性のもとに統合され、そのときにこそ完全な道徳的秩序が到来するはずだ。「かくして地上的生の目的は達成され、かかる生の終極が現象し、人類はさらなる高次の、永遠の領域に足を踏み入れることとなろう」。

第四・五期の具体的様相について、フィヒテは詳細を語らない。しかし、断片的な言及から推測するかぎり、どうやら、「真の宗教」という共通基盤のうえで、諸国が平和的に共存し(「永遠平和」)、知識学と「理性技術」による「陶冶」の無限進歩が帰結するようである(7: 189–90)[231]。

> 自己完結した主権国家群が、一なる真の宗教の圏域において並立する。あるいは——といってもこれは本質的には同じことなのだが——陶冶とキリスト教を体現する一なる国家 der Eine Staat der Cultur und des Christenthums が、キリスト教諸国連合 christliche Staatenrepublik へと分化し、個々の国家は他国から直接強制されることはないにしても、不断に観察され、批評される。もし、こうしたことが起こりうるならば、キリスト教の教説において、以下のような問題に関して一般的規範があたえられることとなろう。つまり、外交問題や自国民のあつかいに関して何が賞讃に値し、唾棄すべきであり、あるいはそのいずれでもないか、といったような問題に関してである。〔中略〕この宗教を通じて、陶冶国家全体の公論が形成される。そして、この公論において、諸々の主権者の上位に君臨する主権者が登場するのである。こうして、個々の主権者たちには、善をなすためのあらゆる自由が付与される一方で、悪行への欲望は強く抑制されるのである。
>
> (『現代の根本特徴』)(7: 189–90)

こうしたフィヒテの未来像が『自然法の基礎』の末尾で展開された「国際連盟」Völkerbund 構想に対応していることは、疑いない(3: 379–82)[232]。フィヒテにとって、国際連盟こそ、カントの『永遠平和論』の構想を踏襲し、人類に「永遠平和」をもたらしうる唯一の選択肢であった。カントと同様に、フィヒテも世界を統一する「世界国家」Völkerstaat 案を退け、諸国家により構成され、連盟裁判所と連盟軍によって国際秩序を規律する国際連盟を構想するのである。[233] また、「理性国家」に達した各国がそれぞれの「自然国境」にもとづく自足的商業圏を形成することで、領土問題と「商業利益」という戦争の二大原因も消滅する(3: 480-4)。「この国際連盟が徐々に拡大し、徐々に全地球を包摂するとき、永遠平和は訪れる。これこそ、諸国家の唯一の合法的関係である」。「戦争が正当な国際連盟の指導のもとでおこなわれるとしても、実際には戦争は最終目的、すなわち平和の維持という最終目的のための手段にすぎない」(3: 382)。『現代の根本特徴』においても、フィヒテは「キリスト教的欧州諸国民」が本質において「ひとつの国民」であり、「共通の欧州」が「ひとつの真の祖国」であると強調している(7: 204-5)。そこでは程度の差はあれ、個人の自由、権利と法律、宗教・学問の自由という共通価値が尊重されるという。そして、「世界市民的感覚」を有する「真に陶冶されたキリスト教的欧州人」にとっては、そのときどきに「陶冶の高み」にある国家こそが「祖国」――「光と法がある場所」――となるのである(7: 212)。

興味ぶかいのは、フィヒテがイェナ期と同様、国家による「道徳」化、すなわち公教育の可能性を否定している点である。『現代の根本特徴』の構想によれば、人類の「道徳」への覚醒は、「歴史」の自律的な運動と、少数の「宗教」的人間(「精神的に昂揚した人びと」)に託される。公教育に代表される人為的制度が介入する余地は残されていない。フィヒテにとって、「教育」Erziehung はやはり徹底的に個人の自発性にゆだねられるべきものであった。「積極的な道徳教育、すなわち生徒を徳にまで陶冶するという目的を設定して、これをはっきりと言明する道徳教育は存在しない。このようなやり方は、むしろ、内面的な道徳感覚を失わせ、無情な偽善者や猫かぶりをつくりあげるだけ」なのだ(II, 7: 21)。こうした傾向の背後には、「国家」の役割をいまだに「法」の厳格な執行に限定する見方がひそんでいた。「国家」みずからが公教育や政治宗教を通じて、「法」と「道徳」を動的に媒介する主体となる可能性は認められていない。また、イェナ期と同様に『現代の根本特徴』も、国家の具体的な統治機構の問題への言及を慎重に避けている(7: 154–6)。古代ギリシアの政体論の伝統にも関心を示さなかったことはすでにみたとおりである(7: 177ff.)。

イェナ期の秩序構想で断絶していた「法」と「道徳」は、かくして「歴史」によって媒介されることとなった。「自己保存」に駆り立てられる諸国家が「自然の狡知」を通じて「類」の目的を促進し、「強制装置」としての完成にともなって伝統的な身分制社会を解体し、さらには「習俗」をも変革し、「道徳」と「真の宗教」、さらには「自由による理性支配」への道を切り拓く。平行線をたどるかにみえた「法」と「道徳」の領域は、こうして予定調和的に媒介されるのである。欧州全土が混乱のきわみにあった当時にあって、こうした見通しは、楽観的にすぎるかもしれない。だが、いかに楽観的であろうとも、『現代の根本特徴』がイェナ期秩序構想のかかえた最大の難点——「法」と「道徳」の乖離——に一定の解決をあたえたことはたしかである。基準民族社会の「無垢」から追放された人類は、「歴史」の試練をくぐりぬけ、最終的に「永遠平和」と「陶冶」の極致へとたどりつく。人間はみずから育てた「認識の木の実」を「味わうことで目がひらかれ、手は強くなり、失われたものの手本にしたがって、みずからの天国を自分で築きあげる。生命の木は成長し、人間は木の実に手を伸ばして食し、永遠に生きるのだ」(7: 12)。「歴史」の果てに訪れるであろう、はるか彼方の未来に理想の実現を託しえたかぎりで、フィヒテの論理は一貫していた。

第四節　戦時下のフィヒテ

フィヒテが孤独な思索を去り、エアランゲン大学臨時教授として教鞭をとるべくベルリンを発ったのは、一八〇五年四月のことである[234]。この六年ぶりの招聘は、私講義を通じて知りあったプロイセン官僚バイメとアルテンシュタインの尽力によるところが大きかったという。だが、さしあたりエアランゲンでの活動はフィヒテに満足をあたえるものではなかった。公開講義をはじめ、知識学や哲学入門の講義を開始したものの、ここでもみずからの思い描く理想の「学藝共和国」とはかけ離れた現実に、苛立ちを隠せない。偶然に講義を聴講した鉱物学者ヴァイスの証言によれば、「フィヒテ自身は、聴講者たちの質に全然満足せず、学生たちはあまりに粗野なので、ともに何かをなすことはできないと語」っていたという。結局、フィヒテは、同年九月にはベルリンへと早々に帰還した。

その後もフィヒテの生活は以前と変わらなかった。一八〇六年初からは、のちに宗教論『浄福なる生への導き』に結実する私講義を開始する。体調不良はあったものの、日々は平穏に過ぎた。妻ヨハンナの回想によれば、「夕方、使用人とともに、厳かな夕べの祈りがおこなわれた。それは息子がピアノで伴奏する美しい讃美歌ではじまり、つづいて浄福なる者〔＝フィヒテ〕は、『ヨハネ福音書』のなかの半章あるいは全章を読んだ。つぎにそれをフィヒテは口頭で説明した。そのようにして、熱心で、かつ静かにひきこもって過ごされる日々が非常に心を高めながら終わっていった」。彼女は語る。「わたしの夫は五年来定職もありませんが、ありがたいことに不自由はしていません」、「わたしたちは誠実と勤勉と隠遁の意識のもとで、最高の幸福をもとめる人間として幸福に生活しております」、と。ベルリン移住前はプロイセンを一顧だにしなかったフィヒテであったが、移住後、政府によって生活を保護され、官僚も含めた名士たちと交流し、厚遇されるうちにプロイセンに愛着をいだくようになっていた。

一方、この時期、欧州全土の国際情勢は混乱のきわみにあった。フィヒテがイェナとベルリンで学究生活に沈潜している間、急速に台頭した人物こそ、ほかならぬナポレオンであった。総裁政府の将軍として政界に登場したナポレオンは、その軍事的天才によって権力の階梯を駆けのぼり、ブリュメール十八日のクーデター（一七九九年）を機に名実ともにフランスの支配者となった。オーストリアと英国を中心とする対仏大同盟軍は、ナポレオン率いるフランス軍に抵抗をつづけたが敗北を重ね、旧来の政治秩序は崩壊の一途をたどってゆく。ついには一八〇二年に軍事占領下のライン左岸地帯をフランスが正式に併合すると、その補償を目的とした翌年の帝国代表者会議主要決議によって、聖界諸侯、帝国都市、帝国騎士の領土は大領邦に併合されることとなった。この大幅な領土変更、いわゆる「世俗化と陪臣化」によって、無数の中小諸邦の平和維持機関であった神聖ローマ帝国の存在意義は動揺し、瓦解へむけた最後の一歩を踏みだしたのである。『現代の根本特徴』のうちには、こうした同時代の政治的変動の痕跡はみられない。

おなじ一八〇三年に第三次対仏大同盟が結成されたものの、オーストリアとロシアはアウステルリッツの会戦(一八〇五年)において、ナポレオン率いるフランス軍に大敗した。この時点ですでに帝国国制は支えとしてきた中小領邦の消滅にともない、完全に形骸化していた。そして、一八〇六年七月にはヴュルテンベルクやバイエルンなどのドイツ諸邦が帝国からの脱退を宣言し、ナポレオンを「保護者」とするライン連盟を結成すると、神聖ローマ帝国は八月六日、皇帝の退位によってひそやかな終焉を迎えたのである。

この間もプロイセンを中心とする北ドイツ圏では平和がつづいていた。ベルリンの社交界には仇敵オーストリアの苦境を歓迎する雰囲気さえあったという。一八〇五年十二月、フィヒテの自宅でのクリスマス会の最中、アウステルリッツ会戦におけるオーストリア敗北の報が届き、参加者から歓声があがった。そのとき、フィヒテは「一年も経たないうちに、人びとはこの敗北を心から悔やむだろう」と苦々しく語ったという(FG, VI-2: 663)。この時点でフィヒテは、ナポレオンの覇権政策を強く警戒しており、他方でプロイセンの中立外交に批判的だった。そして、フィヒテの予言は的中する。神聖ローマ帝国の崩壊とライン連盟の成立によってドイツ中南部を勢力圏におさめたナポレオンがつぎに鉾先をむけたのは、プロイセンであった。

戦争が迫っていた。プロイセン政府がフランス軍との対決にそなえて動員令を発したのは、一八〇六年八月九日、神聖ローマ帝国が皇帝の退位によって消滅してから、わずか三日後のことであった。バーゼルの単独講和以来、中立外交によって領土拡大に腐心してきたプロイセンだったが、ナポレオンから度重なる挑発をうけた挙句、ついに王妃ルイーゼやシュタイン男爵を中心とする対仏強硬派が政権を握った。プロイセンが最後通牒をもってフランス軍のドイツからの撤退を要求したのは、九月二十六日のことである。

この緊張の瞬間にあって、フィヒテはいかに行動したか。危機のさなかにあって、フィヒテの立場は明らかであった。[235] 戦争が近いことを悟るや否や、戦場で兵士を鼓舞する「演説官」(「説教師」)としての従軍を国王に申し出たのである(II, 10: 71-4)。上奏文において、フィヒテは「人類のための戦争」の意義を力説する。

人類がその起源以来、秩序と合法性にむけた多くの献身行為・習俗・藝術・学問を通じて、快活に天に目をむけながら獲得してきたものが、こののちも存続しつづけるのか。人間の発展の諸法則にしたがって発展をつづけるのか。それとも、ひたすらに貪欲な恣意という底なし沼に、詩人の作品、賢者の思想、英雄たちの事績すべてが沈みこんでゆくのか。今次の戦争によって、以上の問いに答えがあたえられることとなろう。

(「雄弁の応用について」)(II, 10: 72)

提案は謝絶された。だが、この一文から、戦争がフィヒテにとって、列強同士の権力闘争以上の意味をもっていたことがよくわかる。つまり、歴史を通じて形成されてきた「人類」の「陶冶」が危機に瀕しているがゆえに、「必勝」の覚悟をもって戦いに臨まねばならないのだ。

では、いかなる論理がフィヒテを主戦論へと突き動かしたのか。ひとつは、ナポレオン帝国という「専制」が欧州全土を覆いつくすことへの危機感であった。『現代の根本特徴』が欧州各国ではなく、欧州全体(「キリスト教的欧州」)をもって「近代」の主人公(「陶冶の国」)としたことはすでにみたとおりである。その近世史論によれば、群雄割拠する欧州各国が「自己保存」のために富国強兵政策をつづけることで、結果として欧州全体の「陶冶」は増大してゆくとされていた。したがって、欧州全体が各国に分裂していることが重要なのであり、逆にいずれか一国が「普遍君主政」を樹立してしまうと「陶冶」の進歩は見込めなくなってしまう。そうなればオスマン帝国——「近代」に残存す

ナポレオンのベルリン入城

る「専制」(7: 176)——のごとき永遠の停滞が訪れることとなろう。この事態を防ぐためには、なんとしてでもプロイセンにナポレオンの野望を挫いてもらわねばならない。上奏文の熱弁に比べると、醒めた論理ではある。

しかし他方で、当時の書簡や草稿にはこれとは別の論理も登場してくる。「国民」の論理である。たとえば、フィヒテが出版を企図して執筆した演説は、プロイセン一国ではなく、「ドイツ」防衛の重要性を強調していた[236]。後年の回想のなかでもフィヒテは、自分の献身は普遍的理念としての「ドイツ」にむけられたものであったと語っている。「ほかのドイツ諸邦がみずからのドイツ性を忘却するよう強制され、ドイツ独立の防衛を放棄」するという「緊急事態」にあって、プロイセンは唯一の希望だったのだという(II, 9: 419–21)。ましてや新時代の思想たる知識学の創始者を保護し、「人類の財産をもっとも多く所有している」プロイセンに協力することに、なんの躊躇いもなかった(II, 10: 72)。こうした論理は、「国民」にとりたてて関心を示さない『現代の根本特徴』とは明らかに異質である。

おそらく、フィヒテ自身の内面でも、「陶冶の国」としての欧州と「国民」の論理との綜合という問いに答えが出ていたわけではなかった。緊迫した状況のなかで、両者は別個の論理として調和をみぬまま、併存していた。ただひとつたしかなことは、今回の戦争が世界史の命運をにぎる決戦となるということだ。「学」の理念を奉ずる哲学者がこの戦いに参加し、人類の進むべき道を顕らかにすることは義務にちがいない。

もし、かれ〔=フィヒテ自身〕が演説するだけで満足せねばならないとしても、もしかれが隊列にならび、あなた方の隣でともに戦うこと、つまり、危険と死に対する勇気ある抵抗によって、もっとも危険な戦場でのふるまいによって真理を証明することができないとしても、それは単にかれの生きる時代の責任である。すなわち、知識人の職務を戦士の職務から切り離し、後者にとっての陶冶を、前者の陶冶とともに歩ませない時代の責任なのである。

(「学的ドイツ戦士に告ぐ」)(II, 10: 79)

「もっとも言葉をよく理解し、祖国のために弁ずることができる者が、同時に祖国のために戦うことができた」時代、すなわち「古代ギリシアや、近代であればセルバンテスの時代」に生まれることを望む哲学者のすがたが、ここにはある。フィヒテは「勇気において誰にも引けをとらない」と確信するがゆえに、みずから兵馬の人たりえない宿命を嘆くのである。

その後、十月九日にプロイセンはフランスに宣戦した。そして、五日後のイェナ・アウエルシュタット会戦において、プロイセン軍はフランス軍の猛攻の前に潰走した。各地の軍団の士気も崩壊し、つぎつぎと降伏するありさまであった。しかし、大敗後にあってもなお、フィヒテは文筆活動によって「現代の巨大な関心事への愛国的参加をより強く燃えあがらせる」ことを欲し、政府とともに転戦するという(III, 5: 371–2)。フィヒテの表情には、もはやかつての挫折に味わった渋はない。王都ベルリンへと迫る敵軍を前にしてケーニヒスベルクへの逃避行にふみきるさい、フィヒテは「旅立ちの理由」について自問自答している(II, 10: 91–3)。そして思索の果てに、「善き事柄に自分をむすびつけねばならない。それとともに生きて没落する」という「根本定理」にたどりつく。

マキアヴェッリ

ケーニヒスベルクの日々はつらく、重苦しいものとなった。かつてカントを訪ねたときとは異なり、いまや戦時下である。何より、妻子をベルリンに残してきたフィヒテは、一八〇六年十二月の到着以降、孤独を耐え忍ばねばならなかったのである。「ケーニヒスベルクは自分の居場所ではありません。このことについて少しも恥じ入ることはありません。この点についてわたしを咎める者はかまわないから、とにかく以下のことをわかってほしいのです。つまり、今冬、わたしが当地の大学をどのようにみたか、また、現在のわたしが賤民を——下層民が多い地域に引っ越したのです——どのようにみているかということを。ご想像できますでしょうか」(III, 6: 77)。しかし、にもかかわらず、フィヒテは自分の決断の正しさを疑わなかった。フィヒテは自分に言い聞かせるように語る。「わたしは自分のくだした決断を賞讃していますし、時間が経つほどにその度合いは増しています。わたしは、自分の決断を他人に非難させはしないでしょう」(III, 6: 91)、と。

ケーニヒスベルクにおいて、フィヒテは「生涯の課題」たる知識学の研究・講義に加えて、ベルリン期に開始したイタリア語学習に力をいれている(III, 6: 96)。学習への強い動機づけとなったのは、マキアヴェッリ研究である。原語のマキアヴェッリ選集をもちいた研究の過程は、草稿『マキアヴェッリ研究覚書』から浮かびあがってくる。[237] この草稿の執筆時期については議論があるが、早くてベルリン脱出直前にまでさかのぼる。この研究の成果こそ、一八〇七年六月創刊の雑誌『フェスタ』に掲載された長編作品『著述家としてのマキアヴェッリおよび著作抜粋』(以下『マキアヴェッリ論』)にほかならない。フィヒテは一八〇七年四月の時点ですでに知識学の講義を終え、刊行にむけた準備に集中していたようである。『マキアヴェッリ論』は、マキアヴェッリの伝記・著作内容・時代背景の紹介と、『君主論』を中心とする著作からの抜粋および註釈から成っている。[238]

同時代の人びとは、この作品を戦意高揚のための宣伝文書として受けとったようだ。「この活力漲る人物〔＝フィヒテ〕がもしも哲学的著述家であることを止めうるとすれば、新しい力、まったく新しい輝きとともに登場し、まったく新しい名誉を得ることとなろう。かれが我らの時代の政論家となるならば、偉大な人物となろう」（ニコロヴィウス）[239]。掲載雑誌の『フェスタ』自体が、敗色濃厚なプロイセンに対する援護射撃を目的としていた。息子の証言によれば、何よりもフィヒテ自身、本作が国王や公衆の目にふれることを当初から意図していたのだという。[240]

実際、『マキアヴェッリ論』には——表面上の否定にもかかわらず（II: 451-2）——時局的発言としての性格が色濃い。たとえば、マキアヴェッリの作品中からフランスの国民性に対する批判や、ドイツ国民の気質が高く評価されている箇所をわざわざ翻訳している（I, 9: 269-73）。そのほかにも『君主論』第二十一・二十二章への註釈などは、明らかに一八〇五年のプロイセンの武装中立外交および、政府内の親仏派に対する痛烈な批判と読むことができる（II: 438-43）。

> 君主が大臣に忠誠を誓わせ、内的にむすびつけることができるのは、以下のような場合に限定される。つまり、マキアヴェッリによれば、君主が大臣を決定的な任務の共同者に任ずる場合に、いいかえるならば、君主が大臣にそうした留保や避難先を認めず、もし敵が勝利すれば救いを期待できないという確固たる指針と宣言を強いる場合に限定されるのである。後には退けぬ戦時下において、最良の大臣とはつねに、敵方の勝利の暁にはすべてを失うような人物にちがいない。
>
> （『マキアヴェッリ論』）（II: 443）

プロイセンが劣勢ななかにあって「かりそめの平和」（III, 6: 77）を排し、ひたすら戦争継続を叫びつづけたフィヒテの面目躍如といってよかろう。とくにマキアヴェッリの『戦術論』を援用しながら「砲兵」中心の現代戦術を「偏見」として批判し、「歩兵」運用戦術の再検討をうながす部分などは、フィヒテの軍事的関心の増大を物語っている(11: 415-7)。「もしも突如として、地中から出現したかのように、〔歩兵主体の〕軍隊が登場したとすれば、砲兵などは粉砕されることだろう。また、当分の間は迅速かつ抵抗もなく優位を保ち、その指揮官に強力な力――欧州を意のままにつくりかえる力――をあたえることだろう」(11: 417)。「ひとりの元首のもとに戦力が統合されることによって、ドイツ人 Germanien が確固たる、尊敬を集めうる状態で存続するのでないかぎり、欧州にはいかなる平和も考えられない」。フィヒテは強硬な主戦派であった。

しかし、期待は裏切られた。イェナ・アウエルシュタット会戦での大敗後、プロイセンはかろうじて戦線を維持していたものの、一八〇七年六月のフリードラント会戦での敗北において、破局は決定的となった。六月半ばにケーニヒスベルクがフランス軍に占領される直前、フィヒテはコペンハーゲンをめざして脱出した。当地から妻に宛てて、フィヒテは衝撃と絶望を語る。「わたしは、ドイツ国民は維持されねばならぬと信じていた。しかし、見てみよ、ドイツ国民は抹殺されてしまっている」(I. 10: 3)、と。その後、七月九日にはプロイセンに莫大な賠償金・大幅な領土割譲・軍備制限を課すティルジット条約が締結され、普仏戦争は終結した。フィヒテがコペンハーゲンを発ち、占領下のベルリンに帰還したのは、八月十八(十九)日のことである。家族との一年以上にわたる別離に終止符が打たれた。フィヒテは道中で何を思ったのだろうか。おなじころ、元帝国騎士のシュタイン男爵はプロイセン国政改革のための出廬《しゅつろ》を決意し、プロイセン宮廷の臨時所在地メーメルへと出立している。シュタインは旅の途上の様子を『自伝』において、以下のように回想する。

> プロイセン領に入ると、あらゆるものが極度にうちのめされ、憤りをひめて観ぜられた。フランスの三軍団は、

ヴァイクゼル河とエルベ河の間のあらゆる地力を、舎営、徴発、接待によって荒らし尽くしており、ライン連盟の軍団の行状はなかでももっとも粗野であった。一億フランの賠償金が撤兵の条件として支払われることとされており、毎日のように新しい圧制や侮辱の報が伝えられたが、それは隣国政府が嘲弄のためにあらゆる機会を利用しておこなったものであった。

（シュタイン男爵『自伝』[24]）

似た光景を、フィヒテもまた、コペンハーゲンからの道中で目にしたはずである。

フィヒテは前期ベルリン時代の平穏な思索の日々から、時代の精神によって荒々しく引き離されることとなった。それは平穏な私生活を破壊したのみならず、「ドイツ」の惨状をフィヒテに意識させ、思索に転回をもたらす契機でもあった。『現代の根本特徴』の予定調和的な楽観論を維持することは、もはやできない。『マキアヴェッリ論』の統治論を仮託できるような統治者は、もはや存在しない。欧州はナポレオンの手中に落ちた。こうしたなか、フィヒテはふたたび、みずからの秩序構想を練り直す。イェナ期・前期ベルリン時代・ナポレオン戦争の経験を綜合し、思考によって、まったく新しい秩序構想を構築する。それこそが、フィヒテの「二十二世紀」の共和国なのである。

第Ⅲ部　共和国の地平

はじめに

ベルリン帰還から「解放戦争」中における突然の死にいたるまで、フィヒテはその知的生涯において最後の時期を迎える。後期ベルリン時代(一八〇七〜一四年)である。帰還当初のフィヒテは無職であったが、その後、新設のベルリン大学の哲学部教授に着任することとなる。社会的地位と安定した俸給――一時は大学総長さえも務めた――は、フィヒテにふたたび研究への集中を可能にした。フィヒテはたしかに老いていたが、「イエナの魂」の面影は残っていた。幾多の荒波をくぐりぬけてきたフィヒテには敵も多かったが、当時は哲学界の重鎮の風格をそなえるようになっていたという。イエナ時代からフィヒテを知る自然学者シュテフェンスは以下のように語る。

新設のベルリン大学の哲学者たちのなかでも、フィヒテは多くの敵をもち、またもたねばならなかったのだが、それでも大きな影響力を保持していた。かれの信条、そう、孤高かつ独特の鋭い個性は確固たる立脚点を形成したし、その徹底的かつ大胆な国民的主張によって、フィヒテは多くの人びと――学問的には異なる立場であった――を惹きつけた。フィヒテはすでにある世界観の基礎を築いていた。その世界観は、当時のような動揺の時代においては大きな歴史的意味を有したのである。政治生活と同様に宗教生活と学問生活も陥っていた混乱によって、誰もが、何よりも自分自身を把握して規定することの必要性を洞察していた。そして誰もが、すべてを導く

フィヒテ（ベルリン大学時代）

> 偉大な思想を絶対的なものとして大胆に提示する使命をおびた男〔＝フィヒテ〕のことを理解はしないまでも、支配者として承認せざるをえなかったのである。（シュテフェンス『回顧録』）(FG, IV: 266)

ベルリン大学の関係者は一様に、フィヒテの「とてつもない影響力」(FG, IV: 286)について証言する。同僚のローマ法学者サヴィニーも当時のフィヒテを「立派な紳士」と評する。「哲学部長就任以来、みんな——それまではフィヒテと敵対していた人びとさえも——がフィヒテを敬愛しています。これほどの穏やかさ、柔和さ、他人の信条と意見に対する感受性が、かれにそなわっているとは思っていませんでした」(FG, VI-2: 713ff.)。「フィヒテには現在、学生以外も含めて九十人の聴講者がおりまして、多くの人びとがフィヒテを崇拝しているのですよ」(FG, IV: 279)。フィヒテは自分の知識学体系を数ある体系のひとつとしてではなく、あらゆる諸学を統合する唯一絶対の真理として講義した。そのため、「ほかのあらゆる哲学を軽蔑」し、実定諸学や実践生活に不適応な学生を量産しているという非難が寄せられることもあったという。

いずれにせよ、後期ベルリン時代がイェナ期とならんで学問的に多産だったことは否定しがたい。『ドイツ国民に告ぐ』以外の公刊作品はすくないものの、理論哲学と実践哲学の両分野について膨大な講義草稿を遺している。それらを読むかぎりでは、フィヒテの思想は明らかにこれまでとは異なる軌跡を描いていったようにみえる。その意味で後期ベルリン時代は思想的革新の時代であった。

ところが、後期ベルリン時代のフィヒテに関する研究はとぼしい。作品数でいえばイェナ期にひけをとらないにもかかわらず、先行研究は著しくイェナ期に偏している。とくに政治思想研究においては、この傾向が著しい。なぜか。

ベルリン大学

最大の理由は、作品の断片的性格であろう。つまり、後期ベルリン時代の作品はいずれも単一の主題に偏したものが多く、フィヒテの秩序構想の全体像をうかがわせる作品がすくないのである。また、講義草稿のかたちで遺っているものに関しては、時局的配慮や政治宣伝が混入しているため、フィヒテの真意の再構成は困難をきわめる。『ドイツ国民に告ぐ』をはじめとする政治論には、以上の点がとくにあてはまるといってよい。『ドイツ国民に告ぐ』を一読すれば明白なように、同書は体系性とはかけ離れた錯雑たる構成をとる。話題は頻繁に入れかわり、以前の作品の議論が唐突に埋め込まれることもしばしばである。また、反ナポレオン戦争の最中(一八一三年)の講義をもとにした『国家論――原国家と理性国家の関係について』(一八二〇年、以下『国家論』)に関しては、歴史哲学・宗教論・政治宣伝・編者による編集が混然とした作品であるため、同書をもとにフィヒテの意図や思考を再構成するには、極度の慎重さがもとめられよう。[242] もちろん、『ドイツ国民に告ぐ』も『国家論』も重要な史料であることは疑いない。問題は、後期ベルリン時代については、どの作品をもちいるかによって、思想像自体が大きく変わってきてしまうという点なのである。[243] この点、『自然法の基礎』や『道徳論の体系』といった体系的作品を基礎に解釈できるイェナ期とは、根本的に事情が異なる。

しかし、こうした困難を突破する可能性を秘めた作品が、ひとつだけある。それは批判版全集への収録により、はじめて全容が明らかになった草稿『五代目の帝国守護者のもとにおける二十二世紀初頭のドイツ人の共和国』(一八〇七年、以下『共和国草稿』)にほかならない。執筆時期については、内容から判断するに一八〇六年秋のイェナ・アウエルシュタット会戦から一八〇七年六月までの間、とくに春頃と推定されている(II, 10: 374-5)。フィヒテはケーニヒスベルクでの研究生活について、午前中を知識学に費やし、午後を「イタリア語以外の」「その他の研究」に費やしていた(III, 6: 96)。この「その他の研究」の実態を確認することはできないが、『共和国草稿』の執筆に多くの時間が割かれたことは疑いない。『共和国草稿』の冒頭を飾る以下の一文は、一読、鮮烈な印象をよびおこす。

当時の人びとの生を、年齢と身分の上昇という要因から立ち現れてくる悪化の進展――それは、世代ごとにますます悪化してゆくのだけれど――として把握する場合、ひとつの決定的な特徴をとらえたことになる。〔当時は〕ある人が年齢を重ねれば重ねるほど、高貴になればなるほど、その人間がますます悪人になってゆくことを、当然の前提とすることができた。また年月の経過にともなって、多くの人びとが現状よりもなお一層、悪人になってゆくことが、容易に予測できたのである。

(『共和国草稿』)(II, 10: 399)

ここで「当時」という表現がもちいられているのは、「二十二世紀」の「共和主義的著述家」の手に仮託して、フィヒテがこの文章を執筆しているからである。すなわち、フィヒテは未来からの回顧のかたちをとって、同時代を批判しているのである。この一節の後には「当時」の君主、大臣、貴族、そして領邦への殲滅的批判がつづく。その苛烈さは、同時期の『マキアヴェッリ論』における、プロイセン統治層への激励の辞を知る読者を当惑させるに足るものがある。フィヒテによれば、全ドイツの完全な没落の後、「二十二世紀」に新たなる共和国が、歴史に突如として出現することとなる(II, 10: 410-2)。祖国衰亡の責任者である「世襲君主と貴族」が無能を自覚して、統治の任を自発的に譲ったのか、それとも「著述家」や「それ以外の多数」の「国民」が祖国再興の使命に目覚めたのか、没落から再生までの経過は闇につつまれている。しかし、「世襲君主と貴族」が新たなる共和国には存在しないということだけは、たしかであった。

「二十二世紀」という未来の視点から現代を批判する手法は、フィヒテ自身が示唆するように、同時代フランスの著述家セバスティアン・メルシエの空想旅行記『二四四〇年』(一七七〇年)の着想に負っている。『二四四〇年』はフランス革命前後の欧州全土で大流行した作品だった。(244) 旧体制下のパリに生活する主人公が突如、「二十五世紀」のパリに時間移動し、未来人たちに街を案内してもらうという筋書である。「二十五世紀」のパリは、啓蒙思想の理念が完全に実現した社会として描かれる。そして、読者はメルシエのねらいどおり、身分制と権威的な教会に蝕まれた十八世紀との落差にうちのめされる。『二四四〇年』の独自性は、従来のユートピア文学における空間的距離を時間的距離に転換したことにあった。つまり、『ガリヴァー旅行記』や『セヴァランプ物語』といったそれまでの空想旅行記では、ユートピア国家は欧州のはるか彼方の辺境に位置づけられていた。ところが、メルシエはユートピアを欧州の中心たるパリに、ただし、「二十五世紀」のパリに設定したのである。この点でもフィヒテとの比較は興味ぶかい。すでにみたように、初期作品「眠れぬ夜の断想」で描かれた理想国家は「南極」に位置していた。これに対して、『共和国草稿』の理想国家は「二十二世紀」のドイツに設定されている。フィヒテもメルシエと同様に空間的距離を時間的距離に変換したのである。

『共和国草稿』は大きく分けると、「緒論および、ドイツ人の国制の最終目標」「本論」「ドイツ人の宗派」「共和主義的著述家からの抜粋」の四部分から構成されている。内容は主に、同時代批判と「二十二世紀」のドイツ共和国の国制論である。含まれる論点は多岐にわたっており、フィヒテの政治思想の理解において重要な位置を占める作品といえよう。(245)

『共和国草稿』は謎の多い作品である。フィヒテは生前にあって、多くの精力を注ぎ込んだと思われる『共和国草稿』をついに完成・公刊することはなかった。書簡や日記でも、この草稿に関しては一切言及されていない。国王の目にふれることを前提に執筆されたと伝えられる同時期の『マキアヴェッリ論』とは好対照をなしている(7: XIII)。残念なことに『共和国草稿』は未完に終わったが、それは単なる随想を書き連ねた草稿の域を超えた、ひとつの完成作品であることが明確に意図されたものであった。『共和国草稿』の特筆すべき点は何よりも、フィヒテの政治論中、もっとも包括的かつ多様な問題をあつかい、これまでかならずしも十全に展開されなかった統治機構論が全面的に展開されている点にある。この魅惑的な草稿群を利用することで、後期ベルリン時代におけるフィヒテの政治思想の全体像を再現することはできないだろうか。『共和国草稿』に焼きつけられた、未完の共和国を甦らせることはできないだろうか。[246]

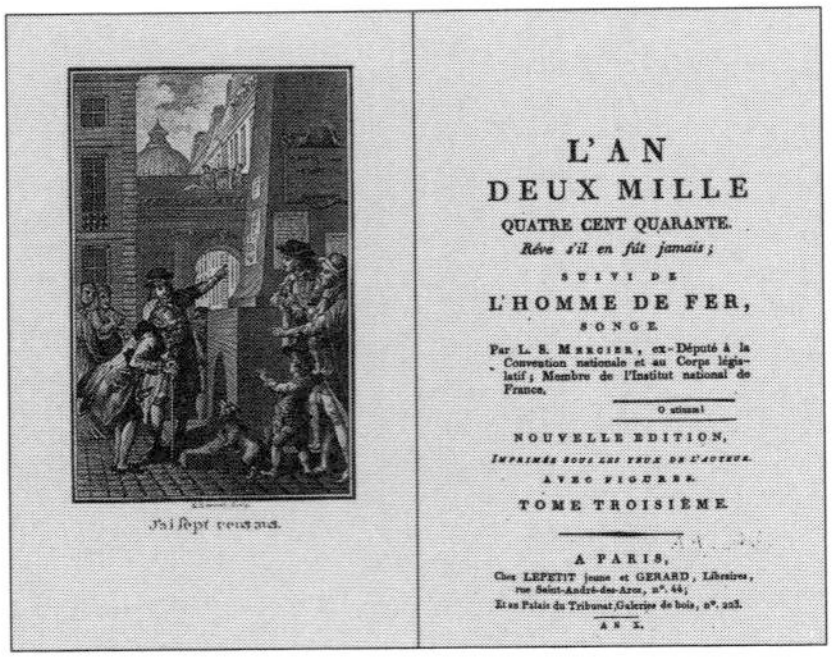

メルシエ『2440年』

もちろん、『共和国草稿』は分析対象として大きな問題を孕んでいる。執筆時期の不確定以上に理解を阻むのは、叙述の断片性である。草稿を構成する四部分のうち、三部まではある程度、清書に近い段階まで仕上がっている。だが、肝心の制度論たる「本論」は草稿段階にとどまった。したがって、各制度の詳細、および制度の相互関連について論ずることは困難である。一八〇七年七月以降、メーメル、コペンハーゲン、ベルリンを移動する慌ただしい日々は、フィヒテから草稿完成の時間を奪った。そして以後、理想の共和国が衆目にふれる機会は、ついに訪れることがなかった。

それでもなお、『共和国草稿』に内在する不備を補い、フィヒテの共和国構想を再構成することは不可能ではない。フィヒテは『共和国草稿』において未完のままに残した多くの部分について、個別著作で詳細に論及しているからだ。

一例を挙げるならば、学識教育機関について、草稿では短い言及にとどまっているものの、フィヒテは直後の時期に高等教育機関構想を完成させている。また、国民教育論に関しては『ドイツ国民に告ぐ』がまとまった叙述を含んでいる。このように『共和国草稿』という作品を核にして個別著作を有機的に統合することで、秩序構想の全体像を浮かびあがらせることができるのではないか。

空想的な『共和国草稿』を秩序構想として解釈することへの批判は、もちろん、成り立つ。また、個別論点について関連著作と整合的に理解するという試みが、非常に冒険的である点も否定しようとは思わない。実際、『共和国草稿』に描かれる「二十二世紀」の共和国は、まぎれもなくユートピア国家である。だが、思い起こしてほしい。フィヒテは、最初期の草稿「眠れぬ夜の断想」以来、『フランス革命論』における国家の止揚、現実の「必要国家」と対立する『自然法の基礎』と『閉鎖商業国家論』の「理性国家」、『現代の根本特徴』の「自由による理性支配」など、ユートピア的秩序構想を手がけてきた。無論、かれは単なる夢想家ではない。ユートピア的秩序構想の背後には、現状の政治秩序に対する苛烈極まる批判がひそんでいたことは、これまでにもみてきたとおりである。フィヒテは現状の孕む欠陥や抑圧を洞察したうえで、それらが消滅する、完全な道徳的共同体を思い描いてきたのだ。その意味で、「二十二世紀」のドイツ共和国は、フィヒテの秩序構想の流れの頂点に位置している。それは、現実のドイツ政治社会がかかえる問題や欠陥がすべて止揚された、理想の世界にちがいなかった。そして、フィヒテによれば、「二十二世紀」の共和国は「夢」ではない。「わたしはそれを夢見たのではなく、白昼で洞察したのである。自分の言っていることが仮に実現しないとしても、それが真実であることを、わたしは知っている。その完全な実現に自分の報告は貢献しているのであり、また、この報告自体が実現のはじまりである。そのようにわたしは信じ、かつ望まざるをえないのである」(II, 10: 392)。

事態を複雑にしているのは、フィヒテ自身がみずからの秩序構想のユートピア性を自覚していたということである。

後期ベルリン時代のフィヒテは公衆に対して、自身の秩序構想を正面から問うことをしない。公衆向けの著作や講義では、むしろ、現状の困難を強調するような発言をおこなっている。たとえば、最晩年の思索過程そのものといえる『思索日記』において、フィヒテは具体的な秩序構想や歴史論を語っているにもかかわらず、それらは公衆向けの作品には一切登場しない。後期ベルリン時代の作品に、なんともいえぬ曖昧さがつきまとうのは、このためである。フィヒテはみずからの理念的な秩序構想と、状況的発言とを明確に区別していた。とりわけ、『ドイツ国民に告ぐ』の国民論にはこうした状況論としての色彩が強い。したがって、『ドイツ国民に告ぐ』を中軸としてフィヒテの政治思想を描いてしまうと、一面的な議論に陥ってしまう。重要なことは、ユートピア的な秩序構想と、困難な現実に対する応答(状況論)の両面を立体的にとらえることによって、フィヒテの戦略構想を再構成することでなければならない。

こうした見通しのもと、以下では後期ベルリン時代の政治思想を三章にわたって論ずる。第五・六章では「二十二世紀」の共和国構想を詳細に論ずる。第五章では、(一)『共和国草稿』を特徴づける教育国家構想とプラトンの受容について解明し、共和国の基礎となる(二)国民教育論と(三)政治宗教論をあつかう。つづく第六章では、(一)統治層を構成するための学識教育論と統治者論を分析したあと、(二)共和国の統治機構を詳述し、さらに(三)「二十二世紀」の共和国さえも超える人類史の終極たる「神権支配」への展望を明らかにする。そして、『ドイツ国民に告ぐ』を中心に状況論をあつかう第七章では、まず(一)フィヒテの現代史論とナポレオン観を分析し、(二)現状打破の主体として構想される「ドイツ国民」、さらに(三)そうした「ドイツ国民」を支える政治的伝統の解明へと進んでゆきたい。

第五章　「二十二世紀」の共和国(1)

第一節　プラトンの影――教育国家構想

(1)「教育」の浮上

後期ベルリン時代の秩序構想の核心、それは「教育」Erziehungである。ここでの「教育」とは、国家が担い手となる公教育を指している。

もちろん、これまでのフィヒテが教育に無関心だったわけではない。各人の知的道徳的陶冶、さらには道徳的個人から構成される完全な道徳的共同体の可能性を追究してきたフィヒテにとって、「法」と「道徳」を媒介する「教育」は重要な地位を占めてきた。実際に『フランス革命論』やイェナ期の作品でも、「教育」の重要性は強調されている。ただし、そこで念頭に置かれていたのは、あくまでも両親を主体とする家庭教育であった。(247)「両親こそが、子供に関する事柄の裁判官である。両親は主権者なのであり、両親が子供を教育するかぎりで、子供は両親に無制限に服従する」(3: 360)。対して、国家が主導する公教育に関しては、むしろ否定的な評価がくだされてきた。

ところが後期ベルリン時代になると、家庭教育への見方は根本的に変化する。『ドイツ国民に告ぐ』、さらには最晩年の『国家論』や『思索日記』において、フィヒテはくりかえし家庭教育の不備を指摘するようになる(4: 482-3,

504-5; 7: 406-7, 434-7; II, 15: 297)。文脈は異なれども、主旨は変わらない。フィヒテによれば、人類の最終目的が道徳的陶冶の完遂、そして完全な道徳的共同体の実現にある以上、各人の陶冶は一律になされる必要がある。しかし、家庭教育の場合、教育の質は各人の家庭環境という「自然」の偶然に左右されてしまう。それゆえ、むしろ国家が公教育というかたちで、一律の教育体系を保証するべきだろう。「教育者となる権利の根拠は、自然に対する支配に存せねばならない。子供は自然である。したがって、教育がより善き者に委託されないとすれば、それはまったくもって理に反したことである」。かくして家庭教育は「子供を両親の所有物とみなす野蛮な考え」として断罪されることとなる(II, 15: 297)。

転換は、単に教育の技術的効率性をめぐる問題にとどまらない。フィヒテはいまや、「教育」というアルキメデスの点を見出した。そして、「教育」という観点から、これまでの秩序構想全体を根本的に組みかえてゆくのである。この転換をあざやかに反映する史料こそ、『共和国草稿』にほかならない。フィヒテによれば、「ドイツ人の立法者たち」は「二十二世紀」の共和国建国のさいに、公文書に国制の「最終目標」を書き記し、後世への手引きとしたという(II, 10: 410)。

我々の立法の目的は——ドイツ人の立法者たちは最初の配慮において、このように表現する——我々が助言することとなる国民 Nation の人間性を全面的に、時代が許容するかぎりで陶冶することにあった。それゆえ、陶冶が恣意的に選びだされた国民の一部分にではなく、国民全体に均一におこなわれるべきものとするならば、国民 Volk の絶対的平等が導入されなければならなかった。〔中略〕したがって、そうした国民の平等がまだ法によって要求されていなかったとしても、あらゆる法の基礎たるべき陶冶 Bildung という目的によって、例外なく要求されたのである。

(『共和国草稿』)(II, 10: 410-1)

第一章は宗教と教育のどちらを先にあつかうべきか。思うに、前者がまず第一に論じられるべきである。なぜなら、教育自身がみずからをそこに基礎づけるからである。いまや、その教育から制度が容易に生じてくる。

(同右)(II, 10: 390)

「宗教」については後述するが[248]、以上の記述からも「教育」が諸制度の根幹として把握されていることは明白だろう。

無論、このことはイェナ期の体系の全面的破棄を意味しない。後期ベルリン時代の『法論』と『道徳論』の骨格は、イェナ期の『自然法の基礎』と『道徳論の体系』から基本的に変わっていない[249]。また、法論が道徳論に吸収されたわけでもない。むしろ、「教育」という新たな要素が追加され、そこに秩序構想全体の重心が移動した、そのようにみるほうが適切だろう。これまでのフィヒテにとって、国家の役割はあくまでも、各人の利己心と自己利益に立脚した法秩序を維持することであった。だが、後期ベルリン時代には国家自体が「教育」の担い手となることで、国家は「法」と「道徳」を媒介する積極的な位置づけをあたえられる[250]。その意味で、「法」と「道徳」の媒介というイェナ期以来の難問に対して、フィヒテは国家による「教育」という解法を見出したのである。

この点をよく示すのが、最晩年の『国家論』にほかならない。というのも、そこでフィヒテは、「教育」を統治権力の正当性根拠として再定位しているからである(4: 396ff., 436–40)。従来の「法論」における社会契約論的基礎づけとは次元を異にする説明といってよい[251]。

まず、フィヒテは「法」Recht を恣意的な規則ではなく、理性によって演繹された理念——「理性そのものに内在するア・プリオリな概念」「万人がもつべきであり、またもつはずの絶対的に規定された共同概念」——と定義する。

「法」の役割はいうまでもなく、各人の自己利益や欲望に発する行動(「自然意志」)を「強制」Zwangによって規律することにある。「強制装置」Zwangsanstaltとしての国家観である。ここまでの説明は、イェナ期の『自然法の基礎』とおなじである。

だが、フィヒテによれば、以上ではまだ「法」の「法」たる由縁を汲み尽くせていないという。なぜなら、「法」には「強制装置」としての役割以外に、「万人を強制の倫理的正当性に関する洞察まで導き、強制自体を不要とするところまで導く」役割も含まれているからだ。つまり、単に「強制」によって外面的行動を正すのみならず、「法」の内容の正しさ、「強制」の妥当性、さらにはその奥にひそむ道徳律の貴さへの「洞察」Einsichtまでも修得させる点にこそ、「法」の真の意義はもとめられねばならない。各人をこうした「洞察」にまで到達させるための手段としてのみ、物理的暴力による「強制」は正当化されうる。「法による強制は、強制される人民を洞察と善意志に導く付随的教育Erziehungによってのみ、正当なものとなる」。かくして「強制自体が教育、すなわち道徳的使命への教育」となるのである。

統治権力以外の人びとにとって、とにかくこうした強制自体は、形式にしたがうと以下の場合にのみ正当なものとなる。すなわち、統治権力Zwingherrが全世界に対して、自分の洞察が誤りなきものであることを証明するかぎりで、また、この証明をおこなうために自分に属するあらゆる事柄をおこなうかぎりで、である。万人は自分自身の洞察にのみしたがう権利を有する。この権利は永遠かつ不可譲である。一時的にせよ、強制にしたがわねばならないのは、一種の緊急事態——その者の洞察が正しい洞察ではない場合——ゆえである。したがって、この権利のためには、かれらの洞察が正しいものとなるよう陶冶する制度が設立されねばならない。

(『国家論』)(4: 437)

「強制」を行使する統治権力は当然、「法」についての正しい「洞察」と「認識」の持主、すなわち「教育者」Erzieher たる必要がある。[252] 統治権力の担い手は「自身のなかで作用する神の恩寵の代理人」として、「良心」Gewissen にかけて統治に臨まねばならない。「統治者はもっとも陶冶された者である。また、万人がその者をもっとも陶冶された者と認めねばならない。また、かれはそのようにしてのみ権力を保持するのである」(II, 15: 292)。いいかえるならば、「洞察」と「良心」を欠く権力は「暴君」Tyrann(「簒奪者」Usurpator)の誹りをまぬがれまい。[253] 逆に「法」の理念を尊重し、被治者を「洞察」へと導く「教育」を担う統治権力は、「道徳律の声のもとで神自身によって定立された人類の教育者」ということになる。このように『国家論』のフィヒテは、統治を一種の「教育」として大胆に読みかえてゆく。「教育計画と統治計画はまったくおなじものなのである」(II, 15: 296)。

だが、「法に対する〔正しい〕洞察への陶冶」が、各人の外面的・内面的「自由」を損なうことはないのだろうか。フィヒテによれば、それは杞憂である(4: 440ff.)。なぜなら、「強制」の対象となるのは「不正な」行動に限定されるのであり、「法」に対する正しい「洞察」を有することはむしろ、道徳的「自由」に到達するうえで不可欠な過程といってよいからだ。逆に「誤った洞察」は本来の「自由」に背反している。仮に国家権力による「強制」に反発をいだくとすれば、それは、その者の精神がいまだ「自由」に到達していないことの証左である。したがって、正しい「洞察」をそなえた統治者による強制や陶冶が「自由」を損なうことはない。「強制は洞察を産みだし、秩序への馴致を受け入れさせるための条件である。また、共同体の洞察を個人にむすびつけ、個人を単なる自然的存在から精神的存在に転化させるための手段でもある」。「したがって、強制国家 Zwangsstaat は、本来的に万人の洞察から成る理性国家 Reich への学校にほかならない[254]」。

また、一八一二年の『法論』でも、人民を「道徳性」に陶冶するための「自由への教育施設」Bildungsanstalten の設立が、国家の義務として「法」の内部に組み込まれている(II, 13: 228–9)[255]。『自然法の基礎』にはみられなかった視点である。そしてフィヒテは、こうした教育国家構想が「自由」の哲学たる知識学の原理と不可分一体をなすと断言する。

悟性 Verstand に反しては、いかなる外的権利もありえない。最高次の悟性はしたがって、万人を悟性の洞察にしたがうように強制する権利を有する。しかし、どこに最高次の悟性はあるのか。誰がそれについて判断をくだす権利を有するのか。ここに主観と客観の争いが生じてくる。道徳性に関する個人的見解はすべて、個人的なものにとどまる。たとえば、すべてを認識に根拠づける教師として、わたしはとりわけ万人の教育を欲する。イエスもそのように欲した、はっきりとではなかったが。いまや、わたしは自分が正しいと信ぜざるをえない。わたしの全体系もまたわたし個人の見解から発したものである。では、これを客観的なものとすることができるだろうか。できる。知識学において、悟性の絶対性が前提とされ、知識学自体が単なる個人的見解たるべきでないとするならば。そこでわたしは、知識学が形式的概念であり、〔個人的〕判断ではないことを示さねばならない。〔中略〕人間は法にしたがわねばならない。そのことを、あなたたち万人が望んでいる。人間は自分の洞察にのみしたがわねばならない。それゆえ、教育への権利は原権 Urrecht である。だから、わたしは新時代の、明瞭性 Klarheit の時代の真の創設者なのである。〔中略〕ほかの人びとはすべてを機械化しようとする。わたしは解放しようとする。明瞭性への教育はいわば、自由への教育である。というのも、明瞭性にのみ自由は存するからである。

(『思索日記』)(II, 15: 295)

ここで、ひとつの疑問が浮上する。一体何が、これほどの転回へと、すなわち「教育」への転回へと、フィヒテをいざなったのだろうか。

この点に関してしばしば指摘されるのは、スイスの知識人ペスタロッチの教育思想の影響である。実際にフィヒテは、『ドイツ国民に告ぐ』の国民教育論がペスタロッチに負うところ大であると明言しているし、ケーニヒスベルク滞在時代には代表作『ゲルトルード児童教育法』(一八〇七年)の詳細な読書ノートを作成してもいる[256]。ペスタロッチ教育論の受容が、フィヒテの「教育」への転回をうながした一要因であることは否定しがたい。

だが、ペスタロッチの影響にすべてを帰する見解には賛同できない。たしかに国民教育論において、フィヒテはペスタロッチの方法論を受容した。しかし、すでにみてきたように「教育」への開眼は、かれの秩序構想全体の根本的組み換えさえもたらすこととなった。単に教育技術・方法の受容といった水準をはるかに超える現象にちがいない。ところが、ペスタロッチの教育思想には、国家や統治の構造をも包摂する視野の大きさが、いわば、フィヒテに秩序構想全体の再構築をうながす迫力が決定的に欠けていた。また、フィヒテがペスタロッチの人物と著作にはじめて接したのは、チューリヒでの家庭教師時代にまでさかのぼる。なぜ、この時期に急にペスタロッチに着目したのか、説明がむずかしい。「教育」、とくに公教育の重要性への目覚めをもたらした存在は、ほかにもとめるべきではないか。

フィヒテに秩序構想の再構築を迫った真の震源は、おそらく、プラトン研究にある。プラトンは政治学史上、政治権力と教育の相互関係についてもっとも敏感な思想家だった。代表作『国家』や『法律』を一読すれば明白なように、教育制度に関する叙述がそのユートピア国家論の大部分を占めている。プラトンにとって、政治や統治を語ることと、教育を語ることは同義であった。フィヒテは、プラトンを最高の思想家のひとりとして評価した。ケーニヒスベルク滞在中のフィヒテは、講義のさいに以下のように語ったという。

世界創造からプラトンまで、世界と人類は蒙昧の状態にあった。プラトンからカントにいたるまでも同様である。

そして、カントから現代にいたるまでも同様なのである。

（ドロウ『回想録』）(FG, IV: 11)

プラトン（左）

プラトンはカントとならぶ偉大な思想家として位置づけられている。すでにみてきたように、イェナ期や前期ベルリン時代の秩序構想はカント哲学の枠組を中心に旋回していた。「法」と「道徳」の厳密な区分、政体論、統治者論、国際秩序論、「自然の狡知」に代表される歴史論のいずれにおいても、フィヒテはカントの図式を前提としたうえで、みずからの議論を組み立てていたのである。ところが、後期ベルリン時代のフィヒテはカントよりも、プラトンの政治哲学を範型として、秩序構想を練り直してゆくのである。以下で検討してゆくように、後期ベルリン時代のフィヒテのうちには、プラトンの政治思想の基本的な特徴を見出すことができる。すくなくとも、両者の秩序構想の比較分析は、フィヒテの秩序構想の特質を理解するうえでおおいに役立つはずだ[257]。

しかも、フィヒテを覆うプラトンの影については、より具体的な史料的根拠もある。ケーニヒスベルク時代の執筆が推定される史料「プラトン草稿」は、プラトンの主著『国家』に関する読書ノートであり、この時期のフィヒテが本格的にプラトン研究に取り組んでいた様子をうかがわせる(II, 17: 387–8)[258]。もちろん、フィヒテはこの時期にはじめてプラトンに接したわけではなく、これ以前にもプラトンへの言及を見出すことはできる[259]。だが、『国家論』や『思索日記』といった後期ベルリン時代の作品において、プラトンへの言及が目立つようになるのは、偶然ではあるまい[260]。ペスタロッチよりもむしろ、プラトンの政治思想（とりわけ『国家』）にこそ、晩年のフィヒテの秩序構想を結晶化させた触媒の役割を認めるべきであろう。こうした政治思想に着目したプラトン受容は、当時においては例外的であった。[261]もちろん、フィヒテはプラトン研究を契機として、秩序構想を無から再構築したわけではない。後期ベルリン時代の秩序構想を構成する個々の要素のなかには、すでに登場しているものも多い。だが、プラトンの政治哲学を解釈することによって、そうした個々の要素を独自の秩序構想へと再統合したことは疑いない。プラトンとの邂逅によって、フィヒテははじめてカントの継承発展者の地位を脱し、政治学史において真に独創的な思想家となりえたのである。

(2) プラトンとフィヒテ

(a) プラトンの政治哲学

フィヒテの秩序構想を覆うプラトンの影を見定めるため、まずはプラトンの政治思想、とくに『国家』の特徴から論じよう。[262]プラトンの秩序構想の中核には、三つの要素があった。第一に「技術」的思考、第二に魂と国制の類比関係、第三に教育としての統治、である。

「技術」τέχνη 概念は『国家』のみならず、プラトン哲学全体を貫流している。[263]かれはこの最重要概念を、師ソクラテスから受け継いだ。『ソクラテスの弁明』や『クリトン』、『プロタゴラス』といった初期対話篇——ソクラテス本人の思想が一定程度反映されていると推定される作品群——において、ソクラテスは政治や倫理の問題を、職人や医師、航海士や馬調教師といった専門家がもつ「技術」になぞらえて語っている。これは当時としてみれば、特異なことであった。なぜなら、古代ギリシア世界にあっては伝統的に、専門的な「技術」の担い手たる職人層は社会の周縁的存在とみなされてきたからである。[264]いいかえるならば、「技術」は政治や倫理を語るための語彙ではなかった。ところが、ソクラテスは「技術」を「知識」ἐπιστήμη と同一視し、「技術」(「知識」)を人間世界全体を規律する論理として理解した。ソクラテスによれば、ある事柄について最良の配慮をなせるのは、その事柄について最良の「知識」

(「技術」)をもつ者であるという。専門性の原理である。たとえば、ソクラテスにとって道徳的「卓越性」*ἀρετή*は「知識」そのものであり、目先の「快楽」と将来の「快楽」を比較衡量したうえで行動を決する「計量術」を意味していた(Prot. 352a-357c)。この「技術」の論理は政治世界にも導入された(Prot. 319b-d; Apologia 25a-d; Crito 47a-d)[265]。

ソクラテス：さて、つぎのようなことについては、どう言われていただろうか。体育の訓練をする男は、万人の賞讃や非難や意見に注意しながら訓練するのか、あるいは、ただひとりの医者か体育教師のそれに注意しながら訓練するのか、どちらだろうか。

クリトン：ただひとりの方です。

ソクラテス：では、多数者(*πολλοί*)のではなく、かのひとりの非難を恐れ、賞讃を歓迎せねばならないということだね。

クリトン：明らかにそのとおりです。

ソクラテス：ということは、ほかのすべての者たちではなく、このひとり、つまり監督者であり専門家でもある者の言うとおりに行動し、体育の訓練をし、飲食すべきということになる(*ᾗ ἂν τῷ ἑνὶ δοκῇ, τῷ ἐπιστάτῃ καὶ ἐπαΐοντι, μᾶλλον ἢ ᾗ σύμπασι τοῖς ἄλλοις*)。

クリトン：そうです。

ソクラテス：よろしい。では、このひとりにしたがわず、その意見や賞讃を非難し、多数者であり専門家でもなんでもない者たちの意見や賞讃を尊重すれば、悪が生じてくるのではないだろうか。

クリトン：もちろんです。

〔中略〕

ソクラテス：おお、すばらしき者よ、このように我々は多数者の言うことではなく、正義と不正に関するひとりの専門家の言うこと、すなわち真理をこそ重んずるべきなのだよ。（プラトン『クリトン』）(Crito 47a12–48a7)

プラトンは、こうしたソクラテス的「技術」概念——「知識」としての「技術」——を継承した。初期から晩年にいたるまで、プラトンの作品群には「技術」概念が頻出する。[266] とりわけ中期作品『ゴルギアス』において、プラトンは、「経験」*ἐμπειρία* にもとづき目先の「快楽」に固執する「迎合」*κολακεία* の術に、真正の「技術」概念を対置している(Gorgias. 463a–466a)。プラトンによれば、「技術」が「技術」たる由縁は、「自分が提供するものの本性に関する説明をもたらす理論的知識」(*λόγον … ᾧ προσφέρει ἃ προσφέρει ὁποῖ' ἄττα τὴν φύσιν ἐστίν*)をもち、「それぞれのものの原因」を説明し、「知識」を基礎としたうえで「最善」*βέλτιστον* をめざすことにあるという。「知識」がなければその応用たる「技術」は成立しえないし、「技術」として応用できない「知識」も真の「知識」とみなすべきではない。

『国家』の秩序構想の根底に存するのは、こうした「技術」概念である。プラトンはまず、国家(ポリス)の「起源」*ἀρχή* を人間の「必要」*χρεία* にもとめた。つまり、個々の人間は「自給自足」できないがゆえに、互いに生活必需品を「交換」しあうために「共同体」を形成するというわけだ。だが、各人には固有の「素質」*φύσις* がある。この「素質」を最大限に活用するためには、各人は多くの仕事に手を出すべきではなく、「素質」に適した「技術」に専念するほうがよい(Resp. 369b-c, 369e–370c)。そうしたほうが、各人は自分の「技術」の「時機」*καιρός* をとらえて習熟できるので、社会全体の生産力も増大するはずである。「ひとりの人間が素質にしたがい、時機を逃さず、ほかの事柄は放っておいてひとつの仕事に専心するときに、各人の生産量はより多く、見事に、容易になる」(370c4–6: *πλείω τε ἕκαστα γίγνεται καὶ κάλλιον καὶ ῥᾷον, ὅταν εἷς ἓν κατὰ φύσιν καὶ ἐν καιρῷ, σχολὴν τῶν ἄλλων ἄγων, πράττῃ*)。このようにプラトンが理想国家の基礎に据えたのは、分業と専門性原理であった。

ここから「素質」と「技術」に応じた位階制の確立までの距離はあとわずかである。凡庸な「素質」の持主たちは、生産と流通に関わる「技術」——農業、商業、手工業など——にたずさわる生産身分に編入されるのに対して、「不動かつ不敗の気概」と「哲学的」性格を兼備する「素質」をもつ人びとは、共同体を防衛する「守護者」φύλακες 身分を構成する(374a–376c)。ポリス世界における武装自弁の重装歩兵的伝統は明確に否定されるのである。守護者身分内における財産・妻子の共有といった特異な諸制度を導入する理由も、最重要任務にたずさわる守護者身分のために、最大限の「閑暇」σχολή と「技術」的洗練を確保するためとされた。そして、この守護者身分のなかでも際立った才能を示した人びとだけが、国家統治の舵取りを担う「哲学者」φιλόσοφος 身分にまで到達することができる(412cff., 485a–487a)。哲人王の理念である。そこでは、真の「知識」(「技術」)にもとづく統治——「政治権力と哲学の融合」(473d3: δύναμίς τε πολιτικὴ καὶ φιλοσοφία)——が実現することとなろう。[267]

哲学者たちは——わたし〔＝ソクラテス〕は言った——画布のように国家と人びとの性格を手に取り、まずはそれをまっさらにするだろう。これはとても簡単なこととは言えないだろうけどね。哲学者たちはまっさらなものを受けとるか、自分でまっさらにするかしないうちは、個人のことにも国家のことにもとりくもうとせず、法律を起草しようともしないだろう。だからこの点において、すでに哲学者たちがほかの者たちと異なることは、君にもよくわかるはずだ。

そのとおりです、とアデイマントスは言った。

このあと、哲学者たちは国制のかたちの下絵を描くだろうとは思わないかね。

もちろんです。

そして思うに、作業する哲学者は、本性において正義なるもの、美なるもの、節制的なるもの、あるいはそれらに類する事物の世界と、人間世界の両方を交互にじっくりと眺め、さまざまな習俗慣習を混合して、人間の似姿をつくりだすことだろう。ホメロスが人間のうちに見出し、「神的なるもの」「神のごときもの」と呼んだ模範によって判断しながらね。

（プラトン『国家』）(501a2–b7)

プラトンがいかに「技術」概念、さらにはそれによって表現される専門性原理を重視したかは、「正義」*δικαιοσύνη* の定義からも明らかである(433a–434c)[268]。「正義」とは、「自分の仕事に専心し、多くの仕事をおこなわないこと」(*τὸ τὰ αὑτοῦ πράττειν καὶ μὴ πολυπραγμονεῖν*)を意味する。つまり、各人がみずからの属する「仕事」と「技術」に専念することにこそ、秩序の要はあるというわけである。逆に、「多くの仕事をおこない、他人の仕事に手を出すこと」は「国家にとって最大の害悪」であり、したがって「不正」である。ここでは哲学者以外の人びと、とりわけ生産者身分による政治参加の可能性は一切排除されている。

この点で示唆的なのが、「節制」*σωφροσύνη* の徳の位置づけである(430d–432a)。プラトンによれば、「節制」の本質は、「各人の内面および国家において誰が支配すべきか」についての「協和」*ὁμόνοια* にある。被治者の多様な「欲望」や「快楽」が、「理性」をそなえた統治者の「単純で穏和な欲望」と「賢慮」*φρόνησις* によって統御されることで、政治秩序は安定を保つことができる。したがって、「誰が支配すべきか」についての「同一の見解」は、統治層と被治者の双方に共有されねばならない。つまり被治者が、統治層の知的道徳的優位を認めたうえで自発的に服従することが望ましいのだ。

こうした「技術」的思考を軸とした位階秩序と関連するのが、第二の論点、すなわち、魂と国制の類比関係にほかならない。周知のように、プラトンは人間の魂の構造を、もっとも巨大で暴走しやすい「欲望的部分」*ἐπιθυμητικόν*、欲望的部分を抑制し、論理的思考を司る「理性的部分」*λογιστικόν*、さらに理性的部分の「補助者」となる「気概的部分」*θυμοειδές* の三部分から成るとした(439c–441b, 428aff.)。そして、魂の三部分と国制の三身分とは厳密に対応し、共通する「卓越性」によって特徴づけられる。つまり、理性的部分には哲学者身分と「知恵」*σοφία* の徳が、気概的部分には守護者身分と「勇気」*ἀνδρεία* の徳が、欲望的部分には生産者身分と「節制」の徳がそれぞれ対応関係に立つ。このように国家秩序と個人の精神は相似形をなしている。

だが、国制と魂の類比関係は表面的なものにとどまらない。両者は内的に連動している。プラトンによれば、どのような人間の魂も上記の三部分から成っており、この点では万人共通といってよい。ところが、各人の「素質」に応じて、三部分のいずれの部分が支配的になるかは変わってくる。つまり、理性的部分が強い人間は「哲学者型」、気概的部分と欲望的部分についてはそれぞれ、「名誉追求型」、「利益追求型」といったように(580d–583a, 585d–587a)。このうち名誉追求型と利益追求型の人間が「貪欲」や「名誉欲」といった「欲望」に苛まれるのに対して、理性的思考と知的営為という最上最高の「快楽」に自足する哲学者型の人間は、あらゆる「欲望」と「快楽」の最良の判定者であり、そうであるがゆえに前二者を「真の」利益へと教導し、「自分の仕事」に専念させることができるのだ。つまり、哲学者型の人間こそ「正義」を維持し、統治の任にあたるにもっともふさわしいということになる。生まれつき利益追求型の「素質」を有する人間が自分の内なる理性に服せない場合、より優れた人びとの統治に服するほうが幸福だからである(590c–591a)。このようにプラトンの論理は、国家の位階秩序を魂の構造からも正当化するのである。

ただし、注意すべきは、『国家』の位階秩序が徹底した能力主義原理――有名な「種族神話」(414b–415d)にみられるように――にねざしているという点である。プラトンにとって、各人が自分の「素質」に応じた「技術」と「仕事」に専念することにこそ、位階秩序の唯一の正当化理由、すなわち「正義」はある。それゆえ、位階秩序を世襲制によって固定化する可能性は一切排除されねばならない。プラトンは基本的に、いかなる「素質」をもって生まれてくるかは偶然に左右されるとみる。また、「富」*πλοῦτος* と「貧困」*πενία* も階層秩序の原理たりえない。「貧困」は、各人が自分の「技術」に専念する障害となるし、何よりも財産原理は「富裕者の国家」と「貧者の国家」という「ふたつの相対立する部分」へと国家の分裂をまねいてしまうからだ(421d–422b)。プラトンにとって、理想秩序の要件は「ひとりの人間」のごとき一体性にある。これは各人がみずからの「素質」と能力に応じた「技術」に専心することによってのみ、達成できるのである(423b-e)。したがって、位階秩序は閉鎖的であってはならず、能力による身分間移動が認められねばならない。プラトンによれば、統治者にとってもっとも重要な職務は、「素質」に応じて各人に身分を割り当てることである。「守護者身分から凡庸な子供が生まれたらほかの身分に送り込み、ほかの身分から素質ある子供が生まれた場合には守護者身分に取り入れねばならない」。これを前提としてはじめて、各人が「自分の素質に適したひとつの仕事」に専心し、「ひとつの自分の仕事に専従することで多くの人間たちに分裂せず、真にひとりの人間になり、こうして国家全体が多数の国家に分裂せず、真にひとつの国家となるのである」(423c-d: *τὸ αὐτοῦ ἐπιτηδείων ἕκαστος μὴ πολλοὶ ἀλλ᾽ εἷς γίγνηται, καὶ οὕτω δὴ σύμπασα ἡ πόλις μία φύηται ἀλλὰ μὴ πολλαί*)。

そして、能力主義原理を貫徹するための装置こそ、第三の論点「教育」*παιδεία* にほかならない。プラトンは哲学者に統治をゆだねるべきとするが、具体的な統治行為については寡黙である。「説得」*πειθώ* と「強制」*βία* の活用や裁判などがあるが、目立つ指摘とはいえない(433e–434a, 519e–520a)。おそらく、『国家』のプラトンにとっての関心事は、具体的な統治の諸相ではなく、統治を担う人材——哲学者を含む守護者身分——の再生産にこそあった。それゆえにこそ、「教育」についてあれほど詳細な説明がなされたのであろう。プラトンによれば、「教育」は善き秩序の維持にとって絶対に欠かせない要素であった(423a–424c)。「素質」に応じた身分間移動も守護者身分における妻子の共有なども、「教育」が堅持されさえすれば容易に達成できるはずだ。プラトンにとって「教育」とは、陶冶のための装置であると同時に、各人のもって生まれた「素質」を試し、判定し、有為の才を選別する装置でもあった(412c–414b, 535a–536b)。

おお善きアデイマントスよ——わたし〔＝ソクラテス〕は言った——誰かがそう思うように、これら多くの事柄を途方もないこととしてではなく、簡単なこととして統治者たちに我々は命ずるのだ。すでに言われたひとつの重要な点、否、むしろ重要というよりは十分な点を統治者たちがしっかりと守るならば、の話だが。

それは何でしょうか、とアデイマントスは言った。

わたしは言った、教育と養育だよ。というのも、よく教育され、穏健な人びとが生ずるならば、かれらはこれら万事をたやすく洞察するだろうし、いま我々が残しておいたほかの事柄についても同様なはずだ。つまり、妻女や結婚や子作りのことなど、これらを諺にしたがって、最大限に友人たちと共有せねばならないということだよ。

かぎりなく正しいことになりますね、とかれは言った。

のみならず——わたしは言った——国制は一度うまく動きはじめれば、循環するようにより善くなってゆくものだよ(*πολιτεία ἐάνπερ ἅπαξ ὁρμήσῃ εὖ, ἔρχεται ὥσπερ κύκλος αὐξανομένη*)。なぜなら、有益に維持されている養育と教育は善き素質を産みだし、こうした教育を堅持する有用な素質は、ほかの動物と同様に、前の世代の者たちよりもさらに善き者たちを——ほかの事柄や出産に関する点で——産みだすこととなろうから。

そのようですね、とかれは言った。

だから簡単に言うと、国家の統治者たちは、腐敗がかれらの目をかいくぐって忍びこまぬよう警戒し、これらすべてに対して、規律に反して体育と文藝に関する事柄を変更することなく、可能なかぎり保守されるよう見張っていなければならないのだ。〔後略〕

(プラトン『国家』)(Resp. 423d8–424b6)

プラトンの「教育」制度構想もまた、魂と国制の構造と連動している。教育の対象者は基本的に守護者身分に限定され、文藝と体育による初等教育と、数学や幾何学などを予科とし、哲学を本丸とする高等教育の二段階構成をとる。[269] 教育期間は最長で生涯の大半を占めることとなる。初等教育の目的は基本的な道徳原理、とくに「節制」や「勇気」といった正しい心術の修得にあるのに対して、高等教育では道徳原理を理論的に探究し、基礎づけることがもとめられる。その頂点が、超感性的な諸々のイデア、とりわけ、万物の根源たる「善のイデア」の把握をめざす哲学問答法にあることはいうまでもない。

ここで重要な点は、理論教育の有無が統治への適性を決するということである。初等教育は「習慣」ἔθη や「訓練」によって道徳的行動をうながすが、そこには理論的「知識」が欠けている(518b–522b)。つまり、初等教育の学習内容はあくまでも「臆見」δόξα の段階にとどまるのであり、哲学者に固有の「認識」γνώμη——イデア界の観照——とは決定的に異なっている(476a–480a)。こうした「認識」、すなわち真の「知識」は、魂と「各人に内在する能力」のすべてを「善」の理論的認識へと「向けかえる」ことでしか身につかない。ゆえに、高等教育は魂の「向けかえの技術」(τέχνη … τῆς περιαγωγῆς)なのである。こうした徹底的な哲学研究を経た哲学者にのみ、真の統治は可能となる。諸々のイデアを認識するということはすなわち、事物の真の基準を知るということであるがゆえに、哲学者は「臆見」の対立に巻き込まれることがない。哲学者は魂のうちに「明瞭な範型」をもち、「画家」のごとくイデアの世界を眺めつつ、それを可能なかぎりで現象界に再現しようと統治に臨むのである(484c-d)。

プラトンにとって、個人の魂と国制と教育はすべて厳密な対応・連動関係に立たねばならなかった。魂の知的道徳的陶冶の程度に応じて、国制の位階秩序における地位と「技術」が配分され、教育によって陶冶の再生産が担保される。そうであるがゆえに、プラトンは教育制度の変化——文藝の内容の変更、詩人の流入など——を極度に警戒した(424d–425e)。統治者にとって、もっとも重要な職務は教育制度を不変に保つことである。魂・国制・教育の三要素が完全な均衡に達したとき、善き秩序は完成し、一点の曇りもなくなるはずだ。そのときにこそ、全市民があたかも「ひとりの人間」のように快苦を共有し、「幸福」εὐδαιμονία にやすらぐ「もっとも善く統治された国家」が実現することとなろう(423b-e, 462a-466c)。ここでの「幸福」とは特定の身分にとっての「幸福」ではなく、「国家全体」にとっての「幸福」を指す。そして、「国家全体」の「幸福」は、各身分が「みずからの仕事に関する最良の技術者」δημιουργοί たることにかかっているのである(419a-421c)。他者の分の侵犯に端を発する「内紛」στάσις——個々人の魂内部でも、国制全体でも——も根絶されることだろう。[270] このように『国家』の秩序構想にあっては「技術」・「魂と国制の類比」・「教育」の三要素は連関している。いずれかひとつでも取り去れば、体系全体が崩落するかと思うほど、緊密に組み合わされているのである。

(b) フィヒテにおける位階秩序

後期ベルリン時代のフィヒテにおいても、プラトンと共通する以上の三要素を見出すことができる。

まず、プラトンと同様にフィヒテの理想国家もまた、垂直的な位階秩序によって特徴づけられる。用語法は作品や文脈に応じて微妙に異なるが、「学」的陶冶を修得した知識身分と、「学」的陶冶から切り離された労働身分のふたつの身分に分けられる点は共通している。労働身分の役割が経済活動の維持、すなわち単純労働にあるのに対して、知識身分の職務は教育や統治といった高度の知的営為である。『共和国草稿』によれば、統治者、民衆教師、裁判官、弁護士、医者、教師、高等教育機関の教授、著述家が知識身分(「知識人」)に属している(II, 10: 381)。

そして、両身分の分水嶺となる「学」的陶冶の本質こそ、フィヒテ自身の知識学を軸とした理論教育にほかならない。プラトンは哲学者・守護者・生産者の三身分制をとっているが、「学」を中核とする陶冶に浴する統治身分と、陶冶を経ない生産身分というふたつの身分から成るとみることもできる。以上の点は『共和国草稿』や『ドイツ国民に告ぐ』、さらには『国家論』や『思索日記』といった後期著作において一貫して強調されている。[271]

もちろん、両身分の区別は後期ベルリン時代にはじめて登場したわけではない。すでにイェナ期の劈頭を飾る『知識人の使命』以来、フィヒテは「知識人」の社会的意味について問いつづけてきたのであり、その成果は『道徳論の体系』に結実していた。そこでフィヒテは人類の究極目標を完全な道徳的共同体の実現と設定したうえで、目標到達にはふたつの営為が必要とみる(4: 343ff.)。第一に、人間は「自然」に働きかけ、生産物を獲得せねばならない。人間は道徳的行為以前にまず生存を確保せねばならないからである。だが、これだけでは十分とはいえない。第二に、秩序を維持したうえで人間の精神を目先の快楽や利益から道徳律へと向けかえ、道徳的共同体の建設へと導く必要がある。そして、これらふたつの営為に対応して、生産物の獲得と流通に従事する「下級身分」と、「知識人」・統治者・「民衆教師」などの「上級身分」という「ふたつの主要身分」が演繹されてくるのである。

「上級身分」の筆頭こそ、学問に専心する狭義の「知識人」にほかならない(4: 344, 346-7)。「人間において第一かつ最高のもの——もっとも高貴なものではないにしても——すなわち、人間の全精神生活の原素は認識 Erkenntniss」であり、「認識が正しくなければ、最良の信条も理性目的の実現に導かれることがない」からである。人類社会全体が歴史の進行にあわせて知的道徳的に陶冶されてゆくとすれば、「知識人」たちこそ「いわば時代の陶冶の委託所」の役割を果たしてくれるはずだ。フィヒテにとって、学問研究は道徳性と乖離した営為ではありえない。学問研究は道徳的なのである。「知識人は自分自身のためだけに研究し、訂正し、発見するわけではない。社会全体のためにこそうするのだ。そうすることで知識人の研究は道徳的なものとなり、知識人は自分の専門領域において、義務の遵守者、社会の奉仕者となるのである」。したがって、「真理愛」*Wahrheitsliebe* に献身し、人類が獲得してきた「陶冶」を保存し、未来にむけて発展させてゆくことが、「知識人」にとっての道徳的義務といわねばならない。「知識人」はいわば、人類の進歩の前衛である。

これに対して、「下級身分」の役割は人類の生存確保にある(4: 344-5, 362)。「学」的認識をもたないかれらの仕事は、ひたすら「自然」という「質料」を加工し、「機械的労働にできるかぎり時間と労力を浪費しない」ようにすることである。よって、「下級身分」の「絶対的義務」は、「みずからの生業を完成させ、高めることにある。なぜなら、これによって人類の進歩はそもそも条件づけられているからである」。具体的には『閉鎖商業国家論』における生産者・製造者・商人層が念頭に置かれていることは、いうまでもない。

『道徳論の体系』における「上級身分」と「下級身分」との関係は両義的である。

まず、一面では「上級身分」の指導力が強調される(4: 363-4)。「下級身分が上級身分からもたらされる改善の提案をすべて拒絶する場合、下級身分がすこしも前進できなくなることは明白である」。「上級身分は人類という巨大な全体の精神であり、下級身分は四肢といってよい」。したがって「もっとも地味で最低とみなされている仕事」に従事する「下級身分」は、「上級身分」を無条件的に「尊敬」Achtungする道徳的義務を負っているのである。「下級身分は、認識を直接所有している上級身分の指導なしには、みずからの生業をより高めるという義務を果たすことができない」。

しかし他方で、フィヒテは両身分の道徳的価値はひとしいとも指摘する(4: 273)。「人間の多様な生業は、条件づけられるものと条件づけるもの、手段と目的のように相互に従属しあっている」が、「道徳的判断においてはあらゆる身分が等価である」。「各人が義務から自分のなしうることすべてをなすならば、純粋理性の法廷において等価である」。また、身分の選択も上位者からの命令ではなく、あくまでも個々人の道徳的選択として把握されている(4: 272)。「傾向性ではなく最良の確信によって――自分の力・陶冶・活用できる外的条件の程度に応じて、自分にもっとも適していると思われる――身分を選択することは義務である。傾向性の充足ではなく、理性目的の振興こそが我々の生の意味なのである」。フィヒテによれば、「上級身分」と「下級身分」の支配従属関係は「理性目的」の効率的達成のための手段にすぎないのであり、この関係自体を自己目的的に絶対化することは禁物である。

ところが後期ベルリン時代の『国家論』になると、知識人による指導の側面が前面に押しだされてくる。「教育」が秩序構想の主軸となるのと同時に、かつての「上級身分」は、「知識人」身分、あるいは「教師身分」Lehrerstandとして再定位されるのである(4: 394-5, 449ff.; 11: 169ff.; II, 15: 293ff., 295ff.)。フィヒテによれば、「教師身分」は知識学を核とする「発生的」genetisch学知のゆえに、「労働身分」arbeitender Standから厳格に区別されねばならない。「知識人」は「この世界の対象とその生成を認識する。なぜならば、世界の対象は発生的にのみ認識されうるからである」。「教師身分」はいわば「共通に妥当する学的悟性」Verstandの化身であり、「自己自身を創造する貴族制」(II, 15: 222)にほかならない。「唯一かつ真の神の恩寵は、共通に妥当する学的悟性である。そして、この恩寵の唯一の外的現象は、成功を冠された、実際に教育するという行為なのである」。そして、かれらはその名のとおり、「教育」による他者の知的道徳的陶冶に貢献することで、みずからの「悟性」を証明する。ここでは『道徳論の体系』以上に「知識人」による「労働身分」への指導力が強調されている。「第二身分〔=労働身分〕は完全に教師身分の産物Productであり、そうであるがゆえに〔教師身分は〕第二身分のことを知り尽くし、第二身分が何を欲し、要求するか、何に役立つかを熟知している」。

さらにフィヒテは、「教師身分」を同時に「統治団体」Regierungscollegienとしても位置づける(4: 450-3, 457ff.; II, 15: 293)。「教師身分」は「国民を陶冶する者たちVolksbildnerであり、このことがかれらに〔労働身分を〕統治する権利をあたえるだろう」。「教師身分」のなかからもっとも優秀な人材が統治者として選抜されるべきとされる。憲法(基本法)をはじめとする国制の根幹を定めるのも、これら「教師身分」の役割である。かれらこそ「国民における不死の立法者」であり、かれらによる統治こそ、「最高次の共通の悟性が支配すべきである」という命題の実現にほかならない。個々の統治者が死亡したとしても、「統治団体」としての「教師身分」が存在する以上、そこから人材を補充することは容易である。フィヒテは、知識身分（「教師身分」）の存在を、「理性国家」実現の必須条件とまで極言した。「最初の理性国家 Reich の建設」は、「自然力の発動を形式的法のもとに従属させること、強制の倫理的正当性への洞察、さらにはそこから生ずる善意志にまで〔人民を〕陶冶すること、そして、急場しのぎの支配者のかわりに教師身分のなかから真の統治者を設定すること」を前提とする。「そう、人民の計画的陶冶と統治はおなじものなのである」(272)。

このように後期ベルリン時代のフィヒテは、知識身分の労働身分に対する優位性を極限まで追求してゆく。この姿勢がプラトンと共通していることは、いうまでもない。その背後にひそんでいるのは、学問を単なる理論的認識ではなく、一種の道徳的探究とする見方にちがいなかった。

我々にとっての哲学者とは、完全に自由で完成された認識を有する者を意味している。ここで完全に自由というのは、完成された最高の認識という意味である。哲学者は真の存在の純粋認識にまで達している。ゆえに哲学者は〔第一義的には〕理論的学者である。これに加えて、ほかに何があるだろうか。〔理論的認識に加えて、〕哲学者は哲学的認識を生き、〔実践において〕影響をおよぼす。余所で停滞し不活発なものは、ここでは世界を創造する生の衝動と使命と化す。哲学者の内面において、哲学は存在の創造者であり、すなわち応用されている。哲学の応用は道徳的生である。

〔中略〕

したがって自然に対する絶対的超越——いいかえるならば、認識された純粋に精神的なるものによる生——とは、生そのものである。さらに自然に対する絶対的超越こそ、生の原動力となる哲学としての知識学にほかならない。応用された哲学としての知識学は、生・作用・創造の面において、本来的な世界形成の根本力として存在している。それは本来的かつ最高の意味において、世界形成の先端へと踏みだしてゆく認識なのである。

(『国家論』)(4: 388–9)

もちろん、プラトンの学問観の基礎はイデア論であり、フィヒテのそれは知識学である。だが、両者ともに「学問」研究を道徳的陶冶と不可分なものとみなし、「学問」研究によって圧倒的な知的道徳的優位を獲得した「哲学者」(知識身分)に統治がゆだねられている。[273] プラトンは、感覚や知覚といった「臆見」の世界から「善のイデア」の認識という最高段階にいたるまでの認識階梯を提示していた(509c–511e)。一方のフィヒテもすでにみたように、「感性」・「合法性」・「道徳性」・「宗教」・「学」という五段階に認識を階層化していた。[274] イデア界という高次の認識段階への到達にとって理論教育を不可欠とみたプラトンと同様に、フィヒテもまた「学」的陶冶の決定的重要性を強調するのである。つまり、労働身分は「道徳性」や「宗教」の段階に達することはできるが、理論的な学識教育を経ないかぎり、「学」の段階に到達することはできない。フィヒテにとっても、無学な民草——「賤民」Pöbel(4: 395; II, 15: 289)——による政治参加の可能性は、はじめから存在していなかった。

「学」を原理とする位階秩序は、教育制度構想にも投影されざるをえない。プラトンが二段階の教育制度を構想したのと同様に、フィヒテもまた「国民教育」Nationalerziehung/allgemeine Volkserziehung と「学識教育」という二段階制を採用する(4: 454–6)。国民教育はその名のとおり、国民全員に施される初等教育であり、国民全体を「法・道徳性・宗教に関する一般的悟性的認識」へと導いてゆく。他方で学識教育は、より本格的な学問教育であり、優れた素質をもつ子弟を知識身分(「教師身分」)へと養成する。このように国民教育と学識教育は目的がまったく異なっているため、方法論や体系も当然異なってくる。両者の分水嶺は、「学」的陶冶の有無である。フィヒテにとって、労働身分は道徳的に正しい行動準則を修得すべきではあるが、みずからの行動準則を「学」によって理論的に基礎づける必要はない。これに対して、統治や教育、学問研究にたずさわる知識身分は、認識対象や行動準則を原理原則の演繹によって徹底的に把握する必要がある。『共和国草稿』から『国家論』にいたるまで、この主旨は一貫している。もちろん、プラトンが教育の対象としたのは守護者身分だけなのに対して、[275]フィヒテが国民全体の陶冶を重視したことはたしかである。しかし、教育制度の構成と段階に関して、フィヒテは完全にプラトンを踏襲していた。

さらに教育の基礎に能力主義原理を据える点でも、フィヒテはプラトンと共通する。これまでみてきたように、フィヒテは世襲身分制の徹底的な批判者であった。それゆえ、位階秩序の正当な基礎は唯一、能力と素質のみなのである。こうした能力主義原理は、上記の教育構想にも忠実に反映された(4: 453-5; II, 15: 296ff.)。「最低の身分の子弟が最高の地位に、最高の身分の子弟が最低の地位に就くことはありうる。いわば、出生はそれを妨げない」。国民教育の段階で優秀な成績をおさめた生徒は、知識身分に属する審査官たちによる審査——「誰が高貴な者として、あるいは高貴ならざる者として生まれたかという」「最終かつ上訴不可能の決定」——を通じて、学識教育に進学することができるのだという。ここで重要な点は、選抜権はあくまでも知識身分に属しているということ、つまり、知識身分の自己補充原則が貫徹されているということである(II, 15: 296)。『道徳論の体系』では身分の選択が各人の道徳的選択として強調されていたことを鑑みるならば、ここでもプラトンへの接近は顕著といってよい。もちろん、フィヒテは初期から晩年まで一貫して、出生原理にもとづく身分制社会を攻撃し、そのかわりに「平等」Gleichheit の理念——「フランス革命以来」盛んになった「人権 Menschenrechte、および万人の自由と平等についての教説」(I, 9: 250)——を政治社会の真の基礎として擁護しつづけた。だが、他方でフィヒテのなかでは、「平等」の理念と知的能力主義原理にもとづく位階秩序は、まったく矛盾なく共存しうるものであったことを忘れてはならない。

プラトンの秩序構想の中核を占める「技術」概念についても、フィヒテは強く意識したようにみえる。すでに『道徳論の体系』のフィヒテは、プラトン的な専門性原理に対して好意的な姿勢を示していた(4: 271-2)。フィヒテは、特定の身分を選択すること、自分自身の専門的な仕事に専心すること、すなわち「固有の方法で〔道徳的共同体建設という〕理性目的を促進すること」を、「各人の絶対的義務」とみなしていたからである。究極目標は人類共通だとしても、それをより効率的に実現するためには、一種の道徳的分業がもとめられるというわけである。各人が身分を選択することで、「他者がすでにとりくんだことをおこなったり、それによって他者を妨害し、理性目的の促進を阻害したり、あるいは無駄で余分なことをおこなったりすること」を回避できるだろう。前述の「上級身分」と「下級身分」の区別や、『閉鎖商業国家論』における分業論が念頭に置かれていることは疑いない。

これに加えて後期ベルリン時代の作品には、「技術」Kunst 概念が頻出するようになる。[276]「知識人」は「理性使用の技術」の専門家として再定義され、それにともなって、高等教育機関は「理性使用の技術学校」としての性格をおびる。[277]国民教育における労働身分の到達目標も、「法・道徳性・宗教に関する一般的悟性的認識」とならんで、各人の生業における「技術的完成」technische Fertigkeit に置かれることとなる(4: 456; II, 15: 296)。「各人が市民としてみずからの場所を占めることができる」ようにするためである。さらに、秩序構想の主軸となる「教育」そのものにも、「人間陶冶の技術」としての性格規定があたえられている(4: 449, 586, 590; II, 15: 293,)。

> 教育身分は一般的教育者である。何が真であるかを判断するのみならず、何が国民教育 VolksUnterricht に属するかを判断することも、かれらの仕事である。教育身分の人びとは、技術者と人間を陶冶する技術を理解している。後者こそが主たる仕事となる。したがって、かれらは国民 Nation を自分の被造物として認識しているのだ。〔中略〕それは学習ではなく、人間陶冶の技術にほかならない。
>
> (『思索日記』)(II, 15: 293)

このように後期ベルリン時代の秩序構想は、みようによっては一種の「技術」の体系の観さえ呈してくる。プラトンは国家の「起源」を人びとの「必要」にもとめたうえで、各人がみずからの「素質」に最適な「技術」に従事し、「みずからの仕事」に専心することに「正義」の本質を見出していた。この根本前提から、能力主義原理にもとづく位階秩序、さらには哲学者による「知識」の統治が導かれたのである。フィヒテもまた、各人がみずからの専門的な仕事――労働身分は生産物の獲得、知識身分は統治と学問――に専心し、相補って完全な均衡を保つ世界を夢想する。そこでも統治の究極的正当性は、統治者、あるいは統治身分の有する「認識」――知識学を主軸とする「発生的」な「認識」――にもとめられることとなった。プラトンとフィヒテは実によく似た風景をみている。[278]

とはいえ、『国家論』や『思索日記』の記述はあくまでも抽象的な原理論にとどまっており、具体的な統治機構・教育制度・宗教観といったものはほとんど明らかにされていない。以上の原理論をふまえたうえで、フィヒテはそれをいかなる機構を通じて具現化しようとしたのか。『共和国草稿』をはじめとする個々の作品を分析し、相互の連関をたどることによってのみ、フィヒテの秩序構想は解明されることとなろう。

第二節　学校という秩序――国民教育論

(1) 国民教育と「直観」

国民教育はフィヒテの教育国家構想の根幹をなすといっても過言ではない。国民教育は政治体の全構成員(八歳から十四歳まで)を対象とし、「学」を原理とする位階秩序――知識身分と労働身分――の基礎となる(II, 10: 383-4)。学識教育への進級希望者も、まずは国民教育課程で優秀な成績をおさめねばならない。国民教育の目的は、各人を「道徳性」の領域にまで一律に陶冶し、労働身分に必要な技術的知識を教授することにある。したがって、身分・貧富・性別を問わず、政治体の全構成員に対する就学の「強制」は正当である(7: 412, 422, 434-7)。「人類に関する事柄の最高次の代理人として、神とみずからの良心にのみ責任を負う未成年者の後見人として、国家は未成年者を安寧へと強制する完全な権利を有する」。国民教育は道徳的「自由」への「強制」なのだから当然、「強制」も許容されるというわけである。また、国民教育が一旦定着すれば、そうした「強制」さえも不要となろう。国民教育の核心は、共同体の「全体性」Gesammtheit(「拡大した自我」)への覚醒——個々人の「自我」Selbst の超克——に存する(7: 273-4)。プラトンが「ひとりの人間」のごとき一体性を獲得した国家を「幸福」と呼んだように、フィヒテにとっても、各人は「自分自身を全体の一部分にすぎないとみなし、心地よい全体のなかにおいてのみ自己を保存」せねばならないのだ。「国民の陶冶」Bildung der Nation の貫徹は「絶対的平等」をもたらし、出生原理にもとづく伝統的な身分制社会——「諸身分間のあらゆる区別」——を完全に止揚し、「才能と運」による「不平等」だけが残されることとなろう(7: 276, 422; II, 10: 390)。

こうした国民教育の重要性について、『共和国草稿』から『国家論』や『思索日記』にいたるまで、フィヒテは一貫して強調している。なかでも、国民教育論に特化した作品は、『ドイツ国民に告ぐ』である。ただし、『ドイツ国民に告ぐ』は体系的作品ではない。同作は聴衆への激励や現代史論をのぞくと、ペスタロッチの教育方法論に着想を得た国民教育論と、「国民」概念の哲学的基礎づけというふたつの部分から構成されている。これらふたつの部分は緊密に連関しているとはいいがたく、むしろ相互に独立した議論という印象をあたえる。実際に『ドイツ国民に告ぐ』の国民教育論の骨子は、ケーニヒスベルク時代の作品『愛国主義とその反対・第二篇』(一八〇七年)にすでに現れていた。つまり、『ドイツ国民に告ぐ』は、ベルリン帰還後の状況認識を多分に反映した「国民」論を、『共和国草稿』以来の国民教育論に急遽接木した作品なのである。両部分が不整合の印象をあたえるのはそのためといってよい。その後も国民教育論と「国民」論は、フィヒテの秩序構想のなかで完全に統合されることはなかったようにみえる。というのも、国民教育論がほとんど変化していないのに対して、状況認識に発した「国民」論のほうは、政治状況に応じた変容を余儀なくされていったからである。フィヒテにおける「国民」論に関しては第七章と終章に譲るとして、以下では国民教育論の構造を明らかにしたい。

「教育」は十八世紀ドイツの政論がとくに好んだ主題であった[279]。背景には、政体が君主政に固定化し、領邦官僚の「行政」Polizei によって国家形成が進展してゆくという、ドイツ諸邦共通の事情があった。市場経済化が著しく遅れ、身分制社会が強固なドイツにおいては、「共通善」gemeines Wohl、「幸福」Glückseligkeit、「福祉」Wohlfahrt を増進する教育こそが、統治層にとって大きな関心事となった。当時の政論家にとって、身分制社会は議論の前提そのものであった。臣民の規律化を推進する君主政は、自分たちの政策提言を採用してくれるパトロンではありえても、批判の対象にはなりえない。領邦教会制に蝕まれた伝統的教育制度を批判した教育思想家たち——とくにバゼドウやカンペに代表される「汎愛派」Philanthropismus——の理想も、「有用性」概念を核とした職業教育——勤勉・誠実・合理性といった「市民的」価値を重視する職業人の育成——にあった。貧困層、とくに農民を対象とした「民衆教育」Volkserziehung の必要性が盛んに唱えられたが、その目標もおなじように農業技術の知識をもつ勤勉で合理的な農民の育成であった[280]。カント倫理学との邂逅以前のフィヒテも「有用性」原理にもとづく汎愛派の教育論に傾倒していた点については、すでにみた[281]。

いまやフィヒテは、こうした同時代の教育論を「恐怖と希望」Furcht und Hoffnung の原理にもとづくものとして痛烈に批判する。「恐怖と希望」の原理にもとづく教育論は、刑罰の「恐怖」と国家奉仕から得られる「利益」への「希望」によって、各人の行動を規律しようとする(7: 272-3)[282]。

人間というものは、自分が愛するものを欲するものだ。愛こそ、人間のあらゆる意欲・生の活動・運動の唯一かつ不可欠の動機なのである。社会的人間の教育に関する従来の政治学は、以下のことを確実かつ例外なく妥当する規則として前提としてきた。すなわち、すべての人間は自分自身の感性的幸福 sinnliches Wohlsein を愛し、かつ望むということを前提としてきたのである。さらに従来の学問は恐怖と希望によって、自然な自己愛を国家にとっての利益——国家にとって望ましい善意志——と連結したのである。〔中略〕こうした措置は我々にとって、もはや適用することはできない。恐怖と希望は我々の役に立つものではなく、我々に敵対するものなのであり、感性的自己愛はいかなる方法によっても我々の役に立つことはないからである。(『ドイツ国民に告ぐ』)(7: 283)

各人の「感性的幸福」、すなわち「自己愛」Selbstliebe を基礎とする教育は結局のところ、道徳的陶冶にむすびついてゆかない。たとえ「刑罰」を恐れて、あるいは国家奉仕から得られる「利益」をあてにして外面的には秩序に服従し、他者に善行を施したとしても、そうした行動は真の内発的な「道徳性」や「良心」に発するものではない。結局、根源的な動機は自己利益であり、善自体を愛しているわけではないからである。つまり、「自己愛」を原理とする教育からは、「外面的には無害で有用」でも「内面では悪しき人間」しか生まれない。したがって、「恐怖と希望」の原理は、国民教育が達成すべき道徳的陶冶(「確固たる不謬の善意志」)と決して相容れないのである。フィヒテにしてみると、各人の「幸福」と政治社会にとっての「有用性」を究極価値とする汎愛派や「民衆教育」論の欠陥は明らかであった。

国民教育の到達点としての「確固たる不謬の善意志」は、一切の道徳的懐疑から自由でなければならない。フィヒテの理想秩序において、「善」と「悪」のはざまで動揺する中途半端な「意志の自由」などは、有害でしかない(7: 281-3)。国民教育の目標は徹頭徹尾、自発的な「道徳性」の育成に置かれるべきである。そのためには、生徒の「意志の自由を完全に否定し、決断という厳格な必然性、反対の不可能性を生みだすことに新教育の本質が存せねばならない。そして、このような意志こそ、確実に信頼し、頼りにすることができるのだ」。道徳的「必然性」にまで高められた意志の根底には、善そのものへの「愛」Liebe がある(7: 284)。人間本性としての「愛」の対象を自己から全体性へと、すなわち善そのものへと転換することに、国民教育の眼目はあった。道徳的陶冶によって完成した「確固たる不謬の善意志」は、善そのものへの「喜び」と不可分である。

そして、道徳的自由の根幹をなす能力こそ、「直観」Anschauung(「構想力」)にほかならない。道徳的行動にさいして、人間は「直観」を通じて、「現実」に「先行する像」Vorbild を「構想」する必要があるからである(7: 284)。「構想力」を欠いていては、善への「喜び」が湧いてくるはずもない。「直観」の対象を自分自身から徐々に拡大し、最終的には道徳的社会秩序全体までも包摂する。これこそ、国民教育の根本課題といわねばならない。つまり、自分自身の内面に理想の道徳秩序を構想し、道徳的行動によってその実現に貢献できる状態にいたって、国民教育ははじめて完成することとなる。このように「直観」を全教育課程の基礎に据える点で、フィヒテはペスタロッチの教育方法論の忠実な弟子であった(4: 590; 7: 401–4)。フィヒテにとって、ペスタロッチの教育方法論は「カントと知識学を理解できる世代を陶冶するための唯一の方法」を意味していた(II, 9: 438–9)。

以上の観点から、国民教育はふたつの段階に区分される(7: 409–11)[283]。第一段階は「直観」能力そのものを練磨する児童教育であり、第二段階が国民教育の本丸たる「公民・宗教教育」である。

第一段階の児童教育は「公民・宗教教育」の準備期間であり、「利己心」と「自己愛」の抑制を主眼とする。この段階に関して、フィヒテはほぼ全面的にペスタロッチの児童教育論に負う(7: 407–11; II, 9: 439–45)[284]。ペスタロッチによれば、曖昧模糊とした「直観」から明晰な「概念」的思考にいたる子供の成長は、「自然」の心理的一般法則にもとづいているのであり、教育の役割はこの一般法則を前提としたうえで人為的に介入し、子供の成長を補助促進することにある[285]。そして、「直観」能力の核となる言語・数・形の観念形成を主軸とする知的陶冶と、基礎的な体育からなる身体的陶冶こそ、本来の児童教育にふさわしいという。

フィヒテもまたペスタロッチと同様に、伝統な知識偏重教育(記憶力重視の教育)に対して、「全精神活動の可能性を制約する諸法則」の「認識」を対置する(7: 288–90)。ペスタロッチの児童教育法をもちいれば、暗記教育を排し、生徒の「直観」形成を促進し、活動のなかでそうした「諸法則」を体得させることができるだろう。そして、「認識能力の陶冶」によって、生徒は「自発性」をもって学習にとりくむようになるはずだ(7: 285–6)。生徒たちは「純粋に学習自体のために、それ以外の理由をまったくもたず、意欲と愛をもって学習する」こととなろう。学習への「意欲」と「自発性」は、すべての「認識」の基礎である。順調に「直観」能力を陶冶した生徒たちの内面において、「感性的衝動」や「利己心」といった「不道徳の根源」は、すでに根絶されている(7: 290–2)。そこには、「動機としての感性的衝動が完全に沈黙することによって、感性的衝動には見向きもせず、精神活動および精神活動の諸法則をそれ自体のためにもとめてゆくような愛」だけがある。以上の第一段階(児童教育)は、いまだ「道徳性」の領域には足を踏み入れていない。「不道徳の根源」が根絶されているとしても、積極的な道徳的自由にはまだ距離がある。本格的な道徳的陶冶が問題になるのは、第二段階の「公民・宗教教育」においてであった。

(2)「小国家」としての学校

第一段階(児童教育)の「直観」能力形成をふまえたうえで、真の道徳的自由へと陶冶する。これこそ、国民教育の第二段階たる「公民・宗教教育」の課題である。生徒たちは全寮制学校で学友や教師たちとの共同生活を経験し、「直観」を道徳的社会秩序にまで拡大してゆく。そして、最終的にみずからの道徳的行動によって積極的に共同生活に貢献できるようになったとき、国民教育は完成を迎えることとなる。

「公民・宗教教育」において学校の果たす役割は大きい。生徒たちにとって、学校ははじめて目にする具体的な理性的秩序であり、道徳的秩序の模範として機能するからである。そして、学校生活は将来の国家生活の予行演習ともなるであろう。フィヒテによれば、学校は完全に「理性にしたがって」設計され――「理性によって要請された体制」――生徒たちは秩序の輪郭を細部にいたるまで再現できるほどに、学校秩序を「直観」に焼きつけるようもとめられるのだという(7: 292-3)。

疑いなく、この新教育の生徒たちは実際に、大人たちの共同体から隔離され、自分たちで共同生活を営むこととなる。そして、隔離された自足的国家を形成することだろう。この自足的国家は、正確に規定され、事物の本性に基礎づけられ、完全に理性によって要請された体制を有する。生徒の精神を構想へと刺激する、この社交秩序の最初の像は、生徒自身がそのなかで生活するところの学校共同体の像である。すなわち、生徒は学校秩序をありのままに、まさしく隅から隅まで思い描くよう内面的に強制されることとなる。さらに、学校秩序をあらゆる部分において、諸々の根拠から完全に理解するのである。

(『ドイツ国民に告ぐ』)(7: 293)

もちろん、こうした構想能力は当面は「認識の作業」の段階にとどまっている。学校生活を通じて生徒は「秩序への愛」と道徳的自由に目覚め、最終的には現実世界における理性的秩序実現へと邁進できるようになるだろう(7: 284, 292-3, 412-3)。

学校は全寮制の自足的共同体として、実社会から完全に隔離されねばならない(7: 291, 420-2)。「公民・宗教教育」の目的が子供の善性を夾雑物なしに開化させることにある以上、「堕落」的要素は可能なかぎり遠ざけられねばならないのである。教材に関してもすべて管理され、外部からの影響が完全に遮断されることが望ましい(4: 456)。学校秩序を規定するのは、「基本法」Gesetz der Verfassung である。「基本法」からの逸脱は一切認められず、絶対服従が要求される。「基本法」への服従(「遵法性」Gesetzmässigkeit)は学校秩序にとって自明であり、それゆえに道徳的卓越性の証にはなりえない。「基本法」に対するいかなる違反も——故意ではなかったとしても——叱責の対象となる。とりわけ、故意による違反は「刑罰」をもって罰せられることとなろう。「基本法」は国法と同様に「強制」の秩序を意味していた。つまり、知識学における五段階の認識階梯のなかに位置づけるとすれば、学校の「基本法」はまさしく「合法性」の段階にあるといえよう。[286] フィヒテは学校をして、「小国家」kleines Gemeinwesen/Staat とよぶ。

しかし、『ドイツ国民に告ぐ』は、「基本法」や「刑罰」の具体的内容については論じていない。この点で『共和国草稿』の学校に関する記述は示唆的である。[287] フィヒテは、「小規模の横領」や「守秘義務違反」、「怠惰」や「軽薄」などを処罰の対象とする(II, 10: 384)。「怠惰」には「回復時間における処置」、「学校規則に対する違反」には「隔離、そして儀式ばった赦し」が命ぜられる。こうした断片的記述にはひとつの共通点を見出すことができる。つまり、いずれの「刑罰」も体刑ではなく、生徒にみずからの行動の不名誉さを自覚させ、「羞恥心」Schaam を刺激する性格をもつ点である。「羞恥心」は道徳的罪悪への自覚であるがゆえに、人間を相互に結合する「尊敬」の感情の対極に位置している。道徳的陶冶のためには直接的な恐怖に訴えかける体刑よりも、道徳的反省をうながす「名誉剝奪的刑罰」entehrende Strafe の方が効果的なのである。生徒の「羞恥心」を刺激する工夫として、フィヒテは「不名誉の服」Schandhemde/Schmachhemde を挙げている(II, 10: 384, 391, 393)。学校規則に違反した生徒は「不名誉の服」の着用を命ぜられ、みずからの道徳的未熟をほかの学友たちに公示するのである。また、学校内での放尿が厳重に禁止され、密室内での用便器使用が規定されているのも、「羞恥心をうながす」ためであった。

さらに性別によっても教育の重点は異なってくる。たしかにフィヒテは性別の区別なく、国民教育を義務づけていた。しかし、男女の自然本性が同一ではない以上、両性の教育方針も別々にならざるをえない(II, 10: 392)。「女性の宗教的原理は人間を結束させ、共感をもたらすもの、すなわち愛 Liebe である。男性の宗教的原理は英雄的行為へとうながすものである」。また、「男性的原理が精神世界において前進し、陶冶し、創造するものであるのに対して、女性的原理は持続性をあたえるものである」。

こうした性差論は一時の思いつきではない。ルソーの『エミール』をはじめとする「感傷主義」文学で思想形成を果たしたフィヒテにとって、男女が異なる自然本性を有することは自明であった(3: 304–18; 4: 328–33)[288]。この青年期以来の確信は、イェナ期の『自然法の基礎』と『道徳論の体系』において体系的表現をあたえられている。フィヒテは男女の生物学的差異から出発し、男性のうちに性的欲望充足の主体としての「活動性」Tätigkeit を、女性のうちに受動的客体としての「受動性」leidend を見出す。そこから、両性の倫理的本性として、男性の「大度」Grossmuth と女性の「愛」Liebe を導きだしている。「大度」が「伴侶のためにすべてを犠牲にする高潔さ」だとすれば、「愛」は「他者のために一身を捧げる」女性に固有の自然衝動である。つまり、「愛」とは「自分自身ではなく、ひとりの男性を満足させること、自分のためではなく他者のための自己献身にほかならない」(4: 329)。

そして、「両性の二人格の性本能によって基礎づけられた完全な一体化」こそが「婚姻」Ehe である。異なる自然本性をもつ両性の結合によって、「真の人間」は誕生する。「婚姻において、性交――動物的粗野が刻印されている行為――は、理性的存在にふさわしい性格をおびるようになる。性交は、ふたりの理性的個人の完全な融合となる。つまり、女性側からは無条件的な献身であり、男性側からは切なる親密さと大度の誓約と化すのである」(4: 331)。つまり、男女両性が相互に補いあうことで、真の道徳性を実現することができるのである。「人間の原初的衝動は利己的である。婚姻においては自然さえもが人間を、他者のなかで自我を忘れるように導いてゆく。両性の婚姻的結合は、自然から人間を高貴なものにする唯一の方法なのだ。独身の人間は半人前にすぎない」(4: 332)。

『共和国草稿』ではイェナ期に展開された原理論に、詳細な制度的表現があたえられる。男女が相補的存在であることを生徒たちに自覚させるよう、フィヒテは細心の注意を払う(II, 10: 391, 393)。少年は本性において「野蛮で破壊的で利己的」であるが、「規律正しく親切な」少女との学校生活を通じて、「尊敬されたいという衝動」に目覚めることなろう。「少年は本性において利己的である。愛は少女を直接的に洞察力に富ませ、独創的にする」。逆に、「少女を叩いたり罵ったりした者は、通常の刑罰とならんで不名誉の服を着用」せねばならない。両性は一緒に祈禱はするが、食事は別々とされる。「異性の子供が罰せられる場合、そのような光景を見るべきではないからである」。

明瞭な思慮、大胆さ、冷厳な厳格さや堅固さといった男性的徳はその範囲内で、無心、信仰心、愛といった女性的徳の無限の基礎にゆだねられるべきである。したがって、女性本性は本来的な基盤であり、女性本性の陶冶はあらゆるほかの陶冶の基礎であった。

(『共和国草稿』)(II, 10: 390)

少年にいじめられた少女はもはや少年を助けてはならず、孤独に畑を耕さねばならない。いじめた少年だけが、彼女をこの労働から解放することができる。彼女のほうも、この少年に対する刑罰をいくらか緩和することができる。ただし、不名誉だけは緩和できないのだが。少年には、少女がか弱く繊細であることが教え込まれるべきである。少女には、少年を侮辱することは自分自身を侮辱することなのだと、教え込まれるべきである。

(同右)(II, 10: 391)

したがって、両性の精神的交流を阻害する悪徳、すなわち、男女の自然本性にとって破壊的な悪徳は徹底的に禁圧されねばならない。とりわけ、男性の「臆病」Feigheit と女性の「不貞」Unkeuschheit は絶対悪である。性的なおしゃべりなどはもってのほかである。少女の「不純な親密さ」や少年の「軽蔑的態度」も処罰の対象となる。男性の本性が「活動性」と「大度」、そして「勇気」Muth にある以上、「臆病」は自然本性に反している。[289] また、「純潔」Keuschheit は、女性の本性たる「受動性」と「愛」を規律し、保護する美徳であるため、性的乱脈をもたらす「不貞」は絶対的禁圧の対象とならざるをえない。「女性の清純と純潔はまさしく、性衝動がそれ自体としてではなく、愛の形態をとって発現することにある。そして、これこそ、女性の魂におけるあらゆる高貴と偉大の源泉なのである。女性にとって、純潔はあらゆる道徳性の原理といってよい」(4: 330)。これに対して、「女性の性衝動は生のままでは、自然に存在するもののなかで最悪かつ、もっとも嫌悪感をもよおさせるもの」であり、性的放縦は「あらゆる道徳性の欠如」を意味する。「女性の心の不貞」は行動に表れずとも、「あらゆる悪徳の基礎」なのである。

こうした道徳的秩序としての学校を象徴する存在こそ、女性教師にほかならない(II, 10: 387, 391–3)。女性教師は「真の聖職者」Klerus と位置づけられているように、学校秩序の要である。フィヒテによれば、女性教師は教師や医者の妻であり、「淑やかさ」「愛」「語りのうまさ」においてとくに秀でた人物でなければならない。看護婦経験者が望ましく、「美醜は問題にならない」。彼女はつねに「十字架」を携帯し、生徒たちから「母親」Mutter と呼ばれている。その役割は、生徒たちを道徳的行動にむかうよう激励し、「刑罰」を科された子供たちをやさしく抱きしめ、ふたたび道徳性にむかうよう動機づけることにある。

少女の甘えに対しては、慈悲の余地なく鞭打ちと不名誉の服の着用が課されることとなる。少女は不名誉の服を着用のうえで二時間監禁される。それから鞭打ちがおこなわれる。それから、ふたたび二時間の監禁。それから、「母親」による善き助言とキスがなされる。女性教師と少女の愛である。人びとがこの愛を必要とすればするほど、実例は普及してゆくことだろう。

(『共和国草稿』)(II, 10: 393)

フィヒテが女性教師を「母親」と呼ぶ含意は明白である。イェナ期の議論によれば、母親は出産にともなう苦痛と喜びを契機として、子供との断ち切りがたい有機的結合の衝動を獲得する。したがって、母親と子供は別人格であるにもかかわらず、母子はひとつの有機的結合体である。ここから母親の子供に対する自然な「共感」Mitleid、すなわち母性愛——しかも本性上、母親と娘の気質はとくに親和的である——が帰結する。つまり国民教育課程において、家庭教育上の母親の役割を代替するのが、女性教師(「母親」)なのである。「母親」たる女性教師は、生徒たちの庇護者であると同時に道徳的模範であることをもとめられよう。「女性教師の純潔違反は秘匿され、彼女は死んだものとみなされ、植民地に送られることとなる」。国民教育学校の道徳秩序は峻厳である。

以上の「基本法」とならぶ、学校秩序のいまひとつの特徴が、「学習 Lernen と労働 Arbeiten の統一」である。学校は、生徒たち自身の労働によって維持される自足的共同体なのである(7: 423-4)。もちろん、学校が完全に生徒たち自身の労働によって維持されることはない。だが、フィヒテにとって重要な点は、生徒たちにとって学校が自足的共同体である「ようにみえる」ことなのである。すでにみたように、学校は生徒たちにとって、理性的秩序のモデルでなければならない。実情はともかくとして、自分たちの「労働」によって共同体を維持しているという意識を生徒たちに刷り込ませる必要があるのである。

学校における「労働」には、卒業後の「労働」への準備という側面もある。つまり、国民教育の修了者の大半は、生産者・製造者・商人によって構成される「労働身分」へと編入されるため、学校における「労働」の経験が無駄になることはない。フィヒテによれば、農業や手工業の実践は、生業への自覚を育むだろうし、必要な技術的知識も修得できるだろう(7: 424ff.)。そして、フィヒテが国民教育における「読み書き」訓練に対して極度に消極的だった理由も、おそらくここにある(7: 404-6)。フィヒテにとって、「読み書き」は人類を「過度に利口」にしてきた元凶でしかない。労働身分を「過度に利口」にさせぬためにも、国民教育に「読み書き」は不要なのである[290]。労働身分の仕事は、あくまでも「労働」である。このように学校秩序はそのまま、国民教育修了後の労働身分の生活環境の忠実な模像として機能する。フィヒテが学校を「小国家」と呼ぶのは、単なる比喩ではなかった。

(3)「道徳性」への陶冶

学校生活を通じて、生徒は道徳的自由へと自己を高めてゆく。すでにみたように、学校の「基本法」を遵守するだけでは、道徳的卓越性の証にならない。単なる「遵法性」は道徳的陶冶として不十分なのである。フィヒテによれば、完全に「基本法」を遵守できるようになった段階で、生徒は「自発的な献身行為」にふみだすようもとめられるという(7: 293-5, 418)。それは、児童教育段階で達成された「認識」への「愛」から、「心情を共有する理性的共同体に万人を結合する」ような「愛」への転換にちがいなかった。知識学における五段階の認識階梯にあてはめるとすれば、学校の「基本法」は第二段階たる「合法性」の秩序であり、「合法性」を完全に修得したのち、ようやく第三段階の「道徳性」への陶冶が問題になってくるというわけである。(291)

しかし、「人間を他者にむすびつける愛」などといったものは所詮、幻想ではないのか、人間は本質的に利己的存在なのではないだろうか。こうした性悪説に対して、フィヒテは猛然と反論する。「人間は本性において利己的であり、子供も利己心とともに生まれてくる」、「子供に道徳性への原動力を〔外部から〕植えつけるのはまさしく教育のみである」といった説は、「完全に誤り」である。人間には生来、「道徳性」への芽がそなわっている。教育の「使命」は、「道徳性」の「もっとも純粋かつ根源的な形態」を基礎づけることに尽きる。

では、「道徳性」の「もっとも純粋かつ根源的な形態」とは何か。「尊敬」Achtung の衝動である(7: 414-6)。カントの『実践理性批判』以来、「尊敬」が道徳的自由の核心をなしてきたことはいうまでもない。すでにみたようにフィヒテもまた、カント哲学との邂逅によって「尊敬」の価値に目覚めた思想家であった。そして、いまや「尊敬」は国民教育論の核心に位置づけられることとなる。フィヒテによれば、子供に内在する「尊敬」への衝動は、「父親」との関係に象徴されるという。父親はしばしば子供から「困難な服従」や「自己否定」を要求するが、同時に子供の

「自然な愛情」の対象でもある。子供にとって、父親から「承認」されることはこのうえない喜びである。したがって、父親の躾は「羞恥心」――「道徳性」の源――を刺激し、「自己軽蔑」をうながす目的においてのみ是認される。断じて「実力行使」に陥ってはならない。母親ではなく、あえて父親が例に挙げられているのも、偶然ではない。フィヒテによれば、子供との有機的一体性を基礎とする母性愛をもつ母親とは異なり、父親の子供に対する愛情は母親を経由した間接的なものにとどまる(3: 356–7)。したがって、子供にとっての父親は母親以上に独立した人格としての意味をもってくるのである。

こうした「相互的な尊敬への衝動」、すなわち、人間同士を結合する「尊敬」の感情こそ、「道徳性」の原点である。しかし、他者への「無条件的尊敬」――父親に対する「尊敬」のように――から出発し、他者からの「尊敬」を自己評価の基準とする姿勢はまだ、道徳的「成年状態」Mündigkeit とはいえない。なぜなら、それは「自分の外部に存在している他者の尺度」をもって自分の価値を測定する姿勢だからである。真の道徳的自由の本質――道徳的「成年状態」――は、「自己支配」(「克己」)にこそ存する。

外部に存在する他者という自己尊敬の尺度に対する信頼の念もまた、道徳的幼年時代と未成年状態の本来的な根本特徴である。そして、こうした信頼の念にのみ、成長期にある青年を完全な人間にするためのあらゆる教授と教育の可能性はもとづいている。道徳的成年状態の人間は、自分自身のなかに自己評価の尺度を有する。そして、他者がおのれを尊敬にふさわしいものとするかぎりにおいて、かれは他者からの尊敬を欲することだろう。道徳的成年状態の人間において、この衝動は以下のような要求の形態をとる。すなわち、他者を尊敬しよう、自分の外部に尊敬に値するものを生みだそう、という要求の形態が、それである。〔中略〕この点に関して教育の目的はまさしく、我々が述べた意味における道徳的成年状態をつくりだすことにある。そして、この目的が達成されることで、教育は本当に完成し、終了することとなる。これまでは多くの人間が生涯の間、ずっと〔道徳的には〕子供のままにとどまっていた。

（『ドイツ国民に告ぐ』）（7: 416）

確信をもって、おのれを、他者を、「尊敬」することができるということ。そして「尊敬」に値するものを、みずから生みだしてゆけるということ。それは、自分自身のなかに内なる「父親」、すなわち確固たる「良心」Gewissenをつくりあげることにほかならない（7: 417–8）。カント倫理学との邂逅以来、「良心」概念はフィヒテの道徳論の核心をなしている。(292)

こうした真の道徳的陶冶のためにフィヒテが考案したのが、「良心の助言者」Gewissenrathe制度である。フィヒテによれば、まだ完成していない「良心」を客観的制度として外部化することによって、生徒を「良心」の段階へと導くことができるという（7: 419–20）。教師のなかから子供自身によって選ばれた「良心の助言者」は文字どおり、子供の「良心」が外化された存在にほかならない（7: 418–9）。道徳的行動に踏みだせない生徒に対して、「良心」にかなった行動をとるよう激励し、達成した場合には個人的に賞讃する。多数者の面前での賞讃は「虚栄心」eitelを生み、「堕落」の原因となる。ゆえに賞讃は「秘密裡」になされるべきだ。人間は自分自身のうちに生来、善への「愛」をもつ。それゆえ、教育者はそこに「認識」をあたえ、「意識」の段階にまで導いてやりさえすればよい。フィヒテは人間の根源的善性に対して信頼を寄せていた。この「良心の助言者」制度によって、生徒たちは真の道徳的陶冶（「克己」）を達成することができるだろう。そして、各人が内面に「正しい裁判所」を形成したとき、「良心の助言者」の役目も終わりを告げることとなる。

さらに生徒は「労働」の場においても、道徳的行動を実践する機会を得る。生業への習熟や技術的知識の修得以上に重要な点は、「労働」が人格的「自律性」Selbstständigkeitをも養う点にある。生徒たちは自分たちの労働によって学校を維持することで、独力で生計を立てられるという自信を得ることだろう。

この学習と労働の統一は、外的実行可能性と倹約という目的との関連を抜きにしても——もちろん、我々の提案にこうした目的を要求することはできるのだが——すでに教育自体の課題によって直接に要請されている。ひとつの理由としては、一般国民教育だけを修了した者全員の労働身分への編入が規定されている以上、国民教育には有能な労働者への陶冶が当然、付随せねばならないというものである。しかし、とくに重要な理由は以下のとおりである。つまり、自分自身に対する確固たる信頼の念——自分はつねに自分自身の力によって社会で生計を立てることができる、また、みずからの生計のために他人の慈善を一切必要としないのだという信条——は、人間の人格的自律性と不可分一体であり、道徳的自律性をも——今日にいたるまで信じられているよりもはるかに強く——条件づけているという理由である。

(『ドイツ国民に告ぐ』)(7: 423)

つまり、ここでの「自律性」は単に生活上の問題にとどまらず、自分の「労働」のうちに「名誉」を見出す点で、道徳的「自律性」の領域にまでおよんでいる。「道徳性」は純粋に内面の問題に限定されることなく、「労働」という外的行為を媒介して実現される「自律性」として位置づけられる。「いまや、各人は全体の自律性と自足性のために全力で働く。そこで生徒は全体と貸借の清算をしたり、全体から何らかの所有権を要求したりすることはない」。「各人は全体に責任を負うことを知っている」。生徒たちは「全体」との一体性を自覚し、各人の内面には「経済国家」wirtschaftlicher Staat の「直観」が刻印され、機械的労働もいまや「高貴なもの」(「精神的なもの」)へと聖化されることとなる。悦びを内面に秘めて、ひたむきに「労働」に励む少年少女のすがた。たしかに、生徒たちは家畜の世話と、泥まみれの農作によって、一日の終わりにはくたくたになっていることだろう。しかし、その疲労は決して、かれらを滅入らせるものとはならない。なぜなら、少年と少女の精神はどこまでも澄みきっているだろうから。

一八一二年の『道徳論』では、こうした「道徳性」の原理が簡潔に定式化されている(II, 13: 363)。フィヒテによると、道徳的人間は、みずからの自我を絶対者の「像」――道徳的意志、あるいは道徳的義務として各人の内面に現象する――と完全に合一させ、「良心」のままに行動できる存在である。しかも、この場合の「良心」とは単なる個人の主観を意味しない。道徳的人間の「良心」の基準は、人類社会における完全な道徳的秩序(「万人の道徳性」)の建設にあるからだ。

道徳的人間の「信条」Gesinnung は、自分という個我への執着から解放され、道徳的意志――道徳律を介して個人の意識に現象する絶対者――への「愛」に貫かれている(II, 13: 369-79)。その意味で「無自我」Selbstlosigkeit である。かれの内面は「誠実」Wahrhaftigkeit と「公明正大」Offenheit によって清く澄みわたっており、自分に対しても、他者に対しても嘘をつくということが絶対にない。「というのも、あらゆる危険を冒して真実を語ることは人間のうちに、より高次の、あらゆる世俗的結果を超越した自我の感情と意識を直接発展させるからである」。対して、「それと知りながら無知を装うことは絶対的かつ無制限的な非道徳性」であり、嘘は「臆病」をもたらすという。以上から、道徳的人間の生き方は「簡素」Einfachheit で、自己をむやみに飾りたてることがない。しかも、かれは他者に危害を加えることがないのは無論のこと、積極的に他者と交流し、社会全体の道徳的陶冶への貢献を惜しまない。かれは「普遍的な人間愛」allgemeine Menschenliebe の化身である。

道徳的人間が他者から離れることはない。むしろ、義務の命令によって命じられた仕事が許容するかぎりで、人びととかかわりつづけ、相互に影響をおよぼしあいつづけるのである。持続的に規定されたかれの意志は、できるかぎり多くの人びとと緊密に結合することをめざすだろう。「わたしは自分だけを純粋で穢れなき存在に保ち、自分と自分の道徳性についてだけ配慮したい。なぜ、わたしがほかの人びとに対して責任を負わねばならないのか」。誰かがこのように言うとしたら、それは道徳的信条と完全に衝突する。そのように言う人は「道徳性」の概念でもって、「悪をなさない」という単なる外面的で否定的なこと――外面的な市民的正義と品行方正――を意図している。だが、これは「道徳性」ではないのだ。また、これを本当と見せかけたり、それで片がつけられると信じているとすれば、危険極まりない誤謬というほかない。パリサイ主義である。真の道徳性はただ、生と行動にのみ存する。そして、生と行動はつねに他者の道徳的陶冶をめざすのである。だから、みずからの〔道徳的〕義務を愛し、その心情が義務への意欲によって満たされている人間は、まさしくそうであるがゆえに、人びととの共同を愛するのであり、この共同はその人にとって道徳的義務のうちに課されているのである。

(『道徳論』)(II, 13: 373)

さらに、フィヒテはこうした真の「道徳性」の観点から、カントの定言命法論を批判する(5: 466ff., 500–6; 6: 367–8; 7: 56–7)。くりかえしみてきたように、カント倫理学はフィヒテの全思索の原点であり、カントから継承した「義務」を本質とする道徳観は晩年まで変わっていない。ところが、フィヒテによれば、カントの道徳論は「義務」に固執したがゆえに不徹底なものにとどまってしまったという。定言命法は「正義をおこなうこと」よりも、むしろ「不正を控える」ことに主眼を置くがゆえに、「清新な根源性」を欠いている。真の「道徳性」は、「すべからず」という否定を本質とする「義務」ではなく、みずから無限に秩序を産出する、いわば「創造的」schöpferischな道徳でなければならないはずだ。[293] つまり、カント倫理学において、人間はつねに理性と感性(「傾向性」)に引き裂かれた存在として前提され、そうであるがゆえに道徳性は定言命法という「命令」の形式をとらざるをえなかった。これに対して、フィヒテの描く道徳的人間は、道徳的「良心」として現象する絶対者と完全に合一しており、そこに理性と感性の亀裂・

緊張関係はもはや存在していない。道徳的懐疑や感性による誘惑の余地は、一切残されていない。道徳的人間はいかなる内面的葛藤もなく、「良心」のままに自然に行動できるのである。絶対者は「道徳的義務」として現象し、道徳的人間は義務を義務であるがゆえに愛するのである。[294] 道徳性は、道徳的意志としての絶対者に対する「愛」の発露にほかならない。国民教育の要諦は、こうした「道徳性」への陶冶にあった。フィヒテによれば、人間の誰しもが「道徳性」への芽、すなわち善性をもって生まれ出るのであるから、それを自然に伸ばしてゆきさえすれば、善への「喜び」は万人にそなわるはずである。「利己心」に惑溺することなく、「良心」という「正しい裁判所」に服従する道徳的人間。フィヒテの教育構想の根底にひそむ人間論である。それは真の意味で「人類の完全な改造」Umschaffungにちがいなかった(7: 400)。こうして知識学の認識階梯の第三段階としての「道徳性」への陶冶が完遂された。

しかし、国民教育制度だけでは、いまだ不十分である(7: 296-300)。たしかに国民教育学校のような「よく秩序づけられた社会」においてであれば、「純粋な道徳性」だけで十分に秩序を維持することもできよう。だが、「最高に堕落した社会」に生きることを運命づけられた者、社会秩序を一から新たに築いてゆく使命を担う者には、自分と他者を「神的生の啓示という鎖における永遠の構成員」として眺める認識、つまり「生、光、そして浄福」が必要になってくる。すなわち、認識階梯の第四段階をなす「宗教」的認識がもとめられるのである。

第三節　共和国の宗教――政治宗教論

(1) 行為と宗教

フィヒテと宗教との関係は錯綜している。これまでフィヒテの知的生涯をたどってくるなかで、宗教はつねに独特の位置を占めてきた。[295] 青年時代において、すでにフィヒテは「信仰」と「哲学」との緊張関係を意識し、懊悩していた。その後、カント哲学との邂逅を経て、宗教はいわばカント倫理学に回収されるかたちで、フィヒテの思考の表面からすがたを消すこととなった。実際にイェナ期の『自然法の基礎』や『道徳論の体系』において宗教の占める割合は大きくない。だが、無神論論争を経ることで、事態は変わってくる。フィヒテは次第に「学」や「道徳性」とは区別された、「宗教」の自律性を強調するようになるのである。その萌芽はすでに『人間の使命』(一八〇〇年)にみられるし、『現代の根本特徴』では歴史論と宗教論が密接に連関したかたちで論じられていた。そして、知識学における五段階の認識階梯において、「宗教」は「道徳性」を超えた第四段階として位置づけられることとなった。前期ベルリン時代の末尾を飾る作品『浄福なる生への導き』は、フィヒテの宗教論の集大成といってよい。

他方で宗教の制度的側面については曖昧なままに残されていた。いうまでもなく、宗教は個人の心術のみに帰されるわけではない。いかなる宗教であろうとも、一定の制度的表現なくしては存立できない。『現代の根本特徴』にみられるように、フィヒテはカトリックやプロテスタント諸派といった既成宗教を激烈に批判した。それらは、「近代」の原理であり、「真の宗教」たるキリスト教の精髄を理解していないというのである。たしかに『浄福なる生への導き』はそうした「真の宗教」を描いた作品だった。だが、制度的側面についてはふれられず、あくまでも認識論的説明に終始していた。

『共和国草稿』の画期的な点は、まさしく「真の宗教」の制度的基礎を論ずる点にある。フィヒテ的「宗教」、いわば「普遍キリスト教会」の「祭式」Kultusや諸制度、他宗派との関係が詳細に描かれるのである。そこでの「宗教」は統治機構の一部をなす政治宗教として位置づけられている。ルソーの政治宗教論との類似は明白である。ただし、ルソーにとって政治宗教は国家への公共心を涵養する装置としての役割に特化していたが、フィヒテの場合、共和国の宗教は国民統合の装置であると同時に、人間の魂のうちに絶対者への愛を育み、道徳的実践を動機づける「真の宗教」としても機能する。

フィヒテによれば、「宗教」的認識の本質は「自由」にある(7: 369-71)。無論、ここでの「自由」とは、外的・形式的自由ではない。真の「自由」とは、「精神的生という永遠の連関の成員」としての人間が、「永遠に現前する」秩序を把握すること、すなわち「宗教」的認識でなければならない。それは同時に、人間社会を超えた「超感性的世界秩序」(「道徳的世界秩序」)の「像」を構想し、万物の根源を絶対者(「神的生」)のうちに見出す境地でもある。絶対者は「真の根源性と自由そのもの」であるがゆえに、「宗教」的認識は、現象界を超越した「無限性」と不可分一体といってよい。「真の自由が現象するところにこそ、本質自体が顕現する。この本質とは、それのみが存在し、また存在できるもの、自己自身から、そして自己自身によって存在するもの、すなわち、神的本質である」(7: 371)。「宗教」的認識において、絶対者の「現象」としての人間は、ふたたび万物の始源たる絶対者へと還帰し、「浄福」Seligkeit の境地に到達できる。「宗教」的人間は「感覚的幸福」には見向きもせずに、ひたすら「神的秩序」——「神の権力と力、そして神の栄光」——をもとめ、歩んでゆく(5: 547-9)。唯一の「絶対的愛」、根絶されることのない無限の「浄福」、「永遠」の世界への夢を胸にいだきながら。

フィヒテがここにみているのは、進むべき道を信じ、生業にわき目もふらずに打ち込む宗教家である。「神を雲の彼方にもとめるのをやめよ。君は神を、君がいるところ、どこにでも見出すことができるのである」(5: 472)。原始キリスト教の使徒のごとく、「国家・現世の祖国・国民」への関心を放棄し、「地上」の彼方に「天国」をもとめるありようは、例外的なものにすぎない(7: 377-80)。フィヒテは伝統的なキリスト教信仰の核心である彼岸信仰を退ける。それはキリスト教的真理の曲解である。真の「宗教」的義務は、現世における普遍的道徳秩序の実現にこそあるのであり、「宗教」的人間は万難を排して、この目標に邁進せねばならない。現世的事柄からの逃避は、実践性を本質とする本来の「宗教」的認識とは相容れないのだ。「宗教」的認識は、人間の「本来的かつ根源的」なすがたへの還帰を意味する。この還帰を無意識的にではなく、「自由」をもってなすことで、はじめて人類史に新たな時代が訪れよう(7: 304-6)。こうした「宗教」的認識は本来的に普遍的性格をもつのであり、実際にフィヒテは「宗教」的認識を「〔人間が〕自己自身になること」Sichselbstmachen、あるいは「人類の完全な改造」(7: 428)と表現している。

(2) 宗教制度論

認識階梯の第三段階たる「道徳性」と第四段階の「宗教」との決定的差異は、特定の活動とのむすびつきにある。イェナ期の『道徳論の体系』において、「宗教」はあくまでも「道徳性」の現象形態のひとつとして考察されていたが、前期ベルリン時代の『浄福なる生への導き』になると、フィヒテは「宗教」を「道徳性」から明確に区別するようになる(5: 473ff., 526ff.)㉙⑥。フィヒテによると、真の「道徳性」は何らかの活動への「才能」Talentとして現象し、「結果」を目的とせずに営為――藝術・統治・労働など――に没入する点にその本質を有する。ところが「宗教」は特定の活動とむすびつくことはなく、あくまでも絶対者――宗教的語彙をもちいるならば「神的生」(〔神の意志〕)――との合致という内面的信条に固有の領域をもつ。つまり、いかなる分野で活動しようとも、「宗教」的認識に到達した者の心は「浄福」で満たされるはずだ。「道徳性」の立場が絶対者の現象としての道徳律を絶対視し、感性界を道徳的義務に発する行動の場とみなすのに対して、「宗教」的認識は、道徳律も法秩序も感性界もすべて「一なる神的生の流出」として「愛」をもって包摂することだろう。「道徳性」と異なり、一旦「宗教」的認識に到達した場合、その信条がゆらぐことは絶対にありえない。道徳的人間は道徳的義務を義務であるがゆえに愛したが、宗教的人間にとってはもはや「義務」という意識さえ生じないのである。実際にフィヒテは「宗教」について論ずるさい、「義務」Pflichtの概念をもちいない。森羅万象は「神」への「愛」へと還帰してゆくのである。

フィヒテの秩序構想全体と照らしあわせるならば、以上の認識論的区別は「知識人」と非「知識人」との区別に対応している。つまり、「統治」や「学」の立場が、理論教育を経た知識身分に限定されるのに対して、「宗教」は非

「知識人」たる労働身分にも到達可能な高次の認識なのである[297]。もちろん、知識身分たることが、「宗教」的認識と矛盾するわけではない。むしろ、知識身分に属する者にとっても、「宗教」的認識は重要な意味をもつ。「宗教」的認識を獲得することによって、営為の「結果」への執着を完全に断ち切ることができるからである(5: 533–5)。たとえば、国家の形成と維持という困難な課題を担う統治者にとって、「宗教」的認識が不可欠であること、「学」をきわめた「知識人」の心性が「宗教的」となる点をフィヒテは強調する(6: 418ff., 425; II, 13: 390)。それでも、「宗教」的認識にとって基本的に「学」的陶冶は不要なのである。

こうした「宗教」の特徴から、「民衆」の教化という側面も浮かびあがってくる。フィヒテによる「神学」の位置づけは、その顕著な例である。フィヒテの学的体系において、「神学」はもはや人間の理解能力を超えた「秘密」とかかわりあってはならない(II, 11: 109–10)。フィヒテは、「啓示」がなくとも「神の意志」を把握できるとし、聖書の「認識源」としての価値を否定する。聖書の「きわめて曖昧な文言」の解釈学(教義学)はもはや何の意味ももたないのである。さらに、ラテン語やギリシア語といった古典古代の言語研究が「文献学」に、「宗教的概念の発展史」が「歴史学」にゆだねられることで、従来の伝統的な「神学」像は根本から転倒させられることとなる(II, 11: 116–7)[298]。いまや「神学」は自律した学知とはみなされず、わずかに「民衆教師」の育成という役割を担うにすぎなくなる。「民衆教育」に資するべき「神学」は認識論的にみると、「学」的認識と「宗教」的認識の中間に位置するといってよい。フィヒテによれば、「学」と「宗教」は、「観察的または観照的」である点で共通しており、「行為へと駆り立て、行為のなかで発する」「活動的かつ実践的」な「道徳性」とは区別されるべきである(5: 472ff.)。しかし、「宗教」が「神的生」を無条件に前提するのに対して、「学」は「法則にしたがって多様なものをそれぞれ一者に還元し、あるいは一者から多様なるものをそれぞれ演繹する」点において、決定的に異なる。

学は、まさしくすべての多様なものが一者に基礎づけられ、一者に帰せられるという洞察――すでに宗教が〔信仰を通じて〕あたえている洞察――を超えて、この関連がどのようになっているかという〔理論的〕洞察にいたる。宗教にとっては絶対的事実にすぎないものが、学にとっては発生論的となる。学を欠いていても、宗教はすでにそれだけで不動の信仰である。学はすべての信仰を止揚し、観照へと転化させるのである。

(『浄福なる生への導き』)(5: 472)

「学」は、内面的信条としての「宗教」を超え、「純粋かつ客観的な真理」に到達することを究極の目標とする(5: 542-3)。「学」は「反省」Reflexion を徹底的に遂行し、最終的には絶対者を「反省」が到達できないものとして把握するにいたる。いわば「神において自己を純粋に無化する反省」にこそ、「学」の神髄はある。[299] その意味で、認識と世界の構造を論理的に根拠づけ、「発生」Genesis 的認識をもたらしてくれる「学」は、すべての啓示・象徴・教会の教説の「裁判官」である(II, 13: 389ff.)。

理性(理性性あるいは哲学)は信仰問題の裁判官なのか、あらゆる啓示を称するすべてのものの試金石であるのか、人びとはこれまで問うてきた。現在、おそらくすべての教養人があたえらるべき解答について一致しているといってよいにもかかわらず、率直に意見を表明する勇気にしばしば欠けているように見受けられる。しかし、この点について明確に意見を表明し、とくにみなさんに対して、みなさん自身が――ご自身で確信している場合には――普及させるべき意見を表明せねばならないと、わたしは思う。前提はすでに提示された。哲学があらゆる道徳的認識――あらゆる啓示・象徴・教会信仰――を有機的統一性と完全な明瞭性において含んでいるとするならば、ほかでもなく実際こうしたものである哲学は最高の裁判官であり、哲学に反するものはすべて誤謬であり、進歩によって徐々に廃棄され、解放されてゆかねばならない。この点に関してはまったく疑いがない。そのかぎりで、超感性的なるものに関する哲学の教説は、純粋明瞭な信仰である。そして、哲学にむかって、あらゆる教会の教説と象徴が時代の進展に沿って、高められねばならないのである。

(『道徳論』)(II, 13: 390–1)

したがって、「神学」を修めた「民衆教師」Volkslehrer とは、「学」によって証明された真理を、「畑を耕し、あるいははなはだ地味な仕事」(5: 474)を営む労働身分に伝達する「媒介者」にほかならない。民衆教師は、学問研究を進展させるほどの「知識人」である必要はなく、「民衆」の教化に必要な能力さえそなえていればよいのである(II, 11: 114–6)。すなわち、「下級学識学校」の授業内容を理解し説明する能力、諸学の研究の「結論」を把握し、自習によって補う能力である。ここでもフィヒテは、「民衆の陶冶」にもちいられるべき「宗教体系」Religionssystem を独立した学問分野ではなく、知識学の応用とみなしている。フィヒテは民衆教師を、哲学的真理に沿って労働身分を教化する主体として位置づけるのである。[300]

民衆教師による教育は、労働身分にも共有可能な「信仰箇条」Glaubensartikel を通じておこなわれる。「民衆教師は証明も論争もしない。なぜなら、民衆教師は信仰箇条と善意志をすでに周知のものとして仮定し、前提とするからである」。この「信仰箇条」が聖書を意味することはいうまでもない。ここにもフィヒテの描く「宗教」の教化的性格が鮮明に表れている。フィヒテは「啓示」、すなわち、聖書を学問上の「認識源」としてあつかうことを厳しく戒める一方、聖書を「民衆教育」の有用な手段とみていた。フィヒテにとって、聖書とは「民衆教育の媒体」なのであり、聖書の著者たちが「実際に」語ったことではなく、「どのように語るべきであったか」が問題となってくる。「民衆教師」の役割は、「真の宗教と道徳」を聖書の文句をもちいて説教することであり、したがって聖書の著者たちの元々の意図を理解する必要はまったくないのである。「哲学」の結論へと導く聖書の解釈書があれば、十分に事足りよう。フィヒテにとっての「啓示」とは、「学」への接近を拒まれた人びとに対する教化の手段にちがいなかった。

フィヒテのいう「教会」Kircheとは、こうした「民衆教師」を中心とする信仰共同体である(4: 348ff., 351)。「教会」の結社としての性格は、イェナ期の『道徳論の体系』に詳述されている。それによると、「教会」の目的は「道徳的対象について万人の一致を創出する」こと、すなわち万人一致の道徳的共同体の建設にある。ここでの「教会」は特定宗派の教会を意味するわけではない。「教会はしばしば想像されるように、特定の目的を有する結社ではなく、唯一の大いなる人間社会を異なった視点から眺めたものにすぎない」。人間が道徳的秩序をもとめる以上、万人が「倫理的共同体」たる「教会」に属しているのであり、民衆教師は「教会の奉仕者」として「万人の名のもとに」説教するのである。「民衆教師は個々人にとって、特定の人格ではなく、本当は道徳的共同体、すなわち教会全体の代表者」にちがいない。フィヒテによれば、「教会」に属し、道徳的陶冶をおこなうことで、「もっともつまらない職業」さえも「神と永遠」のもとに聖化されるという。

そして、「教会」を統合する役割を担うのが、「象徴」Symbolである(4: 236, 241-5)。「象徴」とは、たとえば聖書のような教典、教義、典礼などの制度的側面を指す。「象徴」がなくては「教会」を維持することはできない。個々人の有する道徳的見解が異なる以上、各人が道徳的に交流するためには最低限の共有価値観が必要となってくるからだ。ここから「象徴」の「象徴」たる由縁が導かれよう。

そうした象徴概念の特徴としては、象徴が明確に規定されたものではなく、その表現において一般的なものにとどまるという点が挙げられる。なぜなら、さらに詳細な諸規定について、個々人は一致しないからである。さらに、象徴は万人に——もっとも陶冶されていない人間にさえも——適合するべきであり、抽象的公理ではなく、感性的表現によって構成されるべきという特徴も挙げることができる。感性的表現は単なる覆いにすぎない。概念こそ、本来的に象徴的なるものである。まさしくこの感性的表現が選択されねばならないと、必要性が命ずる。何らかの一致点がなければ、相互の交流は一切不可能となるからである。また人間は、概念が偶然にまとった覆いを概念の本質から区別できず、ほかの点に関しては一致することができないからである。〔中略〕あらゆる可能な象徴の本質は以下の定理にほかならない。つまり、超感性的なるもの、あらゆる自然よりも崇高なるものが存在するという定理である。これを本気で信じることのできない人間は教会の構成員たりえない。そのような人間は、あらゆる道徳性と、道徳性への陶冶から完全に見放されている。

(『道徳論の体系』)(4: 242)

このように「象徴」は、「教会」共同体の「結節点」としての役割を果たす(4: 244)。「象徴」を欠けば、道徳的交流は不可能になってしまう。「象徴自体が教えられるのではなく――これは完全な坊主根性である――象徴から出発して教化されるのである」。また、「象徴」は、固定したものである必要もない(4: 236)。というのも、「万人が一致するものは、精神の継続的な相互作用によって、徐々に増加するから」である。どのような「象徴」であれ、「超感性的なるもの」の存在を表現することができれば、それでよい。「民衆教師」は、会衆に共有される「象徴」から出発して、道徳的教化に取り組むのである。聖書や「象徴」を前提として道徳的陶冶を促進する「教会」は、理性や「学」によって原理原則そのものを問いなおす「学藝共和国」とはまったく別の役割を担うこととなる。[301]

しかし、『共和国草稿』以前において、「象徴」の態様が具体的に論じられた形跡はない。『道徳論の体系』の記述はあくまでも一般論にとどまっている。ところが、『共和国草稿』のなかの「ドイツ人の宗派」と題された一章において、フィヒテは「真の宗教」の「祭式」Kultus や他宗派との関係についてはじめて詳細に語ったのである。叙述は一種異様な雰囲気を湛えている。それは、「二十二世紀」の共和国にふさわしい「普遍キリスト教会」における「象徴」のありようにほかならなかった。

共和国の「立法者たち」は、人間の認識能力に制約をかける「権威信仰」を拒絶する。「普遍的公民愛」は「愛の宗教」のうえに基礎づけられねばならないからだ。そこから、旧教とも新教とも異なった「普遍的公民的かつ国家的儀式をともなう」「第四の宗派」が設立されることとなる(II, 10: 412–4)。旧教も新教も絶対的な「権威」を基盤とする信仰であることに変わりはない。これに対して両者にとってかわるべき「第四の宗派」、すなわち公定の「祭式」と「公民的宗教的諸手続」をそなえた「普遍キリスト教会」は、「人間的陶冶」、いわば「明瞭かつ固有の洞察」と「堅固かつ固有の意志」によって支えられた「無制限の自律性」を核に据える、真の「宗教」となる。ここでも聖書はもはや「権威」ではなく、「民衆教師」が聴衆に対して「正しき意見」を教えるための手段として位置づけられている(II, 10: 416)。「国民書」NationalBuch たる聖書の記述は、その「曖昧さ」ゆえに「民族と国民の記憶」や「感性的活性化」と容易にむすびつけることができるのだという。

さらにフィヒテは、共和国公定の「祭式」の様子を、「村落教会」を例にとって論じてゆく。教会の立地条件や建築様式にはじまり、中庭の風景、そして内装にいたる微細な描写は、抽象的議論に重点を置いてきたフィヒテの筆によるがゆえに、一層際立つ。

とりわけ多くの紙幅を割いて紹介されるのが、いわゆる「日曜の祭典」の情景である。「死」をあつかう第一部と、「生」を祝う第二部から構成されるこの祭典は、フィヒテの思い描く理想の「宗教」と「民衆」の関係の象徴的縮図にほかならない。「日曜の祭典」は「公民的儀式」であり、教会に入場したすべての男性は、それぞれひとつの座席と一丁の銃を割り当てられる(II, 10: 419)。未来の共和国においては、二十歳以上の成年男子は終生「兵士」であることをもとめられるがゆえに、銃は「公民性の根本象徴」にほかならない。この「日曜の祭典」は「処罰」によって出席を強制され、健康な人間の欠席はゆるされない。

第一部で紹介される死者の埋葬の儀式において際立つのは、埋葬法である。つまり、ほかの宗派と異なり、「普遍キリスト教会」の祭式においては、死者の遺体が「焼却」、いわば火葬にふされる点が最大の特徴といってよい(II, 10: 417-8)。周知のように十九世紀後半にいたるまで、旧教・新教を問わず、キリスト教の伝統的な埋葬法は——最後の審判後の「復活」のために肉体を保存する必要があるという教義上の理由、あるいは聖書には土葬しか記載されていないという文献的理由から——土葬であった。フィヒテの時代において、火葬は忌避の対象であった。[302]にもかかわらず、フィヒテが火葬を強調するのは、独特の「宗教」理解ゆえにちがいない。すでにみたように、フィヒテは伝統的キリスト教の彼岸信仰を批判し、あくまでも現世における道徳的秩序実現に「宗教」の本質をみていた。つまり、来世での「復活」を前提とした土葬は彼岸信仰の象徴にほかならないわけであり、フィヒテは意識的に火葬を選択することで彼岸信仰に楔を打ちこんだのである。

また、死者に対するあつかいも、こうした「宗教」観を反映している。村落教会の中庭には、死者の記念碑たる骨壺を置くための台座が設置され、故人の名誉の段階に応じて順々に陳列されることとなる。「祖国のために戦場で死んだ」者たち、つぎに「祖国に明瞭性と悟性によって助言した」者たちが上位に位置づけられることはいうまでもない。他方でもっとも等級の低い者たちの骨壺に、名前が記されることはない。無論、骨壺の中身は空であるが、こうした演劇的装置は「小さな愛の嘘」であり、「そのようなものをドイツ共和国は咎めだてしない」のである。ここでも来世の幸福ではなく、現世の「祖国」——道徳的秩序——への貢献度合いが評価基準となっている。

「日曜の祭典」における死者の埋葬は、フィヒテの「宗教」観の象徴的表現である。そこでは死者の骨壺を前にして、聖職者が生前の功績——戦争や統治における「祖国」への貢献が最重要視される——や経歴を読みあげた後、道徳的な罪の「象徴的否定」が宣言される(II, 10: 420-2)。

死者の経歴の朗読が終わると、すでに用意されていたもう一枚の白紙が、当該死者に関して道徳裁判所 Sittengericht で保管されているかもしれない書類の象徴として、祭壇の脇の釜——なかでは香木の薪による炎が燃えている——に投げ込まれる。そのとき、以下の文句が唱えられる。「昇天への意志がしばしば地上の覆いによって妨げられたとしても、いまや死者はこの覆いを脱ぎ捨てた。この罪が我々の、さらには生きとし生ける者すべての記憶から抹消されんことを」、と。この後半部分は、全会衆によってゆっくりと厳かに復唱される。たったいま言及した道徳裁判所については然るべき箇所で詳細に論ずるとしても、いま論じた箇所の理解のために以下の点だけは註釈しておく。つまり、この道徳裁判所は実際に、死亡した公民に関して職務上入手しえた、あらゆる情報や公判資料をこの集会において燃やすのであり、そうした資料を——後で言及する唯一の場合における唯一の人物のほかは——残しておくことはきわめて不適切と判断することだろう。にもかかわらず、この象徴的否定の儀式は導入され、例外なく、以下のような人物においてさえも遂行されることとなる。たとえば、自分の名前が道徳裁判所の書類のなかに現れることなど決してないような人物、そう、道徳裁判所の前に一度たりとも出廷したことのないような人物についてさえも象徴的否定の儀式は適用されるのである。これはひとえに、以下の目的のためである。すなわち、この裁判所に対する畏敬の念、自分自身への観察を鋭敏にさせるような考え、つまり道徳裁判所には誰もが恥を晒しうるという考え、さらには道徳的過失に関する確信——この道徳裁判所が感知する汚点はほかの違反行為のように刑罰をもって償われうるのではなく、親密な会衆によってのみ、しかも当該人物の死後においてのみ、赦されうるという確信——を表現するため、そして同時に、普遍的贖罪者あるいは和解者という好ましいかたちで死を表現するため、こうした共和国のほかの多くの諸制度においても明白な意図を表現するためなのである。

（『共和国草稿』）（II, 10: 420–1）

以上の儀式では、現世の生は仮象として理解され、「死」が「普遍的贖罪者」（「和解者」）として絶対者への媒介機能を果たしている。「死」によって、はじめて個は絶対者へと還帰するというわけである。以上の記述からは「道徳裁判所」が公民生活を道徳的に厳重に監視するさまがよくうかがえる。個人の生涯に区切りをつけるのは、道徳的秩序の監督者たる「道徳裁判所」の役割である。

しばしの中断の後に再開される祭典の第二部では、新たに共同体に加わる者たちの「聖別」の儀式がつづく。「最年長でもっとも尊い婦人たち」は、赤子たちを抱きかかえながら祭壇の前に歩みより、そこで「公民」としての登録と命名が厳かに執りおこなわれる(II, 10: 422-3)。いかに遅滞のない、粛々たる進行がなされねばならないかを細かく解説するフィヒテにとって、ここでも劇的効果は最優先さるべきものであった。

「死」と「生」の儀式を同時におこなう意図については不明だが、「日曜の祭典」もまたフィヒテの「宗教」観を演劇的に再構成したものであることは容易に察しがつこう。つまり、この儀式は、「生」と「死」によって縛られた「時間的生」を超越する、絶対者の顕現を確認するために存在しているのだ。フィヒテにとって、『共和国草稿』で描きだされる村落教会の風景や儀式は、「知識人」たりえない「民衆」を、人間の消滅と新生を貫く「神的生」の確信へと導き、教化するために設計された壮大な舞台装置にほかならない[303]。約「二時間」におよぶ「日曜の祭典」をしめくくるのは、共和国の新たな「公民」を祝福する「聖別」の言葉であった(II, 10: 419)。

その間に祭壇の左手には、はじめに聖別されることになっている子供たちを抱えた女性がひかえ、右手には優美さを損なわないかぎりで、ほかの女性たちが密集している。説教師は最初の子供のうえに手を置き、以下の完全な形式にしたがって手を乗せたままにしておき、以下のように言う。「我々は汝をマリア・マイエリンと名づける」――姓もはっきりと言われ、以上の文句を全会衆が厳かに復唱する――そして合図とともに、以下のようにつづく。「我々は、そして我々を通じてドイツ国民の祖国全体は、汝をひとりの理性的存在者として(後半部分は会衆たちによって復唱される）、公民の諸権利の享受者として（復唱）、そして我々も望む永遠の生の共同相続者として（復唱）承認する」、と。

（『共和国草稿』）（II, 10: 423）

かくのごとき宗教制度は、『道徳論の体系』における「象徴」の具体的表現にほかならない。宗教制度に包摂される労働身分は、生と死の永遠の循環を生きることとなる。フィヒテは労働身分に道徳的宗教的陶冶はもとめても、知的陶冶、さらには人類の「陶冶」を導く役割は一切期待していない。フィヒテによると、労働身分の役割は、「人類が獲得してきた陶冶段階において人類をみずからの力によって維持する」こと、すなわち、人類が達成してきた「陶冶」の現状維持に尽きるからである。それゆえ、いかに労働身分の人びとが「祖国」のための「労働」に喜んで従事したところで、そこには静態的なイメージがつきまとう。各人の「労働」と「宗教」的認識によって媒介され維持される自足的共同体は、制度設計と管理統轄、すなわち「統治」を担う者たちなしには考えられない。そして、この「統治」、つまり教育も含めた労働身分の管理を担う者たちこそが、知識身分なのであった。

第六章 「二十二世紀」の共和国(2)

第一節 アカデメイアの夢——学識教育論

(1) 高等教育と哲学

統治集団としての知識身分の存立根拠は、いうまでもなく、「学」的認識にある。フィヒテが構想する位階秩序においては、世襲原理が否定され、身分的区別は知的能力によってのみ正当化されうる。つまり、「学」的陶冶への資質を有する者は、たとえ労働身分の子弟であろうとも、知識身分への編入が可能でなければならないのだ。「最低の身分の子弟が最高の地位に、最高の身分の子弟が最低の地位に就くことはありうる。いわば、出生はそれを妨げない」。国民教育の段階で優秀な成績をおさめた男子生徒——女性は学識教育の対象外であり、身分移動は婚姻によるほかない——は、知識身分に属する審査官たちによる「誰が高貴な者として、あるいは高貴ならざる者として生まれたかという」「最終かつ上訴不可能の決定」によって、十四歳から二十歳までの学識教育への進学が許可される(7: 426; 11: 179; II, 10: 383-4)。選抜の基準は、知的卓越性と道徳性・宗教心である(11: 196ff.)。

「学」的陶冶はその性質上、単なる読書や自習で修得できるものではない。「概念」と「反省」による絶対者の把握のためには、特別な教育機関が必要になる。五段階の認識階梯の最終段階をなす「学」への到達は専門教育を要する点で、それ以外の四つの認識形式からは明確に区別されるのである。「道徳性」は学校生活を舞台とする実践的な道徳教育によって、「宗教」は「民衆教師」を担い手とする教義・教化・祭式といった「象徴」の体系によって労働身分でも修得可能であったのに対して、「学」の専門教育は、才能ある者にのみゆるされる高度な理論教育である。したがって、学識教育機関の設計という問題は、フィヒテにとって無限の重要性を有した。フィヒテは学識教育を、導入部の中等教育(「下級学識学校」)と本来の高等教育の二段階制でとらえていたが、とくに高等教育機関構想に熱中した(11: 198ff.; II, 10: 383-4; II, 11: 88)。

ここで留意すべきが、「学」の道徳的性格である。これまでもくりかえしみてきたように、フィヒテにとっての「学」は単なる認識の探究を意味しない。イェナ期の『知識人の使命』や『道徳論の体系』以来、「学」の究極目標は人類の道徳的陶冶、すなわち完全な道徳的秩序の建設に置かれてきた。こうした「学」の道徳的性格は、高等教育機関像にも影響をおよぼさざるをえない。高等教育機関は、単なる学問的技術の教授にとどまらず、道徳的共同体としての使命をもおびることとなるのである。

『共和国草稿』の学識教育に関する記述は簡潔であり、内部組織や理念について語られるところはすくない(II, 10: 384, 386)。しかしながら、当時のフィヒテが高等教育論に無関心であったわけではない。ティルジット条約締結後に浮上したベルリン高等教育機関設立問題は、フィヒテの思索を結晶化させる契機となった。『ベルリンに設立予定の高等教育機関に関する演繹的計画』(一八〇七年、以下『演繹的計画』)は、いわば年来いだいてきた学識教育制度論の集大成にほかならない[304]。その執筆時期は『共和国草稿』および『ドイツ国民に告ぐ』のはざま期にあたっている。

『演繹的計画』は生前に公刊こそされなかったものの、成立経緯はたどりやすい。『共和国草稿』が周囲の人びとに知られずに構想されたのに対して、『演繹的計画』はプロイセン政府高官への建白書としての性格をもつ[305]。ベルリン高等教育機関新設の勅命を受けた、プロイセン内局顧問官バイメはフィヒテのほか、古典文献学者ヴォルフや法学者シュマルツといったベルリン在住の著名な知識人から、極秘裡に参考意見の提出をもとめた。フィヒテのもとにバイメからの依頼状が届いたのは、ベルリン帰還後まもない九月五日である。その後、フィヒテは十九日に申し出を快諾している(III, 6: 177)。さらに十日後の二十九日には早くも『演繹的計画』の第一章の草稿を送付し、翌月の十八日にはすべての草稿を提出した。注目すべきは、異様なまでの執筆速度の速さである。したがって、フィヒテが依頼を受諾したさいにはすでに構想が相当具体的なかたちでまとまっていたのではないかという推測も、十分に成り立ちうる(II, 11: 69–75)。当時のベルリンに高等教育機関設立の噂が流れていたという事実、さらにフィヒテの知人であり著名な歴史家でもあったヨハネス・フォン・ミュラーからの書簡は、この推測を裏づける。また、フィヒテが過去に執筆した「エアランゲン大学改革案」(一八〇五年)も『演繹的計画』と重複する内容を含んでおり、連続性を見出すことは容易である。したがって、フィヒテが『共和国草稿』の執筆まもない時期に、具体的な高等教育機関構想をいだいていたことはほぼ確実といってよい。

（a）「悟性使用の技術学校」としての高等教育機関

フィヒテによれば、高等教育は著書や教科書の朗読、いわば「読書のくりかえし」とは異なる独自の本質をもたねばならない(II, 11: 85–6)。つまり、高等教育機関はすべからく「古典的意味」im antiken Sinne における「アカデメイア」Akademie でなければならないというのである。ここにもプラトンの声は響きわたっている。では、「古典的意味」における「アカデメイア」の本質とは何か。それは、「知識を使用する技術」を教授する点にほかならない。「学習内容を、生において遭遇する諸々の事態に応用する」ことは、読書によって得られる「知識」とは異なり、教師による指導なしに獲得することはできないからである。フィヒテによれば、「明瞭で自由な意識」と「学習活動の規則の意識」をもって把握されたものこそが、学習者自身と不可分の「人格の本来的な構成部分」となりうる。そして、「知識を使用する技術」を可能にするのは、「明瞭で自由な意識」をともなう学習を成り立たしめる「悟性」Verstand である(11: 181ff.)。

理解という自由な活動を、悟性という。まず最初に言及された機械的学習においては、悟性はまったく応用されることはなく、ただ盲目的自然のみが支配する。以下のような場合においては、学習における悟性使用の明晰な技術 besonnene Kunst が生じるであろう。〔それは〕悟性の活動と、ある事柄を理解するためにおこなわれる活動がいかになされるかが、ふたたび明瞭な意識にまで高められる場合である。(『演繹的計画』)(II, 11: 87)

「悟性使用の明晰な技術」は消極的学習によっては身につかない。「学習の技術自体」を学ぶことがもとめられるのだ(II, 11: 86–7)。「技術」に熟達した者(「技術者」Künstler)たることは、学習において自在たることを意味する。学問的「技術者」にとっては、「無限に」学びつづけることも容易である。「悟性技術の魂はイデア〔＝絶対者の「像」〕にある。これこそが、悟性技術にまず本来の素材と意味と価値を付与するのである。したがって我々は、イデアの認識に達した者にのみ、自己自身において完成した本来の技術者という名称をあたえることができるのである」(11: 185)。「悟性技術」は「超感性的なるものに感性的なるものへの通路を確保する」のであり、「これなくしては目的を欠いた無用な技術にすぎない」。ここでもフィヒテは、プラトン的「技術」概念――専門知を有する者が対象物を再生産できる能力――にしたがっている。

かくして「アカデメイア」の目的とは、以上のような「技術者」の養成、すなわち「学問的な悟性使用の技術学校」たることにある。フィヒテは高等教育機関の独自性を、準備期間としての中等教育との対比によって鮮明に浮かびあがらせている(11: 198ff.; II, 11: 88)[306]。つまり、中等教育は「すべての理解作用の一般的用具」としての「言語」の修得と、各学問の概説を眼目とする。そこでは内容の「理解力」「記憶力」の育成に重点が置かれ、内容そのものへの「批判」自体は問題にならない。対してフィヒテは高等教育の力点を「判断力」Beurteilsvermögen の形成に置く。要するに、真偽を峻別する「批判の技術」Kunst der Kritik の育成をめざすのである。無論、中等教育も「技術学校」の一部をなすことに変わりはないが、つねに学習内容についての「批判」的判断をもとめられる高等教育のほうが、はるかに高度な知的鍛錬であることはいうまでもない。

しかし、「悟性使用の技術学校」としての「アカデメイア」の理念は、既存の大学の枠組とどう関係するのであろうか。はたして両者は整合的にむすびつくのであろうか。「アカデメイア」実現のためには、その理念そのものがドイツ大学の伝統に接続されねばならない。当時の大学は上級三学部(法・神・医)と哲学部の四学部制であり、各学部内で「専門知」が教授されるというものであった(II, 11: 101-2)。現状では既存の学問体系の全面的再編が望めない以上、理念としての「技術学校」の出発点は、「専門知」をまず「技術」にまで高めるところに置かれることとなる。

ここで、フィヒテはすべての学問の前提としての「哲学」Philosophie の重要性を強調する。「専門知」を「技術」にまで高めてゆくには、まず第一に「全精神活動」と「精神活動のありかた」を把握する学としての「哲学」を修める必要があるというのである。「哲学」を学ぶことは、「技術」の「使用」に先立ち、「技術」についての「一般的概念」を得ることにひとしい。「したがって哲学的技術者の形成から、諸々の専門知へと、その技術〔＝哲学的技術〕があたえられなければならないだろう」。

哲学的精神とは、まず最初に自己自身を、そしてさらに自己自身のなかで、ほかのすべての精神を理解するような精神である。ある専門知の技術者は、何よりもまず、哲学的技術者にならねばならないだろう。そして、専門知の技術者が有する、専門知に関する技術は、一般的な哲学的技術のより広範な規定であり、個別的応用にすぎないのである。

(『演繹的計画』)(II, 11: 103)

フィヒテによれば、学問の王者としての「哲学」の「技術者」たりえてはじめて、ほかの「専門知」の「技術者」たることができる。法学部を最上位におき、哲学部を従属させてきた従来の学部秩序は、完全に転倒させられている。[307]

さらに、フィヒテは「知の純粋形式」としての「哲学的精神」を中心点としたうえで、「全学問分野」を「有機体的統一性」のもとに把握する。「哲学的精神」は、「学」と「非学」の区別、中等教育と高等教育の境界線、個別分野相互の関係を明確化することによって、「技術学校」としての統一性を基礎づける(II, 11: 105–6)。「哲学」から生じる「学」の体系的見取り図、すなわち「全学問の哲学的エンチクロペディー」こそが「すべての特定の諸学問」探究の「規制」Regulativ となり、そこから各個別分野の「エンチクロペディー」が整備されてゆく。フィヒテが重要視したのは、個別分野と学知の体系全体が相互に補完しあって発展する過程にちがいなかった(II, 11: 106–9)。

また、全学問分野の頂点に君臨する「哲学」の教師は、開学時には「ただひとり」であるべきである(II, 11: 104–5)。何らかの「実定的 positiv な命題」から出発するのではなく、学生の「体系的思考」を刺激することを眼目とする「哲学」にとって、「論争」Polimik は有害なものでしかない。あるべき真の「哲学」は知識学のみであるがゆえに、「体系と見解の多様性」は必要のないものなのだ。

最後に、伝統的に官僚養成の実学としての役割を担ってきた法学はいかに位置づけられるのだろうか。フィヒテにとって、「法学」Jurisprudenz はいまや「歴史学」Geschichte の一分科以上のものではない。すなわち「人間における法概念 Rechtsbegriff の形成と発展の歴史」としての「法学」は、「歴史学」と「哲学」というふたつの上級学問によって統制される運命にあるのであって、もはや自律的な学知ではないのである(II, 11: 112–3)。さらに「法概念」自体も「哲学」によって、「歴史学とは独立に」発見される対象にすぎなくなる。

ここでの「法学」とは、同時代の帝国国法学などとはまったく異なっている。後者が帝国史を基礎とする国制史・法制史的方法によって帝国国制の現実を把握しようとしたのに対して、前者は知識学の原理から演繹される哲学的「法論」を意味しているからである。そこでは人間の理想秩序が、現実を規制するものとして提示されるのである。その意味で「法学」は自律した学問分野というよりも、むしろ「哲学」の領域へと回収されている。

もちろん、「法学」には統治官僚育成という側面がある。とりわけ「立法者」の育成は、「最終的な実践的目的」にちがいない。さらに、知識学の原理から超越論的「法論」を導きだすことに加えて、そうして得られた「法概念」を現実世界に適用していくための「歴史学」も不可欠である。ここでフィヒテが念頭に置く「歴史学」とは、『現代の根本特徴』で素描されたような「哲学」の展開過程としての一般史である(II, 11: 108-9)。「法学」の上位を占める「歴史学」さえも、いまや「哲学」的真理の弁証という役割を果たすにすぎないのだ。このような意味での「歴史学」を学ぶことによって、未来の統治者は「法概念」が現象界でどのように実現されてきたかを学ぶこととなろう。

〔「立法者」にとって「法学」が重要である〕というのは、そもそも法律のあるべきすがたは、まさしく経験に先立って認識されるからである。にもかかわらず、以下のような技術は職務において、これまでの〔人類史上の〕全時間の経験を必要とするのである。その技術とは、すべての所与の時代のために、〔経験に先立って認識される〕この法律の特定の形態を発見し、適合させてゆく技術である。立法と同様に裁判職も、歴史の実践的応用なのである。

(『演繹的計画』)(II, 11: 112-3)

ここに描かれる統治者のすがたは、つねにみずからの置かれた時代と空間を考慮に入れながら、「哲学」によって把握される「法概念」の実現に献身する「技術者」のすがたにほかならない。「法学」とは「その最高の境位 Potenz

において」、「歴史を、しかも従来以上に喜ばしい歴史を産みだしてゆく技術」を意味していた。統治を担う者にふさわしい能力とは、「哲学」という統一的な視座のもとで現在を把握し、現在と未来を往復して「歴史を産みだしてゆく技術」にちがいない。このように、フィヒテは「哲学」による「法学」の従属化を徹底的に遂行するのである。

（b）道徳的共同体としての高等教育機関

イェナ期の『知識人の使命』以来、「知識人」は、完全な道徳的共同体という究極目標実現のための闘士として位置づけられてきた。後期ベルリン時代の『知識人の使命に関する五講』（一八一一年、以下『知識人論』）は、フィヒテの「知識人」論の集大成ともいうべき作品である。フィヒテによると、「知識人」とは知識学を中心とする「学」の体系に沿って、絶対者の「像」――同作では「イデア」Gesicht とよばれる――を地上的生において実現する主体である(11: 150-5)。ここでの絶対者の「像」とは、理念的な道徳的秩序を意味している。しかも、実現さるべき絶対者の「像」、すなわち道徳的秩序は静態的なものではない。絶対者自体は永遠不動の一者であるが、その「像」は歴史的環境に応じて変化する。つまり、「知識人」は時代状況に沿ったかたちで道徳的共同体の建設につとめねばならないのである。いわば「知識人」は超感性界と感性界の媒介者といってよい。

知識人が自己を一旦、自律的な知〔＝絶対者の「像」〕の境地にまで高め、かれの知が本当に活動的かつ推進的となっている――かならずやそうなるだろうが――ならば、知識人の生は価値あるものとなる。否、存在し、かつ存在しうる唯一可能な価値を有することとなろう。神〔＝絶対者〕が変容し、その像が永遠の不可視性から、新たなる明瞭性をもって持続的かつ連続的に可視界に登場する。まさしく、これこそ、これのみがあらゆる現存在の目的だからである。この神が変容することによってのみ、世界は前進するのであり、世界に生じうる本来的に新し

> いことはすべて、新たなる明瞭性における神的本質の現象にほかならない。この現象がなければ、世界は停滞し、太陽のもとに新しいことが起こることはない。だから、この知者Wisserは、活動的となった自分の知を通じて、世界における本来の生命力となるのである。継続的創造の動力となるのである。知識人はそのようにあるべきなのであり、そのようにあることこそ、知識人の本来的な使命にほかならない。（『知識人論』）(11: 155)

「知識人」は自身の知を絶対者の「像」にまで高め、現象界におけるその実現に邁進する。「知識人」は世界の進歩の牽引者といってもよい。逆にいえば、「知識人」は絶えず、時代の現実と理念の相剋とむきあわねばならないということでもある。[308]

困難な使命を担う以上、「知識人」は単なる研究者であるべきではない。「知識人」は本質において道徳的主体である。「知識人」をめざす者に確固たる道徳性と宗教心が要求されたとしても、何ら不思議ではない(11: 196–8)。卓越した知的能力とならんで、道徳性と宗教心が学識教育への進学条件とされていたことは、すでにみたとおりである。「悟性がおのずから発現し、自己自身のなかで自己を拡大し、自己自身のうえに自己を構築しようと努力する人びと、そうすることで同時に自分自身の道徳性と宗教心を我々に保証する人びとこそ、学識教育の学生として選抜されるべきなのである」(11: 198)。

こうした「知識人」の道徳的性格は高等教育機関の性格にも影響をおよぼすこととなる。フィヒテによると、高等教育機関の秩序は、学生の道徳的「自律性」を涵養するよう設計されねばならないという(11: 199ff.)。「あらゆる人間はいつか自律的となるべきであり、みずからの生の最高指導を自分自身で引き受けるべきである。知識人は一層そうあるべきである。知識人がみずからの使命を果たすときには、全人類および、最終根拠の点で全人類にはつねに隠れたままにとどまらざるをえない諸関係の最高指導を引き受けるべきだからである」。法律や教師が学生の行動をことごとく指示する場合、自主的判断力が養われるはずもない。規制がない場所においてこそ、本当の「自律性」は涵養されることとなろう。「知識人は実生活に入る前に、こうした自律性へと教育されねばならず、自律性について自分自身を試験し、また他者から試験されねばならない。したがって、知識人は養成期間中は自分の生に関する上述の最高指導を引き受けねばならないのである」(11: 199)。もし、「自律性」に到達できない者がいるとすれば、そのような人物にどうして人類の命運を託すことができようか[309]。

『演繹的計画』の記述からも、高等教育機関の道徳的性格は鮮明である。『演繹的計画』の内容のすくなからざる部分は学生団・教師団の編成、財政運営、学術叢書の創立といった微細な制度論によって占められている——これは『演繹的計画』が政府筋への具体的な政策提言の書であったがゆえであろう——のだが、個々の制度設計にも、フィヒテが構想する高等教育機関の「道徳性」は刻印されている。

まず、『演繹的計画』の制度論を貫くのが、位階秩序と体系性へのこだわりである。大学で教授される諸学自体、個別に教授されるのではなく、「哲学的エンチクロペディー」を中心に体系的に再編成された点については、すでにみた。この特徴は教師団・学生団の編成において顕著である。教師団は、員外教授・正教員(正教授・補助教員)・退職教授に厳格に区分され、各種教員にはそれに応じた役割が割り当てられる(II, 11: 128-34)。さらに、フィヒテは学生団を教師団以上に厳密な階層秩序によって把握する。すなわち、学生は、大学での受講を許可された「附属生」irregulares/Zugewandten、大学本来の学生であると同時に諸々の特権を享受する「正規生」regulares、両者の移行期ともいえる「修練生」Novizen の三身分のいずれかに属することとなるのである(II, 11: 120-2)。新大学においては、この身分こそが、学生の大学生活と法的地位を規定している。

『演繹的計画』における正規生のありかたには、理想の高等教育機関の道徳的性格がよく反映されている。正教授の課す論文審査に合格した少数の選良である正規生は、本来の学生として、課題・受講・施設の利用のすべてにおいて優先されることとなる。さらに正規生たちはゆるやかな監督の下で、一種の「家政」を成して共同生活するのであるが、そこでは「経済的生業」を営む必要はない。正規生にとって、まず第一に問題となるのは「知的陶冶」だからである(II, 11: 118–20)。また、正規生たちは全体でひとつの「家族共同体」を構成するがゆえに、各構成員は国家や警察の管轄から除外され、強大な法的保護のもとに置かれるのである。この点、授業の受講に関する事柄以外は警察の管轄下に置かれる附属生や修練生とは明確に区別されている(II, 11: 123–4)。こうした「家族共同体」の中心には、退職教授が「家長」として、あるいは内部規律を執行する裁判所長として君臨し、共同体内部の「名誉」維持のため、家父長的支配を布く。そこでは、学生に対する処罰さえも温情的な「教育」としておこなわれるべきなのである(II, 11: 127–8)。

こうした閉鎖的な道徳的空間としての性格を象徴するのが、「制服」制度である。フィヒテによれば、附属生が万が一にも、正規生を頂点とする階層秩序を誤解することがないように、秩序は可視化されねばならない(II, 11: 122–3)。秩序の外化装置として、「制服」は何よりも有効である。「この制度は同時に、我々の学生たちの外的道徳的陶冶を支え、正規生に対するほかの学生たちの尊敬を促進し、確実なもの」とし、「秩序は適切な制度を介しておのずから学生の人生 Lebenslauf のなかに入ってゆく。〔したがって、制服制度によって〕内面的陶冶が配慮されるのである」。

正規生は「正教員」とおなじ「制服」を着用することによって、自然と周囲からの「尊敬」を集める。それと同時に、可視化された秩序は無意識的に学生の内面に浸透し、陶冶してゆくであろう。学問の訓練所であると同時に、一種の道徳的空間として構想されるフィヒテの高等教育機関は、そこで学ぶ者を知識身分へと陶冶する。そして、重要なことは、知識身分と労働身分が厳格に区別されるのと同様に、大学内においても位階秩序が貫徹されている点である。フィヒテの教育構想においては、「学」の原理に近づき、より高次の陶冶を体得する者は、連動して統治の中枢へと駆けあがってゆく。フィヒテが夢見たのは、少数の選良たちと教師たちが真の「道徳性」と「尊敬」によって結合する濃密な空間にちがいなかった。

フィヒテの高等教育機関構想にあっては、一方的に講義する教師と、授業に集中しない学生たちという従来の大学一般にみられた光景はもはや存在しない。教師と学生の新たな関係の基調をなすのは、「問い」と「応答」が不断にくりかえされる「対話形式」dialogische Form なのである(II, 11: 88-9)[310]。それは、「体系的思考」を引きだすための教育であり、「哲学」の体系そのものに疑義をさしはさむ「論争」とは明白に区別される。

教師のみならず弟子も、継続的に意見を述べ発話せねばならない。したがって、教師と弟子たちの相互的な師弟関係は、連続する協議 Unterredung となる。そこでは、教師の言葉一語一語が、先行して投げかけられた弟子の質問への回答となり、また弟子に対する教師の質問の提示ともなる。そして、その質問に対して、弟子はすぐ後につづく発言によって答えてゆく。

(『演繹的計画』)(II, 11: 88-9)

「対話形式」が高等教育の性格を根本から規定してはじめて、「古典的意味」における「アカデメイア」は、「ソクラテス的学校という意味における真のアカデメイア」となりうる。フィヒテの念頭に置かれているのは、対話によって弟子たちを「哲学的精神」へと開眼させた哲人ソクラテスのすがたである[311]。そして、このソクラテス像がプラトンに由来することはいうまでもない。フィヒテによれば、たとえひとりの教師に数人の学生たちが師事することになろうとも、この関係が変わることはない。複数の学生たちはそれ自体で「精神的統一性」をもつひとつの「主体」Subject なのであって、「ひとつの規定された有機体的学生団として溶け合って」いるからである。教師と学生たちは相互に「学」のひとつひとつの側面を補いながら、「学問的交流生活」を営むこととなろう。

学問的「技術者」を育成する役目を担う教師は当然、「技術」を「技術育成の技術」にまで高めた人物でなければならない。この「技術育成の技術」とは、「神的根源と天才的本性」をそなえ、「自己自身を自由に産出する」ものとしての「技術への愛」Liebe zur Kunst そのものである(II, 11: 96)。「学」への「尊敬」に満たされて学生を「尊敬」へといざなう教師が「対話」に臨む瞬間、「技術学校」は道徳的共同体と化す。

この技術への愛は他者との関係においては、尊敬をよびおこすものである。本来の焦点である教師から、つまり個人から発して、教師と一緒になってこの技術を駆使するほかの人びとへと、尊敬の念をともなって伝えられるのである。そうして、各人をほかのすべての人びとと結合するのである。これによって〔中略〕すべての人びとの相互交流が実現し、学びつつある諸個人によってのみ形成される、ともに学びあうひとつの有機的全体へと各人が融合することとなる。

(『演繹的計画』)(II, 11: 97)

「技術への愛」に満たされた教師を中心にひとりひとりの学生が、「学」の理念のうちに溶けあい、満たされるということ。それは「学」と「尊敬」が重なり合い、「全体」をかたちづくる瞬間にほかならないのであって、学生同士の馴れ合いとは別次元の境地といってよい。このような高等教育機関こそ、フィヒテが「学」の理念の具現化の場とみなしたものなのである。教師と学生の双方に要求されるのは、「学」に献身し、自己修練を欠かさない克己の姿勢であった。この濃密な空間に立ち入ることは、知的選良たる正規生のみにゆるされた特権であり、そこでこそ統治と「学」の秘術が伝授されうるのである。

第二節　マキアヴェッリとの対話——統治者論

（1）高等教育と統治

フィヒテの高等教育機関構想はこれまで、いわゆる「新人文主義」大学論の一例として語られてきた。「新人文主義」とは、十八世紀末から十九世紀初頭にかけて登場した、「有用性」Nutzen を重視する十八世紀の実学主義に対して、全人格の「陶冶」Bildung を掲げる思想潮流である。[312] カントの大学論『諸学部の争い』(一七九八年)を皮切りに登場するこれらの議論に共通した特色は、法学部中心の実務教育機関として大学を位置づけることへの批判であり、反対に哲学や古典文献学といった「人間性」Humanität を陶冶する学問への傾斜である。個々の論者によって位置づけの相違はあっても、かれらが従来の上級学部(法・神・医)に対して従属的位置を占めてきた哲学部を諸学部の中心としたことは共通している。

「新人文主義」的大学論が、批判の対象として具体的に念頭に置いていたのが、十八世紀中葉以降に実務的教養人の育成という目的を前面に押しだし、全ドイツ大学の模範とされたゲッティンゲン大学にほかならない。[313] 帝国国法学や官房学といった実学知を学生に効率よく詰め込むことを主眼としたゲッティンゲン大学は、有能な実務官僚をもとめた領邦政府にとって魅力的に映った。フィヒテが『演繹的計画』を練りあげていた時期にあっても、ゲッティンゲン大学の声望には依然として揺るぎないものがあった。フィヒテに参考意見をもとめた張本人であるバイメにとっても、事情は変わらない。[314]

たしかにフィヒテの高等教育論は、哲学の重視や普遍的「陶冶」への志向、そして実学主義への嫌悪といった点で「新人文主義」大学論と共通している。[315] しかし、国家(統治)と高等教育機関(学問)の関係の把握において、両者は大きな相違点をもつ。ふたつの高等教育論の間に横たわる亀裂は、代表的「新人文主義」者であり、バイメ失脚後に内務省文教局長としてベルリン大学設立計画を担ったヴィルヘルム・フォン・フンボルトの大学論との比較から一層明確となる。[316]

個別的な実学知を否定し、学問を「いまだ完全に発見・解明されていないものとみなし、そうしたものとして不断に探究する」[317]べきものと考えたフンボルトは、組織案においても大学を「教育」機関ではなく「研究」機関として再定義した[318]。こうして、従来のような国家と大学との直接的結びつきは断たれることとなる。しかし他方でフンボルトは、大学の自治能力に対する根強い不信から、人事権を国家にゆだねることで、国家による大学の間接的統制を試みている。「知識人たちを統御するのは、喜劇役者の群れを率いるのと大差はない」という皮肉からは、フンボルトの大学教師一般への不信感がうかがえる[319]。純粋な学問の内容に国家が干渉することへの危機感と、大学自治への絶望というふたつの相反する要素の緊張関係こそが、フンボルトの直面する現実であった。

対して、フィヒテはゲッティンゲン大学的な実学主義を拒否する一方、フンボルトの提言からも距離をとる。フィヒテにとって、来るべき高等教育機関は「国民的機関」Nationalinstitut として、国家と密接不可分に結合したものでなければならなかった(II, 11: 140–1)。たとえばフィヒテは、国内の諸地域(「郡」「都市」)名義による正規生を対象とした就学援助制度を介して、高等教育機関と国家を緊密に結合しようとする(II, 11: 140–1)。もちろん、特定の地域出身者に学籍が割り当てられるという意味ではない。出身にかかわりなく、就学援助は希望者にあたえられる。制度の意図は、正規生が就学援助を通じて当該地域に学恩を感じ、地域の側も就学援助による「学」への貢献を名誉とする関係、すなわち「恩顧」Clienten und Patron 関係の構築にほかならない。こうした「恩顧」関係は、古代ギリシアにおけるオリュンピア祭典参加者と出身都市国家との関係に譬えられる。「恩顧」関係によって、高等教育機関と国家との緊密な連繋が可能となり、正規生の卒業後も「恩顧」関係が継続することで、「学」への「尊敬」が「国民」全体に浸透することだろう[320]。

何よりも、フィヒテにとって高等教育機関とは、国政に参与する「最高の官職」を担う人材の輩出機関を意味した。正規生が、無事に一人前の「技術者」の称号(「マイスター」学位)を取得した暁には、誰にもまして「国家第一の地位」

が保証されることとなる。卒業生は「卓越した才能」と「神の恩寵」ゆえに、一種の「貴族」とまで呼ばれるのである(II, 11: 120, 136-7)。また、「マイスター」学位取得に失敗した正規生や附属生にも、「下級官職」への道は用意されている。[321] だが、卒業生集団以上に国家と高等教育機関との結合を担保するのが、退職教授のあつかいである。退職教授は、退職後も高等教育機関の管理運営機関としての「評議会」Senat に席をもつほか、最高位の国家官職に就いてみずからの「技術」を実践する権利を有する(II, 11: 132-3)。フィヒテによれば、年齢の増加に「技術」の「熟練」も比例するため、「最高の市民たちの生涯は通例、学生、教師、そして学問的技術の実践者という三つの時期に分かれることが望ましい」。「研究」機関としての大学を国家から切断しようとした「新人文主義」とは異なり、フィヒテはむしろ、高等教育と統治の一体化をはかる。そこには優れた「知識人」であればあるほど、優れた統治者たりうるという前提があった。

だが、高等教育と統治能力の一致というプラトン的前提はいかにして可能なのか。高等教育で養成された学問的「技術者」が無条件で統治の大任に耐えうると信じるのは、あまりに楽観的にすぎよう。すでにみたようにイェナ期から前期ベルリン時代にかけて、フィヒテは独自の統治者論を彫琢していた。[322] そこでは、知識学によって演繹された「法」の理念を漸進的改革によって実現することにこそ、統治者の使命があると考えられていた。「必要国家」と「理性国家」の媒介である。何より、統治者は人類に対して「尊敬」をいだく、道徳的模範でなければならない。だが、その後の普仏戦争の荒々しい洗礼を受けたフィヒテは、みずからの統治者論の不徹底を思い知らされることとなった。「法」や「道徳」に還元されることのない、「統治」に固有の論理があるのではないか。あるとすれば、それは「法」や「道徳」からいかに区別されうるのか。

「統治」の倫理学を模索するフィヒテにとって、最大の障害は権力と道徳の二律背反であった。これはカント以来の問題である。『永遠平和論』のカントは、道徳によって権力追求を正当化する統治者(「政治的道徳家」)を理念なき偽善と批判し、そのかわりに「法」の理念を改革を通じて漸進的に実現する統治者(「道徳的政治家」)を理想とした。前期ベルリン時代までのフィヒテはいうなれば、カントの「道徳的政治家」論の系譜に立っていたのである。しかし、こうした見方をとると、結局のところ、統治は「法」や「道徳」に従属することになりはしないか。逆に「法」や「道徳」といった規制を外してしまうと、統治は無制限の権力追求に堕しかねない。完全な道徳的共同体の建設を人類の究極目標とするフィヒテにとって、統治を道徳律から切断することにはとくに抵抗があったろう。

こうした二律背反からフィヒテを救ったのが、マキアヴェッリとの出会いであった。ケーニヒスベルク滞在前後のフィヒテがマキアヴェッリ研究に熱中し、それが『マキアヴェッリ論』に結実したこと、また、同作が主戦派による時局的発言としての意味をもったことはすでにみた。しかし、『マキアヴェッリ論』を単なる時局的発言として片づけてはならない。マキアヴェッリという「統治」の理論家との対話は、上記の二律背反を突破する契機となった。(323) フィレンツェ共和国書記官との対話のなかで、フィヒテは「統治」の倫理学を見出したのである。

(2) フィヒテとマキアヴェッリ

フィヒテにとって、マキアヴェッリは真に語るに足る人物であった。「かの一貫性、君主にもとめられる徹底した思慮ぶかさ、さらには誠実な真理愛と誠実さ——これは、かれが君主にもとめていないものではあるのだが——こそが、著述家としてのマキアヴェッリの根本特徴なのである」(11: 407)。時局的発言のはるか底流に、マキアヴェッリとの真剣な対話があった。「意図せず作中に反映された著者〔＝マキアヴェッリ〕の道徳的資質への感度を有する者は、愛情と尊敬なしにかれのもとを過ぎ去ることはないだろう。また同時に、マキアヴェッリの観察にとって喜ばしい舞台が、ついにこの見事な精神にあたえられなかったことについて、痛惜の念をいだかずにはいられないだろう」(11: 408)。

フィヒテは当時の一般的なマキアヴェッリ観について、以下のように語っている。

さしあたり、我々はこの高貴なフィレンツェ人〔＝マキアヴェッリ〕が実際には完全に誤解され、マキアヴェッリ自身が明示的に退けている基準によって判断され、さらには誹謗され、辱められるさまを目撃する。挙句の果てには、無能でまねかれざる擁護者たちによって、悪意ある告発者たちによる以上にひどく誤解されてしまっているさまを目撃するのである。

(『マキアヴェッリ論』)(11: 403-4)

ここでの「悪意ある告発者」とは、マキアヴェッリの作品のうちに酷薄な権謀術数主義——いわゆる「マキアヴェリズム」——を見出し、その非道徳性を弾劾する人びとを指す。十八世紀ドイツにおける代表例はいうまでもなく、フリードリヒ二世の『反マキアヴェッリ論』(一七四〇年)である。これに対して、「無能でまねかれざる擁護者」とは、ディドロやルソーに発し、ドイツでも普及した十八世紀的・共和主義的マキアヴェッリ解釈を指すのだろう。かれらによると、マキアヴェッリの真意は『リウィウス論』や『戦術論』の共和主義思想にひそんでいるのであり、『君主論』の主張はマキアヴェッリの本心ではなく、あくまでも専制批判の「諷刺」、あるいは純粋な時論・状況論として読まれるべきである。[324]

フィヒテによれば、以上ふたつのマキアヴェッリ解釈はいずれも誤りである。マキアヴェッリは、何よりも「統治」Regierung の理論家として理解されねばならない(11: 403-4)。マキアヴェッリの思想の非道徳性を弾劾しても無意味である。また、最重要作品である『君主論』を「諷刺」と片づけるのはあまりにも浅薄であり、思想を歪曲しているといわざるをえない(11: 408 Anm.)。フィヒテによれば、『君主論』も『リウィウス論』も「同一の精神」に貫かれている(11: 417ff.)。フィヒテはマキアヴェッリのうちに、「もっとも繊細で包括的な悟性」と「生と統治に関する実践知」praktische Lebens＝und Regierungs＝Weisheit に熟達した人物を見出した。「現実生活とその像たる歴史 Geschichte に安んずる」人物を見出した。マキアヴェッリの真価は、「道徳」Moral に拘束されない「統治」の論理の弁証にこそある。とくに『君主論』は純粋な状況論どころか、普遍的な「統治」の奥義を開示した作品なのである。

マキアヴェッリ以前にあって、「道徳」と「統治」の論理の切断は一般的ではなかった。むしろ古典古代から十六世紀にいたるまで、「徳」ἀρετή/virtus の言語と「統治」の言語は分かちがたくむすびついているとされた。プラトンはいうにおよばず、アリストテレスにおいても、政治社会は「善き市民」によって支えられるべきとされ、倫理学と政治学は不即不離の関係に立っていたし、キケロは『義務論』で「活動的生」vita activa に参与する公民がそなえるべき「徳」を強調した。さらに、古典古代の理論に範をあおいだイタリア人文主義者たちにとっても、「徳」は「統治」の基礎にちがいなかった。このように「徳」と「統治」を互いに調和するものとする見方の背後には、人間本性は共同と秩序を志向するという人間観——「政治的動物」ζῷον πολιτικόν としての人間——がひそんでいた。

マキアヴェッリはこうした人間観を拒絶する。[325] 人間は「邪悪」triste である。マキアヴェッリの作品からは、人間本性に関する悲観的な見解をいくらでも引きだすことができる。「人間一般については以下のことが言える。すなわち、人間とは忘恩的で、落ちつきがなく、偽装者で、苦痛を嫌い、利益に敏感な者である」。「人間というものは、実の父親の死よりも財産の喪失を忘れないものだ」(P: 27)。人間はつねに目先の「利益」guadagno に惑わされる。そのためならば、平気で「信義」fede も破る。「腐敗」corruzione もする。それゆえ、自分たちで秩序をつくることはできないのである。さらに人間は現世にあるかぎり、変転する「運命」fortuna に翻弄されることとなろう。「運命は手前勝手にツキをめぐらせ、慈悲もなければ法則も分別もなく、人を勇気づけたかと思えば、今度は絶望の淵にたたきこむ」(「運命について」)。マキアヴェッリにとって、人間世界とは「無秩序」disordine の地獄そのものであった。

「統治」governo とは、「法」と「暴力」をもちいて人間世界に「秩序」ordine をもたらす営為にほかならない。強力な君主による統治であれ、超越的な立法者もしくは歴史的に形成された「制度」ordini による統治であれ、目的は変わらない。政治社会の「秩序」の維持である。マキアヴェッリは権利の政治学を拒否するのである。理想も必要ない。「統治」の神髄は、所与の状況について判断し、そのつど適切に対処することに尽きるからだ。しばしば、マキアヴェッリが統治を「治療」rimediare に見立てるのもこのためである。「早くから注意していれば、容易に治療はできる。しかし、あなたに危機が迫ってきてからでは、薬 medicina は機を逸してしまうこととなろう。病気 malattia が手遅れになるからである」(P: 3)。フィヒテもまた、この点をよく理解した。「マキアヴェッリ自身の最大の願いは、変転つねなきイタリアの国際関係にいくらかの恒常性と持続性をもたらすことであった。したがって、君主第一の義務は自己保存となる。また、君主にとって最高にして唯一の徳 Tugend は首尾一貫性 Konsequenz ということになる」(11: 406)。

統治者にもとめられる資質はなみ大抵のものではない。マキアヴェッリが、統治者は「狐」の狡猾さと「獅子」の獰猛さを兼備せよと説いたことは有名である。

> しかし、必要となるのは、この狐の性質、これを巧みに潤色できることであり、偉大な偽装者にして隠蔽者たる方法を会得することである。また人間というものはきわめて愚かであり、目先の必要性にすぐ引きずられるから、欺かれる者にこと欠くことはない。
>
> 〔中略〕
>
> 以下のことを心得ておかねばならない。すなわち君主、とくに新しい君主は、国家を保持するために、時に応じて信義に背き、慈悲に背き、人間性に背き、宗教に背いて行動するようもとめられる。したがって、善良な人物とされるために必要な事々をすべて守るわけにはいかない。またそれゆえ、運命の風向きや事態の変化に応じて

みずからの行動様式を転換させる心構えをもたねばならぬ。すでに述べたように、可能なかぎり善から離れることなく、しかも必要とあらば、断固として悪のなかへも入ってゆくすべを知らねばならない。

したがって、君主たる者は、すでに述べた五つの徳が身にそなわっていないことを暴露してしまう発言が口から漏れ出ぬように十分に気をつけねばならない。そして、聞くにつけ見るにつけ、外見からはいかにも慈悲ぶかく、いかにも信義を守り、いかにも人間的で、いかにも誠実で、いかにも宗教心に満ちているかのように、ふるまわねばならない。

（マキアヴェッリ『君主論』）(P: 28)

この一節はしばしば誤解されるように、酷薄なマキアヴェリズムのすすめと読むべきではない。むしろ、マキアヴェッリはここで「宗教心」や「人間性」といった伝統的な美徳がいかに「大多数の者たち」vulgo の心をとらえるかを強調している。「そうみられること」parere の重要性を知っている。だからこそ、統治者は「狐」の狡猾さを巧みに潤色する、「偉大な偽装者」でなければならないのだ。政治における演技性の指摘といいかえてもよい。つまり、マキアヴェッリは、「統治」と「道徳」とはそれぞれに次元の異なった領域であり、単一の基準でいずれかを判断することを戒めているのである。

統治者にもとめられる政治的能力を、マキアヴェッリは「力量」virtù とよぶ。「運命」の変転にさいして、「力量」の持主こそが難局をよく打開しうるのであり、「法律」の忠実な執行などよりも、はるかに困難な危機管理がもとめられよう。では、「力量」の中核を何が占めるのか。いうまでもなく、最重要とされるのは、権力の基本中の基本たる「暴力」forza である。「武装した者が非武装の者に服従し、非武装の者が武装した従者たちのただなかにあって安全でいられる理はない」がゆえに、「君主は戦争および軍事制度・規律に関すること以外には、いかなる興味の対象、考え、生業ももってはならないのだ」(P: 14)。

こうした「統治」の論理こそが、マキアヴェッリの政治思想の核心をなしていた。法や道徳の形式的適用とは無縁といってよい。かれにとって重要だったのは、「実際の真実」verità effetuale、すなわち「現実の人間の生き方」come si vive であった(P: 15)。いいかえるならば、マキアヴェッリにとっての「統治」とは、超時間的かつ抽象的な論理を離れ、あくまでも政治社会を「時間」tempo の相のもとにとらえる視座にちがいなかった。「機を逸せずに」a tempo や「時間の経過とともに」col tempo といった語を頻用し、「機会」occasione を「力量」とむすびつけるマキアヴェッリにとって、「時間」、さらには「歴史」は「統治」の根本をなしている。したがって、マキアヴェッリ政治思想の根幹を「歴史」Geschichte のうちにみたフィヒテは、まことに良き読者であったといえよう。フィヒテがマキアヴェッリから引きだしたもの、それは「統治術 Regierungskunst に関する、より真剣で力強い見解」(11: 427)にちがいなかった。[326]

(3) フィヒテのマキアヴェッリ解釈

フィヒテはいかにしてマキアヴェッリを読んだのか。以下では、対外関係における統治理論の深化、「運命」概念の解釈、「学」的統治者像という三点から、フィヒテのマキアヴェッリ解釈に迫る。

フィヒテによれば、「マキアヴェッリの政治学」、さらには「あらゆる国家学」Staatslehre の「根本定理」は、統治者は内政・外政の区別を問わず、つねに人間の「悪性」Bösartigkeit を考慮に入れて行動せねばならぬ、というものである(11: 420-3)。そもそも、「善意志」が各人にそなわっているとすれば、強制力を本質とする統治行為自体が無用のものになってしまうだろうから。とりわけ、国際関係において「統治」の重要性は増してくる。国内では、「統治者」と「人民」の双方を規律する「法」が存在するのに対して、「法」を欠く国際関係の場合、「紛争」の発生は必然的となるからである。国際関係の本質は弱肉強食にほかならない。[327] フィヒテの目にはそう映った。

フィヒテはここから、ふたつの「根本規則」を導きだす(11: 424ff.)。ひとつは、自国の影響圏において、不断に、そしていかなる機会をも見逃さずに権力強化に努めること。いまひとつは、他者の言葉を信用せず、みずからの影響圏において「強者」の地位を保ちつづけることである。「統治者」たる者は、つねに国家にとっての「利益」と「不利益」を考量し、「強者」の論理を身につける必要がある。「強大化しない者は、ほかの者が強大化した場合、弱体化」する運命にあるからである。

以上の議論は一見、通俗的なマキアヴェリズムの域を出ていないかのようにみえる。だが、フィヒテは決定的な一点について留保している。それはつまり、人間本性の「悪性」があくまでも「仮定」Voraussetzung にすぎぬということである。「人間が現実にそうした〔邪悪な〕存在であるか否かの問題に立ち入る必要はない。その問題については論じなかったし、ここで論ずるべきでもない。我々はただ、以下のように言ったまでである。すなわち、〔人間の悪性という〕この仮定にしたがって、考量せねばならぬということである」(11: 422)。つまり、フィヒテは人間本性の根源的善性――知識学体系の前提であり、最終的帰結でもある――を否定しないが、国家の命運を握る「統治者」は不測の事態にそなえるために、他者の「悪性」を「仮定」したうえで行動せよ、と強調しているわけだ。いたるところで徹底的に人間本性の「邪悪」を強調したマキアヴェッリとの大きなちがいである。[328] おそらく、マキアヴェッリにとって、人間の「邪悪」は「仮定」などではなかった。マキアヴェッリは人間の根源的善性など信じていない。苛酷な戦国期のイタリアにあって、信じることなどできはしなかったろう。たしかに人間の「悪性」という上記の「仮定」自体は、すでに『自然法の基礎』をはじめとする「法論」にもみられた論理ではあった。だが、マキアヴェッリ体験後のフィヒテはこの「仮定」を狭い「法」の領域から解放し、外交も含めた広義の「統治」の論理にまで高めてゆくのである。

フィヒテにとっての至上命題は、「道徳の一般法則」を否定せずに「統治」の論理を弁証することにあった。「人間性」や「個人道徳」individuelle Moralは、たしかに「私生活」Privatlebenにおいては賞讃すべきものである。だが、「道徳の一般法則」に依拠して国家を運営することは、他国からの裏切りをまねきかねない。「人民」にとって破滅的な帰結をもたらしかねない。そうであるがゆえに、統治者は人間の根源的善性を一度括弧でくくったうえで、「悪性」にもとづく苛烈な権力政治の海を航海してゆかねばならぬのだ(11: 426ff.)。「統治」の自律性の強調といってよい。

臣民のうちでもっともとるに足らない者とおなじように、君主も私生活においては、普遍的な道徳律に拘束される。自国の平和な人民との関係においては、君主は法および法律に拘束されるのであり、実定法に則して──君主には立法権と、法的状態をより完全なものにしてゆく権利が属するのだけれども──行動せねばならない。しかし、他国との関係においては、強者の権利 Recht des Stärkern 以外には、法も法律も存在しない。そして、この関係こそ、君主の責任のもとに、摂理と運命という神的な至高の権限を君主自身の手にゆだねるものなのである。この関係こそ、君主をして個人道徳の掟を超えせしめ、より高次の道徳秩序にまで高めるものなのである。この高次の道徳秩序の実質的な内容は、以下の言葉で表現される。「人民の福祉と栄光こそ、最高の法なり」Salus et decus populi suprema lex esto。(『マキアヴェッリ論』)(11: 427)

ここでは統治者の行為準則が、「神」Gottheitへの「責任」Verantwortlichkeitとして語られている。「統治」の論理は、「君主と人民および人類との関係についての高次の見解によって、〔また〕理性の観点によって、確認され強化され、神聖な義務へと転化される」のである。果てしない、権力政治の海を航海するとき、統治者は人民ではなく、「神」に「責任」を負い、「悟性と理性が国家行政にあたえる永遠の規則」にしたがって行動せねばならない。フィヒテはマキアヴェッリから、カント的信条倫理に回収されない、結果責任という「統治」の倫理学を学んだのである。

「フランス革命以来、人権、あるいは万人の自由と原初的平等の教説が登場した。これはたしかに、いかなる国家も決して違反できない、社会秩序の永遠かつ不動の基礎であるといえよう。しかし、これを理解するだけでは、国家を創設することも統治することもできはしないのである」(11: 428)。これまでみてきたように、カント倫理学の受容以来、フィヒテ最大の関心事は道徳的共同体の建設にあった。だが、統治の現場で「道徳性」に固執した場合、政治社会そのものの破滅をまねきかねない。この意味で『マキアヴェッリ論』は、「統治」の領域を一般的な道徳律の適用範囲から除外し、「より高次の道徳秩序」としての自律性を確保する試みにちがいなかった。[329]

他方で『マキアヴェッリ論』の「統治」倫理の対象は、国際政治(対外関係)の領域に限定されている。ここは重要な点である。[330]「強者の権利」が妥当する対外関係とは対照的に、マキアヴェッリ的な人間の「悪性」という前提を国内統治に適用するには慎重であるべきだと、フィヒテはいう。ここにおいて、フィヒテとマキアヴェッリの議論は分かれる。というのも、マキアヴェッリによれば、『君主論』の行動準則は国際関係と同様に国内関係にもつねに適用されるべきだからである(P: 9, 16, 17, 19)。フィヒテは、統治者と人民との間に「平和」が確立しているかどうかで、国内統治を二段階に分ける。つまり、統治者と人民との間に不信が横たわり、「不断の戦争状態」にある場合、「法の支配」が確立するまで「人民に対する戦争」を遂行することは、統治者の「神的権利」に属する。マキアヴェッリが生きた時代のイタリアはまさしくこの状態にあった。そうであるがゆえに、マキアヴェッリは人民の「悪性」をあれほどまでに強調したのだ。

これに対して「現代」においては、統治者と人民との間には「平和」が確立している。「法の支配」が原則となっている。この場合には、統治者は「法律」に沿って支配すればよい。つまり、マキアヴェッリの時代と「現代」とでは状況が異なるがゆえに、国内統治に関しては『君主論』をそのまま応用することはできないのである。『マキアヴェッリ論』のフィヒテにとっても、依然として「フランス革命以来」登場した、「人権、あるいは万人の自由と原初的平等」の理念は「いかなる国家も決して違反できない、社会秩序の永遠かつ不動の基礎」であった。つまり、国内政治に限定すれば、前期ベルリン時代の統治者論――「必要国家」と「理性国家」の媒介者――はそのまま妥当しているのである。

「運命」fortunaをめぐるマキアヴェッリの議論にも、フィヒテは独特の解釈を加えている。

周知のように『君主論』第二十五章には、「運命」を「婦人」donnaに譬えたうえで、「若者」のごとき「果敢」な人物のほうが、「運命」の寵を得やすいと語る一節がある。「私見によれば、慎重であるよりも果敢であるほうがよい。運命は婦人であり、ものにするためには荒々しく手籠めbatterla ed urtarlaにする必要があるからだ」(P: 25)。マキアヴェッリの作中でもっとも人口に膾炙する一節といってよい。また、これほど誤解されている一節もほかにない。というのも、前後の文脈を丁寧に追えば、マキアヴェッリの論理の微妙な陰翳に気づかぬはずはないからだ。

以上の一節はもともと、「幸福」を得るため、統治者は「果敢」impetuosoであるべきか、「慎重」respetivoであるべきか、という二者択一の議論の結論として述べられたものであった。そして、マキアヴェッリは、いずれの場合にも最終的没落はまぬがれえないと論ずるのである。統治において「果敢」と「慎重」の策のいずれが有効かは結局、所与の状況、すなわち「運命」次第なのであり、自分の行動様式が「運命」に「一致」するとき、人は「幸福」をつかむことができる。したがって、「運命」が変わるさいには、自分の行動様式も同時に変えねばならない。だが、人間は容易にそれまでの行動様式を変えることができない。それほど「賢慮に満ちた」prudente人間は存在しない。だから、いかなる雄才も最終的にはかならず没落してゆくのである。こうみてくると、前記の一節――マキアヴェッリの「私見」――は真剣な断定というよりは、むしろ、かれ一流のイロニーという色彩すらおびてくる。[331]

これに対して、フィヒテは「運命」の意味を微妙にずらしてくる。まず、かれは「運命」fortunaを「運」Glückと訳す(11: 444-7)。同時代の人文主義者とおなじように、マキアヴェッリの「運命」概念は、古代ローマの神格「運命の女神」Fortuna――さらには、ヘレニズム期の「運」τύχη――にまでさかのぼる。「運命」を気まぐれな「婦人」に譬えるのも、こうした概念史的文脈あってこそだった。しかし、フィヒテはあえてGlückという中性名詞を訳語に選択し、註釈では「運命」の機械的因果律という側面を強調するのである。[332] 屋根からの落下物が通行人を殺傷する、屋根が落下して室内の住人が圧死するなどという例は、マキアヴェッリの意図からはおよそ遠いといわざるをえない。「運命」は政治的状況という文脈を離れ、人間にとって不可知の因果法則として読みかえられる。

さらに、「運命」概念の読みかえにともない、「果敢」の意味内容も変化する。フィヒテにとっての「果敢」は、統治行為の攻撃性という純技術的側面を意味しない。「果敢」な人物こそが「運命」に愛されるというマキアヴェッリの一節を、フィヒテは「統治」全般の基礎となるべき「信念」Glaubeの問題として解釈する(11: 447-51)。その「信念」の内容とは、「不運などは存在しない、あらゆる危機は、確固たる平静さと勇気――何事も、必要なときには自分の命さえもかえりみない勇気――によって克服されうる」というものである。この「信念」がなければ、あらゆる政策判断は腰砕けのものになってしまうというのである。

要するにフィヒテは、「運命」と人間との関係を逆転させたわけだ。マキアヴェッリにおける「運命」はいわば「時間」そのものであり、そうであるがゆえに、万物の支配者とされた。いかに優れた統治者であろうとも――「果敢」と「慎重」の別なく――「運命」の軛を逃れることは絶対にできない。一時的に「栄光」を得たとしても、最後に待つのは破滅であった。だが、フィヒテはちがう。かれにとってはむしろ、不動の「信念」によって、人間は機械的因果律、すなわち「運」を超えることができるのである。「こうした信念、こうした信念のもとに生きること自体が、本来的に正しい幸運なのだ。逆に、本来的な不運とはみずからの洞察力と力量に対する不信と、盲目的な運命およぴ、そこから生ずる事々への弱気な服従にちがいない」。フィヒテは「優柔不断」Unentschlossenheitを嫌った。「決定済みの計画における動揺」を非難した。こうしてマキアヴェッリの論述に濃厚であった悲観――人間は絶えず

「運命」に翻弄され、最終的にはかならず没落する――は影をひそめ、「我々の運命をつかさどる神」への信頼が前面に現れてくる。「個人と時代が力強ければ強いほど、有能な人間の優越性への信頼は増し、不動の意志にとって不可能はないと思われるようになるのである」。

そして、人間の可能性に対する基本的態度のちがいは、「統治」と「学」Wissenschaft との関係をめぐる議論にも最終的にはつながってゆく。そして、この部分において、フィヒテとマキアヴェッリの相違は顕著となる。

すでにみたように、マキアヴェッリの「力量」の中核をなしたのは、軍事的能力であった。統治者にとって、日々の軍事訓練は欠かせないとされた。学問的教養(「精神の訓練」)としては、わずかに歴史書の効用が挙げられるのみである。しかも、その読書も「卓越した人びとの行動を考察し、模倣するためにかれらの勝利を、轍を踏まぬようにかれらの敗北の要因を探る」ためとされる(P: 14)[333]。

だが、フィヒテにとっては「諸学の根本研究」こそ、君主にとって不可欠である(11: 431-3)。逆に軍事技術が高度に専門化した「現代」にあっては、君主自身の軍事的才能は必須ではない(11: 435 Anm.)。「諸々の学問によって根本的に陶冶された男は家柄如何にかかわらず、有能な統治者 tüchtiger Staatsmann たりうる。しかしながら、いかなる家柄であろうとも、学問的陶冶を欠く人物は決して統治者になることはできない」。ここでの直接の批判対象は、十八世紀の典型的な貴族政治家である。「血統書」Ahnenbrief、「宮廷における寵愛」Hofgunst、「土地所有」Länderbesitz などは、「統治」とはなんの関係もないとして切って捨てられる。あくまでも、「学」による陶冶こそが重要なのである。

国事に関する正しい判断力を身につけるために必要なものは何か。あらゆる状況において、もっとも確実な措置をみつけだすために必要なものは何か。質料 Materie の面では、国家統治一般の諸法則に関する根本的な洞察力であろう。この洞察力は、哲学的認識、過去と現代の歴史への精通、深遠な人間知にもとづいている。そして、最後の人間知というのも、知人の数を競うような体のものではない。この人間知というのは、自分自身があらゆる面において磨かれ、完璧な人間となり、自分自身を熟知しているという意味なのである。さらに形式Formの面では、熟達した確固たる悟性Verstandがもとめられよう。この悟性とは、省察の対象をほかの対象から切り離してとらえ、その対象を解体し咀嚼するまで、混乱することなく真直ぐにむきあうことのできる能力にほかならない。

(『マキアヴェッリ論』)(11: 431)

こうした「国家統治一般の諸法則に関する根本的な洞察力」、あるいは「熟達した確固たる悟性」は、「諸学の根本研究」によってしか、すなわち、「孤独と隠棲」によってしか身につかない。そして、「諸学」の中心をなすのは、フィヒテ自身の「哲学的認識」たる知識学にちがいない。マキアヴェッリの描くような、軍事訓練にいそしむ君主像との差は歴然としている。時間の相のもとに政治秩序を構築する「統治」の論理は、本質的に「学」的な体系化には不向きである。フィヒテが「統治術」Regierungskunst(11: 427)と呼ぶのは、このためである。「術」は「学」たりえない。そうであるがゆえに、フィヒテにとって、「学」(知識学体系)は「統治」を内包し統御する、絶対的な基礎とならねばならない。したがって、「学」的陶冶としての高等教育を経た「技術者」(「知者」)こそ、真の統治者たりうるということになろう。高等教育と統治能力の一致というプラトン的前提は、かくして弁証されることとなった。知識学を中核とする「学」的体系は、「統治術」の妥当性を根底から支えている。

フィヒテはマキアヴェッリをいかに読んだのか。それは、いまや明らかである。マキアヴェッリにとっての「統治」とは、混沌とした人間世界において「秩序」——永続的ではありえないにせよ——を創出する技術を意味した。かれの政治学の二大前提は、人間本性の根源的「邪悪」と、「運命」の変転であった。ふたつの苛酷な前提をふまえたうえで、マキアヴェッリは「統治」の技術を開拓したのである。フィヒテは、マキアヴェッリ政治学の二大前提をふまえつつも、独自の解釈を加えた。まず、フィヒテにとって、人間本性の「邪悪」はあくまでも「仮定」であり、普遍的な「道徳律」と矛盾するものではない。むしろこの「仮定」は赤裸々な権力政治が妥当する国際関係において、結果責任の「統治」倫理——カント的信条倫理とは別の次元にある——の出発点として機能することとなろう。つぎに、フィヒテは、マキアヴェッリ的「運命」を「運」(機械的因果律)と読みかえ、不動の「信念」による克服の可能性を提示した。「運」がいかに変転しようとも、統治者の精神的規律たる「信念」があれば、危機を脱することができる。「信念」は「運」を超越する。そして、「統治」の倫理学にせよ、不動の「信念」にせよ、それは単なる軍事訓練などでは身につかない。「学」による陶冶がもとめられることとなる。「孤独と隠棲」をともなう「根本的学問研究」を通じて「完璧な人間となり、自分自身を熟知」すること。そうした真の統治者は、時間や状況の変化に決してふりまわされない。「統治」という営為が、政治社会を「時間」の相のもとに運営する技術だとするならば、「統治」をみずからの体系に組み込み、統御する「学」は、「時間」の限界を超えた認識ということになるのかもしれない。

第三節　幻影の共和国——統治機構論

(1)「共和政」

秩序の根幹をなす教育論と統治者論の解明を経て、ようやく「二十二世紀」の共和国は全容をあらわしてくる。フィヒテの秩序構想において、「教育計画は統治計画」であるがゆえに、統治機構を教育体系から切り離すことはできない。「学」を原理とする位階秩序が全面的に展開する場こそ、「二十二世紀」の共和国なのである。以下では具体的な統治機構を論ずる前に、フィヒテの「共和政」概念をあらためてみておこう。

出発点となるのは、『自然法の基礎』の政体論である。すでにみたようにフィヒテは、ルソーによって彫琢され、カントによって定式化された二重の政体分類を採用した。[334] あらゆる政体はまず、「執政権」――立法・行政・司法権力を融合した統治権力そのもの――を統治者に委託するか否かで、広義の「共和政」と「専制」に分かれる。「共和政」とは「執政権」が統治者に委託される政体であり、「専制」とは「執政権」が委託されない政体である。したがって、人民が直接に統治権力を行使する「民主制」は必然的に「専制」とされた。さらに、委託された「執政権」が社会契約時に定立された「基本法」に則って行使されているかを監視し、統治者による権限濫用を抑止する制度として、フィヒテは「監督官」制度を構想していた。ここから、監督官制度をそなえておりさえすれば、あらゆる政体は「正当」、つまり広義の「共和政」たる条件を満たすこととなる。

重要な点は、フィヒテが狭義の政体論にあまり関心をもたなかったということだ。つまり、「執政権」が委任されること自体が重要なのであって、ひとりの統治者にゆだねられるか――この場合は「君主制」――あるいは複数の統治者にゆだねられるか――この場合は狭義の「共和制」――は、時々の歴史的状況に左右されるという。よって、世襲君主制という選択肢をフィヒテは排除しない。むしろ、社会全体の「陶冶」が未熟の時期にあっては、強力な指導力を発揮できる「君主制」のほうが適している。逆に、「陶冶」が十分に進展した時代においては、「共和制」のほうが合理的であるというのが、フィヒテの診断だった。あくまでも「執政権」の委託と監督官制度の有無が広義の「共和政」と「専制」の分水嶺であるため、フィヒテの分類にしたがえば、広義の「共和政」と「君主制」はまったく矛盾しないのである。前期ベルリン時代の『現代の根本特徴』においても、フィヒテはほぼ同様の政体分類を維持していた。[335]

問題は、『現代の根本特徴』以後のフィヒテが本格的な政体論を語らなかったということである。したがって、イエナ期以降の政体論を把握するためには、著作や草稿類の断片的記述から再構成するしかない。ここで最大の難点は、

『自然法の基礎』であれほどフィヒテが強調し、広義の「共和政」の条件とした監督官制度に関する言及が一切なくなることである。

『自然法の基礎』刊行後、監督官制度は批判の的となった。その急先鋒がヘーゲルである。当時、新進気鋭の哲学者として論壇に登場したヘーゲルは、フィヒテの監督官論に対して鋭い批判を展開した。まず第一に、実体的権力をもたない監督官の活動は、実体的権力を独占する「執政権」によって簡単に妨害されてしまうだろう。第二に、「法論」では各人の「利己主義」が仮定される以上、監督官も例外ではなく、「私的意志」に沿って権限を濫用する可能性がある。そうすると今度は監督官の権限濫用を監視するための新たな制度が必要ということになってしまう。そして第三に、仮に監督官が「人民」の前で「執政権」を弾劾したとしても、「人民」は果たして合理的な決定をくだせるのか、という問題である。たしかに以上の論点について、フィヒテは明確な解決策を示しておらず、また批判に対する明示的な応答もなかった。『自然法の基礎』の出版直後、フィヒテは監督官制の実現可能性についての自信を友人たちに語っていた。けれども、イェナ期以降の著作から監督官制への言及は消えてしまうのである。(336)

それでは、フィヒテは監督官制度にかわる広義の「共和政」と「専制」の明確な指標をどこにもとめるのか。監督官制度の消滅は、フィヒテの政体論に根本的な変化をもたらしたのではないか。従来は闇につつまれていたこの問いに一筋の光を投げかけるのが、史料「皇帝宛書簡草稿」(一七九九)である(III, 8: 188-92)。本草稿は、無神論論争の余熱冷めやらぬ六月から翌月にかけての執筆が推定されており、同時期の外交事件が契機になったという。(337) 当初は公刊が予定されていたものの、果たされることはなかった。

このわずか数頁の公開書簡草稿において、フィヒテは直截に自身の政体論の核心を語っている。『自然法の基礎』の監督官制度にかわり、いまや「公論」öffentliche Meinung が「真の監督官」として浮上してくる。そして、「公論」の実現と浸透に必要とされるのが、「思想の自由、意思疎通と執行の開放性」、「出版執筆の自由」、そして「公開性」Publicität にほかならない。[338]「公開性」のもとで議論を交わし、みずからの意見に「責任」をもち、「善と法」を愛する理性的な「知識人」たちに対する期待が、そこにはある。フィヒテは「公論」に、「法」にかなった統治の「監督」機能を期待したのである。

とはいえ、具体的制度としての監督官と、個々の著述家を担い手とする非制度的な「公論」との間には断絶があるのではないか。たしかに、そうした疑問は残る。だが両者の差異はともかくとして、フィヒテの意図する目的と効果は共通している。広義の「共和政」を「専制」から分かつ条件として両者に共通するのは、統治の「恣意」への堕落を防ぎ、「理性的諸概念」にかなった統治を実現するという目的である。監督官制度が「人民」を召集することによって統治の「恣意」を抑止するのに対して、「公論」は統治者の「名誉愛」に訴えかけることで同様の効果を発揮する。「行動の善し悪しが問題にならないならば、名誉愛は失われてしまう」。いまや「思想の自由」、すなわち「公論」は積極的に統治にかかわり、その善悪を判断する唯一の基準として機能するのである。さらに、こうした見方は一八〇〇年以後の政治論草稿においても維持されている。[339] 同様の観点から世襲君主制に対しても一定の評価があたえられる。[340] フィヒテは青年期以来、伝統的な身分制社会や世襲貴族制を徹底的に批判してきた。だが、統治機構としての「君主制」に関していえば、フィヒテは決して全否定するわけではなかったのである。

ところが『共和国草稿』以降の作品において、フィヒテは「君主制」に対して否定的な言辞を頻繁に漏らすようになる。後期ベルリン時代にも体系的な政体論は遺されていないので、ここでも断片的記述から判断せねばならない。それによるとフィヒテは、広義の「共和政」は「君主制」ではなく、狭義の「共和制」においてこそ十全に実現できる、とみていたようである。これは政体論の根本的な変化を意味する。というのも、『自然法の基礎』の議論によれば、広義の「共和政」か「専制」かという基準と、「君主制」か「共和制」かという基準はそれぞれ独立していたからである。だが、いまやふたつの基準が連動をはじめる。つまり、「君主制」は「専制」に陥りやすく、狭義の「共和制」は広義の「共和政」と重なりやすいというのである。

『共和国草稿』で描かれる「二十二世紀」のドイツ共和国において、「世襲君主と貴族」はもはや存在していない。序文では世襲貴族に加えて、「君主」もまた痛烈な批判の対象となる。

人びとはかの時代〔＝十九世紀初頭〕において、以下のような君主たちのすがたを目撃した。すなわち、血縁関係にある隣国の隷属、自国の領土の減少、そしてきわめて緊密に結合した諸州の分離を心やすらかに眺め、そのことを英雄的勇気、または寛大さと解釈し、さらには、そうすることのできないほかの人びとを弱者として軽蔑するような君主たちのすがたである。
（『共和国草稿』）(II, 10: 402)

「君主制」の構造的欠陥も強調される。「フランス語のお喋り」や「乗馬」に専心する世嗣《せいし》教育の不備、「人民の統治者」としての義務への自覚を阻む「廷臣」Höfling の跋扈によって、君主は堕落にひきずりこまれてしまうというのだ(II, 10: 402–3)。側近政治――「こまごまと計算する内局政治」Cabinetspolitik――に対しても、フィヒテは不満を隠さない(II, 10: 74)。『マキアヴェッリ論』で提唱された、「統治」の徳の発動を妨害する「浅薄で病的で貧しい」「流行哲学」についても同様である。政治指導者としての君主の覚醒を阻害する「宮廷」は、全否定の対象とならざるをえない。君主に対する賢者の諫言は、「宮廷」の雑音の前にかき消されてしまうのである(II, 10: 402–3)。

さらに晩年の『思索日記』には、より理論的な「君主制」批判も登場する(II, 15: 221–2)。フィヒテによると、狭義の「共和制」においては万人が「市民」Bürger として共通の「法」に服従するのに対して、「君主制」のもとで君主ただひとりは「法」への服従を免除されている。したがって、君主が不法をなしたとしても、理論的に君主を「強制」することは不可能ということになる。君主以外の全員は「臣民」Unterthan にすぎない。また、「君主制」においては、最高権力者たる君主に対する個人的奉仕から、恩顧的な支配従属関係が生じやすいという。君主への奉仕者は報酬として「特権」を獲得し、貴族になろうとする。つまり、「君主制」はその性質上、「平等」の理念に反する貴族制や身分制社会と親和的なのである。「ただひとりが君主で、ほかの全員が臣民であるとき、万人ではなく、あえてひとり〔＝君主〕に味方することに何らかの利益を見出せない場合、臣民が君主に服従することはないだろう。この利益は、〔君主への〕奉仕と功績からのみ生じてくる」。「ゆえにこうした国家では必然的に特権、すなわち無償労働が登場し、極端な場合には世襲化され、貴族となろう。モンテスキューは正しかった」。モンテスキューへの言及からもわかるように、ここでのフィヒテは『自然法の基礎』の形式的な政体論を退け、「君主制」を社会構造との関連のもとに考察している。さらにフィヒテによれば、本性において「客観的」な法を強制するためには、「論理的強制」によって「みずからの洞察の客観性」を証明し、「他者の確信」を獲得せねばならない。ところが、主観的存在としての君主は法の「客観性」を証明することができないのである。以上の論理は「君主制を完全に止揚する」。

もちろん、「君主制」が広義の「共和政」に移行する可能性もないわけではない。だが、その場合にも君主個人の個性が弱く、脆弱な「君主制」のほうが広義の「共和政」には親和的である。「弱体な君主のもとで政体は〔狭義の〕共和制に接近してゆく」(II, 15: 221)。逆に、君主個人の個性が強く、強力な権力を確立した君主制の場合――フィヒテはナポレオンを念頭に置いている――広義の「共和政」ではなく、「専制」に傾斜してゆくこととなろう(II, 15: 213)。『国家論』や『思索日記』では、統治者の世襲制も「理性国家」にそぐわない制度として明確に否定されるにいたる(4: 457ff.; II, 15: 205, 213, 231–2)[(34)]。「〔執政権〕代表の世襲制は完全に馬鹿げた原理である。なぜなら、陶冶は完全に個人の素質と発展に依存しているからであり、世襲制とはまったく相容れないのである」。

「君主制」が善き政体の基準から外れた以上、狭義の「共和制」のみが選択肢として残る。まず注意すべきが、フィヒテの「共和制」は、デモクラシーをまったく含意しないという点である。すでにみたように、フィヒテの秩序構想において、労働身分が政治参加する可能性は皆無といってよい。狭義の「共和制」とは、知識学を中核とする学識教育を経た知識身分内部――「教師身分」であると同時に「統治団体」でもある――における統治者の自己補充原則を意味している(II, 15: 293, 296ff.)。知識身分は「自己自身を創造する貴族制」である(II, 15: 222)。つまり、「知識人」たち自身が、自分たちの身分のなかから最良の人物を統治者に任命するのである。よって、高等教育修了者は統治者予備軍ということになる。それは個々の統治者による支配ではなく、知識身分という「国民における不死の立法者」による、あるいは「共通に妥当する学的悟性」による支配といいかえてもよい[342]。フィヒテが知識身分全体を「共和制の元老院」republikanischer Senat と呼ぶのは、こうした意味においてである(II, 15: 222)。

プラトンとの類似性は一目瞭然といってよい。プラトンにとって、統治を担う「哲学者」とは、数十年にわたる教育課程を修了した者を意味した。ただし、高度な理論教育をうけた「哲学者」は政治権力ではなく、純粋な哲学自体に愛着をいだくため、「強制」によって輪番で統治を担当させる必要がある。このように教育課程と統治権力を結合することによって、プラトンは政治の宿痾ともいうべき、権力欲を動機とする権力闘争の可能性を排除しようとした。また、かような「哲学者」には権力濫用の危険も生じない。以上のメカニズムはフィヒテの「共和制」にもあてはまる。あれほど「宮廷」による君主の堕落を嘆じていたにもかかわらず、フィヒテは「共和制」における権力闘争や権力濫用の問題にはほとんどふれない。『自然法の基礎』でもみたように、フィヒテは権力闘争や権力濫用の問題に無関心なわけでは、決してない。そうした問題を論じないのは、そもそも、そうした問題が存在しえないからである。つまり、国民教育と学識教育によって知的道徳的陶冶を修得した「知識人」たちが権力闘争に身をやつし、あるいは統治権力を濫用することなど、ありえようはずがないのである。フィヒテによれば、「人生を国家に関する省察で過ごしてきた」「老齢」の人物こそ、統治者にふさわしい(II, 15: 293)。プラトンの哲人統治を否応なく、思い起こさせる議論である。そして、『共和国草稿』の具体的な統治機構は、こうした知識身分による統治者の自己補充原則によって貫徹されている。学識教育を経て、「学」の理念を体得した「知識人」たちを、統治機構によって組織し、「悟性」による支配を確立すること。これこそが、『共和国草稿』の主題にちがいなかった。

(2) 中央集権型国制

『共和国草稿』の統治機構は、「執政」Exekutive と「顧問」Rath というふたつの機構から構成されている。前者の頂点には擬似君主、いわば「王」的機関として強大な「執政」権を有し、統帥権を司る「守護者」Protektor が君臨する(II, 10: 383)[343]。他方で「顧問」の頂点には「小評議会」der engere Senat が君臨する。執政機構が統治全般に関して決定をくだすのに対して、顧問機構の役割は、共和国内のあらゆる情報を集約し、協議することにあった。『共和国草稿』の断片的記述から判断するかぎり、顧問機構は、守護者を頂点とする執政機構の諮問機関として位置づけられており、実質的な政策決定権をもたないようにみえる。執政機構も顧問機構も垂直的構造によって特徴づけられる。

執政機構に君臨する守護者の具体的な権限については、断片的かつ曖昧な記述にとどまっている。守護者は統治全般に関して強大な決定権を保持する。守護者は小評議会の助言を「聴かねばならない」が、「決定」は一任されているのである(II, 10: 380)。「開戦」や「講和」といった外交事項および、「一般的平等」を目的とした「基本法」Konstitution の変革については、「顧問官たちとともに」決定する必要があるとされているが、これも評議会の諮問を要するという意味であり、決定は守護者に一任されていると理解するべきであろう(II, 10: 380)[344]。さらに具体的な戦争指導は守護者の専権事項(統帥権)であり、将校の任命権限も守護者に属している(II, 10: 381, 382-3)。守護者とはいわば、『自然法の基礎』における「執政権」を一身に体現する官職なのである。守護者は世襲職ではなく、その任命は小評議会の専権事項とされている(II, 10: 382)。守護者は「王」的機関とも評されており、守護者には強力な指導力が期待されていることがわかる。つまり、守護者は『マキアヴェッリ論』で描かれた「統治」の徳を体現することが、期待されているのである。

実際に守護者の直属機関である「大臣」Minister や「大使」Gesandte は、完全に守護者に従属している。大臣と大使の権限は小さく、大臣は守護者の「書記」、大使は守護者の「使者」にすぎない。両者に期待されるのは守護者の命令の忠実な執行である。したがって、大臣も大使も諮問機関たる顧問機構の役割があたえられることはない(II, 10: 382)。大臣と大使に加えて、地方に派遣されて統治を担い、戦時には将軍として任務を遂行する「総督」Gouverneur も存在するが、守護者との権限関係は明確ではない(II, 10: 383)。これら三つの官職は「ローマの元老院のように」交代制とされ、場合によっては辞退もゆるされるという(II, 10: 380)。守護者の任期は明示されてはいないものの、「執政権」保持者の終身制を支持する『自然法の基礎』の記述から察するに、終身制が意図されているのだろう。

こうした執政機構の描写には、『自然法の基礎』以来の権力観からの連続性がうかがえる。フィヒテにとって、権力は集中すればするほど、合理的かつ効率的な運用が可能になる。それゆえ、フィヒテは英国流の混合政体論・権力分立論に拒否反応を示すのである。『自然法の基礎』でも、広範な「執政権」は有能な統治者に委任されてこそ機能するとされていた。そして、『共和国草稿』において統治権を担うのは、「王」的統治者としての守護者であった[345]。

執政機構に対して、顧問機構を担うのが「ふたつの評議会」――守護者の選出などを担う前述の小評議会と、個別問題を処理する「委員会」Kollegium が組み込まれた「大評議会」――である(II, 10: 382)[346]。地方の情報は大評議会に集約され、さらにそこから小評議会に流れ込む(II, 10: 381)。両評議会の権限配分に関しては曖昧であるが、断片的情報からの推測は可能である。小評議会が「全体の進歩」を、大評議会が「国制の維持」を目的とするという記述、さらには守護者選出権能が小評議会に付与されている点からも、小評議会の優位を推測できる。また、大評議会の構成員は「名士名簿」Notabeln、すなわち知識身分全体のなかから選出されるという(II, 10: 380)[347]。「統治団体」としての知識身分内における、統治者の自己補充原則のあらわれである。

大評議会を構成するのは、「農業」「手工業」「教育」「司法」「軍制」といった専門事項を処理する個別の「委員会」であり、委員会のなかには全国を管轄する「一般委員会」と特定地域を管轄する地方委員会があるようだ(II, 10: 381)。これらの委員会も自己補充を原則とし、必要な人員数が「研究委員会」Studienkomission に提出され、人員の配分を受けるのだが、「委員長」Präsident の任命権は守護者に属し、委員長は小評議会の一員でもある(II, 10: 381ff.)。個別問題に対処する委員会が組み込まれた大評議会と、国家全体の陶冶や外交問題を処理する小評議会が結合することによって、守護者を頂点とする執政機構を補佐する顧問機構を構成するのである。

執政機構と顧問機構を中枢とする共和国の統治体制は、強力な中央集権型をとる。まず、共和国の領土は以前の神聖ローマ帝国を超える広大な領土を誇り、さらに「植民地」や「保護」国も追加されている。フィヒテによれば、「二十二世紀」の共和国は複数の「州」Provinz——プロイセン・ブランデンブルク、ニーダーザクセン、オーバーザクセン、シュレジエン、ボヘミア、モラヴィア、オーストリア、沿岸地方(おそらくオランダとデンマーク)、フランケン、オーバーライン、ニーダーライン、ヘルヴェティア(スイス)——から構成されるという。オーストリア、ボヘミア、スイスなどが領土に組み込まれている点からも、フィヒテは明確にいわゆる「大ドイツ主義」を選択するのである[348]。「ドイツ人だけが市民たりうるというのが原則である」(II, 10: 387)。また、フィヒテはこれらの諸地域をエルベ河やヴェーザー河といった複数の河川を運河でむすびつけることによって、統一性を保とうとする(II, 10: 389)。首都の位置についても、ドイツの中央に位置し、かつ交通の便の良いマグデブルクこそがふさわしい。『共和国草稿』の領土論に顕著なのは、国境や境界の歴史性への徹底した軽視であるといってよいだろう[349]。領域は歴史性を剝奪され、幾何学的秩序によって再構成される。こうした幾何学的領域構造は十八世紀のユートピア文学のトポスであると同時に、プラトンの『クリティアス』や『法律』の領域構造を想起させる[350]。

地理的統一性に加えて、整然とした地方制度と中央からの強力な統制も、共和国の中央・地方関係の特徴といってよい。すでにみたように、共和国は複数の「州」によって構成されるが、分権的な連邦制をとるわけではない。『共和国草稿』の記述からはむしろ、強力な中央集権体制という印象を受ける。地方統治の核となるのが、「州都」Provinzstadt である。さらに州都の下には「郡都」Kreisstadt、さらには「地方都市」Ortsstadt とつづいてゆく。「地方都市」を中心として、周辺には農村――「地方都市」の工業製品の市場でもある――が広がり、初等学校も「地方都市」の近郊に設置されるという(II, 10: 386)。

地方支配の要となるのが、守護者と顧問機構によって派遣される国内大使、「地方官」Statthalter にほかならない[351]。地方官は、「陶冶」「教育」「戦争」などの広範な事柄の監督のため、「州」に派遣される官僚である。地方官は州都に滞在し、いくつかの郡都からの情報を集約したうえで中央に報告する。また、州都を経由して、立法への障害を小評議会員に報告したりもする。つまり、地方官の職責は地方の状況についての職務報告を中央に提出することにあるのである(II, 10: 381, 383)。地方官制度の特徴のひとつは、守護者によって派遣される者と、評議会から派遣される者の二名が派遣される点である。両者は「相互に監視しあう」一方で、両者の間では緊密な「意見・情報の交換」kommuniciren が維持されることとなる。中央が情報を必要とするさいには地方官に下問することによって、あるいは、地方官が守護者や委員長に助言することで、中央と地方との緊密な連繫が実現する。無論、地方官はあくまで「意見」Meinungen にのみ関わりうるのであり、実際の政策の「決定・実行」Handlungen については、守護者にゆだねられている(II, 10: 383)。

また、「地方都市」には、近辺の情報を郡都に提出する「平和官」Friedensrichter と、「平和官」が処理できない問題を管轄する「地方委員会」Ortskollegium が配置される。いくつかの「地方都市」から郡都に集約された情報は州都へと送られることとなる。神聖ローマ帝国以来、ドイツ政治社会の伝統である分権性を、フィヒテはこのように全否定するのである。「二十二世紀」の共和国の領土は幾何学的に区分され、中央の命令は迅速に地方で執行され、地方の情報は巧みに中央へと集約されてゆく。

中央集権型統治とともに共和国を特徴づけるのが、軍事制度である。守護者が統帥権を有する点についてはすでにみたが、それ以外にも断片的ではあるが、『共和国草稿』には軍事論に関する記述が散見される。共和国が他国との戦争状態に入ると、「国民」は「軍事的」に維持され、ほかの分野・部門に対して、軍事が優先されることとなる(II, 10: 382)[352]。その一例として、臨時の「戦時税」徴収を挙げることができよう(II, 10: 388)。さらに、「全ドイツ市民」は「兵士」かつ「農民」であることが義務であり、いつでも動員令をくだせるように軍隊は整備される(II, 10: 382)。すべての二十歳以上の成人男性は、死ぬまで「兵士」であることをもとめられるのである(II, 10: 419)。他方で、フィヒテは学識教育のための高等教育機関とは別系列に、将校・戦時の指揮官の養成を目的とした「軍事アカデミー」の必要性も指摘している(II, 10: 386)。

「二十二世紀」の共和国は軍事国家であると同時に、道徳的秩序でなければならない。国民教育における道徳的陶冶への執拗なこだわりは、ここにも顔をのぞかせている。宗教制度論に関してみたように、「二十二世紀」の共和国においては、「道徳裁判所」Sittengericht/Ehrengericht が各人の道徳性を厳重に監視する。ひとりの悪徳が、ほかの構成員の信条に悪影響をおよぼすことこそ、もっとも回避されねばならぬ事態だからである。たとえば、「偽誓」Meineid は「未開人のなかへの追放」によって処罰され、命令への「不服従」Insubordination も「名誉」剝奪の対象となる(II, 385, 393–4)。とりわけ、国民教育におけるのと同様に、男性本性の対極に位置する「臆病」Feigheit はここでも絶対的に禁圧されねばならない(II, 10: 391–2)。「臆病」と判断された者は市民名簿から名前を抹消され、死後の埋葬もゆるされないという。兵士にとっての「臆病」はとくに厳罰の対象とされ、「窃盗」と同様、譴責された場合には「足の指を切り落とされ」、「後々の勤務に不適格と宣言」される(II, 10: 384)。フィヒテは「脱走兵」を問答無用で「死刑」に処し、脱走兵についての「記憶」、すなわち存在の事実自体を抹消すべきとしている(II, 10: 384, 394)。

また、「臆病」と判断された夫に妻があえて従順な姿勢を示すことによって、夫を悲しませることができるともいう。「臆病」以上にフィヒテが神経質になるのが、「不貞」Unkeuschheit に対してである。すでにみたように、「純潔」Keuschheit は女性本性にとって、もっとも重要な徳を意味していた。そして後期ベルリン時代になると、フィヒテはますます「純潔」の価値を強調するようになる。最晩年の『国家論』において、「純潔」は女性のみならず、男性の徳の根幹としても評価されるようになるのである(4: 477–81)。フィヒテによれば、「不貞」は「臆病の源」であり、「勇気」の対極に位置している。「人間の、とりわけ男性の本来的価値・名誉・尊厳」は「新たな人間、新たな自然の支配者をみずから生みだすこと」にあるのであり、生殖能力を「快楽」のためだけに活用する「不貞」は、「絶対的不名誉」「人間および男性本来の名誉の喪失」に値する。「無傷の純潔を重んずること」は、「神の永遠の助言において我々に付与された力にしたがって我々がなりうるすべてのものになるための唯一の方法」なのだ。

こうしてみると「純潔」を穢す性犯罪――「姦通」「売買春」「婚外妊娠」――に対して、『共和国草稿』のフィヒテが追放や死刑といった極刑をもって対応したとしても不思議ではない(II, 10: 385)。とくに姦通に関しては、夫が妻の出産した子供の父親を調査する権限を有している。性別にかかわらず、配偶者が不在のときに姦通を犯した者は、「秘密裡」に共同体から追放されることとなる。配偶者が不在ではない場合に姦通を犯した者は、女性の場合には「髪を切られ、共同体から追放され、名前が燃やされ」、既婚男性の場合には「公的に共同体から追放され、名前が燃やされる。かれは死んでいる」。『自然法の基礎』では、「姦通」はあくまでも離婚事由のひとつとして説明されていたが、『共和国草稿』における「姦通」は道徳的重大犯罪としてあつかわれている。

いうまでもなく、ここに反映されているのは、フィヒテ自身の婚姻観である。夫婦という二人格の絶対的結合――「意志と心の結合」(3: 325)――としての「婚姻」Ehe を通じて、人間本性の「活動性」と「受動性」、「大度」と「愛」は結合し、真の道徳的結合へと発展する。何よりも、人類の次世代を担う子供をつくることに、婚姻の道徳的価値は存している。性行為は子づくりを目的とした場合にのみゆるされる(4: 328–9)。また婚姻関係のなかでこそ、真の道徳的自由は可能になる。「婚姻関係は、両性の成人にとって自然によって要求されたもっとも本来的な生存方法である」(3: 316)。したがって、いかに優れた能力や人格をそなえていようとも、男女ともに独身者は道徳的陶冶を完成させることができない。「人間の性格のなかには、とくに婚姻関係においてのみ形成されうるもっとも高貴な側面がある。たとえば、女性の献身的愛、配偶者のためにすべてを犠牲にする男性の大度、自分自身のためではなくとも、夫のために貫くあろうとする必然性、真の友情などである」(4: 332)。

『自然法の基礎』や『国家論』と同様、『共和国草稿』においても婚姻関係は「非分離的」unzertrennlichとされ、結婚には聖職者とその妻——学校教師経験者とされる——の立ち合いが必要とされている。しかも、「強制結婚」ではないにしても、共和国では「結婚への毎年の公的勧告」が出されるという。(353)『道徳論の体系』でもいわれていたように、「決して結婚しないという明白な決意は、道徳的義務に絶対的に違反している」からである。さらに結婚後も、八年目までに子供をつくるように指導されることとなる(4: 333, 473–7; II, 10: 384–5)。(354)このようにフィヒテの秩序構想は、強力な軍事的道徳国家としての色彩を一層強めてゆく。

そして「二十二世紀」の共和国にあって、もっとも重要な機関といえるのが、監査官と著述家である。なぜなら、これらの機関の存在ゆえに『共和国草稿』の政治体制は、広義の「共和政」の条件を満たすことができるからだ。

まず、「監査官」Censurは、執政機構の責任者たる守護者を罷免させうる、唯一の機関である。つまり、不正な手段による就任・特定人物への贔屓・重要報告の揉消しといった事態にさいして、監査官は守護者を弾劾することができる(II, 10: 392)。もし弾劾が正当である場合、守護者を退位に追い込むことができるのである。それゆえ、守護者は監査官からの嫌疑を避けるために、大臣や地方官の任命時には、監査官の「助言」をもとめるようになる。こうして「王」的機関としての守護者は統治者としての資質を不断に審査される。監査官は守護者の弾劾以外にも、共和国の道徳監視者として、教育・軍制にも広範な権限を行使する。その一方で、監査官には厳格な「守秘義務」が課せられており、違反した場合には秘密裡に処理・追放されることとなる。

監査官が『自然法の基礎』の監督官制度に対応していることは疑いない。監督官とおなじように、監査官もまた、実質的な統治権をもたないかわりに、「執政権」を掣肘しうる唯一の機関として機能する。監視を恐れる「執政権」保持者から頻繁に相談をうけるという点でも、監査官と監督官は共通している。他方で監査官と監督官の大きな相違は、「人民」との関係にある。すでにみたように、『自然法の基礎』の監督官の特徴は、「国務停止令」によって「執政権」を停止したうえで、憲法制定権力である「人民」を召集し、「執政権」の違法行為の有無を判定させる点にあった。監督官の権限は「執政権」を弾劾するところでとどまり、判断自体は「人民」がくだすのである。対して『共和国草稿』の監査官は「人民」とは無関係である。監査官は「人民」に対して「執政権」の不法を訴えるのではなく、みずからの判断で「執政権」を弾劾する。いいかえるならば、『共和国草稿』のフィヒテは、「人民」の政治的判断力に期待していないということである。また、『自然法の基礎』では「執政権」の委任が「人民」の権能に属していたのに対して、『共和国草稿』においては、守護者の任命は小評議会の専権事項である。「人民」の役割が後退していることは明白といってよい。ここでも、知識身分内における統治者の自己補充原則は貫徹される。しかも、すでにみたように監査官は守護者に対してのみならず、人民および、国民教育における道徳性と習俗の強力な監督者としての役割すらおびていた(II, 10: 384-5, 391)

他方で顧問機構において積極的な意味を付与されるのが、「著述家」Schriftsteller である。知識身分の一員としての「教師」および「高等教育機関の教授」は、同時に著述家としても活動する。著述家は「成長した国民を引きつづき教育してゆく者であり、かつ〔そうした国民の〕維持者」として、強大な「特権」をもつ存在である(II, 10: 381)。大評議会への参加権や、文書での意見建白権が認められていることからも、著述家は共和国内の「公論」を代表する存在として位置づけられている。また、著述家はつねに「一般性」を保つことを義務づけられている点も、興味ぶかい。著述家は監査官のような具体的制度ではないが、「公論」を介して統治を監視する役割を担うのである。

監査官と著述家の両方をそなえることによって、「二十二世紀」の共和国は、二重の意味で広義の「共和政」の条件を満たす。監査官の存在によって、『自然法の基礎』の監督官にも比すべき「執政権」の制御機関が担保される。さらに著述家の存在は、共和国内部における「公論」の支配を保証するであろう。つまり、監督官と「公論」という広義の「共和政」の二大条件を『共和国草稿』の国家は見事に達成しているのだ。さらにこの国家は、個々の統治者ではなく、知識身分全体によって統治される、狭義の「共和制」でもある。このように「二十二世紀」の共和国は、フィヒテにとって完全無欠の国家を意味していた。

実際に「二十二世紀」の共和国のすべての公職——執政機構も顧問機構も——は、知識身分によって独占されている。つまり、労働身分の政治参加は完全に排除されるのだ。政治参加の権限を得る唯一の方法は、国民教育で優秀な成績をおさめ、学識教育を修了し、知識身分に編入されることである。圧倒的多数の人民は国民教育を修了した段階で労働身分——生産者・製造者・商人から成る——に編入され、以後は生業にいそしむこととなる。労働身分の管理については、『共和国草稿』でも『閉鎖商業国家論』の図式が踏襲されている(II, 10: 381, 386, 388)[355]。すなわち、生産・流通・貨幣を国家が全面的に管理し、一種の計画経済が布かれ、各人には生業による労働と「生存」が保障されるのである。「国家のみが土地の所有者であり、農民には終身で土地を付与することとなる。ただし、所有物は相続されない。子供は目録だけを相続する」(II, 10: 384)。海外貿易は国家によって独占され、金銀の使用も禁止され、「港では私貿易はゆるされず、国家の支店だけが存在している。国家が各人の相続者であり、各人は国家の管理下に置かれることとなる」(II, 10: 387)。林業・染色業・鉱業・造船業・葡萄栽培も疎かにされることはない(II, 10: 389-90)。つまり、「学」的認識を欠く労働身分は、「学」的陶冶を経た知識身分に統治と管理をすべて委任するのである。「統治が善くないかぎり、多数者はつねに悪い」のであり、「善き多数者は善き統治から生まれ、したがって善き統治が善き多数者から生まれるわけではないのである」(II, 13: 285)。フィヒテの描くドイツ共和国は、「学」の統制原理によって幾何学的に構成された世界、真の意味における「理性国家」にちがいなかった。

中央集権国家として誕生したドイツ共和国は、欧州の中心に君臨する強大な勢力となろう。共和国はギリシアやイタリアなどの周辺地域を保護下に置き、英国やフランスと伍する列強としての地位を保証されている(II, 10: 388)。「ポーランド人の大多数はドイツ人となり、それ以外はロシアに移住していった。ドイツ人だけが市民たりうるというのが原則である」(II, 10: 387)。ユダヤ人もドイツ人に同化するか、移住を迫られるという(II, 10: 389)。フィヒテによると、ドイツ国民こそ「他国民の圧力から自由に生活し、隣国との関係のみにおいて自国が強く尊敬されていると自覚」し、「自己自身に引きこもり、自己自身において安らぐ」ことができる唯一の国民なのだ(II, 10: 411)。

こうした強く統一されたドイツ共和国像は無論、同時代の欧州、ひいてはドイツの暗い情勢の陰画である。フィヒテは『共和国草稿』の序文において、プロイセンとオーストリアが覇権を争い、「官職」に目が眩んだ領邦諸国が競合をくりかえした挙句、「帝国国制」Reichsverband さえも奪われた経緯を徹底的に批判していた(II, 10: 406–7)。だが他方で、「二十二世紀」の共和国は、ドイツ独立のみを目的にした国家であってはならなかった。なぜなら、真の秩序は「人間性」Menschheit をめざし、「〔人類に〕共通の目標」への進歩の先駆けとならねばならないからである(II, 10: 387, 411–2)。

他国との関係について、我々〔＝ドイツ共和国の立法者〕は主にふたつの点を考慮した。まず、あらゆる外国勢力と外国からの影響に対する自国と国制と自律性の維持が確保されること、そして、こうした独立維持が国内における一切の懐疑、および外国からの何らかの試みの思いつきをはるかに超越して崇高であること、である。そうすれば、以下のようになると我々は考えたのである。つまり、自己の固有性を自分自身のために保持・主張し、他国にそれを押しつけようとしない国民――ドイツ国民のような――が、他国民――わずかばかりの陶冶を達成するやいなや、ただちに努力を放棄するような国民――の間で路頭に迷うことがなくなる。そして、そうした国民は人類全体の永遠の構想において、非常識な傍若無人に対する防波堤となり、さらに自国に対してのみならず、ほかのあらゆる欧州諸国民にも、それぞれ固有の方法で共通の目標へと歩んでゆける保証をあたえてやれるだろう、と。こうした考慮のもと、さらには堅固な確信――その前ではドイツ国民さえもひとつの点にすぎないような、全人類の法廷の前で、我々が責任を負わされることはないという確信――にもとづいて、我々はドイツ国民の手にこの途方もない権力をあたえたのだ。

(『共和国草稿』)(II, 10: 411-2)

ドイツ共和国はドイツのみならず、すべての欧州諸国民に平和と陶冶を約束する存在であってほしい。混迷をきわめる国際秩序を革新する唯一の方法、それは、教育装置を中心に革新された新国家が出現することである。「まず最初に、自己自身において完全に正義にかなう国家の模範が誕生すること。この国家はきわめて強力で、なおかつ、みずからの幸福の光景によって他国に自国を模倣させようという気を起こさせる」はずだ(II, 13: 290)。フィヒテの脳裡には、ドイツの中心から発した陶冶と道徳の光が欧州を、さらには、あまねく世界と人類を照らしてゆく光景が広がる。そして、「二十二世紀」の共和国のさらに先には、フィヒテが青年期以来もとめつづけてきた究極の道徳的秩序が実現するはずである。そのときにこそ、人類史は終わりを告げ、地上には新たなる「神の国」が到来することとなろう。

第四節 「神権支配」

（1）「古代」

人類の究極目標が完全な道徳的共同体の建設にある以上、「強制」を本質とする「国家」Staat はやがて破棄されねばならない。この「国家」の止揚とでもいうべき見解を、フィヒテはこれまで一貫して主張してきた。『知識人の使命』を皮切りに、イェナ期の『自然法の基礎』や『道徳論の体系』、前期ベルリン時代の『現代の根本特徴』を思い起こしてほしい。晩年の『国家論』や『思索日記』でも、この立場は微動だにしていない。「強制装置に関して、国家はみずからを、強制を不要とするための教育施設 ErziehungsInstitut とみなさねばならない」(II, 15: 289)。「二十二世紀」の共和国といえども、「国家」であることに変わりはない。いいかえるならば、この理想共和国さえも最終的には破棄の対象となるということである。

それでは、国家が止揚された後、人類社会はいかなる様相を呈するのだろうか。この問題について、フィヒテはこれまで沈黙を保ってきた。『現代の根本特徴』の叙述はフィヒテの同時代でほぼ終了しており、人類史の最終局面――「世界計画」の第四・五期――についてはほとんどふれられていなかった。フィヒテは最晩年の『国家論』において、ふたたび国家の止揚という主題に取り組むこととなる。

『国家論』の歴史哲学は、『現代の根本特徴』の枠組を多くの点で踏襲している[356]。「世界計画」概念こそ消滅するものの、キリスト教の登場を境に人類史を「古代／近代」に区分する点において、『国家論』は『現代の根本特徴』とまったく共通している。また、「自然の狡知」概念こそもちいられず、極度に圧縮された表現になってはいるが、『国家論』の「近代」史理解は『現代の根本特徴』から基本的に変わっていない(4: 592-7)[357]。

他方で、『国家論』には『現代の根本特徴』と大きく異なる点もある。一見してわかるのが、構成のちがいである。『現代の根本特徴』においては、歴史認識論・古代史論・近代史論がほぼ同程度の割合であつかわれていた。対して、『国家論』では古代史論、とりわけ古代ローマ史論がはるかに充実したかたちで分析される一方、近代史の具体的な叙述はほとんど削られている。そのかわりに聖書の豊富な引用から成る、キリスト教の神義論的解釈が「近代」に関する叙述の大半を占めることとなる。こうした構成上の大きな変更、あるいは『現代の根本特徴』と『国家論』との連続と断絶について、フィヒテ自身による説明はない。

何よりも『国家論』の歴史哲学を『現代の根本特徴』から決定的に区別するのは、歴史発展の論理への着目にほかならない。『現代の根本特徴』の軸となった「世界計画」概念は消滅し、『国家論』のフィヒテは人間精神の弁証法的発展に関心を寄せるようになる。『現代の根本特徴』の主題が「国家」(「法」)の理念の発展――「理性国家」の実現過程――にあったのに対して、後期歴史哲学の関心は「法」や「国家」それ自体にはない。『国家論』の主題は「歴史」を通じた人類の精神構造の変容と進歩である。そのさいにフィヒテは、人類史を「信」Glaube と「悟性」Verstand というふたつの精神構造の相剋によって記述しようとする。

まず、「信」の原理とは、既成の「秩序」Ordnung や社会構造、感性的対象をあるがままに是認し、聖化し、そこからの変化を拒絶する精神を意味する(4: 482–90)。いわば、伝統秩序に政治社会の正当性根拠を見出す姿勢、「存在」Seyn を絶対化する原理といいかえてもよいだろう。「秩序」は「それ以上には根拠づけられない定言的命題――これは道徳的に必然的なのだという命題――に基礎づけられる」こととなる。「信」の原理は、統治者においては現状の「秩序」を肯定し、変化や「生成」を拒否する「自然信仰」Naturglaube として、被治者においては既成の支配体制に疑問をいだかぬ「権威信仰」Autoritätsglaube として現れてくるのだという。

対して「悟性」の原理は、「信」の原理の対極に位置する(4: 486–9)。つまり、既成の「秩序」を論理的思考によってつねに懐疑にさらし、より善き方向への改革を志向する精神(「自由な想像力」)にほかならない。その本質は「一切の始点と法則を欠いた、実践的なものとの関連における陶冶能力の無制限の解放」にある。この意味で「悟性」の原理は、「生成」Werden と「自由」Freiheit の原理といいかえてもよいだろう。

フィヒテによれば、「信」と「悟性」のふたつの原理が相まってこそ、人類の「歴史」Geschichte は可能になる(4: 493–5)[358]。人類が「信」の原理だけに支配されてしまうならば、変化は一切生じないだろうし、逆に「悟性」の原理だけでは安定した「秩序」を創設できず、「自由な想像力」に始終ふりまわされることとなろう。

信と悟性は人類の二大根本原理であり、その交互作用から歴史が生成する。信によって人類は完成し、行動の始点を受けとるのである。信によって人類はつねに固定的存在として維持され、恒常的なるものと持続の根拠を植えつけられることとなる。悟性によって人類は運動性を保持する。無制限の運動に身をまかせるならば、人類は、一切の内的停止点を欠いた運動の虜となり、自己を否定することとなろう。信が悟性のうちに解消し、これに対して悟性が信に立脚する場合にのみ、すなわち、ふたつの原理の結合においてのみ、真の進歩が得られるのである。信のみが支配するときには進歩がありえないことを、我々はすでにみた。〔中略〕しかし、歴史の進歩とは、悟性がつねに信に対して地歩を得ることなのである。そして、この過程は、悟性が信を完全に否定し、その内容を明瞭な洞察という高貴な形式にもたらすまで、つづいてゆくのである。

(『国家論』)(4: 493)

フィヒテは「歴史」の始源を、「信」と「悟性」それぞれの原理を体現するふたつの「原種族」Urgeschlecht の「結合」Vereinigung にみる(4: 489–93)。「結合」の当初、「信」の「原種族」が形成した政治秩序——「結合」以前には一切の変化が起こらなかった——によって、「悟性」の「原種族」は圧倒され、「尊敬」Achtung の念をいだくという。ところが、「悟性」の「原種族」はその本性にしたがって次第に既存秩序に対して懐疑的となり、改革をもとめるようになる。そして、ふたつの「原種族」は一方は既存秩序を保守しようと試み、他方は現状の改革を訴えて対立する。「現象が新鮮味を失うと、眩惑も消え去る。第二の〔＝悟性の〕原種族の自由な想像力が解放され、信を否定し、これまでは唯一可能な秩序とみえていたものに対して対立する、そして、それに対する闘争を挑む。当初は認識における内面的な戦争であるが、そのあとは外的な、つまり押しつけられたよそよそしい法律や秩序に対する戦争へと発展してゆく」。最終的には「信」の「原種族」が「譲歩」して、一定の改革が達成される。こうして当面の間は「平和」が確立する。しかし、ふたたび「悟性」の「原種族」は既存秩序を論理的懐疑にさらし、改革をもとめるようになり、おなじ過程がくりかえされる……。

もちろん、こうした原初的「結合」が歴史的事実として確認されるわけではない。フィヒテにとって、この「結合」は「歴史」の始源、すなわち、停滞した無時間的世界から動的な「歴史」の世界への跳躍を意味していた。「歴史」開始以前の無時間的停滞の世界(基準民族の時代)から、人類が不断に「陶冶」されてゆく「歴史」的時間への移行という『現代の根本特徴』以来のモティーフである。しかも、フィヒテはさらに一歩進んで、「結合」をその後の「歴史」発展の「法則」Gesetz、「信」と「悟性」の弁証法的発展モデルとしても把握するのである。「ここでふたたび精神世界の一般法則が介在してくる。つまり、悟性がどこかで爆発し、力を、発動力を、伝播力を獲得したとき、自由な悟性の流出が起こるのである。第一の党派〔＝「信」の原種族〕は、第二の党派〔＝「悟性」の原種族〕が正当であると洞察し、自分自身を自由にする。この点における権威信仰の止揚は、同時に自然信仰の否定であり、止揚でもある」。このように「信」の原理が「悟性」の原理によって不断に攻撃され、「みずからを悟性の洞察へと転化するよう強いられる」過程こそが、人類の「歴史」を構成する。『国家論』のフィヒテは一貫して、個々の史実の背後にこの「結合」モデルをみていた。

そして、国家の止揚という主題ととくに関連するのが、ふたつの「神権支配」Theokratie概念にほかならない。フィヒテによれば、ふたつの「原種族」の「結合」から真の「歴史」がはじまるのだが、この「歴史」の始点と終点にはそれぞれ、「古代」と「近代」、ふたつの「神権支配」が位置するというのである。おなじ「神権支配」ではあるが、内容は対照的である。「古代」の「神権支配」が「信の原理における絶対的なるものとしての国家」であるのに対して、「近代」の「神権支配」は「完成された悟性の原理による国家の完全な没落」を意味しているからだ(4: 496)。つまり、「古代」の「神権支配」が「信」の原理に完全に支配されていたとすれば、「近代」の「神権支配」は「悟性」による支配を極限まで進めた形態として把握されている。

「古代」の「神権支配」とは端的にいうと、国家権力と神々の権威が一体化した支配を指す。「国家とその国制は、絶対的な神的命令であり、それについて思考することはゆるされず、ゆえに悟性を完全に拒絶するのである」(4: 500)。フィヒテがここで具体的に念頭に置いているのは、オリエントの王朝国家ではなく、むしろ、古代ユダヤ国家やギリシアのポリス社会、さらには身分闘争以前の初期ローマ社会である。ここでの「神」とは「形而上学的概念」ではなく、それぞれの民族や国家を守護する「民族神」Nationalgott(4: 508)であり、この「民族神」は国家権力と一体化し、既存の秩序を聖化し、神託や鳥占といった「予兆」Zeichenによって啓示をあたえる存在として理解されている(4: 498ff., 501ff., 504; II, 15: 202, 297 Anm. 2)。したがって、それぞれの民族が自分の守護神を奉じることから、「多神教」Vielgöttereiという特徴が帰結する。「各人がいまや自分の民族神をもっとも信仰し、最強の神として敬うのは自然なこと」であり、「それぞれの神はいわば、唯一かつ正統な神たらんとする傾向をもつ。それぞれの神によって選ばれた民族は、それぞれの神の道具Werkzeugにほかならない」。統治者は、「予兆」を統治の指針にするという「自然信仰」によって規定され、被治者は既成体制に疑問もいだかず、「権威信仰」のままに服従する。(359)

当然、社会構造も「信」の原理から切り離すことはできない。「古代」の「神権支配」の根幹をなすのは、血縁関係の拡大版としての「氏族制」Stämme である(4: 504–9)。それは、伝統によって聖化され、神的権威と統治権力を独占する一部の「氏族」による「貴族制」Aristokratie の世界なのであり、最上位の統治者から最底辺の奴隷にいたるまで厳格な「カースト制」が確立している。神的権威と国家権力が融合している以上、法的権利を認められるのは「市民」Bürger に限定された。さらに「市民団の間にさえ、権利の平等はほとんど存在しなかった」。普遍的な「人類」Menschheit という理念を見出すことなど、できるはずもなかった。それは「不平等」の世界にほかならない。「古代では人類などは問題にならない。ただ、市民であることだけが問題なのだ」。このように「古代」の「神権支配」では、すべてが「信」の原理によって規定されていた。「確立した不平等な権利はまさしく、諸民族の確立した啓示信仰に基礎づけられ、この信仰によって保持され、万人に受け入れられうるものとされていた」。

しかし、「信」の原理による支配が、「歴史」において永続することはない。フィヒテによれば、たしかに「古代」の「神権支配」は強力であったが、被治者のなかには次第に現状に懐疑をいだき、統治権への参与をもとめる動きが生じてくるという(4: 509–10)。「信」の原理に対する「悟性」の原理の闘いである。「民主制 Demokratie の貴族制に対する闘いがはじまる。こうして信の原理が一旦突破されると、国家のすべての成員は統治への参与に平等な権利をもつという洞察が登場したのである」。こうした闘争の典型例をフィヒテは、古代ローマの身分闘争に見出した(4: 510–3)。否、むしろローマ史の展開から「古代」の発展法則を導出するがごとくである。(360) そして、身分闘争の成果こそ、程度の差はあれ、被治者に統治への参加を認める「憲法」Constitution——成文不文を問わず、「統治機構の設立に関する法律」を意味しており、「神権支配」における「不死の氏族制」の対極に位置する——にちがいなかった。それは、「神の意志ではなく、国家の憲法による新しい第二の貴族たち」の登場といいかえてもよい。「貴族制の本性に関する以上の変化は画期的である。いわばここではじめて、悟性の原理——悟性による計算にもとづいた憲法——が力を得たのである。こうして神権支配は終わった」。「信」の原理に対する「悟性」の原理の「革命」Revolution(4:

514)だった。

ところが、「悟性」の原理はここで停滞してしまう。本来ならば、「悟性」の原理を突き詰めてゆけば、奴隷や女性の解放にまで到達してしかるべきである。しかし、「古代」世界においては「悟性」の原理が全面的に開化することはなかった(4: 513-6)。「市民たちが権利の法的平等を達成したのち、古代史の発展は完結した」。古代ローマにみられるように、平民は「個人的な安全と幸福」を確保するやいなや、弛緩をはじめた。民衆は「パンとサーカス」に熱狂し、「かれらにとって国家は異物であった」。身分闘争の結果、「古代」の「神権支配」は終焉を迎えたものの、それにとってかわる新たな原理が確立されることはなかった。いまや「生の享楽こそが人生の目的であり、国家はその手段である」。リウィウスやサルスティウスが批判した「奢侈 Luxus の時代」、「利己心 Eigennutz の時代」である。「こうした〔享楽的〕思考法は否定的なものである。悟性の本来的な力である道徳性、技術衝動、宗教が堕落したとき、こうした思考法が登場する」。「人間からほかのすべてのものが取り払われたとき、人間は感性的存在として残るほかない」。フィヒテは内乱期ローマの精神的雰囲気を「啓蒙」Aufkläung とよんだ。「悟性」は指導原理たりえず、「利益の計算機」と化してしまう。

精神的頽廃のきわみに達したローマには、最終的に強権的な独裁支配――スッラ、ポンペイウス、カエサル、三頭派、そしてアウグストゥスによる「天才支配」Geniokratie――が確立する(4: 517-9)。私的享楽に耽溺し、政治に倦んだ民衆は統治権力を「天才」的指導者に喜んでゆだねることだろう。「時代の言語と概念は、感性界および、利己心による感性界での遊泳へと解消されてしまう」。「古代」は、オリエント的な王朝国家に発し、「貴族制」による「神権支配」、身分闘争によって成立した「民主制」を経由して、そしてふたたび「天才」による「君主制」にたどりつく。この「第二の君主制」は世襲君主制である。「利己心のうえに屹立する天才への熱狂という原理によって、ローマ共和政の最後の時代に世界征服――古代の民族神の王国――が完成し、すべてはユピテル・カピトリヌス〔＝ローマの守護神」の足元にひれ伏すこととなった」。

こうして「古代」世界は終焉を迎える。フィヒテにとって、「古代」とはいわば、「信」の原理にもとづく「神権支配」の解体過程を意味していた。(361) しかし、それはあくまでも限定的な意味においてである。たしかに「悟性」は「神権支配」を打破し、「民主制」を確立することとなったが、結局、「平等」を貫徹することも、奴隷・被支配民族・女性に対する「不平等」を払拭することもできなかった(4: 519-20)。何よりも、「悟性」は「神権支配」にとってかわる新たな秩序の原理を見出すことができなかった。「神権支配」の瓦礫のうえに残ったのは、高圧的な支配に耽る「天才」的指導者と、私的享楽に耽溺し、「宗教」や「道徳性」には見向きもしない愚かな民衆という荒涼たる風景であった。だが、「歴史」はここで終わりではない。頽廃のきわみに達した人類は、ふたたび「悟性」の原理によって道徳的秩序にむかってゆかねばならない。「古代」の帰結としての精神的頽廃、そこからの人間性の復権こそ、「近代」という時代の本質をなすはずだから。

(2)「近代」

フィヒテにとって、「近代」とはキリスト教の時代と同義であった。ここでのキリスト教とは、カトリック教会や新教といった歴史的現象としてのキリスト教を意味しない。フィヒテのいうキリスト教とはすでにみたように、(362) 知識学の観点から解釈された独自の意味における「キリスト教」なのである。フィヒテによれば、それこそが真の「宗教」たるキリスト教の神髄なのであり、無時間的かつ永遠の真理にほかならない(4: 521ff.)。真のキリスト教が次第に「古代」の「権威信仰」の外皮を脱ぎ捨て、純化されてゆく過程に「近代」の意義をみる点で、『国家論』と『現代の根本特徴』は共通している。

『国家論』のキリスト教解釈によれば、神は道徳的秩序の原理そのものである。それは、「古代」的な「民族神」でも、伝統的なキリスト教における人格神でもない(4: 521–5)。「神意」Wille Gottesとは、無限の道徳律そのものである。「神意」への服従は、道徳的自由と同義である。ゆえに、キリスト教は「悟性」の宗教ということになる。そして、個々人の内面においては無論のこと、人類社会全体においても道徳的自由と道徳的秩序が実現することを指して、フィヒテは「神の国」Himmelreichと呼ぶのである。それは「古代」世界を蝕んだ奴隷制の対極に位置する、人類の普遍的「平等」の理念そのもの——「あらゆる支配権力と市民的不平等の止揚」——といいかえてもよい。[363]「各人は物理的には自分自身、道徳的には神以外の支配者をもつことはない。したがって、政治的にもまた自由なのであり、あらゆる支配権力から独立している。人類は、神意と一致するべき自由以外の何物でもない。ここにこそ、人類の本質がある。まさしく人間的なものは、自由の観点から平等である。それゆえにキリスト教は自由と平等の福音なのである」(4: 523)。

しかも、「神の国」は単なる「教説」Lehreにとどまることなく、「体制」Verfassungとして「歴史」を通じて現世に実現されねばならない(4: 525–9)。「神は現実的かつ事実上、唯一の支配者である。ほかのあらゆる支配者の没落によって、各人が自分自身によって明瞭に認識された神意にのみ服従する体制が確実に到来するだろう」。フィヒテによれば、イエスの再臨に関する「預言」[364]も、現世における「神の国」の実現を語ったものである。ここから、フィヒテの描くイエスは、倫理的立法者の様相さえおびてくる(4: 573–6)。

我々は、この預言をキリスト教の本来的な頂点および完成点として、ふたたびとりあげる。我々はほかの方面から、つまり貫徹された悟性的認識から、預言の内容を保持し、預言の必然性をア・プリオリに認識したからである。キリスト教は教説であるのみならず、体制の原理となるべきなのである。この世界において、道徳的存在としての神が自由な意志と洞察によって、唯一かつ普遍の支配者とならねばならない。まさしくすべての人間が、真のキリスト者であり、なおかつ神の国の市民とならねばならない。人間に対するほかのあらゆる支配は、きれいさっぱり消滅せねばならない。これこそが、かの預言の意味であり、そうでなければならない。現世における人類の最終目的については、この意味しかありえないからである。

(『国家論』)(4: 580)

聖書の「預言」が実現した世界、すなわち人類の知的道徳的進歩の果てに到来するはずの「神の国」こそが、「近代」における「神権支配」なのである(4: 582-3)。完全な道徳的秩序である以上、そこには当然、「強制」も「国家」も存在しないはずだ。道徳的自由の原理そのものとしての「神意」に、人間が自発的に服従し、秩序を形成する。それは道徳的自由をきわめた個々人が自由に交流し、平和に共存できる世界。過剰な宗教的語彙に彩られてはいるが、ここでフィヒテが描く「神権支配」は基本的に、カントいうところの「目的の国」と一致する。

しかし、フィヒテとカントは決定的な一点において異なっている。「目的の国」の描写を抽象的な原則論にとどめたカントに対して、フィヒテは「歴史」の終極に訪れるであろう「神権支配」の世界を具体的に描いている。それは、カントならば決して想像だにしない世界であった。

フィヒテの夢想する「近代」の「神権支配」はひとことで表現するならば、巨大な「教育」装置である(4: 583-6)。ここでもフィヒテは「教育」を秩序構想の根幹に据える。「神権支配」はすでに「国家」Staat ではないため、そこに「強制」は存在しえないはずである。ゆえにフィヒテは、「神権支配」における統治機構についてほとんどふれない。「神権支配」の関心事は、ただひたすらに道徳的宗教的人間を世代のつづくかぎり再生産し、人間の力のおよばない「自然」を征服しつづけることに絞り込まれてくる。「教育」もまた、このふたつの目的に合致したものでなければならない。

各人は明瞭な洞察によって、自分自身に対する神意を理解すべきである。自分自身のうちにおけるいかなる区別も代替できない自己直観のもと、自分自身をかの精神世界の一般法則のもとに包摂せねばならない。人間は神のもとにおり、人間は服従なしには無であり、本来的に存在しえないという明瞭かつ一般的な洞察を、以上のことは前提とする。この洞察はしたがって、キリスト教の洞察であり、あるいは——この関連においておなじ意味なのだが——知識学の洞察でもある。かくして要求される教育は、あらゆる人間を例外なく誤謬なくこの洞察に導く技術をもたねばならない。以上のことが可能であるためには、万人に共通する要素から出発したうえで、各人を根本から陶冶し、こうした認識が確実にもたらされるようにする技術をもたねばならないのだ。

(『国家論』)(4: 583-4)

かの宗教的道徳的陶冶のほかに、人間の一般的陶冶の第二の基本部分として、自然における自由の営為の明確な像と概観が万人に提供されねばならない。これは当然のことながら、自然に関する知識と、人間に関する知識——どの程度まで人間の知識が発展してきたか——というふたつの部分に分かれることとなる。

(同右)(4: 586)

以上の引用にもあるように、フィヒテはここでも「教育」を「技術」Kunstとして理解している(4: 583, 586, 590)。「教育」は、「理性国家がそれを前提とするような人間陶冶の体系的技術」たらねばならないのだ。フィヒテによれば、「神権支配」において「技術」としての「教育」は完成し、完全な道徳的人間を一律に量産することが可能となるはずだという。家庭教育という悪習はとうの昔に廃され、公教育がすべての国民を一律に教育する。公教育は、ひとりひとりの国民の能力に応じて、「神の世界計画」における「地位」を各人に割り当てる(4: 584-5)。各人が最適の「地位」をあたえられ、個人間の紛争——法的紛争——も消滅する。「このみずからの地位を、各人はまさしく明瞭に認識すべきであり、そうして一切の紛争なしに、共同目的のために自分の地位において働くのである」。プラトンゆずりの専門性原理は依然として妥当していた。

「神権支配」においても、知識身分と労働身分という位階秩序は厳然と存在する。(365) 各人の「悟性の素質」Verstandesanlage が異なる以上、「指導」に適した者たちと、「服従」に適した者たちに人類が分かれるのは当然ではないか(4: 585ff.)。労働身分は、こうした「悟性の素質」の有無を「神の摂理」として認識すべきである。労働身分は「知識身分からの命令に関しても、知識身分に服従しているのではなく、神の法則として認識された自然法則——多様な悟性の素質——に服従している」と認識すべきなのである。もちろん、「神権支配」は完全な道徳的共同体なので、統治はもはや知識身分にとって最重要の仕事ではない。統治にかわって知識身分が専心せねばならないのは、教育制度の維持と、人類の「認識」の向上、すなわち学問研究である(4: 589–90)。ここでもフィヒテは、国民全員を対象とする国民教育とは別に「学識教育」Gelehrtenschule の必要性を指摘している(4: 590–2)。そこでは「神の精神」に属するものとしての「認識」が「個人の所有物」としてではなく、「共有財産」として保存され、発展させられてゆくことだろう。いうまでもなく、「学」の中心を占めるのは、フィヒテの知識学である(4: 589)。知識学は「知識人たちの間で理解と承認をもとめてまだ格闘しており、また、ひょっとすると、あと数世紀もの間格闘するであろう」。だが、「この世界における知識学の端緒が没落することはありえない。知識学は神からの、神による人類への絶対的要求だからである」。フィヒテの描く「神権支配」とは、知識学と宗教が一体化し、その真理が全国民に浸透し、道徳的人間を再生産する「教育」のユートピアにちがいなかった。

無論、ユートピアの実現は、はるか未来に属する事柄である。フィヒテによると、「キリスト教を奉ずるひとつの国民の内部で神の国が突破口をひらく頃」に「キリスト教的国際連盟」が形成され、各国は軍拡競争の果てに戦争に倦むようになる(4: 597-9)。カントの『永遠平和論』のごとく、フィヒテはそのように展望する。国内では公教育が完備され、道徳的人間が再生産され、対外的にも戦争の可能性が消滅するにつれて、「従来の強制権力」は徐々に不要なものになってゆく。「一般的陶治の力」によって、強制権力たる「国家」の仕事自体が消滅するからである。そして、「国家」はついに止揚されることとなろう。「こうして、その時代の強制国家は自分に一切の力がむけられなくなると、時代によってもたらされた無為によってやすらかに枯死するであろう。そして、主権者の最後の継承者が——そうした者がいるとすればだが——自分の身を国民学校にゆだね、自分から何が生じうるかを見守りながら、一般的平等に入ってゆくにちがいない」。このように一国において「神権政治」が実現されれば、あとは連鎖的に人類社会全体へと「神権支配」が拡大してゆくはずだ。

仮に戦争の可能性が世界においてまだ完全に止揚されていないとしても、神権支配がすでに定着した国民がそのあとで戦争によって覆われるとしても、以下のことは明白である。つまり、この国民があたかもひとりの男のように、共同の力をもって外敵にたちむかい——自然という内なる敵につねにたちむかっているように——自然に関する圧倒的な知識、技術的完成、神に熱狂した勇気によって決定的な勝者となることは、疑いないのである。ほかのことが起きないにせよ、この勝利がほかのキリスト教的諸国民をこの〔神権支配を実現した〕国民に追従するよう刺激し、この国民から〔神権支配という〕体制の条件と体制自体を我がものとすることだろう。そうして、この体制は徐々にキリスト教を奉ずるすべての諸国民に波及してゆくことだろう。こうした諸国民は相互に戦争をすることもなく、永遠平和と永久同盟が実現する。そのほかのキリスト教を奉じていない未開の諸国民に対して、神権支配を導入した諸国民は自然的戦争の関係に立つ、あるいはむしろ、未開の諸国民の方がそうした関係に立つだろう。キリスト教的諸国民の勝利は疑いえない。この勝利はまさしく、これら未開の諸国民がキリスト教の内奥に、さらに模倣によってキリスト教的体制の内奥に迎えいれられるという結果をもたらすはずだ。そして、地上の全人類は唯一の内的に結合したキリスト教国家によって包摂され、このキリスト教国家はいまや共通の計画にしたがって自然を征服し、そして、いまひとつの生の高次の領域へと足を踏み入れてゆくはずだ。

(『国家論』)(4: 599-600)

興味ぶかいのは、『自然法の基礎』との相違点である。すでにみたように、『自然法の基礎』も人類史の終極としての「永遠平和」について論じており、漸次拡大する「国際連盟」が展望されていた。[366]『国家論』でも「神権支配」を確立した「キリスト教的諸国民」の間で「永久同盟」が締結されるとする点で、『自然法の基礎』からの連続性は——最後の「唯一の内的に結合したキリスト教国家」をいかに解釈するかは問題ではあるが[367]——明らかである。しかし他方で『国家論』のフィヒテは、「神権支配」を他国に先駆けて実現した一国民が、圧倒的な知的・道徳的・軍事的優越によって他国を主導する点を強調してもいる。フィヒテがここで「ドイツ国民」を念頭に置いていることは、いうまでもない。

こうして人類の「歴史」は終焉を迎える。もちろん、人類社会はこの後もずっとつづいてゆくことだろう。だが、「歴史」はそこにはもはやないのである。というのも、フィヒテにとっての「歴史」とは、「信」と「悟性」というふたつの相対立する原理の弁証法的発展を意味していたからである。「近代」の「神権支配」の確立によって、「信」の原理が止揚された以上、もはや「歴史」の存立条件は消滅したというわけだ(4: 492-4, 588-9)。「我々の種は純粋かつ明瞭な認識から自己自身を教化する」ようになり、「現世における人類のすべての歴史は終焉し、より高次の世界の領域に足を踏み入れることだろう」(4: 493)。この「高次の世界」に達した人類はもはや、これまでのごとき人類ではありえまい。「歴史」が終わった後の世界、それは語りえない事柄なのだ。語りえない事柄については、沈黙せねばならない。

フィヒテの秩序構想は「歴史」と不可分なものとしてそこにある。イェナ期から後期ベルリン時代までの議論を綜合してみると、人間の秩序は三段階の発展によって特徴づけられよう。

まず、「必要国家」Notstaat/Notverfassung である。[368] これまでもみてきたとおり、フィヒテは強烈なユートピア志向をもつ一方で、現実の政治社会を全否定することはない。フィヒテにとって何よりも避けるべき事態は無秩序なのであり、「必要国家」がいかに欠陥多きものだとしても、一定の秩序を担保する点で尊重されねばならない。フィヒテが暴力革命に対して一貫して否定的なのもこのゆえである。かれは決して、「必要国家」の世襲身分制社会や世襲君主制を全否定しない。

つぎに「理性国家」Vernunftstaat/Reich の段階が来る。フィヒテはこれまで「必要国家」と対比するかたちで「理性国家」を論じてきたが、その最終形態ともいうべきが『共和国草稿』における「二十二世紀」の共和国であることは論を俟たない。[369] 後期ベルリン時代に確立した見方によれば、真の「理性国家」の特徴は、知識身分と労働身分から成る位階秩序、寸分の狂いなく維持される計画経済、道徳的人間を再生産する国民教育と、「知識人」を養成する学識教育という二段階の教育制度、「神意」によって万人を結合する「宗教」、そして、「統治団体」としての知識身分によって自己補充される統治機構である。この「理性国家」にあっては、出生原理にもとづく身分制社会は完全に廃止され、統治者の世襲制も消滅する。こうして非君主制としての狭義の「共和制」Republik が確立することとなった。

そして、人類の最終段階こそ、「近代」の「神権支配」Theokratie にほかならない。すでにみてきたように、「神権支配」はもはや「国家」ではないので、そこに「強制」の契機は存在しない。統治機構は簡略化され、道徳的人間と知識身分を再生産する純粋な「教育」装置の様相を呈してくるのである。世界には「永遠平和」が確立し、人類は知識身分による指導のもと、無限の進歩へと踏みだしてゆく。「神権支配」の段階に到達したとき、「歴史」は終焉を迎え、人類は完全な道徳的存在として高次の段階に移行するのである。フィヒテの秩序構想は、「歴史」の発展と密接不可分の関係に立っていた。

そして、まさしくこの点こそ、フィヒテとプラトンを分かつ決定的な指標にほかならない。というのも、プラトンが『国家』で描いた理想国家は本質的に静的で完成された秩序であり、歴史的発展の余地は残されていなかったからである。それは「論理」λόγος によって構築された国家だった。また、そうであるがゆえにプラトンは、理想国家の実現可能性を「不可能」ではないにしても、「困難」――哲学者が統治者となるか、僭主が哲学者になるかのいずれかの可能性――と断じたのである(472a-473e, 502a-c, 592b)。逆にもしも万一、理想国家が完全に実現されたならば、永遠に近い安定性が保証されるという(546a-d)。プラトンにとって制度の改変は崩壊への第一歩を意味するのである。対して、フィヒテの描くユートピア秩序には、すくなくとも「近代」の「神権支配」に到達するまでは、歴史的発展の余地が残されていた。その意味で、統治機構も教育制度もつねに暫定的なものとして把握されているのである(4: 441-4)。ある時代において最良の制度も、時代が変われば時代遅れになりうる。したがって、「二十二世紀」の共和国でさえ、完全な秩序たりえない。くりかえし強調される知的道徳的陶冶の陰に隠れがちではあるが、フィヒテが「自然」に関する知識の無限進歩、その帰結として、計画経済による生産力の無限増加を信じていた点も、重要である。「近代」の「神権支配」の領域も、国民国家単位から地球全体へと無制限的に広がってゆくとされていた。「貪欲」による知的道徳的頽廃(「奢侈国家」)をまねくとして、国家規模と領域を厳密に制限しようとしたプラトンを思い起こしてもらいたい(372e-373e)。フィヒテにとって、「理性国家」は歴史的発展とともに到来するものであるから、たとえ現状の「必要国家」が欠陥多きものだとしても、「理性国家」実現への信念がゆらぐことはなかった。だから「歴史」の終極たる「神権支配」さえも、「絶対的必然性」(4: 528)をもって到来すると、フィヒテは断言できるのである。たとえ、それがはるか未来の出来事だとしても。理想秩序の実現になかば絶望していたプラトンとのちがいは歴然である。[370]「わたしは、自分が「プラトン主義者」以上の存在であると確信している」(II, 13: 338)。

だが、ユートピア到来への確信も、フィヒテの現実認識を曇らせることはない。彼方の「二十二世紀」の共和国や「神権支配」の夢に対して、現実はあまりにも残酷であった。フィヒテの眼前に展開していたのはユートピアどころか、欠陥多き「必要国家」――プロイセンをはじめとするドイツ諸邦――さえも、ナポレオンの覇権のもとに衰亡の危機に瀕する情景であった。ドイツの現状を打破するためには、何らかの起爆剤がなければならない。このままでは座して死を待つほかない。フィヒテはもはや、プロイセンをはじめとするドイツ諸邦に望みを託すことはできなかった。また、大勢に順応する民衆もドイツ再興の期待には応えてくれそうにない。最後に、フィヒテが唯一希望を託したのは、おそらく、当時はまだ生まれてすらいなかった「ドイツ国民」であった。

「二十二世紀」の共和国には、「国民」に関する理論的考察はとぼしかった。もちろん、すでにみたようにそこでは「ドイツ人だけが市民たりうるというのが原則」とされ、領土の点でもいわゆる「大ドイツ主義」が選択されていた。つまり、「二十二世紀」の共和国は、一種の国民国家として構想されていたのである。また、普仏開戦前後から、フィヒテの発言において「国民」概念が次第に強調されるようになっていったのも、事実である。だが、なぜ「国民」を単位とすべきなのか、なぜ、ほかの諸国民ではなくて「ドイツ国民」でなければならないのか。この二点について、実はフィヒテは十分な説明をほどこしていない。「二十二世紀」の共和国も「神権支配」も普遍的概念と原則によって十分理解できるものであり、ことさらに「国民」の要素を介在させる必要もなかったようにみえる。実際にフィヒテは、ケーニヒスベルク時代にいたるまで「国民」論について、ほとんど関心をもっていなかった。イェナ期の作品や前期ベルリン時代の『現代の根本特徴』は無論のこと、『マキアヴェッリ論』にさえも「国民」的要素を過剰に読み込むべきではない。フィヒテの「国民」論はある意味で、反ナポレオン闘争という状況から生まれてきた議論なのである。

さて、ここでふたたび時間軸を「二十二世紀」から、フィヒテのベルリン帰還まで戻そう。ケーニヒスベルク、メーメル、コペンハーゲンをめぐる慌ただしい旅は労苦に満ちたものとなった。何よりもフィヒテをうちのめしたのは、「ドイツ国民」の現状だった。「わたしは、ドイツ国民は維持されねばならぬと信じていた。しかし、見てみよ、ドイツ国民は抹殺されてしまっている」(I, 10: 3)。この言葉はフィヒテの絶望そのものといってよい。だが、フィヒテはここですべてを断念するような人物ではなかった。この絶望の淵から、「国民」の世界史的使命を訴える言葉がつむぎだされてくるのである。

第七章　「ドイツ国民」をつくる

第一節　「利己心」の時代

(1) 現代史論

ベルリン帰還後のフィヒテは、世間にすがたを見せることもなく、十月中旬頃まで『演繹的計画』の執筆に時間を費やしていた。「ほとんど絶望状態」に陥っていたかつての王都にあって、「孤独なあずまやに閉じこもり」、「絶望の音も絶望の原因となっている恥知らずの音」からも耳を塞ぎ、思索に専念する生活をおくっていたのである(III, 6: 180)。しかしこの時期には高等教育機関設立問題とならんで、「ドイツ国民」――フィヒテは「大きな家族」(III, 6: 183)と呼ぶ――の問題が、フィヒテをとらえていた。かれの念頭にあったのは、もはや未完の共和国を夢想することでも、政治家に対して実務的提言をなすことでもなかった。ただ、みずからの肉声をもって直接に「ドイツ国民」に訴えかけ、再生の炎を燃え立たせることに望みをかけていた[371]。

公衆の前にふたたびフィヒテがすがたを現したのは、十一月八日(I, 10: 5)。その日のベルリンの有力新聞二紙に、哲学者の連続講演の広告が掲載されたのである。ベルリンの読書公衆は、このとき久々にフィヒテの名を思い出したことであろう。広告にもあるように、プロイセンとフランスとの戦争が勃発すると、フィヒテは長期にわたってベルリンを離れていたからである。日々接触を保っていた少数の知人は別として、不在期間中におけるフィヒテの政治思想の根本的転換、すなわち『共和国草稿』を中心とする思考の転回について、当時の人びとはほとんど知る余地がなかった。読書公衆にとって、フィヒテは知識学の哲学者として知られていたが、その知識学さえも、シェリングやヘーゲルといった若手の台頭を前にして霞みかけていたのである。

この広告の後、十二月十日に詳細な内容の告示がなされ、十三日にはベルリン・アカデミーの講堂にて、のちに『ドイツ国民に告ぐ』としてまとめられる講演が開始されることとなる。当日の様子については、フィヒテの知人フアルンハーゲンや息子ヘルマンの回想にもあるように、講演中のフィヒテの声が、しばしばフランス軍の軍鼓の音によって遮られるという緊迫した雰囲気であったという(I, 10: 8–11)。反仏的な言論活動のためにフランス軍によって処刑された出版業者パルムの例を挙げるまでもなく、占領下のベルリンにおいて、「ドイツ国民」の奮起を促す講演をおこなうことは危険な試みであった。この点については、誰よりもフィヒテ自身が痛切に認識するところでもあった。「パルムとおなじように、一発の弾丸が自分を打ち抜きうるということを、わたしはよくわかっています。しかし、これはわたしの恐れるところではありません。自分がいだく目的のため、わたしは喜んで死に赴くでしょう」(III, 6: 213)。

広告にもあったように、『ドイツ国民に告ぐ』は『現代の根本特徴』の続編として位置づけられた。実際に前者における人類史の構図は、後者のそれを基本的に継承している。[372] だが、他方で三年の歳月が両者を隔てている。そして、この三年はフィヒテの政治思想にとって決定的な三年だった。それゆえ、『ドイツ国民に告ぐ』で提示される現代史理解と、『現代の根本特徴』の状況認識との間に溝が生じたとしても不思議ではない。プロイセンそのものが壊滅的状況に陥ってしまった現在では、おのずから状況認識も危機的なものにならざるをえないのだ。[373]

同時代に関する解説〔＝『現代の根本特徴』〕の発表以来三年のうちに、どこかでこの時代は過ぎ去り、完結してしまった。その間に利己心は、自我と自律性を喪失したことによって、みずからの完全な発展を通じて、ついに自己自身を否定するにいたったのである。

(『ドイツ国民に告ぐ』)(7: 264)

かくして『ドイツ国民に告ぐ』が眼前に据える現実は、まさしく「利己心」が支配原理として頂点に達し、ついには「自律性」すら失った時代であった。いまやフィヒテは、より直接的に領邦各国の統治までも批判にさらしてゆく。プロイセンも、例外ではありえない。フィヒテは、統治者と被治者の双方が「利己心」に侵された統治の運命を描きだす。

そのような統治にとって、まず外部にむかっては、以下のことが生じてくる。〔まずは〕自分固有の安全を他邦の安全に結合する、あらゆる紐帯の弛緩、〔さらに〕怠惰な平穏を乱されたくないというだけの理由による、自分も構成員であるはずの全体の放棄。そして、固有の国境が侵害されさえしなければ平和なのだとする、悲しむべき利己心の欺瞞が生じるのである。

(『ドイツ国民に告ぐ』)(7: 270)

直接プロイセンの名こそ挙げられてはいないものの、ここで批判の対象となっているのはまさしく、バーゼルの和約にはじまる、自国中心的かつ日和見的外交にほかならない。何より、プロイセンの検閲官たちは、哲学者のこうした発言に政府批判の匂いを嗅ぎとることとなる。(374) ここでもフィヒテは、領邦諸国の利己的行動に対して、「ドイツ国民」の「全体性」という理念を対置させている。公開講演をつづけるなか、フィヒテは前回の講演内容を聴講者に配布するため、一回分の講演が終わるたびに、その回の講演草稿を検閲担当の宗務局に送付し、印刷許可をもとめている。フィヒテがこのような手間をかけた理由は、無神論論争の経験から、無用な嫌疑を避けるためと考えることも可能である。しかし、より明白に、フィヒテ自身が理由を率直に語っている。「ドイツ人の思考法を革新し、陶冶するための時間を、一刻たりとも失わないために」(バイメ宛書簡)、と(III, 6: 213)。

『ドイツ国民に告ぐ』の現代史論においても、ドイツの運命が前面に登場してくることとなる。まずフィヒテは、近世における欧州諸国の海外進出を、現代史の画期とする(7: 460ff.)。この「事件」以来、それまで「意識」のうえでかろうじて統一性を保ってきた「キリスト教的欧州」は「分裂」し、現代を特徴づける群雄割拠に転じたというのだ。海外植民地という「共通の獲物」を各国は貪欲にもとめ、相互に対する「秘密の敵意」と「戦争欲」に駆られてゆく。「共通の獲物」が目の前にある以上、「所有欲」を抑制する「平和」を望むことはできないのだ。現代史の年表は「征服」と「略奪」で彩られる。

さらに「キリスト教的欧州」の分裂とともに、その象徴的縮図であった「ドイツ国民」をも悲劇が襲う(7: 463-4)。フィヒテによれば、海外植民地発見によって各国が「所有欲」に駆られるなか、「ドイツ国民」が「共通の意志」と「内的に結合した統一性」を維持していたならば、「平和」を保持できたはずだ。「ドイツ人は自分たちと、同時にほかの欧州諸国民の一部を平穏と豊かさのもとに維持できたことだろうに」。しかし、

いま現在の瞬間にしか関心がない外国の利己心にとって、ドイツがそうした状態にあることは望ましくなかった。諸外国はドイツ人の勇猛さを戦争の道具として有用と考えた。ドイツ人の手を、自分たちの競争相手から獲物を奪いとるための道具として有用と考えたのである。この目的を達成するための手段が考案されねばならなかった。外国の狡猾さは、ドイツ人の純朴さと信じやすさに対してやすやすと勝利をおさめたのである。全キリスト教的欧州の縮小版の精髄ともいえるドイツを、内的にむすびついた統一性から、個々別々の部分へと人工的に引き裂

く——最初に〔海外植民地という〕共通の獲物を引き裂いたように——ため、宗派争いをめぐって生じたドイツの人心の不和を利用したのは、まさしく外国であった。

(『ドイツ国民に告ぐ』)(7: 463)

「狡猾」な「外国」は「純朴」なるドイツを「共通の獲物」へと仕立てあげ、宗派対立を利用して諸領邦の分裂へと導き、ついにはドイツの領邦が「敵」同士になるように仕組んだのである。こうした「分裂状態」は「自然」と「理性」に反する事態というほかない。フィヒテはそう断言する。分裂したドイツは欧州各国の野心の暗躍する場、戦乱の舞台と化したのである。欧州の悲劇はドイツの悲劇でもあった。

統一的な「キリスト教的欧州」から各国の群雄割拠へという図式自体は、すでに『現代の根本特徴』でも展開されていた。[375] だが、論調は異なる。というのも、『現代の根本特徴』にあっては近世史に対する肯定的な評価もみられたからである。たしかにキリスト教を基調とする欧州の統一は破れ、各国は「自己保存」に専心するようになった。それでも、各国が「自己保存」のために国内外で国力増進に邁進するなかで、人民の福祉は向上し、公民的平等に近づいてゆくとされた。『永遠平和論』のカントを思わせるこうした論理を、フィヒテが「自然の狡知」と名づけたことはすでにみた。

これに対して、『ドイツ国民に告ぐ』は現代史の暗部を容赦なく告発する。とりわけ勢力均衡論への批判は峻烈だった。フィヒテによれば、十八世紀外交の機軸となった勢力均衡論などは妄想にすぎない。各国の「略奪欲」が刺激された現代にあっては、「略奪」をやめることは、即、自分たちが侵略されることを意味してしまう。それゆえ、自己保存のためには、他国からの「略奪」を防ぐだけの国力をそなえるほかないということになる。

したがって、平穏を維持する唯一の手段は以下のようなものとなる。つまり、一国たりとも平穏を妨害しうるほどの勢力をもたせないこと、自国が攻撃にもちいるのと同程度の力が、防衛する他国の側にも用意されていると各国がわきまえること、そして、全勢力の均衡関係が生じ、それを通じてのみ、ほかのすべての手段が消滅した後に各国が現状の所有状態において平穏に維持されることである。したがって、以下のふたつのもの、つまりは、略奪物——これについては一国たりとも権利をもたないのだが、万国はひとしく欲望をたぎらせている——と略奪欲というふたつのものを、かの有名な欧州の勢力均衡の体系は前提としているのである。

（『ドイツ国民に告ぐ』）(7: 462)

要するに勢力均衡論なるものは結局のところ、欧州全体の分裂から帰結した現象なのだ。もしも欧州が統一されていたならば、「略奪欲」を本質とする勢力均衡論など出る幕はなかっただろう。勢力均衡論に対する批判はすでに『フランス革命論』にみられたものであったが、いまや、批判の論理は世界史的視野のもとに展開されることとなった。『現代の根本特徴』にみられた楽観論の面影はない。『ドイツ国民に告ぐ』においては、『現代の根本特徴』の普遍史的色彩は薄まり、ドイツ国民の視点からみた現代史論が展開されている。

こうした国際秩序批判の背後には、弱肉強食の権力政治が跋扈する現状への諦念がある。すでに『マキアヴェッリ論』において、フィヒテは同時代の国際政治には一般的な道徳律が妥当しない点を強調していた(376)。諸国家を動かすのは弱肉強食の論理である。「強者の権利」である。したがって、対外関係にあって権力拡大の好機を逸した国は、他国の餌食となることを覚悟せねばならない。フィヒテがマキアヴェッリの『君主論』に倣って、国際関係における不断の権力拡張に統治者の職務をみたのは、このためだった。かくのごとき国際秩序観は、後期ベルリン時代の『法論』において明確に定式化されている。

現代の国家間の法的関係はどうなっているのだろうか。各国家は国家として、自己保存の権利を有する。そう、国家がより高貴になり、より陶冶されるほど、いっそうこの自己保存は重要となってくる。なぜなら、その国家は不断の自己形成という特定の無限の計画を有している。その計画は、その国家だけが認識しているのであり、今後も妨害を受けずに進展せねばならない。さもなくば、これまで獲得されてきたものは失われてしまう。

この自己保存はその国家にとって、みずからの国力の優越によってのみ保証される。それゆえ、国家はみずからの最重要目的のため、この国力の優越の達成を追求せねばならない。あらかじめ周囲を征服し、自国の拡大につねに努めねばならない。そうしたことを確実に達成しうる機会を無為に逃してはならない。

(『法論』)(II, 13: 291)

現在の国際関係を支配するのは「全面的な不信」である。各国は他国に「疑心を懐き」ながら、「自己保存」に専心するほかなくなってしまうからである(II, 13: 291-2)。「あらゆる国々は他国をつねに権利を欠いた状態とみなす。法がそれらをむすびつけるのではなく、弱さのみがむすびつけるのである。弱さだけが平和を保障してくれる」。

しかもフィヒテによれば、国際関係の不安定の背後には国内政治の混乱がひそんでいるため、事態は一層厄介なのである(II, 13: 290)。「この現状はどこからやってくるのか。すでに言及したように各国内の法の不完全性、相互の旅行、商業、ありとあらゆる結合からである。これが国家間の諸関係を多様化させ、法的問題を困難にする。それでは、この法の不完全性はどこからくるのか。それは、国家間関係の不法性からである」。国内・国際関係の両方における無秩序が複雑に絡まりあう。この隘路を脱することは容易ではない。「確実に予期できる攻撃にむけて可能なかぎりの力を獲得すること」が「原理」となった時代において、「合法性や道徳性の陶冶のための力」は残されていない。

フィヒテの状況認識は悲観的である。いうなれば、現状は「二十二世紀」の共和国に体現された幾何学的秩序の対極とでもいうべきものであった。フィヒテにおいて、ユートピア的秩序構想は、つねに苛烈な現状認識と表裏一体である。こうして『法論』のフィヒテはいまや、『自然法の基礎』で以前に展開された国際連盟構想さえ、一時的に撤回するにいたる。たしかに国際連盟による「永遠平和」構想は理論的には正しい。「しかし、これはどのように実現するのだろうか。神の世界統治の解きがたい課題である。それまでの間の規則は、各国家は警戒し、最後の血の一滴まで自己防衛せよ、というに尽きる」(II, 13: 292)。フィヒテにとっての現代史とは、「自己保存」に専心する各国が織りなす、弱肉強食の地獄にほかならない。ユートピア構想が亢進する一方、かれの現代へのまなざしは一層、冷たい悲愴感をおびていった。無論、フィヒテの状況認識は純粋な理論的考察にのみ帰せられるものではない。その背後に間違いなく存在したのは、時代精神を覆う「世界征服者」ナポレオンの巨大な影にちがいなかった。

(2)「世界征服者」としてのナポレオン

ドイツ知識人とナポレオンとの関係は一筋縄ではゆかない。かれらにとって、ナポレオンは単なる「暴君」や「専制君主」として片づけられる存在ではなかった。たしかに、ナポレオンは強大な軍事的支配者であった。物理的暴力の行使者であった。しかし、他方でナポレオンは、身分制社会が根強いドイツ各地に、フランス革命の成果である諸制度を導入した立法者でもあった。また、機能不全に陥った神聖ローマ帝国の消滅後、共通の紐帯を喪失したドイツ人にとって、ライン連盟という新たな枠組を提示した「保護者」でもあった。「国民」の恩人とさえみられた。とりわけ有名なのは、当時、イェナ大学私講師であったヘーゲルがナポレオンを目撃したさいの発言である。「皇帝が——この世界精神が——閲兵のため馬上ゆたかに街を出てゆくところを見ました」、「この個人こそ、この一点に集結して馬上に跨っていながら、あたかも世界を鷲摑みにして、これを支配しています」[377]。この逸話は、政治と学問の両雄の邂逅としてしばしば引用されてきた。しかし、「皇帝」への畏怖は、ヘーゲル特有のものであったわけではない。

むしろ、圧倒的行動力と軍事的才能をもって欧州を席巻したコルシカ人を、多くのドイツ知識人たちは感嘆のまなざしをもって眺めたのである[378]。

プロイセンを例外として、破壊的占領もなくドイツを手中におさめた「皇帝」について、一八〇九年の段階までは、混乱した国際情勢に秩序をもたらす人物という評価が一般的であった。そのうえでドイツ知識人のナポレオン観を類型化することはできる。大きく分ければ、ヘーゲルやゲーテ、ライン連盟派の知識人たちのような讃美型、シュタイン男爵やアルント、ゲンツといった徹底抗戦型、そして、フランス軍に抵抗する領邦に属しながらもナポレオンの権勢に阿ったと評価されるヨハネス・フォン・ミュラーら「裏切り」型の三類型である。同時代的反応は、以上の類型のいずれかにあてはまる。

しかし、当然のことながら、個々の態度決定の背後にある動機や思考は多様である。そのため、類型化には限界がある。たとえば、おなじ旧帝国貴族層出身者であっても、ナポレオンをカール大帝に重ね合わせたマインツ大司教ダルベルクと、革命原理そのものを敵視し、ナポレオンに一貫して抵抗したシュタイン男爵とでは思想の形態は大きく異なる。また、比較的自由な態度表明がゆるされた学者とは異なり、統治の中枢に関係した人びとにとって、ナポレオンへの臣従は、生き残りのための現実的な政治的配慮から出たものであった。また、ナポレオン個人への好悪は別として、身分制社会の克服をめざす合理的統治が、統治層にとって魅力的に映ったことも否定できない。

ナポレオン

フィヒテはいうまでもなく、徹底抗戦型の典型例だった。一八〇六年の普仏開戦以降、書簡でナポレオンを「奴隷監督」(III, 6: 89, 118)と罵ったように、フィヒテは反ナポレオンの姿勢を崩さなかった。ドイツにおいて反ナポレオン感情が急速に高まったのが一八〇九年以降とみるならば、フィヒテの態度決定は時期的に相当早かったといわねばならない。ファルンハーゲンの回想によれば、占領下のベルリンにおける会合の席で、フィヒテは、プロイセン官僚シュテーゲマンの手になるナポレオン批判の詩を「力強く強調しながら」朗読したという。[379] そうしたフィヒテが、ナポレオン支持者たちを追従者として非難したのは、自然なりゆきにちがいなかった(III, 6: 129)。[380]

何が、これほどまでの憎悪にフィヒテを駆り立てたのか。これまで、フィヒテの一貫した態度表明の背後にひそむ動機や思考が説明されることはなかった。[381]

フィヒテがナポレオンに着目しはじめるのは、やや遅い時期である。ナポレオンが総裁政府の将軍として急速に台頭しつつあったころ、フィヒテは著作ではほとんどナポレオンについて言及していない。無論、個人的な談話は別であったろう。唯一遺っているのは、知人の回想録に収録された以下の一七九七年の談話だけである。

わたし〔=著者フォルベルク〕がフィヒテのもとを辞去したとき、〔ナポレオン・〕ボナパルトのことが話題にのぼった。ボナパルトはちょうどレオベンの仮講和を締結したところだった。フィヒテはこう言った。ボナパルトの偉大なところは、かれが軍隊のみならず、敵さえも操ってしまうところだ。というのも、ボナパルトはいつも、かれ自身が望む行動をちょうど敵にとらせるように仕向けることができるのだからね、と。

(フォルベルク『回想録』)(FG, I: 418)

だが、フィヒテはその後、否応なくナポレオンの運命に巻き込まれてゆく。アウステルリッツにおけるナポレオンの大勝利、神聖ローマ帝国の崩壊とライン連盟の設立、プロイセンの敗北とつづいてゆくなか、フィヒテは急速にナポレオンの存在を意識するようになる。一八〇六年の普仏開戦直前の執筆が推定される草稿「無名の者」は、この点で重要である。そこでフィヒテは強い調子でナポレオンの支配を告発する。フィヒテにとって、「皇帝」ナポレオンは「無名の者」にすぎない。ナポレオンは「世襲君主」とも、ローマ帝政期の「皇帝」Imperatorとも異なる「簒奪者」Usurpatorにほかならない(II, 10: 83-5)。ナポレオンは「世襲君主」の統治の基盤となる、被治者との間の「信仰」や「信頼」、そして「良心」とは無縁な存在として、ひたすら覇権主義を推進する。「簒奪者」の政権は、構成員の「土地所有」を基盤にするものであるがゆえに、本質的に脆弱なものだと、フィヒテは評する。[382]

意外なことに『ドイツ国民に告ぐ』には本格的なナポレオン論が含まれていない。むしろ、ここでフィヒテが批判するのは、「世界征服者」ナポレオンによる支配――「普遍君主政」Universalmonarchie――を正当化する知識人たちであった。たとえば、雑誌『欧州年鑑』掲載の論説「勢力均衡の体系と新たなる連邦体制」(一八〇六年)の議論は代表例といってよい。著者は十八世紀の国際政治を特徴づけた勢力均衡外交がいかに無秩序をもたらしたか、いかに海洋帝国たる英国のイデオロギーにすぎなかったかを力説したうえで、ナポレオンの軍事力を核とする新国際秩序の「平和」を寿ぐのである。[383] 著者によれば、ナポレオンがもたらしたのは、ライン連盟に象徴される「新たなる連邦体制」neues Föderativ-Systemであった。この「連邦体制」は「フランス皇帝による創造物であり、これを通じて、かれはまさに英国を大陸から切り離そうとしたのである。つまり、英国が自分たちの海洋支配を日々確固たるものにするため、恣意的に戦争を惹起させないようにしたのである」。「均衡の法則」に対して、「重力の法則」にもとづいた「新たなる連邦体制」は、「持続的で容易に中断されえない平和」をかならずやもたらすにちがいない。[384]

フィヒテはこうした議論を「世界征服者」の擁護論として退ける(7: 467-73)。十八世紀的な勢力均衡論を否定する点で、たしかにフィヒテは前掲論説の著者と共通していた。しかし、フィヒテは「世界征服者」によってもたらされる「平和」を欺瞞的として信用しない。フィヒテによれば、近世史を通じて、欧州各国の人民は徐々に「未開」から脱し、「平和」への希求が芽生えつつあった。一時は戦争と国益に熱狂しようとも、最終的には「平和」と「静穏」を望む心が勝利をおさめてきた。それゆえ、「世界征服者」たるナポレオンが軍事的支配を継続しようとすれば、戦争を好む「未開の人民」を意識的に創出せねばならないだろう。それは人類史の歩みに真っ向から対立する所業にほかならない。さらに進んで、「世界征服者」は人間本性に由来する「平和」への愛を根絶するため、「略奪欲」を「怜悧で計算された」ものへと改変せねばならないだろう。略奪はいまや悪徳ではなく、美徳となろう。そうして人間が「略奪欲」に飲み込まれてゆく結果、訪れるのは「秩序」などではなく、終わりなき「混沌」であるはずだ。つまり、「世界征服者」による「平和」の創出などは詭弁にすぎない。

フィヒテが本格的なナポレオン論を展開したのは、最晩年の『国家論』においてであった。まず強調されるのは、ナポレオンが生粋のフランス人ではないという点である(4: 424)。「ナポレオンはまったくフランス人ではない」。それゆえ、「社交性」や「他者の意見への配慮」といったフランスの「国民性」を、ナポレオンはもたない。他方で、フランス文化において、しかも革命期に思想形成したことは、ナポレオンの性格に決定的な影響をおよぼしたのだという。

> こうしてナポレオンがまず最初に知るところとなったフランス国民のもとで、ナポレオンは思想形成をおこなった。フランス国民は革命の諸事件において、ナポレオンの目の前に現れたため、かれは革命の内的原動力を観察する機会に恵まれた。まもなく、ナポレオンはこの国民を、きわめて活発な大衆として明瞭に把握することを学んだにちがいなかった。この大衆は、どんな方向性でも受容することができるが、自分の力では自分自身に持続的で固定された方向性をあたえることがほとんどできないような大衆なのである。
>
> (『国家論』)(4: 424)

フィヒテによれば、ナポレオンは「より高次の人間の道徳的使命についてまったく理解しなかった」。しかし、フィヒテはナポレオンを単なる「専制君主」として断罪するわけではない。フィヒテによれば、むしろ、ナポレオンは凡庸な君主をはるかに超える資質の持主だった(4: 426-7)。「通常の支配者は、所有権と生活の保護者として、みずからをこの決して犠牲に供されるべきではない目的の手段とみなすことに慣れている」のに対して、ナポレオンは自分を「絶対的な、それ自体が目的であるような意志」の擁護者とみなす。フィヒテにとって、ナポレオンをほかの君主たちと区別するのは、かれのデモーニッシュなまでの「意志」――「みずからの出自――かれは力強い国民〔＝イタリア人〕のもとに生まれた――によって基礎づけられ、青年時代の環境に対する恒常的な、しかし秘密の反抗によって鍛えられた、力強い不動の意志」(4: 425)――なのである。では、この「意志」が実現に邁進する「世界計画」(「世界法則」)とは、何を意味するのか。

ここからナポレオンにとって、以下のような認識枠組が形成された。全人類は、完全に停滞しているか、あるいは無軌道に混乱して滅茶苦茶に争いあい、動きまわっているかしている盲目的な力の群れである。そうした停滞のかわりに運動があるべきであり、無秩序な運動のかわりにひとつの目標にむかう運動があるべきである。そして、稀に数世紀を隔てて、こうした無軌道な力の群れに方向性をあたえるべく使命をおびた精神が生まれてくる。カール大帝はそうした人物であった。そして、自分〔＝ナポレオン〕はそれを継ぐ者である。こうした卓越した精神の霊感こそ、真に神的かつ聖なる唯一のものであり、世界の運動の第一原理である。そうした精神のためには、安全や享楽といったほかのあらゆる目的は犠牲に捧げられ、あらゆる力が動員され、あらゆる生が活用されねばならない。そうした刺激に抵抗することは、最高の世界法則に対する抵抗を意味する。この世界法則は、自分自身のなかで、自分が文明国のなかで自分の支配のもとに確立する事物の秩序において、現象したのである。

（『国家論』）(4: 425–6)

たしかにこれは究極的には、ナポレオンの「個人的意志」にすぎないのかもしれない。「妄想」にすぎないのかもしれない。だが、それでもフィヒテは、ナポレオンの強烈な権力意志のうちに一種の「崇高さ」Erhabenheitを覚えざるをえなかった(4: 426–7)。「ナポレオンの思考法は崇高さにつつまれている。なぜなら、それは大胆であり、享楽を軽蔑するからである」。ナポレオンは自分も含めた世界のすべてを、みずからの権力意志と「世界計画」に捧げる。「この明瞭さと堅固さにナポレオンの強さは存している」。「ほかの君主たちは自分の生活・健康・支配権を犠牲にしようとは思わない。かれらは名誉にとどまりたいと願う。とても愛されたいと願う。しかし、ナポレオンはこうした弱みとは無縁である。かれは自分の生命とあらゆる享楽を捧げ、自分自身を炎熱、冷気、飢え、弾雨にさらすのである」。ナポレオンは決して立ち止まらない。「フランスの平穏な支配者たろうなどと、ナポレオンは思わない。世界の平穏な支配者たろうとする。もしなれないのならば、かれは何者にもなろうとは思わないのだ」。フィヒテはナポレオンのうちに、世界と格闘し、組み伏せ、それでも活動をつづける永久機関、真の権力意志を垣間見て、戦慄するのである。「ナポレオンは精神的に昂揚しており、絶対的意志をもっている」。そして、フィヒテは嘆く。もし、これほどの資質が人類の道徳的使命のためにもちいられていたならば、ナポレオンは世界史に稀な名君――「人類の恩人、人類の解放者」としてその名を後代に遺しただろうに、と。

フィヒテはこうした「敵」と闘わねばならなかった。その強烈な「意志」において、フィヒテが描くナポレオンと、フィヒテ自身はとてもよく似ている。ただし、向いている方向はまったく正反対といってよい。ナポレオンが人類の「略奪欲」を操り、みずからの権力意志の糧とするのに対して、フィヒテは「二十二世紀」の道徳的共同体にすべてを捧げようとする。「ナポレオンは、絶対的意志の精神的昂揚によってのみ、倒すことができる。無論、この精神的昂揚とはより強いもの、すなわち妄想への昂揚ではなく、自由への昂揚でなければならない」(4: 428)。権力の化身に対して、フィヒテの武器はひとつしか残されていなかった。ナポレオンが軍事力と暴力で人間を外部から縛りつけようとするならば、フィヒテは人間本性にねざす善性に賭けるほかない。そう、変化は「内」から訪れねばならないのだ。強大な「敵」に対する抵抗の主体を、どこに定めるべきか。フィヒテが選んだのは、「国民」であった。

第二節　なぜ、「ドイツ」なのか

(1)「原民族」としてのドイツ国民

『ドイツ国民に告ぐ』の冒頭、フィヒテは本講演が「ドイツ人のため」の、そして「ドイツ人について」のものであることを強調する。たとえ、現実に目の前にいる人びとが、全「ドイツ人」のうちのほんのわずかな部分だとしても、自分はいま、「ドイツ人」一般にむかって語りかけている。それは、自分が何より「ドイツ人」を「統一性」の相のもとに眺め、そこに各人が共通の「運命」を背負う共同体をみているからである(7: 266-7)[385]。「わたしの精神は、それが広がりうるすべての地域から、全ドイツ国民の陶冶された部分を自分のまわりに集め」、「すべてのドイツ的心情を決断と行為へと燃えあがらせるだろう」。

しかし、フィヒテはなぜ、わざわざ「ドイツ人」に語りかけるということを、ここまで強調せねばならなかったのだろうか。プロイセン人でも、ザクセン人でもなく、ひとつの共通した「運命」を背負う「ドイツ人」。個別の領邦国家への忠誠という道も十分に考えられるなかで、あえて「ドイツ人」であることを強調する。これはいかなる意味をもったのか。

単純な問題ではない。反ナポレオン感情を契機として、十九世紀の排他的なドイツ・ナショナリズムへとドイツ人が政治化したと、しばしば語られる。間違いではないが、不十分である。それは、反ナポレオン戦争が同床異夢であった事実を忘れている。たしかに十九世紀初頭のドイツにあって、反ナポレオン感情が爆発したことは事実である。しかし、メッテルニヒやゲンツをはじめとする怜悧な政治家たちは無論のこと、強烈なナショナリストの例に挙げられる知識人たち――アルント、ヤーン、シュタイン男爵、フンボルト、そしてフィヒテ――の間でも、「国民」観や戦後秩序構想をめぐる論理はしばしばまったく食いちがうものとなった。旧帝国国制を発展させた戦後秩序を夢みたシュタイン、民衆歌を通じて天才的煽動家を演じたアルント、体操運動を通じて身体性にこだわりつづけたヤーン、プロイセンとオーストリアの二大大国の主導力に期待したフンボルト。むしろ、共通点のほうがすくないくらいだ。[386]重要なことは、経歴も気質も政治観も異なる知識人たちが、「国民」的なるものをいずこにもとめたか、であろう。

そもそも、フィヒテは最初から「国民」に関心を寄せていたわけではない。これまでみてきたとおり、初期の『フランス革命論』やイェナ期の秩序構想において、「国民」はまったく登場しない。『現代の根本特徴』においても同様である。フィヒテの近世史論において、「国民」は重要な要素とはみられていなかった。

フィヒテが「国民」的なるものを強く意識しはじめるのは、ここでもナポレオンのドイツ侵攻を契機とする。すでにみたように『共和国草稿』の共和国は、「ドイツ人」を統合した国民国家として構想されていた。ただし、そこでは「国民」についての理論的考察は展開されていない。フィヒテが「国民」をはじめて本格的に理論化したのは、同時期に執筆された対話篇『愛国主義とその反対・第一篇』(一八〇六年)においてであった。[387]

そこでフィヒテはふたりの登場人物――偏狭な「愛国主義者」と、真の「愛国者」たる哲学者――によって、対極的な「愛国主義」像を象徴的に表現している。つまり、政府の命令を無条件に正当化し、政府の「誉めそやし」Loben に専心する前者に対して、後者はそうした「誉めそやし」は、統治にとって「もっとも堕落的な影響」をおよぼすものでしかないと喝破するのである(II, 9: 397–8)。「誉めそやし」は、「より善き方向」への進歩を阻害し、「愚かさ」への安住を容認してしまうからである。哲学者によれば、「愛国主義」とはある特定の行為ではなく、「我々すべての公共生活の根本形式」であるべきである(II, 9: 398)。それは、各人がみずからの位置に安んじ、統治者に対して静かな信頼の念をいだくことにほかならない。

さらに哲学者は、「世界市民主義」Kosmopolitismus と「愛国主義」Patriotismus という、一見対立的に考えられがちなふたつの概念が、本来はまったく矛盾するものではないと指摘する。

世界市民主義とは、人類の存在という目的は〔まさしく〕人類において達成されるという支配的意志である。愛国主義とは、この目的がまず最初に我々自身がその構成員であるところの国民 Nation において達成され、そして、その結果が国民を出発点として全人類を経由して拡大してゆくという意志である。

(『愛国主義とその反対』)(II, 9: 399)

したがって、「世界市民主義がまったく存在しえないのではなく、現実には世界市民主義は必然的に愛国主義でなければならない」のである。

真の「愛国主義」を「ドイツ人」にあてはめた場合、事態は明白となる。フィヒテによれば、プロイセンやザクセンなどの領邦諸国のドイツ全体からの「分離」はあくまでも「恣意的」かつ「人工的」künstlich なものにすぎない(II, 9: 403-4)[388]。他方で「ドイツ国民」のほかの欧州諸国民からの「分離」は「自然」によって、すなわち「共通の言語と国民性」によって基礎づけられている。このように「自然」にそなわる境界こそが本質的なのであり、「人工的」に設けられた領邦という境界は必然的に二次的なものとなろう。一種の言語国境説である。たとえ現代において、古来の「国民性」を失っていたとしても、それが「自然」に根源をもつものであるかぎり、それを再興することは決して不可能ではないはずである。[389] フィヒテにとって、ドイツにおける真の「愛国者」とは、領邦の住人であると同時に自分が「ドイツ人」であることを強く自覚する人間でなければならない。

プロイセンの国家的統一のもとに生きながら活動するドイツ人は、したがって以下のことを欲して活動するであろう。つまり、さしあたりは〔プロイセンという〕この国家的統一において、完全にドイツ的国民性が現れること、そうして現れた国民性がここから、近隣のドイツ諸国を経由して拡大してゆくことを欲するだろう。そしてここから始めて、ことさらに意志することなく、すなわち自発的に帰結するように、徐々に全人類へと拡大してゆくことを欲するのである。

(『愛国主義とその反対』)(II, 9: 403-4)

各領邦から、ドイツへ。ドイツから、人類へ。「人類の最終目的」をめざして、「世界市民主義」の普遍的陶冶へと駆け昇っていくこと。領邦の住人、「ドイツ人」、世界市民という三つの存在形態はまったく矛盾をきたすことなく、調和しうるのである。よって、真の「愛国者」、すなわち「プロイセン的ドイツ人」は、ドイツにおいて、他に先駆けていちはやく「人類の最終目的」への寄与——「学」の原理(知識学)が自分の居住地に浸透すること——を望むにちがいない。こうした「世界市民主義」へとひらかれた「愛国主義」のうちに、『現代の根本特徴』における「陶冶の国」としての欧州観と、普仏戦時下の「国民」的主張との調和を見出すこともできるだろう。

こうした普遍へとみずからを開放する「愛国主義」に対して、領邦の境界に自己を制限し、「ドイツ人」、ひいては全人類の目的を阻害する「愛国主義」を、フィヒテは痛烈に批判する。「人工的」な領域に固執する「愛国主義」、すなわち「純プロイセン人」的ありかたは、「嘘および下手な追従の産物」以外の何物でもない。それは自国を「誉めそやす」ことしか能のない、偏狭な「愛国主義者」そのものといえるだろう。ここでフィヒテが論難しているのは、当時のドイツ知識人たちに普及した「領邦愛国主義」Landespatriotismus とみてよい。[390] 帝国国制を重視する「帝国愛国主義」Reichspatriotismus とは逆に、実定権力を保持する領邦国家に希望を見出す領邦愛国主義は、当時の知識人たちを一定程度惹きつける要素を有していた。領邦政府は、絶対主義に傾斜しかねないにせよ、改革派の知識人たちにとって、自分の望む秩序形成の担い手となりうる実力をそなえていたからである。七年戦争中に『祖国のための死』(一七六一年)を著したトマス・アプト以来、領邦愛国主義はフィヒテの時代にいたるまで、信奉者を絶やすことはなかった。[391] これに対して、フィヒテは断固として「人工的」な分離にもとづく領邦愛国主義を拒み、「ドイツ人」であることにこだわりつづけるのである。

ところが、『愛国主義とその反対』の議論には曖昧な部分がひとつある。それは、なぜ、「ドイツ」なのかを説明していない点である。以上の議論において、たしかにフィヒテは領邦愛国主義を批判し、領邦・ドイツ・人類それぞれへの「愛国主義」は矛盾しないと語った。「愛国主義」はあくまでも、「世界市民主義」という普遍に回収されることで、はじめて意味をもってくる。だが、見方を変えるならば、これは「国民」的なるものの擁護論としてはいささか弱い。最終的に「世界市民主義」に回収されるならば、「国民」や「愛国主義」に拠る必要はなくなってしまう。[392] また、他国民に対するドイツ国民の「国民性」や優越の根拠もよくわからない。

『ドイツ国民に告ぐ』になると事情は一変する。いまや、フィヒテは「ドイツ性」の意味について積極的に語るようになるからである。「ドイツ国民」は「原民族」Urvolk であるとして、その優越性が強調されてゆく。

まず論ずべきは、フィヒテ独自の言語論である。『ドイツ国民に告ぐ』の言語論の特徴は、言語の本質を現象界に属する「感性的なもの」と、より高次の精神界に属する「超感性的なもの」との媒介機能にみる点にある。[393] フィヒテによれば、言語は「感覚器官」に現れる「感性的なもの」の表現にもちいられると同時に、「精神器官」に映る「超感性的なもの」を「感性的な像」(「意味像」Sinnbild)によって把握することができる(7: 316–20)。言語を介して本来は断絶したふたつの世界——感性界と超感性界——がむすびつくこと自体、ふたつの世界をめぐる認識能力の連動を示唆している。「意味像による超感性的なものの表現は毎回、感性的認識能力の発展段階に比例する」のである。

こうした言語観は教育論とも関連している。すでにみたように、フィヒテがペスタロッチに倣って国民教育の出発点に据えた要素は「直観」(「構想力」)であった。フィヒテによると、「直観」の根幹をなすのは言語の「発話」Rede 能力である(7: 407ff.)。つまり、自分の「欲求」を「発話」によって区別・伝達することで、児童の認識能力は「明瞭性」を獲得し、「自我」を形成できるというのである。フィヒテは「読み書き」に対しては否定的であったが、言語能力が「直観」と不可分一体である点を疑うことはなかった。さらに高等教育においても言語は重要な位置を占める。フィヒテによれば、高等教育機関の講義は原則としてラテン語ではなく、「ドイツ語」でおこなわれねばならない(II, 11: 138–9)。「(理性使用の)技術者」に必要とされる「根源的かつ創造的思考」は、死語によって身につくことはないからである。「新しく創造的」であり、話者の生に深く織り込まれた言語を介してこそ、「活力に満ちた技術」を修得することができるのである。ここでも言語は単なる表現記号にとどまらず、使用者の思考そのものを規定し、なおかつ限界づける作用をもつ装置として機能している。

フィヒテにとって重要なことは、言語が「恣意」を交えずに「自然」にしたがって、言語共同体としての「国民」Volk のうちに保存されることである(7: 314–6, 325–6)[394]。無論、「国民」は外的環境から多様な影響を被るため、歴史を通じて言語がすこしずつ変化してゆくことはありうる。場合によっては、現代に生きる人びとが、祖先の言語をまったく理解できなくなるという事態に陥るかもしれない。だが、その言語が恣意的な「断絶」なしに、「根本法則」にしたがって、ゆるやかに変化していったものであるならば、それは依然として同一の言語なのである。そうした言語は、「自然の言語力」Sprachkraft der Natur を保ちつづけるだろう。

そうした言語の言葉は、あらゆる部分において、生そのものであり、生を創造する。超感性的なるものにとって、言語の発展の観点から、国民がこの言語の継続的活用にとどまりつづけ、ひとりの人間が考えて話したことがすぐに万人に届くと前提するならば、これまで一般的に言及したことが、この言語を話す万人に妥当する。単に思考するだけのあらゆる人にとって、言語に内在する意味像は明瞭なものとなる。そして、本当に思考するすべての人びとにとって、この意味像は活力に満ち、生を刺激するのである。

(『ドイツ国民に告ぐ』)(7: 319)

「絶えざる流れ」を形成する言語は、共同の生を営む「国民」を貫く要素となるはずだ。このように父祖以来の純粋言語を維持する「国民」を、フィヒテは「原民族」とよぶ。

逆に、みずからの言語を恣意的に捨て去り、他国民の言語を採用した「国民」に対するフィヒテの評価は、辛辣である。こうした「国民」においては、人為的に導入した言語の体系と「国民」固有の「直観」が調和せず、不自然なかたちで接木されることによって、言語による「超感性」と「感性」の媒介機能が阻害されてしまう(7: 320–1)。つまり、機械的に学習される「意味像」は、生きた「直観圏」から切り離され、恣意的なものにとどまらざるをえない。そして、「感性的なもの」と「超感性的なもの」との「絶えざる流れ」は中断し、枯渇してしまうだろう。死せる言語をもつ「国民」は、せいぜい「意味像」の意味を説明することによって、「異質な教養の浅薄かつ死んだ歴史」をもつにすぎず、決して生の根源的認識に到達することはできない。

ここにきて、言語を「合法則性」のもとに保持してきた「原民族」と、人為的に他国民の言語を取り入れた「外国」Ausland との鮮明な対比が浮かびあがる。両者の分水嶺となるのは出身地や血統ではなく、その「国民」に「超感性的なもの」の把握への道がひらかれているか否かである。フィヒテが「原民族」にドイツ人とギリシア人を、

「外国」にフランス人、イタリア人をはじめとするローマ帝国に移住したゲルマン人を割り当てていることは、明白である(7: 325–6, 344ff.)。だが、区別の指標が認識形式にもとめられる以上、「ドイツ人」に生まれたことはかならずしも「道徳性」や「宗教」への目覚めを保証するわけではない。したがって、言語的優越性はあくまでも、「超感性的なもの」へと達する潜在的可能性を示唆するにとどまるのである。つまり、ドイツ語の話者が真の意味で「ドイツ人」とはかぎらないし、極言すれば、ドイツ語を話さない「ドイツ人」が登場する可能性も生じてくる(7: 374–5)。

さらに、ドイツ国民は「原民族」としての素質を独力で開化させてきたわけではない。フィヒテの描く「近代世界の陶冶史」Bildungsgeschichte によれば、「新ローマ的外国」、具体的にはイタリアとフランスからの「刺激」Anregung を受容し、それを完成させることによって、ドイツ国民は「原民族」としての資質を開化させてきたというのだ(7: 354)[395]。それはまさしく、「刺激」と完成、「外国」と「原民族」との間でくりひろげられる弁証法的運動にほかならない。また「陶冶史」は、「キリスト教の形式をまとった真の宗教」が「近代」において、「迷信」の段階から次第に「異質な権威への信仰」を断ち切って、みずからを浄化してゆく過程ともいいかえられる。「真の宗教」への開化という図式は『現代の根本特徴』を踏襲しているが、いまや、ドイツ国民がその先駆けとなったことが強調されるようになるのである。

『現代の根本特徴』と同様に、フィヒテは「古代」と「近代」の画期をキリスト教の登場にみる。他方で『ドイツ国民に告ぐ』においては、「近代」がさらに宗教改革の前後でふたつの時期に区分されている(7: 345–50)。フィヒテによれば、ルターの指導のもとに「腐敗」したローマ・カトリックを否定した宗教改革は当然、ドイツ国民の功績に帰せられるべきものにちがいなかった。しかし、まず最初に「自由を奪う外観」をまとった「アジア的」なカトリックに痛烈な批判を浴びせかけたのは、「新ローマ的教養」を修得し、「自律的に思考して理解する衝動」に駆られたイタリア人文主義者たちである。ただし、かれらは教会の「腐敗」を「嘲笑」したものの、その成果を「教養層」以外の人びと、すなわち「民衆」にもたらそうとはしなかった。フィヒテは、そうした「刺激」が「宗教的心情」を有する人びと、すなわちドイツの「民衆」を宗教改革へと突き動かしたという意味において、ドイツ国民は「外国」からの「刺激」を「完成」したと把握している。

さらに宗教改革の影響が、第二の「新ローマ的外国」たるフランスの「教養層」に伝播して生じたのが、「外国的哲学」、いわゆる啓蒙思想である(7: 351-4)。それは、従来の神学のように教会の「権威」に縛られることのない「自由な思考」であった。「健全な悟性」は既成宗教の「権威」を寸断してゆく。しかし、「感性の鎖」につながれたまま「超感性」の認識を拒絶する点、さらに「粗野な悟性」を絶対視する点において、十八世紀の「外国的哲学」も実はカトリックやプロテスタントの神学と同様に、真の意味で「異質な権威」から解き放たれてはいない。これに対して、「外国」からの「刺激」を受けて、「理性における超感性的なもの」、いわば「真に自由な思考」としての「哲学」を「完成」させたのは、「新しいドイツ哲学の本来の創設者」たるカントにちがいなかった。

> キリスト教の形式をまとった真の宗教こそ、近代世界の萌芽であった。そして、その全課題とは、この宗教をすでに存在する古代の陶冶に流し込むこと、そして、後者〔=古代の陶冶〕を精神的なものにして、聖化することであった。この道程の最初の一歩は、この宗教の形式という自由を奪う外的権威から、宗教自体を切り離し、さらに宗教のなかに古代の自由な思考を導入することだった。外国がこの一歩への刺激をあたえ、ドイツ人がそれを達成したのである。つぎの一歩は本来的に最初の一歩の継続・完成であるのだが、それは、この宗教とあらゆる智慧を我々自身のうちに発見することであった。この一歩もまた、外国が準備し、ドイツ人が完成したのである。
>
> (『ドイツ国民に告ぐ』)(7: 354)

こうして「原民族」としてのドイツ国民は「近代世界の陶冶史」を通じて、みずからの卓越性を証明することができた。「原民族」たるドイツ国民は、「新ローマ的外国」であるフランスやイタリアから「刺激」を受け、「完成」することによって、人類史の先駆者の役割を担うこととなる。注目すべきは、ドイツ国民の卓越性の根拠があくまでも、普遍的理念への貢献度にもとめられている点であろう。つまり、国民固有の歴史や伝統自体への愛着は問題にならない。その意味で、フィヒテの議論からは土の匂いがしないのである。『愛国主義とその反対』においても、『ドイツ国民に告ぐ』においても、フィヒテはつねに普遍的理念からの距離によって、「国民」的なるものを把握し、序列化する。これはフィヒテの国民論の最大の特徴といってよい。フィヒテは各「国民」の多様性それ自体に対しては関心を示さない。「国民」が価値を有するのは、あくまでも普遍的理念に寄与するかぎりのことなのである。したがって、普遍的理念により近い「ドイツ国民」の、フランスやイタリアといった「新ローマ的外国」に対する優位が確定する。フィヒテはドイツに愛着をもつがゆえにドイツを愛するのではない。もっとも普遍的理念に貢献する存在であるがゆえに、ドイツを愛するのである。

（2）「祖国愛」

『ドイツ国民に告ぐ』には奇妙な箇所がある。それは、フィヒテがあらためて知識学の認識論を解説する部分である(7: 369-76)。内容それ自体が新奇なわけではない。内容は、前期ベルリン時代の知識学講義や、『現代の根本特徴』や『浄福なる生への導き』といった「一般向け」講義のそれと変わらない。つまり、世界の根源には主観と客観を統一する究極の実体たる絶対者——知識学の用語では「光」——が存在し、個々の「多様」な存在者たちはすべて絶対者から分離して生成したのであり、したがって、あらゆる「多様」な存在者たちは究極的には絶対者に還帰するという理論である。

問題は、なぜ、フィヒテはこの箇所にこの説明を置いたか、ということだ。答えの鍵は、「祖国愛」Vaterlands-liebe の概念にある(7: 380-2)。フィヒテにとって、「祖国愛」とは、各人が生まれながらに属する「国民」――「真の意味で現前する、人間環境の固有の精神的本性」――の有する、固有の「国民性」Nationalcharakter への愛を意味する。そして、フィヒテはこの「国民性」の存立根拠を、知識学理論のアナロジーにおいて理解したのである。「国民」、あるいはその本質たる「国民性」は、単に歴史的に固有の伝統や来歴をもつがゆえに貴いのではない。フィヒテによれば、各国民は固有の「精神的自然法則」を有しているのだが、この「精神的自然法則」が「現象」するさいには、「神的生」、すなわち絶対者がそこに入り込んでいる、そうであるがゆえに貴いというのである。つまり、おのおの「多様」な個人が絶対者から分化して生成したのとまったくおなじように、「多様」な諸国民もまた絶対者から分化して生成したというわけだ。[396]「この固有の〔精神的〕法則の共同性は、永遠の世界において、またそうであるがゆえに現象界においても、自然的かつ自己自身によって貫徹された全体〔＝国民〕へと雑多な人間集団を結合する」。そして、この「精神的自然法則」こそ、「人びとがある国民の国民性と呼ぶものを完全に規定し、完成するのである」。いいかえるならば、「国民性」への愛、すなわち「祖国愛」のうちにあって、各人は絶対者と出会うこととなる。そう、「国民」とは、個人と絶対者をむすぶ媒介者なのである。したがって、各国民の「国民性」を圧殺しようとする「普遍君主政」に対して、フィヒテが頑強に抵抗したとしても不思議はない。

精神的本性は、個人および全体としての個、すなわち国民における高度に多様な諸段階においてのみ、人間の本質を表現することができる。各国民がそれぞれ自己に身をゆだね、特性にしたがって発展形成するとき、また、各国民に属する個人が、国民の共通特性と自分自身の特性にしたがって発展形成するとき、そうしたときにのみ、神性の顕現がその本来の鏡にまさにしかるべきように映し出されるのである。〔中略〕目に見えない、自分の目には隠されている諸国民の固有性——それを通じて、諸国民が根源的生の源泉とかかわりをもつことができるものとして——にのみ、各国民にとって、現在かつ将来の尊厳・徳・功績の保証が存するのである。各国民の有する固有性が混合と摩耗によって鈍化させられてしまうとすれば、こうした浅薄さによって精神的本性からの乖離が生じ、そこから万人が同質的かつ相関的な堕落へと落ち込んでゆくのである。　　（『ドイツ国民に告ぐ』）(7: 467)

フィヒテによれば、自分の属する「国民性」への愛と献身、つまり「祖国愛」こそが、真の統治の基盤となるべきである。個人は消滅しても、「国民」の「固有性」は「永遠の秩序」として残ってゆく。「祖国愛」に駆られた者においては、「天」と「地」、「超感性的なるもの」と「感性的なるもの」が「心情」のなかで溶けあい、かれはみずからの属する「国民」と絶対者という「ふたつの祖国」をもつこととなろう。法・国内平和・感性的存在などはすべて、「祖国愛」と「神的生」に奉仕するための手段にすぎない。国家を真の意味で動かすのは、こうした「祖国愛」なのである。「祖国愛」に達した者は、「祖国」のため、血の一滴まで戦い抜くのだ(7: 382-7)。

ここでも、フィヒテの国民論の特徴は鮮明に浮かびあがる。つまり、フィヒテにとって、「国民」は歴史的固有性や伝統のゆえに愛されるべきなのではない。「国民」は絶対者の媒介者であるがゆえに愛されるべきなのである。こうした見方はいいかえるならば、「学」に体現される普遍的理念からの距離によって、各「国民」を序列化・階層化する論理である。したがって、フィヒテの語る「ドイツ国民」は現実のドイツ人というよりも、高度に理念的な存在の観を呈してくる(7: 374-5)。「人間における絶対的に最上かつ根源的なるもの、自由、無限の改善可能性、我々の種の永遠の進歩」を信じる者こそが「根源的人間」であり、「原民族」、すなわち「真の意味での国民」であり、本来的な意味における「ドイツ人」なのである。反対に、世界のなりゆきを盲目的自然と利己心にゆだねる人びとは、たとえドイツ語を話そうとも「非ドイツ的」であり、「外国人」にほかならない。「外国崇拝」は、「まったく国民とはいえない」。むしろ、「精神性」や「自由」といった普遍的理念に献身する者は、どこに生まれ、いかなる言語を話していようとも「ドイツ人」ということになる。(397)

いまや明白であろう。フィヒテにとっての「ドイツ国民」は、現実の歴史的存在としてのドイツ人ではない。フィヒテにとっての「ドイツ国民」とは、はるか未来に到来すべき「二十二世紀」の共和国、さらには人類史の終極ともいうべき「神権支配」にむけた進歩の牽引者にほかならないのだ。フィヒテが『ドイツ国民に告ぐ』を通じて、ひたすら「国民」的なるものの擁護を叫びつづけた理由も、ここにある。フィヒテによれば、いかにナポレオンによってドイツ諸領邦の国家機構が制圧されたとしても、「ドイツ国民」という共和国形成の、「祖国愛」の主体が残されておりさえすれば、未来の共和国建設の希望が完全に断たれることはない。(398) 逆に、「ドイツ国民」そのものが「普遍君主政」によって吸収され、消滅する場合、「二十二世紀」の共和国の夢は永遠に断たれてしまう。「国民」という共和国建設の主体をなんとしてでも温存する。それが、『ドイツ国民に告ぐ』の戦略構想にちがいなかった。

ここで重要な点は、フィヒテの国民論において、「民衆」の自発的開化は期待されていないことである。フィヒテは理念的存在としての「ドイツ国民」や「祖国愛」を高らかに謳いあげる一方で、同時代のドイツにいまだ多くの「外国崇拝者」が跋扈していると怒りをあらわにする。すでにみた「近代世界の陶冶史」の文脈でいえば、ドイツ国民は、フランス由来の啓蒙思想という「刺激」から完全に脱却していないということになる(7: 359-60)。フィヒテによれば、「超感性的なるもの」の認識に迫った「ドイツ哲学」の精髄が、いまだ「民衆」に架橋されていないのである。フランスやイタリアといった「新ローマ的外国」の問題点は、学問的成果が「民衆」に浸透せず、「教養層」にとどまっていた点であった。これに対して、ドイツにおいてはつねに「民衆」へも陶冶が普及していたと、フィヒテは指摘する。もちろん、ここでもルターやカントといった「民衆」の陶冶に先駆ける「知識人」の重要な役割が見落とされることはない。先駆者たる「知識人」たちが達成した陶冶が、「民衆」にも共有されることによってはじめて、

「近代世界の陶冶史」の弁証法的運動は完結を迎えることができるのである。

「知識人」の先導による「民衆」の覚醒という図式が、『共和国草稿』を中心とするフィヒテの位階秩序構想の変奏であることはいうまでもない。『ドイツ国民に告ぐ』では一見、「ドイツ国民」の「全体性」が強調されているにもかかわらず、「知識人」と「民衆」の峻別の論理は通底しているのだ。「民衆」の陶冶の必要性が強調される一方で、フィヒテは「民衆」の自発的開化をもとめない。かれらはあくまでも指導者たる「知識人」の導きを待たねばならないのだ。フィヒテによれば、いまこそ国民教育という「技術」Kunstを通じて、哲学的認識の精髄を「民衆」へと媒介し、その覚醒をうながすべき刻である。

永遠の時間において、当今論議の対象となっている進歩は、国民を人間へと導く完全な教育である。これなくして、〔陶冶史を通じて〕獲得された〔ドイツ〕哲学も、広い理解を得ることはないであろう。ましてや、生における一般的な適用を見出すことなどありえない。それに対して、哲学無しには教育技術も決して完全な明瞭性に到達することはないだろう。したがって、両者は相互に混ざりあっており、片方しかない場合は、不完全で使用できないものなのである。(『ドイツ国民に告ぐ』)(7: 354)

ここでの「哲学」が、フィヒテの知識学を意味することはいうまでもない(7: 375-7)。「哲学」を頂点とする新たなる学知を体得した「知識人」が「民衆」を陶冶の光へといざなってゆく。「二十二世紀」の共和国で完全な制度的表現をみる、こうした身分的枠組は国民論の背後にもしっかりと存在していた。強烈な修辞と「ドイツ国民」糾合への訴えの奥底に目を凝らすならば、そこには緻密に構成された未来の共和国の風景が透けて見えてくるのである。『ドイツ国民に告ぐ』の錯雑な行論と構成の原因は、ナポレオンの覇権が確立した現実への語りかけをめざした作品である点にあった。明言こそされぬものの、純粋な理念の秩序として構想された「二十二世紀」の共和国は、いたるところで顔を覗かせていた。

第三節 「国民」と伝統

(1)「共和政」の水脈

『ドイツ国民に告ぐ』で提唱された国民教育構想には、ひとつの難点があった。それは、教育の成果があがるまでには、長い時間がかかるということである。国民教育が実現したとしても、教育による「人類の改造」までの「はざま期」はすくなく見積もって、「二十五年」である(7: 444–7)。この「はざま期」にあって、ドイツ国民の「国民性」が圧殺されることは考えられないか。

ここでフィヒテは、「著述家」Schriftsteller たちに期待を託す。フィヒテによれば、「ひとつの精神」、「ひとつの堅実で確実な精神」、すなわち精神的「性格」Charakter を「ドイツ国民」のうちに養う役割を担えるのは、「著述家」しかいない。「我々の身体と一緒に、精神までもが屈服させられ、服従させられ、囚われの身に陥らせないようにしようではないか！」 錯雑たる言論状況のなかにあろうとも、誰しも疑いようのない、「ひとつの堅実な意見」を確立することはできるはずである(7: 450–1)。ただ一点における「意識の結束」、「そうした確固たる意見の創出」は、将来における国民教育制度の実現という目的にも資するだろう。

とくに同時代的状況との関連において、「政治的自律性」を失おうとも「言語」と「文藝」Litteratur によって「国民性」を維持できるとする、「無意味な慰め」の言説に対しての論難は、一層響きわたる(7: 451–3)。まず第一に、他国に従属した国民の第一世代はともかく、子孫たちにとって、自国民の「言語」は次第に失われてゆくことであろう。

さらに、「政治的自律性」を喪失した国民の「文藝」が、独自の発展を遂げて繁栄するはずがないではないか。「一般的かつ公的生」に参与して、それをみずからの「像にしたがって形態化、改造」することを望む「理性的著述家」は、かならずや統治者と被治者に共有された言語によって、作品を手がけようとするだろうから。

フィヒテが、「理性的著述家」に本来的な著述家のありようをみたことは疑いない。「知識人」の一種としての「著述家」のあるべきすがたは、『知識人の本質』ですでに説明されていた(6: 443-7)。それは、みずからの作品から「恣意」と「個性への愛」を徹底的に排除し、絶対者に献身する「知識人」の使命に「精神的に昂揚」begeistert した文士のすがたにほかならない。「著述家ではなく、〔神的〕理念自体が語りかけねばならない」、「著述家の作品は、それ自身において永遠のための作品である」。そして、真の「著述家」たちは、「絶対者」および「真理」と一体化しているため、みずからの議論が論駁されることを決して忌避しない。もっとも重要なことは、「個性への愛」を抹殺してひたすらに「真理」を追究することなのである。

こうした「著述家」たちの自発的活動こそ、国民的紐帯にとって最後の防波堤にほかならない。フィヒテは、現実の「学藝共和国」と理想のそれを媒介しようとする。

> 著述家のもっとも高貴な特権、そしてもっとも聖なる職務とは、同胞たる国民を結集し、ともに最重要事項について協議することである。ところで、これらはとくに、昔からドイツにあっては、著述家のみにゆるされた職務であった。ここドイツは個々の領邦へと分裂し、共通の全体については、ほとんど著述家の道具、言語、そして作品によってのみ結束が保たれていたからである。ドイツ人を結合していた最後の外的紐帯、すなわち、帝国国制も引き裂かれてしまった現在、それは、もっとも本来的かつ切迫したかたちで、著述家の職務となるはずである。
>
> (『ドイツ国民に告ぐ』)(7: 454)

フィヒテは検閲による「公論」の制限に断固反対した(7: 477)。一八〇七年十二月中旬から年始にかけての三通の書簡は、当時のフィヒテの「公論」に対する姿勢を物語っている。つまり、プロイセン官僚のアルテンシュタインとバイメ、そして十一月中旬にフランスの衛星国家ヴェストファーレン王国に仕官したヨハネス・フォン・ミュラー宛書簡において、同内容の「基本法」Grund-und constitutionelles Gesez の制定を提言したのである(III, 6: 212)。フィヒテによれば、「善き公論」創出のために必要なのは、すべての検閲を廃止して「無条件的な出版の自由」を認める「基本法」を制定することである(III, 6: 207-8)。この「基本法」は、君主とその子孫をも拘束するという。

「無条件的な出版の自由」のもとで、著述家個々人の強い「責任」意識がもとめられることは、いうまでもない。私人への無根拠な中傷や、「在職の主権者」に対する個人攻撃などは、もってのほかである。「集合的人格」としての政府は、いかなる「批判」Kritik をも甘受せねばならない。他方で、著述家は自分の論旨の正しさに「責任」を負うこととなろう。また、政府(統治者)の側も、著述家を雇うことによって、「公的」な議論に積極的に参加することができる。「公論」による秩序は、堅実な議論を重んずる「国民性」をそなえたドイツ人にのみ可能なのである。

こうした「公論」の擁護が何を意味するかは明白である。すでにみてきたように、フィヒテにとって「公論」とは、監督官制度とならぶ政体分類の決定的な基準であった。イェナ期から『共和国草稿』の時期にかけて、監督官と「公論」の有無こそが、広義の「共和政」と「専制」を分かつ指標として機能してきた。ナポレオンの覇権が確立するなかで、「公論」を守り抜くことは、将来の国家建設、さらには「二十二世紀」の共和国への途を守ることにひとしいのである。逆に「公論」が消滅してしまえば、ドイツ国家再興の夢は断たれることになる。

監督官制度の位置づけの変化は、この点と関連して重要になってくる。かつて「公論」とならんで善き政体の条件とされた監督官制度は、後期ベルリン時代の『法論』において、一旦放棄されている(II, 13: 283ff.)。フィヒテはそこで、「法的原理」の観点からすれば監督官制は正しいとしつつも、その「実現可能性」に疑問を投げかけるのである。理由としては、監督官自身による権限濫用の可能性、「執政権」による監督官の妨害、そして、「人民」の判断力の欠如の三点を挙げている。かつてのヘーゲルによる批判と一致している。[399] そのうえで、フィヒテは結論づける。現状では「憲法上の機関としての監督官制度の実現は不可能である。全体として、人類があまりにも悪しき存在だからである。人類が全体としてより善き存在になるまでの間、現実の監督官制度を必要としない政体がきっと生じていなければならないだろう」、と。無論、フィヒテは監督官制度を完全に放棄したわけではない。「法的原理」によれば、つまり理論的にみれば、監督官制度は正しいのである。実際に『共和国草稿』において、「著述家」が担う「公論」とならんで、「監査官」Censurという監督官制度の改良版が構想されていたことは、すでにみた。[400] フィヒテの留保は、人類があまりにも腐敗堕落した現状において監督官制度の実現は不可能という点にある。

それゆえ、「公論」の重要性は一層際だつことになる。一八一二年の『法論』は「人工的制度」としての監督官を放棄する一方、「教養があり、自己形成をつづける公衆」、つまり「公論」を実質的な「監視する監督官」として位置づけているからである。「公論」は監督官同様、政府を監視し、警告するだろう。もちろん、監督官のように「国務停止令」によって「執政権」を正式に告発することはできない。だが、それでかまわないのだ、とフィヒテは語る。

というのも、人類のうち、善人よりも悪人のほうがまだまだ多いかぎりは、善良で賢い人間の提案ではなく、愚かな人間の提案が多数を制することが確実に予想できるからである。したがって、監督官による人民の召集という方法、つまり革命という方法は、人類に一大転回が生じないかぎり、ひとつの害悪のかわりにいまひとつの害悪を、しかも、たいていはより大きな害悪を確実にもたらすとみなされるべきなのである。より大きな害悪と、わたしは言った。時代によって規定された統治準則は〔革命によっては〕変わらないだろうし、それどころか、革命を起こした国民の統治者は、革命をくりかえさせないように一層強固にみずからの権力を確立するだろうからである。

（『法論』）（II, 13: 284）

それゆえ、政治制度としての監督官よりも、「悟性と道徳性への陶治の進展」こそが、人類の「改善」には有用なのだ。むしろ「公論」によってこそ、「監督官の静かな実効性」を期待しえよう。かくしてフィヒテは、監督官という具体的制度にではなく、不定形な「公論」に監視権力としての機能を一層期待することとなった。ここでも政府の統治行為の「公開性」Publicität の重要性が強調される（II, 13: 281）。「学」による陶治を経た人びとによる、自由で、公共的な議論の応酬。「強制」なき「公論」は秩序を乱すどころか、「専制」の防止と「理性国家」の存立に欠かすことのできないものなのだ。

そのうえで、フィヒテはドイツ固有の政治的伝統にも訴えかけてゆく。フィヒテによれば、「公論」の尊重は場当たり的な提言ではなく、ドイツの政治的伝統にふかく根ざしたものだという。『ドイツ国民に告ぐ』において、フィヒテはなんと、帝国国制、すなわち神聖ローマ帝国の伝統に立ち戻る。[401]「通常の平和な道行を進む人間生活の支配にたずさわる「国家」Staat と、「永遠に規則正しくつづいてゆく純粋に人間的なるものの陶治」の主体たる「国民」Nation を区別したうえで、フィヒテはドイツ政治社会の特徴を、古代ギリシアのごとき両領域の不一致のなかにみる（7: 391-3）。個々の領邦が「国家」の役割を担ってきたとすれば、「万人の信条に内在する法」と「帝国国制」Reichsverbande こそが、歴史を通じて「ドイツ国民」としての共通意識を養ってきたとするのである。

ここで旧帝国国制が「君主制」Alleinherrschaft と対比され、「連邦共和制」Völker-Republik とされている点は、興味ぶかい（7: 397）。無論、ここでの「共和制」republikanische Verfassung は、「専制」の対概念としての広義の「共和政」ではない。後期ベルリン時代の政体観によれば、「弱体な君主のもとで政体は〔狭義の〕共和制に接近してゆく」

(II, 15: 221)ものとされるため、脆弱な皇帝権力と多数の領邦国家から構成された旧帝国国制を「連邦共和制」とみることは可能である。すくなくとも、帝国国制は強力な「君主制」ではなかった。

それでも、帝国国制を「連邦共和国」とする理解は、同時代にあっては異色であった。十八世紀後半の代表的な帝国国法学者ピュッターによれば、帝国国制はまず第一に、複数の政治社会をその内部に包摂する「複合国家」である。(402) つまり、個人が政治社会を構成する「単一国家」とは異なり、神聖ローマ帝国下の各領邦では、選帝侯、伯、帝国都市、帝国騎士といった大小諸侯が「高権」Hoheitによる独自の統治をおこないつつ、同時に皇帝による「共通の権力」に服している。また、各領邦の政体は「君主政」のみならず「共和政」「選挙君主政」などきわめて「多様」であるが、皇帝と帝国等族(帝国議会)の「共同統治」を中核とする「制限君主政」が、そうした「多様性」の世界に「統一性」をもたらすのである。

帝国国制自体は一八〇六年八月に消滅したものの、「複合国家」という帝国観は、その後も帝国に身分制的「自由」の象徴をみた知識人の間で生きつづけた。ライン連盟に帝国の後継者を見出そうとした知識人たちの議論や、一貫した反仏派で「ライン連盟の解消がドイツ的自由再生のための第一条件」と確信していた、かつての帝国騎士シュタイン男爵による新帝国構想は、帝国国法学以来の伝統の継続を裏づける。各領邦の「主権」を制限し、強力な皇帝権のもとで各身分の「自由」を保障すべき、新たな帝国の創建を願う人びとにとって、「連邦共和制」としての帝国国制など思いもよらなかっただろう。(403)

これに対して、フィヒテは、「ドイツ的陶冶のもっとも卓越した源泉」であり、「その独自性の第一の確保手段」でもある帝国国制を、以下のように描きだす。

個々の領邦にみられる多くの一面性や狭量にもかかわらず、ドイツを全体としてみた場合、そこには最高次の研究と伝達の自由が存在していた。そして、ドイツ国民はそうした自由を有してきたのである。高次の陶冶は、いたるところでなされた全領邦の公民同士の交互作用から生じた結果であった。さらに、この高次の陶冶は、そのままのかたちで、徐々に、より多くの一般民衆の間に浸透していった。そのようにして一般民衆は、全体として、つねに自己自身を自己自身によって教育したのである。

（『ドイツ国民に告ぐ』）(7: 393)

これは、「制限君主政」の概念とは無縁な、自由な言論の飛び交う、いわば言説空間としての帝国国制である。たとえ、ある領邦でひとつの「真理」が禁圧される場合でも、それはほかの領邦でかならずや居場所をみつけることだろう。貴族や社団の享受する身分制的「自由」ではなく、学問と著述の「思想の自由」、そして理想の「学藝共和国」が、そこにはあった。「とくに帝国国制によって、まず最初に国家の理念が発展させられたのである」(II, 10: 83-4)。

こうした表象から、フィヒテが帝国国制を「連邦共和制」と表現し、「国家の理念」をうながしたと賞讃する理由も浮かびあがってくる。すなわち、フィヒテにとっては、帝国とは身分制社会の象徴でも、「制限君主政」でもなく、「真の監督官」であると同時に広義の「共和政」の条件でもあった「公論」を可能にする舞台にちがいなかった。「君主制」の下では抑圧されてしまう「公論」を、「連邦共和制」としての帝国国制が保障することで、広義の「共和政」への条件を守り抜き、各領邦の境界を越えたかたちで「国家の理念」を育んだのである[404]。ここにも、「専制」の対概念としての広義の「共和政」と、「君主制」に対比される狭義の「共和制」との親和性を強調する、後期ベルリン時代の傾向をみてとることができよう。もちろん、「公論」を育んだ旧帝国国制は、もはや存在しない。また、旧帝国国制のような「連邦共和制」をフィヒテの理想秩序とみるのは、勇み足といってよい。旧帝国国制への好意的評価は、危機的な情勢認識をふまえたうえでの状況的発言として読むべきであろう[405]。

むしろ、ここで重要な点は、フィヒテが旧帝国国制までもちだして、「ドイツ国民」と「公論」との潜在的親和性を強調したことにある。フィヒテは、言論の自由を中核とする「基本法」を提案した書簡において、相手にとっても自分にとっても共通の記憶、すなわち「啓蒙」時代の記憶をよびさまそうとする(III, 6: 207)。「シュレーツァーの『国家時報』、クロップシュトックやほかの自由の讃歌のように、そうした〔出版の〕自由がフランス革命にいたるまでドイツ中で、被治者にとっての大きな利益のために、〔また〕統治への一切の不利益なしに支配していた」ではないか、と。ドイツ各邦がナポレオンによって制圧されたいま、フィヒテに残された途は、広義の「共和政」の条件となる「公論」を残すことによって、将来の「ドイツ国民」再生の日を待つことであった。「基本法」の提言を、プロイセン官僚のふたりとともに、フランスの衛星国家に仕官したミュラーにも提出したことは、よく事情を物語るといえよう。

(2) ゲルマニアの夢――フランス革命を超えて

『ドイツ国民に告ぐ』において、フィヒテは「祖国愛」の実例をふたつ挙げている(7: 387ff.)。宗教改革と、ローマ帝国の「世界支配」に対するゲルマン人の抵抗戦争である。とくに後者は、子孫の「自由」と「自律性」のために蜂起し、「永遠」に感応した人びとが圧倒的優勢を誇る敵を打ち破る実例として賞讃されている(7: 388-90)。「ドイツ人の祖先にとっての自由とは、ドイツ人でありつづけることを意味した。また、自分たちに関する事柄を自律的かつ根源的に、自分たち固有の精神に沿って決定しつづけること、同様に陶冶において前進すること、そして、こうした自律性を子孫にも遺してゆくことを意味していた」。フィヒテにとって、ドイツ国民最古の政治的伝統はまさしく、このゲルマン的伝統にちがいなかった。「かれらにこそ、我々――すなわち、この土地に生きる子孫たち――は、自分たちの言語と信条を、自分たちがいまだにドイツ人でありつづけていることを、根源的自律的生の流れがいまだに我々を運んでいることを負っているのである」。

青年期以来、フィヒテのゲルマン人への関心は持続している。すでにみたように、初期の『フランス革命論』において、フィヒテはモンテスキューの議論を参照しつつ、ゲルマン社会論を展開していた[406]。そこで描かれるゲルマン人は自由と独立を尊ぶ牧畜民であり、何よりも「名誉」を重んずる民族であった。定住せず、絶えず森林を移動するかれらはいまだ持続的な政治秩序を形成することはなかった。唯一の組織は、優秀な指揮官と青年兵との人格的契約関係にもとづく従士制であった。もちろん、フィヒテはこうした議論をドイツ国民の「国民性」を論ずる文脈でもちだしたわけではなかった。世襲身分制、とりわけ貴族身分の源流をゲルマン社会にもとめるモンテスキューに反駁するため、フィヒテはあえて歴史的議論によって切り返したのである。当時のフィヒテは「国民性」の問題にはまったく関心がなかった。

また、『現代の根本特徴』においても、フィヒテはゲルマン人について言及していた。『フランス革命論』における自由の民族という評価を継承しつつ、ゲルマン人は「近代」世界を切り拓く存在として位置づけられていた[407]。皇帝権力と宗教的権威の融合により腐敗堕落したローマ帝国から遠く離れた地に生まれたかれらは、「真の宗教」としてのキリスト教にもっともふさわしい民族とされたのである。ゲルマン的な「名誉感情」についても、フィヒテはキリスト教的価値観との親近性を強調していた。とりわけ、『現代の根本特徴』におけるゲルマン人はドイツ国民ではなく、フランスや英国も含めた「欧州諸国民」の、いわば「陶冶の国」としての欧州全体の父祖とされていたことを忘れてはならない。

だが、後期ベルリン時代になると、議論の様相は一変する。最晩年の『国家論』には、フィヒテによる三度目のゲルマン人論が展開されている[408]。

フィヒテはここでまず、ゲルマン人と「古代」諸民族との比較から出発する。それによれば、ギリシア人やローマ人といった「古代」諸民族は「土着」性をもたなかったのに対して、「近代」のゲルマン人を特徴づけるのはその「土着」性にほかならない。

古代の古典的諸国民は——すでに陶冶された諸国民から発して植民都市を建設、あるいは隷属させることによって——共同逃亡や、そうしたものとしてはじめて登場する共通の精神的陶冶によって統合されており、土地からすでに切り離された民族であった。たとえばギリシア人やローマ人がそうであり、そこにかれらの歴史の内奥が開示される。国家の高度な発展、人権観念を欠いた自由への愛——国家が哲学的に、あるいは概念から登場するのではなく、純粋に既存のものとして登場したがゆえに——が生じた。

近代世界はひとつの土着の大民族〔=ゲルマン人〕から発展したのだが、かれらは恒常的な国家結合を有せず、各人が自分自身の主人であり、保護者であった。古代人が国家として歴史に登場したのに対して、この民族はそうした紐帯なしに登場したのである。冒険や真面目な事業のための一時的な結合はほとんど、個人的結合にのみもとづいていた。従士制 Comitat はまったく固有の現象である。〔中略〕ただ宗教だけがいくつかの部族を統合し、命令していた。それ以外は自力救済、個人同士の戦争が支配的だった。

(『国家論』)(4: 420–1)

『フランス革命論』や『現代の根本特徴』におけるゲルマン人観からの連続性は明白である。すなわち、ゲルマン人は言語や習俗の統一性を有する一方で、政治的紐帯にとぼしかったという見方である。古代の諸民族が「恒常的な国家結合」を達成していたのに対して、ゲルマン人の結合原理は「個人的結合」に限定された。

ところが、ここからフィヒテは独自の議論を展開してゆく。つまり、この原初状態のゲルマン人はローマ帝国の「征服」を機に、「両極」に分化していったというのである(4: 421ff.)。一方の極がフランス人であり、もう一方の極がドイツ人であったことはいうまでもない。

フランス人の出発点はまさしく「征服」Eroberung という大事業にあった。「この大事件」を通じてはじめて、「フランク族は固有の意識においてひとつの国民となり、そうでありつづけた」。「共同征服者たちは征服によってひとつとなった」。つまり、それまでゲルマニアの地に散在していたゲルマン諸部族は、「征服」という共通の事業によって、フランク族という「ひとつの国民」となり、「国民的統一」Volkseinheit を獲得したのだ。そして以後、この「国民的統一」の先行は、「フランス人の国民性」を決定的に左右することとなった。「個々人のあらゆる陶冶は国民的統一性から発したのであり、国民的統一が人格の陶冶から出発したのではなかった」。ここからフランスの国民性である「虚栄心」や、「個人はそれ自体としては無価値であり、社交的価値によってのみ評価される」という事態が生じてくる。その本質は、個々人の「人格」Persönlichkeit が「社会」Gesellschaft に従属するという点にある。「社会は個人から構成されるのではなく、個人は社会においてのみ存在できる」とされた。

トイトブルクの戦い

　こうしたフランスにおける「国民的統一」の優先と、個々人の「人格」の軽視は、大きな問題を孕む。

　ここから生じる重要な帰結は以下のとおりである。フランス人は自由と理性国家 Rechtsreich の思想へと自己を高めることができない。なぜなら、かれらは人格の価値、すなわち、この純粋に創造的なるものの価値を自分たちの思考法によって跳び越えてしまっているからだ。また、ほかの人間や国民がそうしたものを欲し、考えるということをまったく理解できない。こうしたやりかたでは、理性国家に到達することはできない。まず最初に人格への陶冶が必要なのだ。この人格を跳び越えて、フランス人は著述家たちに刺激され、公論に焚きつけられて自由を欲したのである。〔中略〕フランス人は他国民をこの統一性のなかに引き入れようと、一般的意見に服従させようと努力する。この一般的意見こそ、かれらにとって本来的な真理であり、それを超えた何物もかれらの認識にとっては存在しないのである。

(『国家論』)(4: 422)

「国民的統一」の優先と、その裏面としての個々人の「自由」や「人格」の軽視こそ、「フランスの国民性」の本質をなしている。いいかえれば、フランス人は普遍的「真理」への感覚をもたず、ゆえに真の共和国に達することができないということである。なぜならば、真の政治秩序建設のためには、「まず最初に人格への陶冶」から出発せねばならないからだ。そしてフィヒテは、フランス革命が挫折した究極の原因もこうした「国民性」にあるという。

フランス国民は自由と法の国家のための闘いにとりつかれ、この闘いですでにもっとも高貴な血を流している。しかし、この国民は自由をとりあつかうことができなかったと、世人はいう。わたしも同意見であるのみならず、証明することとさえできるのだ。以下の理由が挙げられよう。第一の理由は、法についての統一見解はこの国民性のもとでは不可能であり、あらゆる特殊意見がみずからの党派を見出すこととなり、しかも、保護権力が存在していなかったということである。諸党派は実際にしばらくの間そうであったように、党争において消耗せねばならなかった。第二の理由は、国民全体において自由な国制の条件――国民から独立した自由な人格の陶冶――が欠落していたことである。

(『国家論』)(4: 429)

興味ぶかいのは、フランス人を例として、過剰な「国民的統合」が批判されている点だ。「祖国愛」の重要性が強調された『ドイツ国民に告ぐ』に対して、『国家論』ではむしろ、個人の「人格」が重視され、排他的統合への警鐘が鳴らされる。こうして青年期以来の関心事であったフランス革命に、フィヒテは最終的に破産宣告をくだす。フランス革命には明白な限界があった。ナポレオンが登場し、フランス人を支配した経緯も納得がゆく。「どのような人間であろうと、また、どのような目的にであろうとフランス人を利用することはできる。その人物が世論を勝ちとり、そのように行動することにとても巧みでありさえすれば」(4: 422)。フランス革命は失敗であった。真の政治秩序建設の任は、フランス人には重すぎたのだ。その「国民性」ゆえに「公論」を形成できないフランス人は「専制」Despotismus の国民であり、「かれらにおいては真理と虚偽の区別がまったく存在していない」(II, 15: 242)。

では、ドイツ人はどうか。おなじゲルマン人を父祖にもつとはいえ、ドイツ人の「国民性」はフランス人のそれとは対照的といってよい(4: 422-4)。フィヒテによれば、ドイツ人の父祖はゲルマン人のうち、ローマ帝国の「征服」には参加せずにゲルマニアの地にとどまった人びとである。「征服」という共通事業を通じて「国民的統一」に覚醒したフランス人の父祖とは異なり、ドイツ人の父祖は個々人が高度の「独立」を保ったがゆえに、「ひとつの国民」という意識、すなわち「国民的統一」に達することがなかった。ドイツにおいて「共通の行為や共通の歴史」は存在せず、「せいぜい人種と言語の統一性があるのみであり、国民的・歴史的統一性は存在しなかった」。

〔ドイツでは〕せいぜい人間、人格、家族が形成されただけであり、公民が形成されることはなかった。公民制を欠いた善が自由人にもたらされたのである。すでにそのように形成された人びとのまわりに帝国国制 Reichsverband が形成されたが、きわめて弛緩したものであった。〔中略〕この分裂は領邦君主たちの独立によって固定化した。いまやドイツには複数の民族が形成され、敵視しあい、宿敵同士となった。これらの諸民族は帝国国制によってかろうじて統合されていた。この帝国国制はいまや、すでに事実上そうであったものとして明言されていた。つまり、国家ではなく、国家連合であるとして明言されたのである。〔中略〕国家連合〔=帝国国制〕の公民はせいぜい君主たちであった。この連合はなんと弱体で、自己分裂を起こしていたことか。プロイセン人、ザクセン人はいても、ドイツ人はいなかった。

(『国家論』)(4: 422–3)

ドイツは各部族に分かれ、各君主に分かれ、各領邦に分かれ、各宗派に分かれていった。多くの苦汁を嘗めさせられてきた。「統一性にむけたあらゆる結合」を欠いたドイツ人は「ひとつの国民」ではなかったのである。[409] だが、これは逆にいえば、ドイツ人こそ、真の政治秩序建設への資質を有するということでもあろう。なぜなら、ドイツには「国民的統一」が欠如したかわりに、強烈な「人格」の意識が育まれたからだ。真の政治秩序が「まず最初に人格への陶冶」から出発せねばならないのだとしたら、ドイツ人はこの使命のために存在しているようなものではないか。これこそ、ドイツ人の世界史的使命にほかならない。

こうした国民の不在にもかかわらず、まさしくこの帝国国制が、知識人たちが、ドイツ語地域における商人と職人の遍歴が、ひとつのドイツ国民という統一概念を保持してきたのである。もちろん、直接の実践的概念としてではなく、単に歴史的概念として、いわば一般的要請として保持してきたのである。わたしの意見では、国家的統一性の要請、すなわち、内的かつ有機的に統合された国家の要請を表現する使命を、ドイツ人はおびている。そして、そのために永遠の世界計画のなかに存在しているのである。〔中略〕ドイツ人によってはじめて、真の理性国家 Reich des Rechts は表現されるであろう。そこでは全員が公民の自由に精神的昂揚を感じている。この公民の自由は古代世界で見出されたものであったが、いまや多数の人間が奴隷――これなくして古代国家は存立できなかった――として犠牲に供されることはないのである。

(『国家論』)(4: 423)

注目すべきことに、ここでも帝国国制と「著述家」たちが国民的統合を保持してきたとして評価されている。モンテスキューがゲルマン人に世襲貴族制の起源をみたように、フィヒテは独仏の、宿敵同士の「国民性」の相違の起源をみていたのである。「フランク人を領土の征服へと導いたのは国王であった。ドイツ人は出身地にとどまり、国制について考える以前から、各人が自分の所有物の主人であった。大きなちがいである。つまり、ドイツ人は生まれながらの共和制 gebohrne Republik なのである」(II, 15: 214)。かくしてフィヒテのドイツ国民論はきわまった。ドイツ人とフランス人との、あるいはナポレオンとの対決は単なる権力政治上の問題にとどまるものではない。それは「近代」の原初、われら父祖たちの時代以来定められていた宿命なのだ。この新たなる「理性国家」は奴隷制を必要としない点で、「古代」の諸国家を凌駕している。なぜなら真の「自由」は「人間の顔をした万人の平等」によってのみ基礎づけられるからだ。フィヒテにとって、ドイツ国民――「数世紀以来、この偉大な目的のために存在し、徐々にその目的のために成熟してきた」――こそ、人類史の未来を担うべき存在にちがいなかった。ドイツ国民よ、立ちあがるべき刻は、いまである。

一八一二年冬、ナポレオンがロシア遠征に大敗するやいなや、一見盤石にみえた大陸支配は急速に崩壊へとむかっていった。壊滅状態のフランス軍が退却するなか、プロイセンもまた、一八一三年三月末にはロシアおよびオーストリアと同盟を締結し、反ナポレオン戦争にふみきることとなる。フィヒテは二月初めに開始したベルリン大学での知識学講義を、同月中旬には中断している。フィヒテは講義中断にさいして、学生たちに以下のように別れを告げた[410]。

我々の愛すべき友人知人の多くが戦地へと出立した以上――かれらの運命について、その時々の報せを、ひょっとすると心を掻き乱すような噂をも耳にすることだろう――かならずや決定的な事件が起こるはずである以上、どのようにして我々は今後、知識学という抽象的思索に必要な平静を保つことができるというのだろう。自己省察の技術に熟達しているにもかかわらず、わたし自身はすくなくとも、平静を保ちつづける自信などありはしない。

（「知識学講義中断にさいしての聴講者への講演」）（II, 15: 182）

いまこそ、学問研究のかわりに、自分も含めたすべての者が、「もっとも役に立てる職務」を通じて、隷属からの解放という「偉大な瞬間にみずからの力を捧げる」べき刻なのだ。このとき、すでに学徒出陣の徴兵布告が発布されていた。当時の様子について、ベルリン大学の同僚でもあるローマ史家ニーブーア――シュライアーマッハーとおなじく、フィヒテとは大変不仲だったらしい（FG, IV: 279）――は知人に報告する。「今日は登録する志願兵で、市庁舎もパン屋前も大混雑です。あらゆる身分の若者たち――学生、ギムナジウム生徒、ギムナジウムの最上級生、店員、薬屋、あらゆる同業組合出身の職人たち――が出征してゆきます。また、職業や身分のある大人、家長も同様です」。それは「国民」の覚醒という、フィヒテの待ち望んだ瞬間にちがいなかった。フィヒテにとって最後の闘いが、いまはじまろうとしていた。

終章——決戦、そして

一八一四年一月二十九日早朝、フィヒテはベルリンにて没した。享年五十一歳だった。篤志看護婦として勤務していた妻ヨハンナが発疹チフスに感染したさい、フィヒテは献身的に看護に臨んだといわれている。そのときに自身もチフスに感染してしまったらしい。看護の甲斐があったのか、ヨハンナは一命をとりとめた。還らぬひととなったのは、フィヒテの方であった。かれは青年期に誓った「愛」に忠実でありつづけたのである。

言論界に独自の地歩を築いていた思想家の突然の死は、人びとを驚かせた。この出来事は新聞でも報じられ、同時代の知識人たちもそれぞれの感想を残している。当時の発言をみてみると、その多くは、フィヒテのことをカント哲学の継承者、知識学の思想家として位置づけている。その一方で、フィヒテを哲学者としてではなく、愛国者として評価する記事も散見される。

フィヒテはドイツ気質の男でした。我々の首都がフランス人による戦争の喧騒につつまれ、それを耐えねばならなかった時期に、フィヒテは、力強く感激に満ちた言葉をドイツ国民にむかって語りかけたのです。かれは思考においてのみならず、感情においても力強いひとでした。フィヒテの心情の内奥には、ドイツ人の恥辱を苦々しく感じさせるものが渦巻いておりました。それこそ、フィヒテが支配し、形成し、みずからの研究精神の刻印をした素材であったわけです。そのときもフィヒテは力強く時代のはるか高みにありながら、ほかの知識人たちから被った抑圧に抵抗しながら、そうしたのです。

（ヘルバルト『フィヒテの世界史観について』）(FG, V: 140)

「救国の哲学者」という現代までつづくフィヒテ像は、没後まもなくの段階ですでに形成されつつあった。そして、現代の評価は死の直後と完全に逆転し、フィヒテはかれ自身が永代の財産とみなした知識学によってではなく、もっぱら『ドイツ国民に告ぐ』によって記憶されている。フィヒテ本人が、自分の死後の評価の変遷を眺めたら、どう思うだろうか。

だが、フィヒテが「ドイツ国民」の未来に賭けていたことは、事実である。すでにみたように、一八一三年早春に反ナポレオン戦争が開幕すると、フィヒテはすぐに知識学講義を中断した。そして、一八〇六年のときとおなじように今度もまた、従軍牧師職を志願したのである。「指導者たちの間により真剣で神聖な感覚を喚起することができるならば、大きな達成となろう。これこそが決定的なのである」。「わたしの全活動力は、新たなる人間の陶冶へとむけられている」[41]。今回も申し出は謝絶された。それでも、フィヒテは、学徒出陣をひかえた学生たちにむけて『国家論』を講義し、できるかぎりの方法で戦争に貢献しようとした。自身も熱烈な愛国者として活躍した作家アルントは、晩年のフィヒテの躍動を伝えて余すところがない。

フィヒテは、自分と息子——少年期を終え、徴兵年齢に達したばかりであった——のために槍と剣を自宅の扉に立てかけていた。人びとはフィヒテを名誉のために後備軍の将校に選出しようとしたのだが、かれは以下のように言って断った。「ここではわたしは、共通の事柄に関してのみ役立つのです」、と。この男はつねに本当に真剣だった。わたしが思うに、フィヒテはいくらか通風に苦しんでいたようで、足が悪かった。すると、かれはこう言ったのだ。「自分が偉大な行為をなすことができないことは、よくわかっています。けれども、わたしは、国民に逃げ道を指示するようなことは断じてしないつもりです。敵軍が街に侵入するとすれば、そのときにはかならず、わたしの死体を踏み越えてゆくことになるでしょう」。フィヒテはこの時代にあって驚嘆すべきほどに清新で、活力にあふれ、愛すべき人間だった。まるで、かれの敬虔な感覚が、国民と祖国への愛においてますます、かれ自身の理念的自我を非我へと架橋していったかのようであった。わたしは当時、フィヒテをかれの家や友人たちの集まりでよくみかけた。フィヒテとライル〔＝ハレ大学医学部教授のJ・Ch・ライル〕が当時の首都において、もっとも悲劇的な人物であったことは疑いない。時代の把握にみせた途方もない熱烈さ、さらにはライルがほとんどフィヒテ以上にヴェルシェン人〔＝フランス人〕に対してむけた強烈な憎悪の点で、かれらは悲劇的であった。

（アルント『回想録』）(FG, V: 52–3)

フィヒテは徴兵年齢を過ぎていたにもかかわらず、後備軍の軍事調練に積極的に参加し、帯刀した軍服姿で講義することさえあったという(FG, V: 140)。学生たちのなかには、こうしたフィヒテに影響を受け、「ドイツ国民」再興の理念に心酔する者もすくなくなかった[412]。フィヒテは「ドイツ」に賭けていた。そして、生きながらにして伝説となった。『国家論』や『思索日記』において、フィヒテは今次大戦の意義をくりかえし強調する(4: 411–9; II, 15: 205, 211ff., 213)。フィヒテによれば、反ナポレオン戦争は従来のごとき「君主の戦争」ではなく、「国民戦争」Volkskrieg なのであり、またそうでなければならない。「君主の戦争」が領土拡大や国富増大といった君主個人の「利益」にもとづくものだとするならば、「国民戦争」は「人類」「正義」「理想」を目的とする[413]。「国民」が「共通の発展史を通じて理性国家建設のために統合された人間集団」である以上、「その自由と自律性」は決して侵されてはならない。「国民」

がほかの権力によって攻撃されるとき、「一般的自由と各個人の自由」は危機に瀕することとなる。したがって、「国民戦争」とは「自由」のための戦争を意味するのである。そして、「自由」を欠いた生は無意味である。

フィヒテにとって、ドイツ国民の消滅はあってはならなかった。すでにみてきたように、ドイツ国民は人類史の最終段階を切り拓き、その知的道徳的進歩、さらには未来の道徳的共同体建設の先駆けとなるべき存在だからである。ドイツ国民の没落は、人類の没落と同義なのである。したがって、ドイツ国民にとってみずからの存立を賭けた「国民戦争」は、同時に「人類」の命運を賭けた一戦を意味することとなろう。ここから、人類を「進歩」へと導くドイツ国民と、ナポレオンという強大な「簒奪者」の率いるフランスとの対比は、善と悪の原理的対決という様相さえおびてくる(4: 417–8)。

> 我々の敵〔＝ナポレオン〕のうちには、あらゆる悪、神と自由に対して敵対的なるもの、つまり、歴史のはじまり以来、あらゆる有徳なる者たちによって打ち破られてきたものが詰め込まれ、一体となって現象している。しかも、悪がもちうるあらゆる力をそなえたかたちで。何のためにだろうか。これまでに世界に現れてきたすべての善の力を結集し、悪を克服すべきである。私見によれば、これこそ、この時代のためにとっておかれた偉大な劇にほかならない。悪魔の王国はそこにただ存在するためだけに、優柔不断で神にも悪魔にも属さない主人なき者たちによって耐え忍ばれるためだけに存在しているわけではない。悪魔の王国は破壊され、その破壊によって神の御名が輝きわたるために存在しているのである。
>
> (『国家論』)(4: 417–8)

この世紀の一戦を前にして、個々人の生死など、問題になるはずもない(4: 412, 417)。「あらゆる諸力の動員、生死をかけた戦いがもとめられているのであり、完全な勝利、つまりは自由のあらゆる侵害に対する完全な保障なしにはいかなる講和もありえない」。「死は自由の欠如よりもはるかにマシなものである。これはたしかなことだが、わたしの永遠の生は死によってこそ勝ちとられ、奴隷的生によって喪われるのだ」。「国民戦争」の最終目的は「恣意ではなく共和政」である(II, 15: 214)。

だが、フィヒテは決して単純な煽動者ではない。たしかにフィヒテは、フランス人に対して「ドイツ国民」の知的道徳的優越を強調し、学生たちを「国民戦争」へと駆り立てた。しかし、かれのいう「ドイツ国民」が高度に理念的存在であることは、『ドイツ国民に告ぐ』の議論からも明らかである。それは現実のドイツ国民ではない。実際に『思索日記』には現実のドイツのありように対する懐疑や不満が横溢しているのである。人類の「進歩」を主導する偉大な「ドイツ国民」の雄姿と、つねに分裂して貧弱な現実のドイツとの落差は激しい。

フィヒテは、ドイツ国民が「国民」を「国民」たらしめる「共通の歴史」gemeinschaftl. Geschichte をもたないことを嘆く(II, 15: 243ff.)。とりわけ批判の標的となるのが、領邦君主たちの分裂志向であることはいうまでもない。「ドイツ人は自由であり、選挙による皇帝を戴いていた。その公職者たちが反逆をして領邦君主となったのである。かれらこそが、最初の反逆者なのだ」(II, 15: 204)。フィヒテによれば、こうした領邦分立主義の極致こそ、ライン連盟にちがいなかった(II, 15: 245–6)。領邦君主は「ただ自家の保持をはかる目的で、外国の利益のために戦う」ことしか知らない。また、領邦分立主義とならぶドイツの宿痾として、プロイセンとオーストリアの対立構造も見逃されることはない。「ドイツ人によるドイツ人に対する戦争はすべてまったくの徒労であった。ほとんどつねに外国の利益のために争われたのであり、我々は外国の属州になりさがってしまった」(II, 15: 209)。「現実のあらゆる公的関係の完全な改造なしには、ドイツ国民は過去に存在しなかったし、現在も存在しないし、将来も存在することはないだろう。だが、強者がそれを望むか、あるいは、わたしが心から願うように、それを望む者が強者になれば、うまくゆくだろう。だが、こうした統合に関して、わたしは完全に絶望しているのだ」(II, 15: 243)。これまでもくりかえしみてきたように、フィヒテの昂揚したユートピア的思考の裏面には、つねに現実への怜悧な認識があった。「ドイツ国民」の世界史的使命を熱烈に訴えるフィヒテは、同時にドイツ国民の弱体と分裂への「絶望」を告白する思想家でもあった。

フィヒテは「国民戦争」に何をもとめていたのか。おそらく、フィヒテは「国民戦争」のうちに、「国民」を「国民」たらしめる「共同の行動と受難」(4: 420)をみていた。ドイツ国民が「共通の歴史」によって正当化されえないならば、「国民」を一気に創出するほかない。かつて、ガリアの「征服」という共通の事業を通じて、フランス人が「国民」としての一体性を獲得したように。「戦争遂行を通じて、国民は真の国民となる。この戦争をともに戦わない者はどのような命令をもってしても、ドイツ国民に組み込まれることはありえないだろう」(II, 15: 211)。つまり、フィヒテは反ナポレオン戦争という「国民戦争」を、「ドイツ国民」誕生の神話として確立しようとしたのである。たしかにこれまでのドイツにはフランスのような「共通の歴史」はなかったかもしれない。だが、「形而上学的 metaphysisch 国民としての「ドイツ国民」は「歴史」ではなく、個々人の自由な「人格」から出発して、人類史の先駆けたりうるはずだ。「新たな栄光に満ちた歴史というドイツの希望」は残されている。反ナポレオン闘争という「国民戦争」こそ、「自己自身を意識的に創造する」「はじまり」であり、「栄光に満ちた使命」にほかならない(II, 15: 242, 246)。フィヒテは神話を生きようとしていた。

こうしたフィヒテの到達点を示すのが、『思索日記』に素描された戦後ドイツ構想にほかならない(II, 15: 214–20)。そこでフィヒテは「国民」と「国家」の一体性にこだわっている(4: 419ff.)。『ドイツ国民に告ぐ』では両者を切り離したうえで、「国家」が没落しても「国民」は復興しうると論じていたのに対して、いまや、フィヒテは「国民」が維持されるためには「国家」という枠組が不可欠なのだと主張する。[414]「共通の発展史において理性国家 Reich 建設のために結合した人間集団を国民 Volk という」(4: 412)。[415]「国民」の本質が「統治を代表する者とされる者との間の相互理解と信頼」にあるとするならば、そうした「相互理解と信頼」は、特権に蝕まれた身分制社会を廃し、「市民的自由」を実現する「国家」においてのみ可能となるだろう(II, 15: 210ff.)。「自由な国家の課題は本来的に徳の課題でもあり、不平等の維持は利己主義の課題にほかならない」。したがって、新生ドイツは従来のような「連邦」Föderation ではなく、何よりも「国家的統合」ReichsEinheit——とくに対外関係に関して——でなければならない(II, 15: 209, 242, 245)。「ドイツの諸部族は統合され、自由へと陶冶されねばならないだろう」。そして、「かつての旧帝国国制は連邦にすぎなかったが、いまや本当の国家 wirklicher Staat となるべきである」(II, 15: 216)。領邦分立主義に対するフィヒテの不信感からしてみれば、自然な結論であった。「二十二世紀」の共和国と同様に、フィヒテは明確に国民国家を選択している[416]。

制度構想に関しても、「二十二世紀」の共和国からの連続性は明らかといってよい。生産者・製造者・商人から成る労働身分と経済統制、完全な「平等」、出生にもとづく「特権」の廃止、国内の合理的法秩序、カトリックや新教を包摂する「国家宗教」Staatsreligion としての普遍キリスト教会制と「民衆教師」、そして、知識学の原理を核とする国民教育制度と、それに立脚した位階秩序である(II, 15: 217-20)。『思索日記』の戦後構想は素描にとどまっているため、詳細な比較を試みることはできないが、フィヒテの脳裡に本書でみてきたような統一的秩序構想があったことは疑いえない。人類の目標としての完全な道徳的共同体設立の手段となるべき、「学」の原理と「教育」によって統合されたユートピア秩序にほかならない。

他方で、戦後構想はあくまでもドイツの現状に適応したものであるべきだと、フィヒテはいう。この点に関して、「二十二世紀」の共和国との相違は著しい。というのも、フィヒテはまず最初に、戦後構想の前提として、ナポレオン侵入以前のドイツ諸侯の再興を想定しているからである(II, 15: 214ff.)。一切の世襲君主制と身分制社会が廃止された「二十二世紀」の共和国とは明確に異なる。政体に関しても、本来の「共和制」ではなく、世襲の「皇帝」Kaiser のもとに諸領邦が統合される連邦的君主制——ただし、「皇帝」の権力は「元老院」Senat によって制限されるため、実質的には「共和制」に近いとされる(II, 15: 216)――が念頭に置かれている。「皇帝は、帝国・秩序・平和以外の外交的利害関係、つまり外国との利害関係をもたない」。このようにフィヒテは十九世紀初頭のドイツの現状をふまえたうえで、新生帝国を構想した。帝国権力と領邦権力の関係について多くの紙幅が割かれている――当初は「教養層」Gebildete だけが帝国直属民となる――のも、このためだろう。フィヒテは、帝国権力による領邦権力の漸進的な吸収、さらに最終的には連邦的遺制の消滅を意図していたようにみえる(II, 15: 209, 217-8)。まずは戦争・平和・勝利・敗北を共有する「政治的同盟」から出発し、そこに通商関係や法的平等が追加されることで「統一されたドイツ国家」ein Deutsches Reich へと発展してゆけるだろう(II, 15: 245)。あれほど嫌悪した身分制社会についてさえも即時廃止ではなく、漸進的廃止が意図されているのである(II, 15: 218)。

以上の戦後構想は、フィヒテの思考の特徴をよく表している。フィヒテは言葉の真の意味における、あるいはプラトン的な意味におけるユートピア思想家であった。初期作品「眠れぬ夜の断想」から後期の『共和国草稿』や『国家論』にいたるまで、フィヒテはつねに完全な道徳的秩序の到来を確信し、そのための知的道徳的陶冶が実現さるべき社会を、さまざまな思想家たちとの対話のなかで構想してきた。そして、イェナ期の『自然法の基礎』や『道徳論の体系』における素描は、『共和国草稿』以降の後期作品において、「学」にもとづく「教育」と位階制を中核とする独自の秩序論へと結実することとなったのである。フィヒテにとって、出生にもとづく身分制社会は青年期以来の宿敵であった。それゆえ、かれの構想するユートピア秩序はいずれも、世襲身分制社会に対して極度に敵対的である。その意味でフィヒテの秩序構想の根底にあるのは、伝統的な身分制社会の否定、つまり「平等」の理念であるといってよい。しかし他方で、フィヒテは「学」と「教育」にもとづく位階制――知識身分と労働身分――の熱烈な主唱者でもあった。統治・教育・学問研究という人類にとって最高次の営為は、知識身分の本領に属する。そして、フィヒテは一貫して「知識人」として自己規定してきた。つまり、フィヒテにとって、「学」的能力にもとづく区別や位階制

ライプツィヒの戦い

は「平等」の理念とまったく矛盾しないのである。フィヒテが人類の最終段階として構想した「神権支配」においてさえ、「学」的位階制が貫徹されていたではないか。

他方で、昂揚したユートピア的思考の背後には、つねに怜悧な現実認識があった。両者は緊張関係に立ちつつも、相互に規定しあうこととなった。農民身分出身のフィヒテにとって、身分制社会は、かれの人生の現実そのものといってよかった。道徳的陶冶の理念を語る一方で、人間が「利己心」や「自己利益」に突き動かされる点をフィヒテは見逃さなかった。ユートピア的理念が実現した「二十二世紀」の共和国や「神権支配」の背後には、世襲君主制と身分制社会の桎梏に苦しむ現実のドイツ、つまり、フィヒテいうところの「必要国家」の世界があった。人類の知的道徳的陶冶を主導すべき「ドイツ国民」の理念の陰には、「共通の歴史」をもたず、私利私欲にまみれた君主たちと、政治的自意識を欠いた蒙昧な民衆への苛立ちがあった。それでも、フィヒテは絶望しなかった。フィヒテにとって、ユートピア秩序とははるか未来に到来すべき世界であるがゆえに、かれは現実の悲惨を直視し、うちのめされつつも、人類の陶冶への信念を失わずにいられたのである。この意味で『思索日記』の戦後ドイツ構想は、いかにもフィヒテらしい。そこでは、ユートピア的思考と怜悧な現実認識が緊張関係を保っているからである。そして、同時にそれは、フィヒテの秩序構想とドイツ史という歴史的現実が合流した稀有な瞬間でもあった。

幸か不幸か、フィヒテは戦争の終結を迎えることなく世を去った。ウィーン会議も、百日天下も、その後の「復旧時代」も目にすることはなかったのである。ナポレオンの大陸支配がまだ盤石にみえた一八一二年、フィヒテは法論講義の末尾で現状への諦念を漏らしていた(II, 13: 285)。曰く、「国家における正義」の実現は「人間の自由によっては解きえない」問題であり、「神の世界統治の課題」である、と。つまり、「理性国家」を概念によって把握することはできたとしても、実現の時期は歴史の過程にゆだねられており、知りえないというわけである。こうした諦観の背後には、フィヒテ自身の健康面での不安もあったのかもしれない。ベルリン帰還後のフィヒテは大病を患い、周期的な体調不良に苦しむようになっていた。以前のような活力が戻ることは決してなかった。フィヒテは弱っていた。

しかし、いまや事態は一変した。ナポレオン政権は急速に崩壊し、それまでフランスへの従属を余儀なくされていたドイツ諸邦もつぎつぎと立ちあがる。戦況は一進一退をくりかえしたものの、一八一三年十月のライプツィヒの戦いにおいて、対仏連合軍はついにナポレオンを撃破する。ドイツの解放は目前に迫っていた。「ライプツィヒ会戦によって戦争が終結したわけではありません。神もそのように思し召しでありますように！　戦争は継続されねばなりません。ここ最近のようにひどく粗野で歪んだかたちではなく、はるかに思慮分別をもって、とりわけ道徳的かつ創造的に戦争は継続されねばならないのです」(III, 8: 78)。息子ヘルマンの回想によれば、プロイセンの将軍ブリュッハーによるライン渡河の報(一八一四年一月一日)を受けた病床のフィヒテは、その瞬間、往時の活力をとり戻したという(FG, V: 64ff.)。「打算的な政治と外交術」によって決断を逸してきた「ドイツの運命」への苛立ちは、いまや「みずからの祖国のより善き未来」への確信へと変わってゆく。その報せのうちに、フィヒテは彼方の「二十二世紀」の共和国へむけて踏みだされた、「ドイツ国民」の力強い一歩をみていたのかもしれない。

註

フィヒテの原典について、生前の公刊作品および『国家論』(一八二〇年)は小フィヒテ版著作集(Fichte(1845/46))から、そのほかの草稿・書簡類は批判版全集(Fichte(1962-2011))から引用する。入手の便宜を考慮した結果である。

原典からの引用にさいしては、小フィヒテ版著作集は(巻数：頁数)、批判版全集は(集、巻数：頁数)の略号で記した。二次文献の引用は、著者名・(刊行年)・頁数の略号で記した。ただし、Fuchs(1978-92)は、(FG, 巻数：頁数)の略号で記すこととする。また、古代ギリシアの古典についてはオクスフォード古典叢書の最新の版を使用し、引用にさいしては通用の略号で記した。また、以下の著作についても略号によって表記する。引用にさいしてはモンテスキューとルソーについてはガリマール版を、マキアヴェッリについてはフィレンツェ版(Machiavelli(1796-9))をもちいた。

Machiavelli(1532): (P: 章)
Montesquieu(1748): (EL: 篇-章)
Rousseau(1762): (CS: 篇-章)

原典からの訳出にさいしては、先達の訳業を参照しつつ、著者の責任で訳出した。また、フィヒテ以外の翻訳書からの引用時にも適宜訳文を改めた。

(1) 南原(1972-84), Bd. 2, 3.
(2) 批判版全集刊行の事情については、杉田(2016)を参照。
(3) フィヒテの政治的解釈の経緯については、以下の文献を参考にした。十九世紀ドイツについてはFuchs(1996)、ヴァイマールおよびナチズム時代についてはAlbada(2012); Edmondson(1966); Heinz, Schäfer(2010); リュッベ(1998), 196-208、戦後ドイツ全般についてはSaage(1977)(とくに「全体主義」的文脈に関してはWilms(1967)、旧東ドイツからの擁護論についてはBuhr(1965))、近代日本のフィヒテ像については栩木(2010)、現代ドイツについては杉田(2001); (2009a)が、参考になる。また、ドイツ国民論とユダヤ問題に焦点を当てた独特のフィヒテ受容研究としてBecker(2000); 船津(2010)も有用である。

(4) 南原繁のフィヒテ解釈の特徴については、村上(1978); 杉田(1994)が簡潔に、栩木(2013)が包括的に分析しているが、やはり福田(1973)が見事である。南原自身の政治思想については加藤(1997); 本田(2001)などもあるが、なかでも苅部(2011)が出色の出来栄えである。

(5) 南原(1972–84), Bd. 2, 409–10.

(6) 南原(1972–84), Bd. 3, 152.

(7) 無論、南原は歴史を無視するわけではないが、かれの主たる関心はあくまでも思想の「体系」や「普遍的意義」にあった(南原(1972–84), Bd. 3, 151ff.; 福田(1989), 472–3; 丸山(1996), 179)。このことは、南原の『政治理論史』が各思想家を位置づける際、時系列よりも論理的体系性・関連性を重視した点にもよく表れている(丸山(1996), 141ff.)。

(8) 南原(1972–84), Bd. 1, 131, Bd. 2, 3ff., 28ff.

(9) 南原(1972–84), Bd. 2, 350; cf. 丸山・福田(1989), 147–9.

(10) 南原(1972–84), Bd. 2, 4ff., 352. を参照。また、この点と関連して、南原自身の価値並行論にもとづくフィヒテ批判——とりわけ後期に展開される「神権支配」論に対して——はきびしい(ebd., 120–168, 416ff.)。

(11) 純粋哲学研究も含むフィヒテ研究は膨大なので、ここでは政治思想史の分野における代表的研究の紹介にとどめる。

本文でも述べたように、政治思想の分野にかぎらず、フィヒテに関する学術的研究は批判版全集刊行開始と同時期(一九六〇年代)から本格化した。政治思想の分野でも雑誌『フィヒテ研究』Fichte-Studienを中心に研究が蓄積されているが、初期から後期にいたる全体像に迫る研究はとぼしい。全体像に目配りしつつ、「教育」や「学」の位置づけに着目したHahn(1969)や、「公共圏」論をふまえたうえでフィヒテの秩序構想を解釈するBatscha(1970)、近年のナショナリズム論の観点からフィヒテを考察するReiß(2006)、政治哲学的観点からの分析としてVerweyen(1975)がある。Verweyenは、イェナ期の『自然法の基礎』と『道徳論の体系』を中心に据えつつ、「法」と「道徳」との関係を初期から後期まで丹念に跡づけている。ただ、あくまでも思想体系の内在的再構成に終始しており、歴史的文脈の関連については沈黙している。近年ではJames

(2015); 清水(2013); 高田(2017)がある。

戦後のフィヒテ政治思想研究において最高水準の達成をみせたのが、R. Schottky の諸研究である。全体像を描いた単著こそないものの、政治思想に関する個別論文は、フィヒテの思想の内在的発展と歴史的文脈の双方をふまえ、平易かつ明晰で他の追随をゆるさない。今後のフィヒテ政治思想研究において、まず最初に参照さるべき業績といってよい。Schottky の業績については、de Pascale(1999)の周到な紹介も参照してほしい。

そのほかの個別論点に関する先行研究については、そのつど言及する。

なお、一九七〇年代までの研究史は、Verweyen(1975), 9–46 が寸評つきで紹介しており、有用である。また、網羅的な文献目録としては Baumgartner, Jacobs(1968); Doyé(1993); 阿部編(1990)が、最近の研究状況の一応の概観としては Zöller(2013a)がある。政治思想分野を中心とした先行研究の傾向について、著者の見解は熊谷(2018)にまとめておいた。フィヒテの作品に対する同時代の反応については、批判版全集所収の各作品解説が余すところがない。

伝記研究としては、古典的な Fichte(1862); Medicus(1914)のほか、批判版全集にもとづく最新の研究 Jacobs(2012)がある。英語では La Vopa(2001)もある。La Vopa の伝記研究はドイツ語圏では軽視されているが、ドイツ文化史を専門とする著者の豊富な知見をもとに、フィヒテの前半生(出生から無神論論争まで)を十八世紀後半の知識社会史の文脈で評価する貴重な業績といってよい。とくに、青年時代の書簡や日記を文化史的背景に即して分析する手捌きは見事である。他方で、知識社会史的枠組の生硬な適用に走るあまり、フィヒテの作品の丁寧な分析が疎かにされがちになった点は惜しまれる。一般向けではあるが、石崎(2001); (2010)は書簡を中心にフィヒテの交友関係を詳細に跡づけており、有用である。フィヒテをめぐる同時代人の証言集 Fuchs(1978–92)も欠かせない。とくに第五巻の詳細な年譜は必携である。

(12) 日本政治思想史研究者の河野有理による「思惟様式」論と「秩序構想」論という先行研究整理を参考にした(河野(2016), 7–23)。

(13) とくに南原のフィヒテ論についてこの点があてはまる。フィヒテの思惟構造の解明に主眼を置いた南原の議論からは、フィヒテの具体的な秩序像がみえにくい。この傾向は哲学的方法を踏襲してきた先行研究のいずれにも一定程度あてはまる。

(14) 「体系建設型」と「問題発見型」という分類については、丸山(1998), 89 から示唆を得た。

(15) 文藝ジャンルとしての自伝については、ルジュンヌ(1993); (1995)が詳しい。ただし、理論的考察に傾斜しており、十八世紀文化史における自伝の位置づけについてはより詳細な歴史研究が待たれる。

(16) フィヒテと生家との複雑な関係についてはLa Vopa(2001), 23-7, 32-4が的確に指摘している。

(17) 初期フィヒテの思想形成に関する研究はすくない。まとまったものとしては、Preul(1969); Wildfeuer(1999); Bacin(2007)があり、いずれも高度の水準を有する。Preulが主に宗教思想、Wildfeuerが哲学、Bacinがプフォルタ校時代について分析している。だが、いずれも政治・社会関係の作品については断片的な言及(Preul(1969), 81-93; Wildfeuer(1999), 270-81)にとどまっている。そのため本書では、初期フィヒテの哲学・宗教思想を軸としつつも、政治・社会観の形成に焦点を当てて論ずる。政治・社会思想研究の分野において、青年期フィヒテについては完全に文献を欠落させている。

(18) 本書ではプフォルタ校時代の思想はあつかわない。卒業演説にみられる人間論に関しては、Preul(1969), 9-29; Wildfeuer(1999), 117-61; Bacin(2007)を参照。

(19) 当時の時代背景一般についてはSheehan(1989)を、身分制社会についてはDülmen(1990-4); Vierhaus(1976)を参照した。また、一般書ではあるが、政治社会史を軸とした知識人評伝の試みとして、坂井(1996)は参考になる。

(20) 十八世紀後半のドイツにおける貴族制評価についてはBirtsch(1971); Meier, Conze(1972), 18-35; Schulze(1925)を、十八世紀ヨーロッパ貴族の法的実態の概観についてはブッシュ(2002); デーメル(2000b)を参照。

(21) La Vopa(1988); (2001), 39ff.; Vierhaus(1987e).

(22) 教養市民層と貴族の文化格差についてはエリアス(1977), 68-113が、十八世紀ドイツの宮廷文化についてはVierhaus(1981)が参考になる。

(23) ゲーテ(1979), 56.

(24) たとえば、(III, 1: 41-2, 46-7, 128, 140, 144ff., 145ff., 147ff., 149ff., 163ff.)。La Vopa(2001), 29-39はフィヒテの貴族身分に対する生理的反発を的確に指摘する。

(25) 青年フィヒテの読書傾向については、後註43を参照。

(26) Küttner(1785), 202-3.

(27) 十八世紀後半のチューリヒについてはヴァイグル(1997), 165-89を参照。

(28) Coxe(1789), 78.

(29) Vgl. Meiners(1791), 53ff.

(30) 家庭教師の実相については Gerth(1976); Fertig(1979); La Vopa(1988), Ch. 3, 4 が基本文献である。なお、Aschoff(1997)は斬新な視点を欠くものの、家庭教師時代のフィヒテの動静を丁寧に跡づけている。

(31) レンツ(2013), 14.

(32) 「宗教的箴言」については、La Vopa(2001), 59–74; Lohmann(2004), 28ff.; Preul(1969), 106–36; Wildfeuer(1999), 161–91 が詳細に分析している。

(33) 初期フィヒテの「理神論」の典拠については、ヴォルフ学派自然法学やスピノザなどが推測されてきたが、Preul(1969), 121–30; Wildfeuer(1999), 192–254 の考証は、ライプツィヒ大学教授 Friedrich Hommel の思想的影響を推定している。

(34) Lohmann(2004), 18–25 は、こうした「心」の宗教としてのキリスト教理解を丁寧に分析しつつ、その源泉としてルソーをとくに重視する。また、Fuchs(2005), 53ff. は初期の宗教批判の源泉をレッシングにみている。

(35) Preul(1969), 86–93; Wildfeuer(1999), 270–81 は、家庭教師としての教育計画にも当時のフィヒテの宗教観が表れていると指摘する。

(36) 「摂理」概念の分析については、Ivaldo(2005), 147–55; Preul(1969), 96–106 に負う。

(37) ランケ(1966), 11.

(38) 汎愛派における職業教育の重視については Blankertz(1985), 36–57; La Vopa(1988), Ch. 6, 8, 10 を参照。

(39) ゲーテ(1997), 59–60.

(40) 十八世紀のライプツィヒの様子については、ヴァイグル(1997), 35–60, 137–64 を参照。

(41) 「公論」(あるいは「公共性」)と「啓蒙」の両概念についての先行研究は汗牛充棟の感があるので、詳細は省く。ただ、最近の傾向として、とくに「啓蒙」概念は研究の進展にともない、多義化が進んでおり、およそ分析概念としての機能を喪失しつつある。現在も特定の思想を「~啓蒙」と名づけて分類する、おそらく思想の理解にはあまり資することのない研究が量産されている(川出(2018))。すでに十八世紀において、「高級な」啓蒙と「低級な」啓蒙という概念分化がみられたこと、「啓蒙」概念そのものについて論者の一致がみられなかったこと(Hinske(1990))の意味を再考し、概念史的出発点(Stuke(1972))に立ち帰るべきであろう。

なお、本書と関連するかぎりでは、十八世紀ドイツの「公論」の実相についてはVierhaus(1987c); (1987d); (1987e); ノルト(2013), 9-44; 西村(1998)を参照した。

(42) Kant(1902ff.), Bd. 8, 33-42.

(43) フィヒテの文学嗜好については、Preul(1969), 62-78が詳細をきわめる。

(44) 「感傷主義」文学と市民的「徳」については、十八世紀欧州の「道徳哲学」moral philosophyと関連させたうえで、Sauder(1973)が詳細に論ずる。とくにebd., 193-8では、「優しさ」Zärtlichkeitが「共感」Sympathieとならんで、道徳感情の中核として評価された点を強調している。また、Pikulik(1981)も参照。

(45) Sauder(1973), 125-32.

(46) 十八世紀後半ドイツにおける「流行」の実相については、ノルト(2013), 73-101を参照。

(47) この点で、恋愛と結婚をむすびつける教養市民的価値観にフィヒテは忠実であった。十八世紀後半のドイツに出現した「恋愛結婚」については、Rosenbaum(1982), 263ff. を参照。

(48) La Vopa(2001), 150-62はフィヒテとヨハンナの往復書簡を「感傷主義」の文化的コードに沿って巧みに読み解いており、貴重な指摘も多い。また、ヨハンナの伝記研究としてはKammerlander(1969)がある。

(49) 「感傷主義」文学の典型的女性像としてのロッテ、およびルソー『エミール』に登場するソフィーについては、それぞれ星野(2005), 33-45; Ehrlich-Hafeli(1995)を参照。また、『エミール』のドイツにおける受容についてはVoßkamp(1995)が参考になる。

十八世紀ドイツの文学作品に登場する女性像については、グレンツ(2004); ボーヴェンシェン(2014)をはじめとして、田邊(1990); (1994); 星野(2005); 渡邊(2006)などがある。ただ、当時の歴史的状況に対する理解が往々にして図式的にすぎるため、文学テクスト自体の分析も歪められ、主題・叙述・結論いずれにおいても類型化した議論に陥る傾向がある。とくに、当時の水準ではごく少数の例外的存在である女性作家に焦点を当て、「家父長的」社会構造によって「折りとられた」才能を嘆くという構図が頻繁にみられる。対象の客観的分析というよりは、著者の自我の投影に堕している場合がすくなくない。かたや、女性観や家族像を論じるさいにも、つねに歴史的感覚を失わないRosenbaum(1982)の叙述は均衡がとれている。

(50) 十八世紀後半の流行病としての「心気症」についてはMeise(1992), 103ff.; Sauder(1973), 147ff. を参照。

(51)「恋人たちの谷」に関する唯一のモノグラフは Lohrmann(2014)であるが、Preul の影響が強く、分析が宗教的側面に偏ってしまっているほか、テクスト自体への緻密な分析が欠けている。

(52) 十八世紀後半の市民層の女性観において、「純潔」Unschuld は中心的価値であった。当時の文藝に表れた「純潔」の諸相については Meise(1992)が詳しい。

(53) こうした性別観は後年の家族論において定式化されることとなる(第五章二節(2)、第六章三節(2))。

(54) La Vopa(2001), 49-59 はこの時期のフィヒテの牧師への就職活動——無残な失敗に終わった——を詳細に跡づけている。

(55) たとえば、(III, 1: 167ff., 170-1, 174ff., 190, 193-4, 222)などを参照。

(56) Kant(1902ff.), Bd. 5, 33.

(57) Preul(1969), 137ff.; Wildfeuer(1999), 401-17 はこの点を強調している。

(58) たとえば La Vopa(2001), 162ff. は、婚約破棄を「感傷主義」の文化的コードにもとづく演技的関係の断念として解釈している。この指摘が正当だとすれば、カント倫理学にもとづく自己省察が、「感傷主義」的かつ演技的関係の清算を決断させる内発的動機となったとみることができよう。

(59) ケーニヒスベルクについては、ヴァイグル(1997), 191-248 が詳しい。

(60) フィヒテの宗教論については Verweyen(1995)が簡潔にまとめており、とくに初期の宗教論については ebd., 196-201 を参照せよ。

(61) La Vopa(2001), 162-71 はフィヒテによる復縁の申し出の理由を、家庭のやすらぎに対する教養市民的憧憬と、文壇での地位確立による自信の回復のうちに見出す。

(62) ヴェルナーの宗教令とそれをめぐる論争の概要については Epstein(1966), 142ff. を参照。また、論争全体をプロテスタント的教養市民層出身の「学識者」たちが担った「ドイツ的啓蒙」の一側面として解釈した近年の思想史研究として、Sauter(2009)がある。とくに Ch. 4 ではフィヒテの論争内の立ち位置についてもあつかわれている。しかし、その分析はフィヒテの思想の内在的発展をほとんど考慮することなく、「良心」・「プロテスタンティズム」・「身分制社会における業績主義」といった外在的な基準を機械的に適用するにとどまり、表層的な議論に終始する。論争におけるフィヒテの立ち位置については、La Vopa(2001), 85-95 も参照。

(63) このように「思想の自由」を生得的権利として演繹する論法は、言論の自由を統治者に対する「抗議」として理解するカントとは異なるものである。言論の自由に対するカントの見解については網谷(2018), Ch. 6 を参照。

(64) 「啓蒙絶対主義」の諸相については Sellin(1976); Vierhaus(1987b); デーメル(2000a); (2001); 坂井(1998)を、十八世紀ドイツ自然法論については Klippel(1976); 網谷(2018), 240ff.、官房学については海老原(1981-2)、啓蒙知識人による絶対君主政擁護については Van Der Zande(2007)を、スヴァレッについては Svarez(1960); 木村(2000), Ch. 1、フリードリヒ二世については林(2016); 屋敷(1999)を参照した。

(65) 網谷(2018), 305-10.

(66) 『フランス革命論』の執筆経緯・受容については、批判版全集の解説と Becker(2000), 66-76 が詳しい。

(67) 例外は、フランス革命によって触発されたザクセンの農民騒擾に言及した箇所(III, 1: 173-4)である。

(68) 『フランス革命論』に関する先行研究は Batscha(1970), 105-33; Buhr(1965); de Pascale(2001a); Hahn(1969), 43-76; Radrizzani(2011); Reiß(2006), 66ff.; Verweyen(1975), 62-80; 杉田(1988); 田村(1989); 南原(1972-84), Bd. 2, 170-207; 高田(2017), 47-53; 鎮西(1979); 湯浅(1983)など、いずれも自然法論に焦点を当てたものであり、体系期の法論との整合性に議論は集中する。しかし、自然法論の政治思想的分析としては、すでに Schottky(1962), 157-75; (1973)が文献学的精度の点で圧倒的な水準に達しており、いずれの研究もその枠を出るものではない。本書も自然法論の分析に関しては、Schottky の議論に多くを負う。また、Schottky の編集した哲学文庫版の『フランス革命論』には、詳細な註釈がそなわっており、必読である。

(69) ドイツにおけるフランス革命の同時代的受容に関しては、個々の思想家や論点に絞った研究は多いが、全体像をまとめあげる研究は多くない。さしあたり、Vierhaus(1987h)の見事なまとめが参照されるべきである。また、史論の観点からの分析としては熊谷(2015), 23-41 を参照。

(70) Gentz(1997-2004), Bd. 11-1, 505-6.

(71) Stammen, Eberle(1988), 188.

(72) ゲンツの思想については熊谷(2011); (2015), 30ff. を参照。

(73) Günther(1985), 1029.

(74) こうした『フランス革命論』の出版戦略やレトリックに関しては、La Vopa(2001), 110–8 が詳しい。
(75) フィヒテは晩年にもレーベルクの議論に言及しており、強く意識していたことがうかがえる(4: 484–5)。
(76) レーベルクに関する先行研究は多くない。政治思想研究の単著としては Vogel(1972)があるが、思想の歴史的位置づけ方、読解の精度には難がある。「改革保守主義」の系譜に位置づける Epstein(1966), 547–94 は政治思想を中心に全体像を丁寧にまとめ、フランス革命期ドイツの文脈に位置づけている。バイザー(2010), 590–602 は、哲学的認識論に着目する。
(77) Henrich(1967), 113–30.
(78) Rehberg(1793), 8ff.
(79) Rehberg(1793), 43ff.
(80) Rehberg(1793), 62.
なお、この場合の「愛国心」はもちろん十九世紀以降のナショナリズムの意ではなく、「健全な公共精神・郷土愛」という十八世紀的用法である(Vierhaus(1987c))。
(81) 改革政治家としてのレーベルクについては Fehrenbach(1997)、十九世紀ドイツ自由派の政治思想については熊谷(2015)を参照。
(82) Rehberg(1793), 55ff.
(83) この点については Renaut(1991), 306–9 も参照。
(84) 『フランス革命論』におけるカント受容については Schottky(1973), XXII–XXVI を参照。
(85) 『フランス革命論』における「良心」概念については Lohmann(2004), 54–7 を参照。
(86) La Vopa(2001), 118–30 は『フランス革命論』における「労働」および経済観をロックやアダム・スミスの議論と比較している。
(87) 以上の自然法論・国家論に前註68の先行研究のほとんどが集中しているが、Schottky(1962), 157–75; (1973), XI–XXII, XXVII–XXXVII の水準には届かない。とくに Schottky は、フィヒテの理論構成が明示的な言及(6: 80ff.)にもかかわらず——多くの先行研究はここで迷走する——ルソーの『社会契約論』とはまったく異なる点を指摘し、むしろ、ロックの『統治二論』における自然法論との親近性を強調した。また、de Pascale(2003), 96–7 も、『フランス革命論』において政治参加がほとんど重視されない点を的確に指摘している。

(88) Radrizzani(2005), 80-3は、フィヒテがカント以来の「啓蒙」の継承者である点を鋭く指摘するが、啓蒙絶対主義に対する両義的姿勢についてはふれていない。

(89) 従来の『フランス革命論』研究は自然法総論の部分(第一〜三章)に集中しており、各論(第四〜六章)に関するまとまった研究はPicardi(2009), 249, 278, 312-3の指摘のほかは、完全に欠落している。

(90) モンテスキューの全体像については何よりも川出(1996)に負う。

(91) 十八世紀ドイツにおける身分制社会の理論的守護神ともいうべきユストゥス・メーザーもまた、「名誉」を身分制社会の中核的要素とみたことについては、Schröder(1986), 9ff.; シュレーダー(1995)の指摘がある。

(92) 「名誉」概念の歴史については、ドイツ中心だがZunkel(1975)が詳細をきわめ、政治思想史的観点からの卓越した分析としては川出(2000); (2002)がある。モンテスキューの「君主政」概念については川出(1996), 246-73、「専制」概念については川出(1990)を参照した。

(93) ドイツのモンテスキュー受容史に関する最新の研究書はHerdmann(1990)だが、分析の質や叙述の精度は低い。簡潔ではあるが、受容の多様な側面を的確に指摘したVierhaus(1987i)が優れている。

(94) なお、十八世紀欧州の「権利の貴族」の実態についてはデーメル(2000b)が有用である。

(95) こうしたフィヒテの議論は、古典古代の貴族制をめぐる現代歴史学の標準的な理解とも符合している(Gernet(1968); ブライケン(1984), 38-60)。

(96) モンテスキューの封建制史論に関する、デュボスやブーランヴィリエによる封建制起源論争の文脈を重視した最高水準の叙述は、Carcassonne(1978), 1-102; 川出(1996), 84-117, 237-46に見出すことができる。

(97) モンテスキューのタキトゥス解釈についてはVolpilhac-Auger(1985)が詳細をきわめる。

(98) 十七世紀の帝国国法学を代表する歴史家ヘルマン・コンリングや、十八世紀を代表する帝国国法学者ピュッターも原初のゲルマン社会においてすでに世襲貴族制(原初貴族制)——もちろん、封地所有を基盤とする封建貴族ではないにせよ——が存在していたとみる(Pütter(1753), 14; Willoweit(1984), 36)。

(99) 十八世紀ドイツにおけるタキトゥス受容史、とりわけ『ゲルマニア』受容史はその重要性にもかかわらず、いまだ決定的な研究を欠いている。個々の思想家に関する研究をのぞくと、近世ドイツ人文主義から十八世紀までの国制史研究における『ゲルマニア』受容に関する卓越した概観(Willoweit(1984))のほかは、散漫な概説(Krebs(2012))を有するのみである。Kirchner(1938)は『ゲルマニア』に特化した研究ではないが、十八世紀ドイツの古代史叙述の諸相を帝国史を主な素材として丁寧に分析している。ただし、やはり古さは否めず、また主題の重要性に比して、分量があまりにもすくない。Willoweitの論文でも十八世紀は手薄である。

十八世紀ドイツにおける『ゲルマニア』受容史において、もっとも重要な一齣をなすのが、いうまでもなく、ユストゥス・メーザーの歴史叙述である。メーザーは『オスナブリュック史』において、『ゲルマニア』を史料として古代ゲルマン社会を精緻に分析するが、フィヒテとは異なり、ゲルマン社会を牧畜社会としてではなく、農耕定住社会として解釈した。このようにメーザーをはじめ、古代ゲルマン社会を農耕社会として描く論者は当時、決して少数派ではなかった。十九世紀に入ると、とくに国制史研究においてゲルマン社会論は隆盛をきわめるようになるが、そこでもゲルマン社会はメーザーのように基本的には農耕定住社会として描かれた。ただし、原初貴族の存在に関しては、歴史家の間でもアイヒホルンやサヴィニーに代表される肯定派と、ヴェルカーやヴァイツのような否定派との間で盛んに論争がくりひろげられることとなる。

メーザーその他の『ゲルマニア』解釈についてはさしあたり、Kirchner(1938), 46–56; Welker(1999)を、メーザーの歴史叙述の骨格についてはSellin(1982)を、十九世紀ドイツ国制史研究におけるゲルマン人論についてはBöckenförde(1995); 村上(2014)を参照。

(100) ここでは細かい史料解釈には立ち入らず、基本点だけ指摘しておく。

フィヒテは独自の史料を援用するわけではなく、あくまでも『法の精神』で引用される史料を再解釈することで、モンテスキューを批判する。その際の理論的前提のひとつは、本文で論じたように、ゲルマン社会における従士の門戸が特定の家門・血統に限定されず、自由人の志願者全員にひらかれていたという仮定である。いまひとつの前提は、史料中の「貴族」概念を血統貴族ではなく、「世論の貴族」として解釈する点である(6: 203–4)。つまり、「貴族」概念の内容自体を読みかえることによって、モンテスキューとは正反対の結論を導くのである。結論のみに着目するならば、フィヒテの議論はどちらかというとデュボスに近い。

こうした封建制起源論はモンテスキュー以後も革命期にいたるまで、百科全書派やマブリをはじめとする多くの論者によって議論された(Weis(1956), 27–44; Wright(1997), Ch. 6)。また、十九世紀においてもゲルマン社会における「貴族」概念の定義をめぐる論争は継続する(Böckenförde(1995); 村上(2014))。

(101) 『フランス革命論』における「陶冶」の問題についてはSchottky(1973), XXXVII–XLIIも参照。

(102) La Vopa(2001), 96–9は、『フランス革命論』における領邦教会制批判と『全啓示批判の試み』の宗教論との関連性を指摘している。

(103) ザクセン＝ヴァイマル公国についてはHartung(1923); 坂井(1996), 114–37を参照。La Vopa(2001), 242ff.はフィヒテ招聘をめぐるヴァイマル政府内の事情を詳細に分析している。

(104) 十八世紀後半のイェナ大学の精神的雰囲気については、Dann(1988); Hartung(1923), 137–88; La Vopa(2001), 233–42が参考になる。また、Schmidt, AMJ(1983); HIFSU(1958–62)の該当章も有用である。

(105) 当時の大学と法学知の関係についてはHammerstein(1972); (2000)が決定的に重要である。

(106) Schiller(1970), 359–63.

(107) このバゲゼン宛書簡草稿(一七九五年四月もしくは五月)において、フィヒテは知識学の「最初の合図と予感」をフランス革命研究から得たと語ってはいるが、Buhr(1965)に代表されるように、『フランス革命論』と知識学との関連を過度に強調する議論には賛同できない。というのも、すでにみてきたように、『フランス革命論』の哲学的立場は基本的にはカント哲学を踏襲しており、知識学独自の思考を読みとることは困難だからである。この点に関しては、Schottky(1973), XLII–XLVの高度な文献学的批判がまず第一に参照されるべきだろう。

(108) 知識学の詳細な分析は著者の力量を超えており、また本書の主題でもない。知識学の基本構造についてはJanke(1970); 大峯(1976); 中川(2004); 長澤(1990); 長澤・入江(2014)を参照したが、とりわけ、美濃部(2010)は一般向けの講演ではあるが、知識学理解の点で示唆に富む。

(109) 「人間の使命」概念はフィヒテの独創ではなく、シュパルディング『人間の使命』(一七四八年)の刊行後、ドイツで盛んに議論された主題であった。十八世紀末までにシュパルディングの同書は十三版を重ね、トマス・アプト、メンデルスゾーン、シラーといった論客たちも論争に加わっている。議論の諸相については津田(2002)を参照。

(110) 強調点は異なるが、de Pascale(2003), 98–100; (2012)も『フランス革命論』と『知識人の使命』における「社会」像の連続性を強調している。

(111) 西村(1998), 122-5が指摘するように、十八世紀後半の「知識人」Gelehrter概念は、「大学教員」「専門の学者」ではなく、「高等教育——かならずしも大学教育とはかぎらない——を修了した人間」「教養人」を意味していた。フィヒテの「知識人」概念も幅広い含意を有する点で、当時の一般的用法と共通していたのである。

(112) ヘルダーリン(1969), 188.

(113) フィヒテとフランス革命の関係をめぐる議論は絶えないが、伝記研究も含めてほとんどが印象論に終わっている(Buhr (1965); Gueroult(1974); Richir(1989); フェリー(1995))。その原因は、歴史的文脈と作品間の連関をふまえぬ浅薄な理論的解釈、あるいは書簡などの断片的発言の拡大解釈と断じてよい。とくに「フランス革命に共感した初期」から「フランス革命の理念を離れ、排他的ナショナリズムに傾斜した後期」という、凡庸きわまる図式的理解は、フィヒテの思想形成については無論のこと、フランス革命についても無理解をさらす点で、まっさきに退けられるべきである。なお仏訳ではあるが、Fichte (2002)は、フランス、フランス革命、さらにはフランス知識人に関するフィヒテの言明をまとめて収録しており、有用である。

(114) ただし、この後につづく部分ではラシュタット事件——ラシュタット会議において、フランス側使節が殺害された事件——に言及して、いまや反革命派が「専制」に堕したとしてフランスへの協力を宣言している。

(115) ジャコバン的国家理論の特徴についてはJaume(1989); (1990); (2000)を参照。

(116) この点に関してRadrizzani(2005), 83-7は、フィヒテのフランス革命評価の「啓蒙」評価との連動を指摘する。Radrizzaniによれば、無神論論争への落胆からフィヒテがいわゆる「啓蒙」——具体的には、ルソーや百科全書派といったフランス啓蒙思想、フリードリヒ・ニコライに代表されるベルリン啓蒙派、ガルヴェらの「通俗哲学」——に対して批判的になるにつれて、初期のフランス革命讃美も薄れてゆくのだという。一理ある議論ではあるが、Radrizzaniはフィヒテの政体論を検討しないままに推論しているうえに、本書でもみてゆくようにカントが「啓蒙」の本質とした「思想の自由」についても、フィヒテが生涯忠実であったという点を鑑みると、Radrizzaniの分析は平板にすぎよう。

(117) ヴァイマル古典主義および初期ロマン派の精神的雰囲気については、フィヒテの伝記研究のほか、ゲーテを中心に坂井(1996), 205-20、あるいはベーラー(1974); 今泉(1999)を参照した。

(118) イェナ期のフィヒテが大学関係者との社交を通じて、必死に教養市民層の文化的コードに適応しようとしていた点については、La Vopa(2001), 171-80 に周到な分析がみられる。

(119) シュレーゲル(1990), 170.

(120) フィヒテの政治思想研究において、イェナ期の作品、とくに『自然法の基礎』はつねに中心的位置を占めてきた。フィヒテ政治思想の全体像に着目した研究のなかでも、相当の分量が割かれるのが通例といってよい(Batscha(1970), 152-73; Hahn(1969), 93-109; James(2011); La Vopa(2001), Ch. 10; Reiß(2006), 84ff.; Verweyen(1975), 81-172; 南原(1972-84), Bd. 2, 344-75)。『自然法の基礎』に関するもっとも鋭い議論を提示したのは、Schottky(1962); (1979); de Pascale(1995)である。とりわけ Schottky はフィヒテの自然法論を、ホッブズ、ロック、ルソーといった社会契約論の系譜に位置づけ、それらの思想家たちとの比較も試みながら、丹念に論理展開を跡づけている。de Pascale は『自然法の基礎』と『道徳論の体系』を体系的に分析することで、イェナ期の論理構造を解明した。また、近年の研究成果をふまえた『自然法の基礎』の解説書(Merle(2016))や概観(Weiß(2011))も参考になる。邦語では杉田(1984); 高田(2017), 54-66, Ch. 9; 三島(1972); 渡部(1992)などがある。

ただし、こうした先行研究は、『自然法の基礎』をはじめとするイェナ期の作品の論理展開を精緻かつ体系的に、とりわけ知識学との関連において分析するものが大半を占める。序章でも述べたように、本書の問題設定は、あくまでもフィヒテの秩序構想にあるため、体系的な理論分析――「人格」や「法」概念の演繹過程や「相互承認」論など――は先行研究を参照したうえで、秩序構想と関連性が高い部分をのぞいて割愛した。

(121) とくに晩年の講義『法論』(一八一二年)の骨格は、基本的に『自然法の基礎』をなぞっている。修正点や強調点の相違については Schottky(1980)が丁寧にまとめている。

(122) いうまでもなく、ドイツ語の Recht には客観的な「法」秩序と、主観的な「権利」という二重の含意がある。フィヒテの叙述も、この二重の含意を活かしている。ただし、日本語での理解の必要上、Recht を文脈に応じて、「法」あるいは「権利」として訳出した。

(123) フィヒテにおける「法」と「道徳」の峻別の重要性について、代表的な先行研究はそろって指摘している。とくにこの点を集中的に論じた研究としては、Asmuth(2011); de Pascale(1995); Kersting(2016); Neuhouser(1994); Schottky(1962a),

179ff.; Zöller(1983); 渡部(1992)がある。

(124) 「法」と「道徳」は、法則としての性質においても異なっている。「道徳」の本質が特定の行為に関する無制限の禁止・命令法則――他者を傷つけるな、善行をほどこせ、隣人を愛せよ――にあるとすれば、「法」を支配するのは「許容法則」Erlaubnissgesetz にほかならない(3: 13)。要するに、権利を行使するかどうかは、あくまでも個人の「選択意志」Willkür にゆだねられているということだ。以上の「許容法則」をめぐる議論を、フィヒテはカントの『永遠平和論』を手掛かりに展開している。しかし、カントの議論における「許容法則」とはかなり文脈が異なる。カントの「許容法則」論については、網谷(2015)が見事である。

(125) Schottky(1962a), 184–90 は、『自然法の基礎』の理路にみられる「冷たさと硬さ」をホッブズと比較したうえで論じ、その共通点を指摘する一方、体系構想上の相違点も明示しており、示唆に富む。

(126) Kersting(2016)は、「法」と「道徳」の論理的区別に関するカント、カント学派、フィヒテの見解を簡潔にまとめて比較している。

(127) Schottky(1962a), 195–204 は、フィヒテの「原権」概念をホッブズの自然権概念との比較で論じている。

(128) 「相互承認」論については近年、ヘーゲルとの比較など研究の進展が著しい。「相互承認論」については、Baumanns(1972), 166–99; Siep(1979), 26ff.; (1992), 19–81; 権左(1995); 高田(1994); (2017), Ch. 2 などがある。

(129) 本書ではあつかえないが、フィヒテの刑罰論については Weiß(2011), 82ff.; Lazzari(2016)が詳しい。

(130) この点、フィヒテの「共通意志」の動機は「利己主義的」egoistisch な構成であり、全人格的改造をも見通す、ルソーの「一般意志」概念とは異なっている(Schottky(1962a), 206ff.)。

(131) なお、結論は同一だが、『自然法の基礎』第一部と第二部では「公民契約」の論証方法が異なる。本文が則った第一部の論証は、「人格」や「法」概念の演繹から「相互承認」、さらには「公民契約」にいたる経過を段階的に記述している。これに対して、第二部は、「公民契約」のなかに含まれる、「所有契約」「保護契約」「結合契約」「服従契約」の四つの契約の契機を分析している。本書の主題は秩序構想にあるため、両論証の差異の分析には立ち入らない。第二部の議論の概要については、Maus(2016), 125ff. を参照。

(132) この点を強調するのは、リーデル(1983), 160–2 である。

(133) Schottky(1962a), 211–22 は、フィヒテの「所有権」概念における論理の飛躍を指摘する。また、フィヒテの「労働」概念についてはBatscha(1972)の詳細な分析を参照。

(134) 『閉鎖商業国家論』に代表される計画経済論は、「社会主義者フィヒテ」としての政治的解釈の視角から注目されてきた。その典型例は、フィヒテの計画経済論を丁寧にまとめたWeber(1987)であろう。こうした潮流を意識しつつ、政治思想全体のなかに位置づける研究としてはやはり、南原(1972–84), Bd. 2, 228–345 が圧倒的である。近年、『閉鎖商業国家論』はあまり注目されないが、その全体像の丁寧な概観としてはHirsch(1979); (1981); 高田(2017), 66–73, Ch. 6 があり、後期フィヒテの法論との関連を強調した研究としてDirksmeier(2011)がある。また、杉田(2017)は『閉鎖商業国家論』の特異性について過度に強調することを戒める。

(135) ただし、『自然法の基礎』と『閉鎖商業国家論』は、「官吏」身分の選抜方法についてまだ明らかにしていない(3: 424–7)。後期のフィヒテは、「官吏」身分、すなわち統治階級の条件を「学」による陶冶にもとめてゆくこととなる。

(136) Kant(1902ff.), Bd. 8, 351-3.
また、ルソー以来の政体論の系譜については、熊谷(2017)を参照。

(137) 定義の段階ですでに、フィヒテは「広義の執行権」概念に司法権を吸収させている(3: 153, 161)。立法権との関係については次節を参照。また、一八一二年の『法論』でも権力分立は否定されている(II, 13: 282)。

(138) すでに『永遠平和論』の書評において、フィヒテは同様の見解を素描している(I, 3: 225–6)。
なお、フィヒテにおける「立法権」のあつかいの独自性については、Schottky(1962a), 208–9, 226ff. の指摘も重要である。

(139) Schottky(1962a), 228. Anm. 184 は、「執政権」が立法のさいに参照するのは「権利法則」のみであり、「憲法」の縛りさえないことを的確に指摘している。

(140) また、『自然法の基礎』第二部においては第一部と異なり、「公民契約」にさいして、個人は「全体」Allheit と契約を締結するという構成が強調されている(3: 202ff.)。
なお、『自然法の基礎』における多数決原理批判については、Maus(2016), 138ff. も指摘するが、そこに「デモクラシーの極端な欠如」をみるのみであり、Schottky(1962a), 234. Anm. 203 の精度には到底およばない。

(141) ジャコバン的国家理論の特徴については、Jaume(1989); (1990); (2000)を参照。

(142) Kant(1902ff.), Bd. 8, 352-3.

(143) 世襲君主制への肯定的評価は一八一二年の『法論』にもみられる(II, 13: 281)。

(144) Hahn(1981)はこうしたフィヒテ政治思想における「政治的自由」の不在を、アレント的「政治」概念の立場から批判する。

(145) 古代のエフォロスについてはRicher(1989)が本格的研究であり、スパルタの後代への受容史についてはさしあたりRawson(1969)が参考になる。

(146) 監督官制の機能自体に焦点を絞った研究がとぼしいなか、Rampazzo(2006)は『自然法の基礎』における議論を丁寧に分析しており、参考になる。de Pascale(1995), 220-30, 237-41; Maus(2016), 131ff.; Merle(1999), 280-7も監督官をあつかっているが、表層的なまとめの域を出ない。

(147) 監督官によって提起された憲法違反の訴えに対する「人民」の判決が、そのまま「憲法」条項に追加されることも、この点の表れである(3: 173)。

(148) 「執政権」を有する政府と監督官からなる二元的体制は、現代の自由民主体制に慣れ親しんだ読者の目には奇異に映るかもしれない。だが、それは政治的想像力の欠如というべきものであろう。すでに革命期のフランスにおいて、こうした二元的体制は、選挙にもとづく議会政治に対する有力な対抗構想とみなされていた(Gauchet(1995))。また、二十世紀戦間期を代表する政治社会学者であるテンニースも、『自然法の基礎』と類似の政体構想を展開している。そして、この政治構想は同時代の日本の政治学者、矢部貞治によっても高く評価された。テンニースによれば、「ブルジョア支配」に立脚した古典的代議政体はいまや「危機」に瀕しており、国民によって選出された強力な執政府と監査機関——この監査機関の名称はEphoratである——からなる二元的体制こそ、真の「デモクラシー」の名にふさわしい。ただし、ここではなぜか、フィヒテの議論は引照されていない。テンニースの政治構想についてはTönnies(2010), 445-53; 矢部(1932), 122ff.を参照。

(149) 青年期以来、ルソーはフィヒテがもっとも敬愛する思想家であった。イェナ期においてもこの点は変わっていない。イェナ時代のフィヒテ家の知己、カルプ夫人の回顧するところによれば、フィヒテはしばしばルソーについて談論風発し、政治論・哲学的著作・小説のみならず、『告白』と書簡集から多大な影響をうけたと語った(FG, VI-1: 280-1)。また、『自然法の基礎』や『道徳論の体系』の彫琢に励んでいた時期、友人ユンクが出版を計画していた独訳版『社会契約論』草稿の添削まで手掛けている(III, 3: 140-1)。また、Schottky(1962a), 269-70 の指摘も参考になる。

(150) 監督官の典拠をルソーにもとめる議論については、Rampazzo(2006), 121-4 に負う。ただし、そこではルソーの「護民府」論との本格的な比較はなされていない。また、監督官制度の典拠を、アルトジウス『政治学』の監督官制にもとめる議論(Maus(2016), 136ff.)もあるが、そもそも、フィヒテがアルトジウスを読んだ形跡を確認できないため、賛同できない。また、アルトジウスとの類似性自体も限定的である(Merle(1999), 281-4)。

(151) 革命期における諸々の「調整権力」構想については、Gauchet(1995)が余すところがない。また、革命期の「調整権力」、さらにはテルミドール期知識人の間で盛んに議論された「保全権力」構想(pouvoir préservateur)をルソーの「護民府」論の後継として位置づける古城(2016), Anm. 10 の鋭い指摘がある。フィヒテの監督官制の文脈としての革命期の「調整権力」構想については熊谷(2017)を参照。

(152) 実際に一八一二年の『法論』では、監督官の権限発動は「革命」Revolution と表現されている(II, 13: 283-4)。

(153) 『自然法の基礎』における「人民」と政府の関係を一種の「権力分立」としてとらえるのは、Schottky(1962a), 230ff. である。

(154) Asmuth(2011), 101.

(155) Rampazzo(2006), 130ff.

(156) したがって、「法」と「道徳」の区分を侵犯するような制度に対して、フィヒテは不信を隠さない。例えば、純粋に行為の外面性を問題にすべき局面で、内面の動機をもちだす「法廷宣誓」Eidesablegung 制度や、内面の「不道徳」を惹起する「密告」Spione 制度への批判を見よ(3: 289ff., 302-3)。

(157) 同時代人の反応については批判版全集の作品解説を参照。

(158) 高田(2017), Ch. 4.

(159) de Pascale(2012), 331-5 も、『自然法の基礎』と『道徳論の体系』における『知識人の使命』の「社会」論の展開をみており、的確である。ただし、後述するような「結社」論についてはふれられない。

(160) 「商業」をめぐる十八世紀の言説状況については、個別思想家に関するモノグラフも含めて、膨大な研究蓄積が存在するため、ここで論及することはできない。さしあたりはホント、イグナティエフ編(1990); ホント(2009)を参照。

(161)　すでにカントの『永遠平和論』への書評において、フィヒテは「商業精神」が「平和」ではなく、「他国民と世界の他地域の抑圧」に帰結すると指摘していた(8: 435)。
(162)　フランス革命期の公教育問題についてはPalmer(1985); 永見(2007)を参照。
(163)　Archard(2016); 杉田(1991)は、教育論も含めた『自然法の基礎』の家族論を丁寧にまとめているが、『道徳論の体系』の家族・教育論を考慮していないので中途半端である。
(164)　カントの教育論に関しては、高田(2007)を参照。
(165)　『自然法の基礎』の論理によれば、集合的存在としての「人民」Volkが存在するのは、政治体設立時、および監督官の「国務停止令」にともなう非常召集時にかぎられる。したがって、ここでの議論は、平時における国家構成員各個人の属性に関するものとみるべきである。
(166)　Maus(2016), 127ff. のように「デモクラシー」の正当性という視角からしか対象を分析できない論者にとっては、有機体的比喩は躓きの石である。この問題の箇所、および『自然法の基礎』における「全体性」の強調に関する均衡のとれた分析はSchottky(1962a), 223ff., 240ff. にみられる。
(167)　Geismann(1991)は、こうしたフィヒテにおける国家の「止揚」の問題をあつかっているが、個々の段階・著作の丁寧な分析や位相の相違を無視しているため、参考にならない。
(168)　一八一二年の『法論』では、「余暇」がさらに重視されるようになる(Batscha(1970), 89ff.; Schottky(1980), XXIVff.; 高田(2017), 189–91)。
(169)　『道徳論の体系』における結社論については、Batscha(1970), 93–105; Verweyen(1975), 155–64が詳しい。
(170)　「教会」については第五章三節(2)を参照。
(171)　フィヒテによれば、統治者も「民衆教師」も「人類の完成」という大事業の担い手であり、「一般人Gemeineよりも〔知的道徳的に〕一歩先んじねばならない。すなわち、知識人でなければならず、学識教育を経ていなければならない」。ただし、統治者や「民衆教師」は、「知識人」としては自由な知的探究者であるが、職務遂行の面では服務規則に拘束されるという(4: 251–2)。「統治者と教師は機械的な職務遂行者であるのみならず、知識人でもあるべきだ。よって、ふたつの役割を兼備している。しかし、行動にさいしては、上述の根本原理にしたがってふたつの役割を切り離すことが、良心の義務となる。というのも、民衆教師や統治者の職務にあるとき、その者は知識人ではないし、知識人として知的探究に勤しむとき、その者は民衆教師や統治者ではないからである」。こうした議論は否応なく、カントの論説「啓蒙とは何か」における「理性の公的使用」と「理性の私的使用」の区別を想起させる。

また、『道徳論の体系』の翌年の執筆が推定される「皇帝宛書簡草稿」では、「公開性」のもとでの統治者の監視という「公論」の政治的機能を担う存在として「知識人」が想定されている(Fuchs(1987))。

(172) 『道徳論の体系』において、国家権力は、「権威」に服従しない「学識公衆」の存在を「我慢する」dulden べきとされる(4: 250ff.)。フィヒテ自身は「学識教育機関」たる大学において「知識人」の言論の自由が保護されるべきと考えたようだが、当局の反応はかれの判断が楽観的に過ぎたことを物語っている。

なお事件の詳細については伝記に譲るが、事件の哲学史的意義についてはde Pascale(1997); 美濃部(1994)を参照した。また、La Vopa(2001), Ch. 12, 13 は論争の事実経過を文化史的背景の上に位置づけており、参考になる。

(173) de Pascale(1997), 191-4 は、無神論論争にフィヒテが思想・研究の自由の危機をみた点をとくに強調する。

(174) この時期のフィヒテとベルリン知識社会の関係についてReiß(2006b), 9ff. が丁寧にまとめている。とくにニコライに代表されるベルリン啓蒙との対抗関係についてはFuchs(2005), 60-8 が詳しい。

(175) Staël(1968), t. 1, 133.

(176) 両者の交流に関してはLauth(1994c)を参照。

(177) Staël(1968), t. 1, 101ff.

(178) 以下の後期知識学の概要については、本来の知識学講義以外に「一般向け」講義における説明(5: 402ff.; 6: 360ff.; 7: 34ff.)も参照しつつ要点をまとめた。また、後期知識学に関して前註108の基本文献のほかに美濃部(1997); (1999)を参照した。

(179) この認識階梯論はフィヒテの純粋哲学と秩序構想を媒介する重要な議論であるにもかかわらず、これまでほとんど注目されることがなかった。まとまった先行研究としてはほぼ唯一、Girndt(1990)があるのみである。Girndt はフィヒテの断片的な叙述を綜合し、明快な全体像を提示する一方で、秩序構想との関連にはほとんどふれない。

(180) 注意すべきことに『浄福なる生への導き』では、カントの定言命法論が「道徳性」ではなく、「合法性」に分類されている。この点に関しては第五章二節(3)を参照。

(181) 各認識形式の内容について、ここでは簡単な概観にとどめ、それぞれの関連箇所で詳しく分析することとする。「合法性」については第三章一節、「道徳性」については第五章二節(とくに(2))、「宗教」については本章二節・第五章三節(「学」との相違点も含む)、「学」については第五章一節・第六章一節を参照。

(182) 統治者論への関心の増大をもたらした原因のひとつとして、すでにみたプロイセン官僚たちとの交歓を指摘してもよいかもしれない。

(183) 網谷(2015), 157ff. は、カントの改革志向を「暫定性の政治学」と名づけているが、この観点からすると、フィヒテもまた「暫定性の政治学」の一類型ということができよう。

(184) カントが理想とする統治者とは、みずからの政治的判断を「道徳」によって正当化する「政治的道徳家」の正反対といってよい。つまり、本来の統治者の職務とは、純粋理性の理念から導かれる理想国家——とくに「根源契約」の理念——を把握したうえで、現実の政治社会を段階的に改革すること——「執行する法論」——でなければならない。夢想家的な理念への跳躍はゆるされないのだ。以上のカントの統治者論については、網谷(2014b)を参照。

(185) この点を強調するのは Radrizzani(1996), 196-206; 杉田(2017), 77-80 である。ただし、Radrizzani は『フランス革命論』における暴力革命批判に着目せず、また『マキアヴェッリ論』をことさらに前期ベルリン時代の統治者論に対立させすぎる。

(186) フィヒテの歴史論については、Picardi(2009)が歴史認識論から具体的な歴史解釈まであつかっており、叙述も明快で最良の研究であることは疑いない。本書も Picardi の議論に多くを負っているが、Picardi は著作ごとではなくテーマ別にフィヒテの歴史論を分析しているため、個々の著作の内的整合性や主導原理についての分析がやや曖昧になっているきらいがある。『現代の根本特徴』に関しては de Pascale(2001b), 178ff. が、史論的分析は欠くものの叙述の流れを平明にたどっている。

そのほかの Aichele(2008), XVff.; Verweyen(1975), 292ff.; Reiß(2006), 24-7, 143-68; Hahn(1969), 83-92; 中川(2015)などもテーマ別の分析が主軸となっている。また、de Pascale(2001b), 127-71; Hammacher(1996d); Lauth(1994a); Picardi(2009), c. 1, 2; Verweyen(1975), 292-304 は、知識学との関連で「歴史」概念を分析している。

しかし、フィヒテの歴史論においては著作ごとの執筆背景や主導原理が異なっているため、テーマ別の分析ではともすれば個々の著作の独自性が見失われやすい。本書では著作ごとの分析を選択した。後期の歴史哲学については第六章四節を参照。

(187) 一七九四年の『知識人の使命』においてもすでに、「哲学」的知識のみでは不十分であると指摘されていた。「哲学」的知識は、「哲学」によって認識された「理性的定理」を達成する「手段」の認識をもたらす「哲学的歴史的」知識と、「経験」にもとづき現在の状況を認識する「歴史」的知識という二種類の知識に補われてはじめて「有用」たりうるのである。しかし、この場合の「有用」がもはや「人間の使命」という究極目標にとっての「有用」であるということ、さらに「歴史」的知識も「哲学によって浄化された視点」がともなう必要があるとされている点は注意すべきである。

本書では『現代の根本特徴』以前の「歴史」理解について詳しくあつかうことはできないが、この点については、de Pascale(2001b), 101–26; Picardi(2009), c. 3; Radrizzani(1996), 196–9; 中川(2015), 104ff. が参考になる。

(188) この「第三期」に対する痛烈な批判で念頭に置かれているのは、ルソーや百科全書派といったフランス啓蒙思想、フリードリヒ・ニコライに代表されるベルリン啓蒙派、ガルヴェらの「通俗哲学」などである(Radrizzani(2005), 88ff.)。また、中川(2004), 176–81; (2015), 105–9 は「世界計画」を認識論との関連で分析している。

(189) Hammacher(1996d), 199ff. も参照。

(190) この点に前述の「世界計画」図式と「古代／近代」図式の不整合が存する。というのも、後者の図式では「近代」の開始はキリスト教の登場(帝政ローマの崩壊)にあるのだが、「世界計画」の図式にしたがえば、人類の腐敗堕落がきわまる「第三期」と、理性の支配が開始する「第四期」との決定的境界は、まさしくフィヒテの同時代たる十八・十九世紀転換期に存するからである。実際に以下でみるように、『現代の根本特徴』において、「第二期」「第三期」をあつかう歴史叙述は、「世界計画」上の位置づけにもかかわらず、肯定的な筆致である。したがって、『現代の根本特徴』では上記ふたつの図式が混在しているため、叙述に混乱をきたしたとする Metz(1990), 121–6 の指摘は正しい。他方で Heinrichs(2003)はこの点をまったく理解できていない。Metz(1990), 126ff., 130ff. は「世界計画」図式は『ドイツ国民に告ぐ』で、「古代／近代」図式は『国家論』で継承されるとするが、この点も正しい。

(191) フィヒテの宗教論については、第五章三節も参照。

(192) Picardi(2009), 297–301 の的確な分析を参照。

(193) 紙幅の関係上、十八世紀の多様な歴史叙述の潮流を概観することは到底かなわないため、本書で主にとりあげるのは、フィヒテと比較的関連性の高い哲学的歴史論に限定する。ジャンルとしての哲学的歴史論についてはさしあたり O'Brien (2005); 犬塚(2014)を参照。また、中世における普遍史叙述の基本的性格については Breisach(1983), Ch. 7; Momigliano

(1990), Ch. 6; 前川(1988), 2-27, 30-61を参照した。なお、十八世紀の哲学的歴史叙述の範型であり、かつもっとも大規模な史論を遺したにもかかわらず、ヴォルテールに関する先行研究はとぼしく、本格的な史学史的分析としてはいまだにBrumfitt(1958)を数えるのみである。

(194) 無論、イーゼリンもヘルダーもカントも「商業」や「習俗」を歴史叙述に取り込んでおり、その重要性は十分に認めていた。しかし、かれらの関心は社会構造の動態自体には存せず、あくまでも人間精神の展開過程――社会構造はそのひとつの現象にすぎない――にあったことは前提としてふまえる必要がある。

(195) ゲッティンゲン学派の「世界史」叙述については岡崎(2000), 120-218; (2011)を参照。

(196) 『現代の根本特徴』のフィヒテは、『自然法の基礎』とは若干異なる用語法と枠組をもちいているが、これはすぐに放棄されることとなる。

『現代の根本特徴』のフィヒテは、個々の統治機構を表す「政体」Regierungsverfassungと、国家における「法」のありかたを示す「国家形式」Staatsverfassungというふたつの概念装置をもちいた。フィヒテは前者を純粋に歴史的環境の産物であるとして関心を示さない一方で、人類史を通じた「国家形式」の発展の道筋を描きだす。「国家形式」の発展は、「専制」Despotie・「法の形式的平等」Gleichheit des Rechts・「法の実質的平等」Gleichheit der Rechteの三段階をふむ(7: 150-4)。まず、国家の原初的形態たる「専制」は、支配者と被支配者の絶対的分裂、すなわち「絶対的不平等」によって特徴づけられる。ここでは支配者が、自己目的的に支配する。「法律」Gesetzなき、恣意的な支配なのである。これに対して、残りのふたつは、まがりなりにも「法律」のもと、全員が全員に服従する体制とされる。ただし、「法の形式的平等」のもとでは、「市民的自由」bürgerliche Freiheit、とりわけ所有権の形式的保護にとどまるがゆえに、財産の不平等や「特権層」Begünstigteが温存されてしまう。ところが、さらに一歩進んで「法の実質的平等」になると、財産の平等が達成され、出生にもとづく身分制は完全に廃止される。身分制はあくまでも職業身分制として、「全体」の利益の観点からのみ許容されることとなろう。

これまでの議論と照らしあわせるならば、「法の形式的平等」の段階は「必要国家」に、「法の実質的平等」の段階は「理性国家」、すなわち『自然法の基礎』と『閉鎖商業国家論』の国家構想にそれぞれ対応しているとみてよいだろう。Aichele(2008), XXXIVff.は用語上の差異に目を奪われすぎである。

(197) カントの歴史哲学における「自然」概念については網谷(2013); (2014a)が鋭い。網谷は、カントにおける「自然」概念はあくまでも、多様な経験的事実を整序するための理念、すなわち理性の「統制的」regulativ 使用であり、「自然」を実体化する「構成的」konstitutiv 使用ではないとする。管見のかぎり、『現代の根本特徴』におけるフィヒテはこの区別に意識的ではない。

(198) 人民の福祉への貢献度や、侵略行為の有無で個々の統治者の善し悪しを評価したヴォルテールや百科全書派の歴史叙述と比較した場合、この独自性は際立つ(Weis(1956), 69–78)。

(199) 伝統的な普遍史から脱宗教的な「世界史」への人類史叙述の再編に挑んだガッテラーやシュレーツァーの努力の大部分が、個別の史料解釈や歴史解釈にではなく、聖書から独立した年代基準の構築および、個々の史実の時系列的整序に費やされたことはこの点を雄弁に物語る(岡崎(2000), 142–61, 242–60; (2011))。

(200) ルソーの歴史叙述の特徴については吉岡(1988), 40–51 を参照。なお、ルソーの衰退史観とは対照的に精神の進歩史観を導入したイーゼリン、さらには衰退・進歩の双方から距離を置いたヘルダーも評価の方向性は異なれどもルソーの起源論の枠組を踏襲している点は共通している。イーゼリンとルソーの対抗関係についてはとくに Kapossy(2006), Ch. 3, 4 を参照。

(201) Picardi(2009), 176–80 は聖書的枠組との対抗を同時代の哲学的歴史論との関連で分析している。なお、すでにカントは論説「人類史の臆測的起源」(一七八六年)において、ルソー的起源論の難点を意識したうえで解決を試みていた。また、シュレーツァーは「先史時代」と「歴史時代」を厳格に区分し、「世界史」の対象を歴史時代に限定することで起源問題を回避した(岡崎(2011), 103, 105ff.)。

(202) 伝統的普遍史の枠組において、諸民族の発生・居住地の分散・人種の差異についての説明は重要な問題であった(岡崎(2000), 144ff.)。Picardi(2009), 180–5 は、フィヒテが基準民族論を通じて人類の居住地の拡散と人種の差異の問題の解決を試みたと解釈する。また、Picardi(2009), 185ff. は基準民族論が人種論ではなく、哲学的仮設である点をよくふまえる。

(203) この点に関するフィヒテの説明は曖昧で、「世界計画」の第二期と第三期の境界がいずこにあるか、分明ではない。ここでは Picardi(2009), 189–90 の解釈を採る。

(204) カントにおける物質的進歩としての「文明」Civilization と、知的道徳的陶冶としての「文化」Kultur との区別は、フィヒテにおいては存在しない。Vgl. 鏑木(2007).

(205) Picardi(2009), 238–9 は、ヴォルテールやヘルダーとは異なり、フィヒテが中国やインドを意識的に人類史叙述から除外した点を的確に指摘する。ヴォルテールの歴史叙述における中国の位置づけについてはBrumfitt(1958), 76–80を参照。

(206) Picardi(2009), 239–44は「専制」の政治構造を分析しつつ、モンテスキューと異なり、フィヒテが「専制」の風土論的説明を排除している点に特色をみている。

(207) とくにモンテスキューとの比較に重点を置くPicardi(2009), 278ff. の分析も参照。

(208) 十八世紀英国におけるローマ史論についてはさしあたりMcdaniel(2013), 119–26; 犬塚(2004), Ch. 1を参照。

(209) Winckelmann(1764), 130.

(210) Picardi(2009), 244–9は、フィヒテの「藝術」観の分析から同様の結論を導く。

(211) Picardi(2009), 251–3の鋭い指摘も参照。

(212) Picardi(2009), 283–7も、フィヒテとモンテスキューの「共和政」理解の相違を的確に指摘するが、政体論的背景についてはふれられない。

(213) Vgl. Picardi(2009), 250–1.

(214) アテナイの「生え抜き神話」の諸相についてはLoraux(1993)を参照。なお、「生え抜き神話」と市民団の一体性との関係についての最良の註釈が、プラトンの一節(Resp. 414b–415d; Menexenos. 245d)であることはいうまでもない。

(215) ケクロプス土着説の典拠はたとえば(Apollodorus, XIV. 1)、エジプト渡来説は(Diod., I. 28. 6–7)がある。おそらく、フィヒテは土着説について原典を参照したわけではなく、同時代の「世界史」叙述——たとえばGatterer(1792), 23——から採ったのだろう。こうした植民性の強調は、土着性を徹底的に重視するヘルダーの姿勢の対極といってよい。古代ギリシアにおける文明のエジプト渡来説一般については、アルトーグ(2017), 132ff. が参考になる。

また、「生え抜き神話」が人種的純潔性を尊ぶギリシア人の思考をよく表す一方で、ローマ人の政治的心性はむしろ人種的雑種性に親和的だった。建国の父祖アエネイアスとロムルスのいずれも異国人であり、建国時の市民も逃亡奴隷や犯罪者など雑種的集団であったことを思いかえしてみればよい(Momigliano(1984))。なおフィヒテの後期歴史論ではローマの雑種性こそが強力な軍事力の原因となったと指摘されている(4: 507)。

イーゼリンもまたギリシア文明の植民性を強調するが、フィヒテと決定的に異なるのが、「穏和」な風土を媒介とした北方のケルト民族と南方のオリエント民族の混合とみなす点である(Iselin(1770), 133–4)。フィヒテがオリエント地域からの植民を強調するのは、かれらが基準民族の子孫であるがゆえなのであって、基準民族の系譜に属さない民族(たとえばケルト)は眼中に入らない。

(216) Machiavelli(2013), I-4.

(217) Picardi(2009), 190ff. は Metz(1990), 122-6 とは対照的に「世界計画」の第三期をあくまでも否定的に評価するが、この点は解釈がむずかしい点である。フィヒテの「近代」評価は錯綜しており、「世界計画」論では否定的に評価されているが、実際の歴史解釈においてはむしろ肯定的にとらえられている点も多い。

(218) ヴォルテールの中世評価については Brumfitt(1958), 66ff. も参考になる。百科全書派も全体として中世に対しては否定的な評価をくだしており、イーゼリンも古典古代と比較して、中世を「野蛮状態」への退行として激しく批判した(Iselin(1770), 268ff.; Weis(1956))。なお、ドイツを中心とした中世像の変遷に関しては Raedts(2016)の通史があるが、内容は概説的で分析水準も高くない。

(219) Vgl. Picardi(2009), 302-4.

(220) Vgl. Picardi(2009), 313-4.

(221) Picardi(2009), 304-10 は、フィヒテの中世評価をヘルダーやロマン派の中世理解と比較することでその独自性を浮き彫りにしている。なお、十八世紀後半から十九世紀中葉までのドイツ知識人の中世観については叙述・分析視角ともに古くはあるが、Stadelmann(1931)がある。

(222) たとえば十字軍への否定的評価はヴォルテール、百科全書派、イーゼリンに容易に見出すことができる(Iselin(1770), 298-300; Voltaire(1963), t. 1, 563; Weis(1956), 75ff.)。

(223) 百科全書派の歴史叙述も教皇を怜悧で打算的な権力政治家として描く点では共通しているが、そこには宗教的権威による世俗国家への介入を批判する意図が込められていた(Weis(1956), 83, 95ff.)。また、ヴォルテールが珍しく教皇権力を好意的に評価するさいも、フィヒテとのニュアンスの差は歴然である(Voltaire(1963), t. 1, 528-9)。

(224) Picardi(2009), 318-23 は、宗教改革の教義的側面に対するフィヒテの両義的姿勢を丁寧に分析している。

(225) ヴォルテール、百科全書派、イーゼリン、ゲッティンゲン学派、スコットランド啓蒙、ヘルダーのいずれも社会史的要因について言及している。周知のように、こうした社会史的要因を重視する議論の極北が、コンドルセの『人間精神進歩史』(一七九五年）である。

(226) 宗教的熱狂の克服という側面を強調するのが犬塚(2014)、封建的無秩序の克服を強調するのがO'Brien(2005), 136ff. である。

(227) 十八世紀中葉と異なり、世紀転換期には「勢力均衡」政策の評価は一般的に揺らぎつつあった。世紀後半のポーランド分割が同政策の信用を大きく損ねたためである。実際にゲンツやヘーレンといった「勢力均衡」論の主唱者たちですら、その信頼性に留保をつけざるをえなかったのである(熊谷(2011), 329; (2015), 184)。

(228) 近世の重商主義政策に対する類似の、ただし否定的評価はすでに『閉鎖商業国家論』において登場している(3: 465ff.)。

(229) Picardi(2009), 323-9は、近世史に対する評価をめぐってフィヒテとロマン派の相違点を指摘している。

(230) 『道徳論の体系』の統治者論において、フィヒテは身分制社会を廃止するさいにも、統治者が強権的に廃止すべきでないと戒めている(4: 358ff.)。あくまでも、特権身分と非特権身分との間に一定の合意が成立した場合にのみ、廃止に踏みきれるとするのである。一方的な身分関係の解消を正当化した『フランス革命論』の議論との懸隔は大きい。

(231) すでにみたように、古代ギリシア世界に形成された「諸国連合」Völkerbundと「国際法」Völkerrecht、中世の「一なるキリスト教国家」に対する高評価も、この点を裏づける。

(232) de Pascale(2016)が『自然法の基礎』の国際秩序論を、Verweyen(1975), 321-38が国際政治思想の形成過程を丁寧にまとめているが、フィヒテの国際秩序論全般については、Schottky(1981)がやはり卓越している。邦語では栩木(2011); (2012)もある。ただし、いずれの文献でも『現代の根本特徴』についてはほとんどあつかわれていない。

(233) なお、『自然法の基礎』の直前に公刊されたカントの『永遠平和論』書評では、国際連盟ではなく、「世界国家」による統一こそが「純粋理性の決定」だとされていた(8: 433)。

(234) Fuchs(1984).

(235) 戦時下のフィヒテについてはReiß(2006b), 28ff. も参照。

(236) フィヒテの「ドイツ」観については第七章・終章を参照。

(237) フィヒテが使用したマキアヴェッリ選集はMachiavelli(1796-9)である。

(238) 本節では『マキアヴェッリ論』の時局的側面のみに限定して論じ、統治者論の本体および、フィヒテのマキアヴェッリ解釈は第六章二節で論ずる。

(239) 『マキアヴェッリ論』の同時代における受容については批判版全集の解説が詳しい。

(240) また、一八一三年春には雑誌『ムーゼーン』に再録されている。この時期のプロイセンは、ロシア遠征で大敗したナポレオンとの決戦にそなえていた。そこで『マキアヴェッリ論』は戦意高揚文書として、ふたたび公衆の前にすがたを現したのである。

(241) Stein(1931-7), Bd. 6, 165.

(242) なお、後期ベルリン時代の政治思想解釈のさいにしばしば利用される史料として、小フィヒテ版著作集第七巻所収の「政治的著作の構想の抜粋」と「国家論補遺」がある。両史料は基本的には編者である小フィヒテが、批判版全集に初収録された最晩年の草稿『思索日記』(Diarium)から部分的に抜粋し、編集したものである。ところが、両史料のなかには『思索日記』にはまったく登場しない文章が相当数、編者によって挿入されており、史料的信憑性が疑わしい。それゆえ、本書では『思索日記』のみを史料として利用する。以上については、杉田(2009b)がとくに参考になる。

(243) イェナ期および前期ベルリン時代に関する研究に対して、後期ベルリン時代の政治思想に関する研究状況が混沌たる様相を呈しているのは、このゆえである。とくに哲学系の研究の多くが、各作品の執筆・思想形成史・ドイツ思想史上の文脈や、作品間の相互関係を一切考慮することなく、論者の仮定するフィヒテ像に適合する史料を適当に引用している有様なのである。また、「共和制」「政治」「国民」といった極度に慎重なあつかいを要する重要概念の使用についても、まったく無頓着であり、適切な識別力を有さない。現代の「国体」たる自由民主体制からの距離でしかフィヒテの思想を測定できない英米系研究は論外として、de Pascale と Picardi をわずかな例外として、フランス・イタリア系の諸研究も信頼に値しない。これまでのフィヒテ政治思想研究において、ドイツ文献学の最良の伝統を継承し、こうした陥穽を完全に免れていたのは唯一人、Schottky のみであったが、近年は Baumann、Zöller、James などの凡庸きわまる分析が幅を利かせている。

(244) 『二四四〇年』についてはダーントン(2005), Ch. 4; バチコ(1990), 176–87 の分析を参照した。

(245) 『共和国草稿』に特化した研究はすくないが、Schottky(1990); Hammacher(1996)がある。とくに Schottky の論文は批判版全集収録以前に『共和国草稿』の内容を紹介した論文だが、読解の水準は高く、断片的なフィヒテの叙述を見事にまとめあげている。この論文について言及する de Pascale(1999), 346ff. も、『共和国草稿』が中・後期フィヒテ政治思想に関する従来の理解を根本的に覆す可能性を指摘している。

(246) Schottky(1995), 149ff. は、後期ベルリン時代のフィヒテが「法治国家」「社会国家」「陶冶国家」の三原理の綜合に接近していたが、統一的作品として完成させる前に没したとみる。その意味で本書の課題は、『共和国草稿』を核として、そうした綜合を秩序構想というかたちで甦らせることにあるといってもよいだろう。

(247) 第三章三節(1)。

(248) 本章三節。

(249) Verweyen(1975), 252–78 は、イェナ期の法論・道徳論と後期ベルリン時代のそれの差異を強調するが、細部の変更点はのぞくとして、体系の骨格は変化していない。また、知識学における五段階の認識階梯論と関連させて、後期ベルリン時代のフィヒテの国家像の重層性を見事に指摘するのが、Schottky(1995), 151–3 である。

(250) 「強制装置」から「教育国家」へという国家像の転換は、研究者たちによって以前から指摘されてきたが、『ドイツ国民に告ぐ』が主に転換点として指摘されてきた(Verweyen(1975), 197–203)。しかし、『共和国草稿』の登場によって、国家像の転換点はさらにさかのぼることが明らかになった(Schottky(1990), 121–2)。

(251) 『国家論』における国家の基礎理論について、「法」と「教育」の概念に着目した簡潔な分析として、de Pascale(2006)が参考になる。ただし、後期ベルリン時代のフィヒテにおける教育国家論への転回という全体的文脈についての指摘はとぼしい。教育国家構想への転回を批判的に強調するのが Hahn(1969); Piché(2003), 159–61 であり、また Verweyen(1975), 278–91 は、一八一二年の『法論』における法概念論との連関をとくに強調している。フィヒテの教育構想については Zöller(2013b)もあるが、ドイツ思想史の文脈および、フィヒテの教育構想への分析の両面において適切な識別力を欠く。

(252) 本書では『国家論』と『思索日記』における Zwingherr/Oberherr 概念を、「統治権力」と訳出した。通例、これらの概念には「強制君主」の訳語がもちいられるが、適切な訳語とはいえない。なぜなら、フィヒテ自身が強調しているように、Zwingherr/Oberherr とはあくまでも「強制によって国家秩序を維持する役目(統治)を担う主体一般」を意味する概念として使用されているのであり、君主政体が意図されているわけではないからである(4: 452)。

(253) フィヒテの含意では、「暴君」も「簒奪者」も、政治的手続の一定の規範的枠組(「憲法」)の存在を前提とする概念である(4: 510)。

(254)『国家論』と『思索日記』では、通常の「国家」Staat と区別された「理性国家」の意味で Reich 概念が用いられている。

(255)「道徳性」への陶冶のための「余暇」の重視とならんで、この点を強調するのが、Verweyen(1975), 266 である。

(256) ヨハンナ宛書簡(一八〇七年六月三日)において、フィヒテは、ペスタロッチの近著二冊の読書について報告している(III, 6: 121)。

(257) すでに Wundt(1929)が、純粋哲学と政治思想の両面においてプラトンとフィヒテの思想的親近性を先駆的に――史料的制約は大きかったが――指摘していた。Picardi(2009), 261-8 は Wundt の結論の妥当性を認めつつも、後期作品のなかに散見されるプラトン批判を根拠としてフィヒテのプラトン評価の両義性を指摘するが、逆説的に思考の型における両者の根本的親近性を確認する結果となった。ほかにも政治思想におけるプラトンとフィヒテの比較については、Traub(2006); Zöller(2015a)があるが、分析は表面的で、およそプラトンの政治思想についての識別力を欠いており、フィヒテ研究としても十分な水準からはほど遠いといわざるをえない。

(258)「プラトン草稿」の史料的性格については Fuchs(2011), 207-9 を参照。

(259) Fuchs(2011), 209ff. は、フィヒテによる直接のプラトン引用をまとめている。

(260) 知識学とプラトン哲学との親近性については Asmuth(2003), 147ff. の指摘を参照。

(261) 世紀転換期ドイツにおいて、プラトン著作集はシュライアーマッハーによって翻訳され、その思想も主に純粋哲学と文献学の分野で盛んに受容されていったが、政治思想に関心がむけられることはほとんどなかった(Wismann(1983), 496-503)。『国家』や『法律』といったプラトンの政治論は、現実離れした空想的作品として一蹴されたのである。唯一の例外だったヘーゲルは『哲学史講義』において、プラトンの政治哲学を古代ギリシアの歴史的経験の文脈のうえに位置づけている。十八世紀から十九世紀前半のドイツにおけるプラトン受容史に関しては Vieillard-Baron(1979); Franz(1996), 45-98 が詳しいが、フィヒテについてはふれられない。

なお、フィヒテが参照した『国家』のテクストは不明である。ラテン語に比して、フィヒテの古代ギリシア語読解力が高水準であったとは想定しにくいため、独訳版(あるいは羅訳版)を参照したものと思われる。独訳版に関しては、決定版ともいうべきシュライアーマッハー訳版がフィヒテ没後の一八二八年刊行であったのに対して、世紀転換期には F. K. Wolff 訳版(Platon(1799))と M. G. Fähse 訳版(Platon(1800))の二種の翻訳が存在した。いずれかの使用が推定される。また、フィヒテのギリシア語読解力についての考証は Fuchs(2011), 207–8 を参照。

(262) プラトンの政治思想に関する先行研究は膨大な数にのぼるため、ここで詳細に検討することはできない。さしあたり、標準的な発展史的研究として、Klosko(2007); 佐々木(1984)を参照した。また、とくに『国家』については、イタリアにおけるプラトン研究の総帥 M. Vegetti の編による註釈的論文集 Vegetti(1998–2000)が高度な水準を示す。今後の『国家』研究には必読の文献となろう。なお、プラトンに全体主義国家の起源をみるポパー的解釈、プラトンの作品の「秘教的」解釈に専心するレオ・シュトラウス学派やテュービンゲン学派、さらには J. Annas に代表される非政治的解釈のいずれも過度のバイアスにもとづいた解釈であるがゆえに、賛同できない。近年の解釈史の動向については、納富(2012)を参照した。

(263) 「技術」概念を軸にしてプラトン政治思想の全体像に迫った画期的研究としては Cambiano(1991)があり、本書のプラトン理解も同書に多くを負う。また、『国家』における「技術」概念に関しては Vegetti(1998)も簡潔で参考になる。

(264) プラトン以前のギリシア思想史における「技術」概念の諸相については Cambiano(1991), Cp. 2 を参照。また、職人層や「技術」のギリシア史における周縁的位置については、Vidal-Naquet(1986); ヴェルナン(2012b)が参考になる。

(265) Vlastos(1994)は『クリトン』におけるソクラテスのアテナイの「国法」への愛着から、民主政に対する好意的評価を推論しているが、『ソクラテスの弁明』や『ゴルギアス』の峻烈なアテナイ批判を鑑みると、ソクラテスのいう「国法」はあくまでも哲学の営みを許容する言論の自由に対してのものとみたほうがよい。たしかにソクラテスはクセノフォンやクリティアスのごとき寡頭派ではなかったが、その「技術」的思考は万人の政治参加や陶冶可能性とは相容れないように見受けられる。この点に関して、フィンリー(2007), 158–92 は思想史的観点からではないが、ソクラテスの「技術」的思考とアテナイ民主政の緊張関係について見事な分析を示す。

(266) 『国家』以前の諸著作における「技術」概念の位置づけについては、Cambiano(1991), Cp. 3, 4, 5 を参照。

(267) ただし、哲学者身分に固有の仕事を哲学と統治のいずれとみるかで解釈が分かれる。この点について、哲学者に対する統治への強制という論点と関連させて説得的な解釈を提示するのが、Cambiano(2016), 14–41 である。また、「知識」と統治の密接な関係については Schofield(2006), Ch. 4 も参照。

(268) 『国家』における「正義」概念の特質に関しては Vlastos(1997)の分析が丁寧である。

(269) 『国家』の教育制度論については佐々木(1984), 170–3, 193–8 のまとめを参照。

(270) プラトンの「内紛」観についてはCambiano(2016), 110ff. が簡潔に分析している。

(271) 前期ベルリン時代のフィヒテは、両身分を媒介する「結社」としてのフリーメイソンに着目したが(『コンスタンへの手紙』)、ベルリン・ロッジとの関係破綻によって構想は頓挫した。本書では十分に論及できなかったフリーメイソンとの関係については、Batscha(1970), 76–89; de Pascale(2012), 335ff.; Hammacher(1990); 田村(1994)などを参照。

(272) 『知識人の使命に関する五講』(一八一一年)では、教師と統治者を含む知識身分全体が「知識人共同体」gelehrte und wissenschaftliche Gemeinde として定義されている(11: 168, 174ff.)。イェナ期の『道徳論の体系』における「学藝共和国」はあくまでも研究者(本来の「知識人」)を中心とし、統治実務から切り離された学問研究共同体を意味していたが(第三章三節(2))、後期ベルリン時代の「知識人共同体」は、統治層としての知識身分全体と同一視されるにいたるのである。

(273) 『国家論』における「応用哲学」angewendete Philosophie 概念についてはDuso(2001); Ivaldo(1997), 211–4を参照。

(274) 第四章一節(1)。

(275) 周知のように、アリストテレスが批判した点である(Politica. 1264a29ff.)。プラトンが公教育を守護者身分に限定した点については現在も解釈が争われているが、ここでふかく立ち入ることはできない。だが、一言するとすれば、哲学者身分と守護者身分を合わせた統治層に良質な人材が供給され、団結を維持してさえいれば、被治者たる生産身分を服従させることは容易だと、プラトンはみていたようである。もちろん、生産身分の子弟でも能力次第で統治層に移行可能とされる以上、選別制度は存在せねばならないが、その点についてプラトンは沈黙している。

(276) ただし、この点に関してはプラトンよりもむしろ、ペスタロッチに負うとみたほうが適切かもしれない。ペスタロッチもまた教育を単なる経験から、「方法」Methode をそなえた「技術」Kunst にまで高めることに腐心していた。

(277) 第六章一節。

(278) こうした公教育を機軸とする教育国家構想は同時代のみならず、次世代の目にも異様なものと映った。たとえば、十九世紀ドイツ自由主義を代表する政治学者ダールマンは家庭教育重視の立場から、フィヒテの『ドイツ国民に告ぐ』を痛烈に批判している。その際にダールマンがフィヒテとプラトンの思想的親近性を指摘したのは、まことに慧眼というべきである。この点に関しては、熊谷(2015), 98–9を参照。

(279) 十八世紀ドイツの教育論についてはBlankertz(1985), 28–71; Herrmann(1979); (1987); Reiß(2006), 171–81; Voß

(1981); 斉藤(2010)を参照。

(280) フィヒテがいわゆる「民衆教育」を批判するのは、この点である。フィヒテは国民教育の対象を、「国家が本来的かつ正当に基盤を置く多数」たる「民衆」にもとめる(7: 276)。しかし、これはあくまでも「人間」としての陶冶であり、有能な農民の養成に主眼を置く「民衆教育」とは異なるのである。

(281) 第一章二節(1)。

(282) さらにフィヒテはおなじ「恐怖と希望」原理の表れとして、近代自然法論を批判している(7: 363-4)。『現代の根本特徴』においても、近代自然法論は批判の対象とされたものの、その矛先は、近代自然法論が既存の所有秩序保護のイデオロギーとなっている点にむけられていた(7: 209-10)。

(283) 国民教育の段階性についての解説としてはVerweyen(1975), 231-7が、また、『ドイツ国民に告ぐ』の教育構想についてはAichele(2008), L-LVIII; Reiß(2006), 181-207もある。

(284) フィヒテがペスタロッチに例外的に異論をさしはさむのは、読み書きの過度の重視(7: 404-6)と、家庭教育の重視(7: 406-7)についてである。なお、本書ではフィヒテとペスタロッチ、あるいはフィヒテと同時代の教育論との詳細な比較には立ち入れないが、ペスタロッチの思想についてはHerrmann(1996); Hinz(1991), 11-114; Liedke(1979)を、ペスタロッチとフィヒテの教育論の比較についてはHinz(1991), 328-64; Reiß(2006), 191-6; 高田(2017), Ch. 11を参照。

(285) ペスタロッチ(1987), 194-265.

(286) 第四章一節(1)。

(287) Schottky(1990), 122-5による簡潔だが的確なまとめも参照。

(288) フィヒテの性差論については、『自然法の基礎』と『道徳論の体系』の関連議論を杉田(1991)が丁寧に分析している。La Vopa(2001), Ch. 11はフィヒテの婚姻論をとくにカントや「感傷主義」の議論と比較しつつ文化史的に評価している。

(289) 戦時中もフィヒテは「臆病」をきびしく批判していた(II, 10: 80)。

(290) 読み書き学習は啓蒙期教育論のなかで最重要視されたものであった(寺田(1996), 8-11, 15ff., 64-6)。

(291) 第四章一節(1)。

(292) イェナ期の『道徳論の体系』における「良心」論についてはLohmann(2004), 129ff.を参照。

(293) なお、『知識人の本質』や『浄福なる生への導き』では、「自然の支配」「藝術」「統治」「宗教」「学」の五つの形式が、絶対者に直接に接する道徳的活動として位置づけられているが、この点でイェナ期の『道徳論の体系』の構成が継承されている。

(294) 『浄福なる生への導き』においてカントの定言命法論が「道徳性」ではなく「合法性」に分類されているのは、こうした理由による。

(295) フィヒテの宗教論の概観としてはVerweyen(1995)が参考になる。

(296) 前期ベルリン時代の『知識人の本質』や『現代の根本特徴』においては、いまだイェナ期の『道徳論の体系』の枠組が基本的に踏襲され、「宗教」も道徳律を介した絶対者の現象形式のひとつとして、いわば「道徳性」の形態のひとつとして考察される傾向があった。その意味でも、『浄福なる生への導き』はフィヒテの宗教観の画期をなす作品とみてよい。実際にその後の『ドイツ国民に告ぐ』では、「道徳性」と「宗教」が明確に区別されている。

(297) 宗教論としての性格上、『浄福なる生への導き』では「宗教」的認識が、知識身分と労働身分の双方に妥当する点が強調されている。ところが後期ベルリン時代の『知識人の使命に関する五講』(一八一一年)になると、「学」的陶冶を経た知識身分の「宗教」的認識と、「学」を欠いた労働身分のそれとでは認識の質が異なり、前者が後者の認識よりもはるかに優位に立つとの指摘が登場する(11: 161ff.)。

(298) 一八一二年の『道徳論』では、「神学」の基礎として聖書の歴史的研究を位置づけている(II, 13: 388–9)。

(299) Asmuth(2006)は、こうした「宗教」と「学」の認識論的相違を的確に指摘する。フィヒテにとって、「宗教」は「学」(=「理性」)によって合理的に正当化されてこそ、真の「宗教」たりうる。神秘主義思想家とフィヒテの宗教論は似ているが、この一点で決定的に異なるのである。なお、『浄福なる生への導き』が宗教論にもかかわらず、聖書からの引用がほとんどなく、伝統的宗教における典礼・教義といったものすべてが、歴史的夾雑物として排除されている点が指摘されているが、本章で論じたように『共和国草稿』や『国家論』のフィヒテはむしろ、新たな教義・典礼・聖書解釈の創出に積極的である。

(300) すでにイェナ期の『道徳論の体系』において、フィヒテは「民衆教師」の特徴を素描していた(4: 348–53)。おなじ知識身分に属してはいても、「民衆教師」の役割は、「学藝共和国」を構成する本来の「知識人」とは異なる。学者たちが最先端の学問を練りあげ、討論を介して「原則」について思索をふかめるのに対して、「民衆教師」は労働身分の道徳的陶冶を担当するのである。したがって、「民衆教師による教育は完全に実践的である。直接的応用のみをめざしたものである」。労働身分にとって、「民衆教師」は「原則ではなく、経験による」「助言者」にほかならない。

(301) 以上の「象徴」論は、一八一二年の『道徳論』においても維持されている(II, 13: 381–8)。なお、『道徳論の体系』の「教会」論をめぐる研究はVerweyen(1975), 155–60; Hahn(1969), 144–50; Batscha(1970), 93–9; La Vopa(2001), 342–4を参照。

(302) 二十世紀初頭においてさえ、いまだ火葬は一般的なキリスト教徒に心理的抵抗感を覚えさせるものであった。逆に世俗的知識人にとって、火葬はキリスト教、とくに教会制度に対する批判を含意した。トーマス・マンの小説『魔の山』の登場人物、人文主義者にしてフリーメイソン会員のセテムブリーニによる火葬讃美は、この点をよく裏づけるものである(マン(1972), 484–5)。

(303) Lauth(1994b), 217, 228–9は、こうした宗教制度論が『ドイツ国民に告ぐ』以降放棄されたと断定しているが、史料的根拠は一切ない。たしかに『ドイツ国民に告ぐ』に宗教制度論は含まれていないが、これは著作の性格から説明できる。晩年の『思索日記』でも、『共和国草稿』のごとき普遍キリスト教の「国家宗教」としての導入が構想されていること(終章参照)からも、Lauthの説明には無理がある。

(304) フィヒテは高等教育機関を大学に限定していたわけではない。したがって、『演繹的計画』はほかの論者の大学論と異なり、大学ではなく、高等教育機関の制度論になっている。フィヒテの学識教育論は「エアランゲン大学改革案」(II, 9: 359ff.)、さらにはイェナ期末期のユンク宛書簡で略述された高等教育機関構想(III, 3: 138ff., 155–6)にまでさかのぼる。

(305) 『演繹的計画』の成立背景については批判版全集解説が詳しい。

(306) 『共和国草稿』では八歳から十四歳までが国民教育、十四歳から二十歳までが学識教育(高等教育)に充てられているが、国民教育で優秀な成績をおさめた生徒にかぎり、十二歳から十四歳までの二年間が中等教育に充てられることとなる。中等教育は主に、文法、ラテン語、イタリア語、フランス語といった言語教育を中心に構想されている。そして、中等教育修了時には試験がおこなわれ、合格者は本来の高等教育へと進級し、不合格者は労働身分に編入されるのだという(II, 10: 383–4)。

(307) ほかの学問分野に対して、フィヒテが「哲学」だけを「下級学校」から排除し、高等教育機関のみで教授されるべきとしていることからも、その地位の高さをうかがうことができる(II, 11: 112)。

(308) 知識学の発展にともなって用語法こそ変化しているが、「知識人」観は前期ベルリン時代の『知識人の本質』から基本的に変わっていない(6: 406–8, 431–4)。

(309)『知識人の本質』のフィヒテは、こうした観点から「大学の自由」akademische Freiheit を擁護している(6: 401–3)。学生を法律の規制外に置く「大学の自由」は、「知識人」としての適格性を試す「試用期間」として位置づけられるのである。

(310) フィヒテの高等教育機関構想においては、書物による自習が前提とされる一方で、教師と学生、とくに正規生との交流はより双方向的なものとなる(II, 11: 120)。講義は、従来のような書物の内容の「反復」ではなく、つねに新しい内容を含む必要があろう(II, 11: 85–6)。また、教師が学生の能力を試す場合におこなわれるのが、「試験」、「対話」そして「論文」であり、知識の多寡ではなく、「技術」への習熟度が測られることとなる(II, 11: 89–90)。

(311)『国家論』においても、ソクラテスは高く評価されている(4: 505)。フィヒテのソクラテス像を、同時代のソクラテス観——イエスとならび称される古代の聖人——との比較で詳細に検討したのが、Picardi(2009), 268–76 である。

(312)「新人文主義」は大学論にとどまらず、国民教育や中等教育などさまざまな分野で展開されてゆくことになる。「新人文主義」大学論一般については、Schelsky(1963); 斎藤(2009a); (2009b); 河上(1978)を参照。また、「新人文主義」的な大学改革論の背景にあった、十八世紀知識人に浸透した大学不信については斎藤(2007)を参照。

(313) Hammerstein(1972), 309–31; (2000)を参照。

(314) Muhlack(2006), 229. Anm. 17.

(315)『演繹的計画』のフィヒテは、ゲッティンゲン大学を意図的に無視している(II, 11: 152)。

(316) 本書とは視角が異なるが、Piché(2003), 161ff. もフィヒテと「新人文主義」的大学論を詳細に比較している。

(317) Humboldt(1968), 253.

(318) Humboldt(1968), 254–5.

(319) Humboldt(1968), 259; Muhlack(2006), 238; 斉藤(2009b).

(320) さらにフィヒテは、ベルリン以外のプロイセン諸大学を廃止すべきとまで提言する。なぜなら、地域性・特殊性に固執するプロイセンの他大学は、「学に習熟した男性」の育成と「共通のドイツ性」への陶冶にとっては障害でしかないからだ。もとめられるのは、「市民であると同時に、国家の全領域を我が家となす種族」の陶冶であり、そのためには自分が設計したベルリン高等教育機関だけで十分だろう(II, 11: 142–4)。フィヒテにとって、ひとつの国家に輝くのは「統一性のもとに、明瞭に貫徹されるべきひとつの精神」、まさしく普遍の顕れとしての新たなる高等教育機関でなければならなかった。

(321) 一八一一年の『知識人論』でも、高等教育修了者を「技術者」Künstler、中途脱落者を「実務家」Praktiker として区別している(11: 184ff.)。

(322) 第四章一節(2)。

(323) フィヒテとマキアヴェッリとの関係に焦点を絞ったモノグラフはとぼしい。戦前の Freyer(1936); Meinecke(1962)は、フィヒテのマキアヴェッリ論におけるナショナリズムの契機に着目するが、マキアヴェッリ体験においてナショナリズムが決定的重要性をもつかどうかは、疑問である。Polcar(2002), 64–74 は、同時代のマキアヴェッリ解釈との比較をおこなっている点では有用だが、フィヒテの内在的な思想形成過程をまったく考慮していない。

フィヒテのマキアヴェッリ観に集中した近年の研究としては Radrizzani éd. (2006); Zöller(2015b); 清水(2015)があるが、いずれも問題が多い。多くの場合、フィヒテの比較対象にされるのはカントであり、肝心のマキアヴェッリ理解が貧弱である。マキアヴェッリの思想自体への分析がともなわないままにフィヒテのマキアヴェッリ観に集中した結果、フィヒテの議論の要約にとどまってしまっており、フィヒテによるマキアヴェッリの創造的読解の諸相をとらえるにいたらない。

(324) 同時代のマキアヴェッリ受容史については、概説的ではあるが Frigo(1990), 16–23; Polcar(2002)がある。フリードリヒ二世のマキアヴェッリ論については屋敷(1999), 13–33 を参照した。

(325) マキアヴェッリに関する参考文献は汗牛充棟の感があるので、ここでは省略する。以下は『君主論』を中心とした分析であるが、これはフィヒテが『君主論』を中心にマキアヴェッリを解釈しているがゆえである。

(326) フィヒテはマキアヴェッリを全面的に肯定したわけではない。実際、『マキアヴェッリ論』では、しばしばマキアヴェッリの「限界」が指摘される。曰く、マキアヴェッリにおける「君主政」と「共和政」という政体二分論は不十分である(11: 408–11)、曰く、マキアヴェッリは「道徳」への洞察の点で不十分である(11: 405–6, 414)、曰く、マキアヴェッリの国家論は「現実」を前提としたものであるがゆえに「理想」Ideal を把握していない。「理性の見地からすると、人間の生と国家についての高次の見解は、まったくマキアヴェッリの視野の外にあった」(11: 404)。だが、こうした「限界」の指摘は見方を変えれば、マキアヴェッリとの対話がそれだけ真剣なものであったことを示している。

(327) すでに『現代の根本特徴』の近世史論においても、熾烈な国際関係については論じられていたが(7: 211–2)、そこには人類史的展望および、「共通の祖国」としての欧州の一体性への信頼から一種の楽観論が容易に看取できた。『マキアヴェッリ論』に楽観論の影はない。

(328) Radrizzani(2006), 78-82 はこの点を的確にふまえる。

(329) Renaut(1991), 309-13; Ivaldo(2006)も「賢慮」の政治学として『マキアヴェッリ論』を読もうとするが、肝心のマキアヴェッリ理解が貧弱であるため、凡庸な議論に終始する。

(330) Radrizzani(2006), 82-5 は『マキアヴェッリ論』が対外関係を主軸に据えた作品である点をよくふまえる。ただし、Radrizzani(1996), 204-9 は前期ベルリン時代の統治者論が『マキアヴェッリ論』によって廃棄されたというがごとき誤った印象をあたえている。実際には国内関係に関しては、前期ベルリン時代の統治者論は以後もそのまま維持されていた。

(331) マキアヴェッリは同箇所で、「果敢」な政策の成功例として教皇ユリウス二世の例を挙げているが、かれの功績を讃えた直後、以下の結論を置くことを忘れなかった。「ただ政権が短命であったがために、ユリウス二世に逆境を味わわせずに済んだ。なぜならば、もしも慎重に行動すべき時代がかれに迫ってきたならば、そのときには、かれは滅びることになったはずだから。それでも、かれは生まれながらの性質がとらせる態度から離れることはけっしてなかっただろうから」。

(332) これに対して、「力量」virtù の訳語は、Muth(11: 434), Virtuosität(11: 440), Mannhaftigkeit(11: 444), Tüchtigkeit(11: 445)など、一定しない。フィヒテの関心の力点をうかがわせる。

(333) いうまでもなく、「武器なき預言者」に対するマキアヴェッリの批判はこの点と関連している。かれによれば、ペルシア、アテナイ、ローマの建国者たち(キュロス、テセウス、ロムルス)が安定的な国家秩序を創建できたのは、軍事力あればこそであった。古典古代以来、アテナイを代表する立法者は通例、ソロンとされてきたが――ソロンは自前の軍事力を欠いたがゆえに僭主ペイシストラトスとの政争に敗北した――ここでマキアヴェッリはあえて神話的な軍事英雄テセウスを引証するのである(P: 6)。

(334) 第三章一節(2)。

(335) 前註197を参照。

(336) 監督官制度については晩年の『法論』(一八一二年)で再度言及されるが、この点に関しては第七章三節(1)を参照。

(337) 執筆経緯については Fuchs(1987), 320ff. を参照。

(338) 『自然法の基礎』でも「公開性」への言及はあったが、目立つ指摘ではなかったのに対して、一八一二年の『法論』ではより重要性が強調されている。この点については、第七章三節(1)を参照。

(339) 普仏開戦前後に執筆されたと推定される草稿「無名の者」(一八〇六年)も同様である。フィヒテは、「家長」として「臣民」に対峙した君主が「固有の判断」にもとづく「行政」Policey によって支配する政治体制――「王朝」Dynastien――を退けたうえで、「理念にしたがい、共通意志によって類の目的を促進する」政体としての「共和政」(「国家」Staat)を提示する(II, 10: 83-4)。理念型としての「共和政」の条件は、君主個人の「利益」から解放されること、「経済的目的」をもたないこと、「世襲制」をもたぬこと、そして「国家の理念」によって支配されることとされる。『自然法の基礎』以来の広義の「共和政」と「専制」の対抗図式そのものである。

また、『マキアヴェッリ論』においても、フィヒテの姿勢は変わらない。君主は内政においては「法」・「法律」に拘束され、「実定法」に沿った統治のみが許容される。「恣意」の混入は断じて避けられねばならない(11: 427)。君主は人民と相互に結合しており、君主が人民を「所有物」としてあつかうことは許されないのである。「フランス革命以来」盛んになった「人権 Menschenrechte、および万人の自由と平等についての教説」は、「いかなる国家も決してそれに違反することのできない、すべての社会秩序の永遠かつ不動の基礎」なのである。ここでも「公論」が統治者による権限濫用を防止する点が強調されている(11: 432-3)。

(340) 草稿「無名の者」は、広義の「共和政」を「世襲制」と相容れないものとした。しかし、他方でフィヒテは世襲君主制の特色として、統治者と人民との間の相互的な「信頼」関係を指摘する。つまり、世襲君主は「神的職務」göttl. Beruf の観念と「義務への信仰」によって、「〔制度的に〕欠落している責任」Verantwortlichkeit を補うことができるという(II, 10: 84-5)。世襲君主は、自分に人民の運命が託されているという「責任」意識、すなわち「神意」Gottes Schickung を肌で感じる。そして、人民の側も、かれを君主として承認する。さらに大臣職の設置によって、君主の専断に歯止めをかけ、「共和制的形式 Republikanische Form を導入する可能性も指摘される。「世襲君主が大臣職を設置するならば、世襲君主は暗黙のうちに〔狭義の〕共和制 Freystaat をうちたてることとなる」。したがって、「君主制」か、狭義の「共和制」かといった「外的形式は問題にならない」。「世襲君主は徐々に人民の統治者へと変化してゆく」とされた。

さらに、『マキアヴェッリ論』は、マキアヴェッリの政治思想の特徴ともいうべき、狭義の「共和制」への偏愛と、「君主制」に対する「偏見」を批判する。無論、この欠点はマキアヴェッリ個人にのみ帰せられるものではなく、イタリア都市国家をはじめとする「共和制」に生まれ育つ者一般――現代にいたるまで――に染みついた性質である。つまり、「共和制」の住人は自分の環境を自明視することによって、「共和制」を無条件的に「自由」とみなし、「君主制」の臣民を「君主の使用人」とみなしてしまうというのだ。こうした「偏見」に加えて、「党派」への肩入れこそ、マキアヴェッリにいたずらに「君主制」と「共和制」を対置させ、フィレンツェの「腐敗した」政治情況を冷静に分析する視座を奪った元凶となったとされる。

(341) すでに戦時中の草稿「無名の者」において、真の「国家」、すなわち広義の「共和政」と世襲制が相容れないとの指摘は登場していた。だが、あくまでも世襲君主制の擁護が意図されていた点には注意が必要である。前註(340)を参照。

(342) Piché(2003), 170-1 は、被治者が高度な「学」的認識に到達しさえすれば、知識身分が選出する統治者と同一人物を統治者として選出するはずだというフィヒテの論理を、「人民主権」の論理――間接的ではあるが――として解釈している。

(343) Protektor の称号の出典については、一八一三年の『思索日記』内の新帝国構想に関する記述において、個々の領邦君主の上位に立つ「皇帝」が Protektor とされていることから、ライン連盟の盟主(「守護者」Protektor)の用法が念頭にあったと推測される。

(344) ここでも守護者は「顧問官たちとともに決定する」という記述になっており、曖昧である。ただし、(II, 10: 381)の統帥権に関する記述や、(II, 10: 382)の小評議会の「外交事項」に関する叙述では、「上のように」wie oben となっていることから も、(II, 10: 380)の「顧問官たち」は小評議会を意味すると思われる。

(345) Schottky は近代的「立憲主義」への接近や、権力分立原理を『共和国草稿』の国家像の特徴として挙げているが、こうした位置づけには疑問が残る(Schottky(1990), 130, 134)。すでにみたように、不可分一体の「執政権」をふるう統治者と、権限行使を監視する監督官・「公論」の二極体制こそが、広義の「共和政」の核心であった。統治権を分割し、相互に均衡させる政体ではなく、むしろ統治権の一極集中こそが、「恣意」を排した統治を保証するとされたのである。

(346) ここではじめて「ふたつの評議会」という表現が登場し、また「小評議会」engen Senat という表現からも、「評議会」が大小ふたつ存在すると推測できる。しかし、小評議会についてはわずかな記述があるとしても、大評議会は曖昧な概念として残る。本書では、大評議会を、テクストの内容から、いくつかの「委員会」が組み込まれた、顧問官たちの会議体(II, 10: 381)として解釈した。

また、大小ふたつの評議会と「小顧問官」kleiner Rat,「大顧問官」grosser Rat がどのように関係するかについても曖昧である。Schottky は「小顧問官」が「全体の進歩」を担い、「大顧問官」が「国制の維持」に携わるという記述(II, 10: 386)から、「小顧問官」＝小評議会、「大顧問官」＝大評議会と位置づけているが、正当な指摘である(Schottky(1990), 128–9)。

(347) Schottky(1990), 129–30 の重要な指摘を参照。また、「名士名簿」から評議員を選出するという構想は、シェイエスの発案になる共和国八年憲法および草稿の「信任・名士名簿制度」――各区住民が「名士」を選出し、「名士名簿」を作成し、政府はこの名簿のなかから立法議員や公務員を任命する制度――との類似性を指摘することができる(浦田(1987), 253–5)。

(348) 『閉鎖商業国家論』の領域論では、一国の領土は自足的経済圏(「自然国境」)を単位とすべきとされていたが(3: 480–4)、『共和国草稿』では国民性原理が前面に押しだされている。

(349) Schottky(1990), 126.

(350) プラトンは『国家』においては、理想国家の都市・領域構造について論じない。しかし、未完作品『クリティアス』において、プラトンは、『国家』の理想国家が投影された原初アテナイの都市構造を詳細に描きだしている。そこでは、ポリスの中心はアクロポリスとされ、とくにアテナとヘファイストス――「愛知」*φιλοσοφία* と「技術愛」*φιλοτεχνία* を象徴する(Critias. 109ξ)――の神殿が位置する中心部は、守護者身分の住居と公共施設で占められている(111δ–112δ)。対して、農民や職人層はアクロポリスの周縁部、あるいは肥沃で広大な後背地に居住する。都市の中心がアゴラではなく、アクロポリスに設定され、統治層によって占有されている点に、古典的な「政治」の構造(Detienne(1996), Ch. 5; Vidal-Naquet(1986c); ヴェルナン(1970), 46–68)とプラトンの理想国家の緊張関係を看取することもできるだろう。残念ながら、フィヒテは都市構造についてはふれない。

(351) Schottky(1990), 126, 128 は、この地方官と前述の「総督」がおなじものとしているが、論拠に疑問が残る。

(352) 「軍事アカデミーが大学とむすびつかないことを、妨げるものはない」。この点で Schottky(1990), 122 は、「軍事アカデミー」と「大学」が同系列としているが、誤読ではないだろうか。

(353) フィヒテが「強制結婚」を退けるのは、本能ではなく自分の意志で配偶者を選択することに、道徳的存在としての人間の価値があるとみていたからである(4: 473–7)。

(354) 最晩年の『思索日記』になると、プラトンを引用しつつ、婚姻制度の意義さえもフィヒテは疑いはじめる(II, 15: 296–7)。

(355)『ドイツ国民に告ぐ』と一八一二年の『法論』でも、『閉鎖商業国家論』の図式は踏襲されている(7: 466)。

(356)『国家論』の歴史論に関してはHammacher(1996c); Ivaldo(1997), 220–7; (2005), 160ff.; Picardi(2006)など、近年、研究が盛んである。ただし、例によって関心は抽象的な歴史認識論の部分に集中しており、やはりここでもPicardi(2009)がまず第一に参照されるべきである。

(357)『国家論』の「近代」史理解についてはPicardi(2009), 329–31を参照。

(358)この点に関する哲学的分析としてはIvaldo(1997), 220–7; Zöller(2011a); (2011b), 198–203がある。

(359)『国家論』のギリシア観についてはPicardi(2009), 255–61が詳細に検討している。注目すべきは、ここでフィヒテが一神教的なユダヤ国家と多神教のギリシア文明を一括して、古代の「神権支配」に分類している点である。この点で、宗教的熱狂に陥りやすい一神教に対して多神教の寛容性を擁護したヒュームやコンスタンとは異なり、フィヒテの関心事が「権威信仰」か否かにあったことがよくわかる。キリスト教にしても「権威信仰」を真に脱することができるのは、「歴史」の終極に達したときなのである。

(360)Picardi(2009), 287–93は『国家論』のローマ理解を的確に分析し、とくにローマとフランスとの類比関係を指摘している。

(361)『現代の根本特徴』と『国家論』のローマ評価が大きく異なるのはこのためである。つまり、前者では「法」理念の発展に叙述の重心があったため、「古代」における「法」理念の発展から「近代」への継承という肯定的側面が強調されていた。ところが『国家論』の主題は精神構造の展開にあるため、ふたつの「神権支配」の中間期としてのローマについては、道徳と宗教の衰亡・堕落・頽廃という否定的側面が強調されざるをえないのである。

(362)第四章二節(1)、第五章三節。

(363)『国家論』における「古代」と「近代」の分水嶺としての「平等」概念についての哲学的神学的分析としてMoretto(2001), 519–29がある。また、『国家論』における国家と教会の関係を主軸にした分析としてVerweyen(1975), 310–20もある。

(364)新約聖書『ルカ伝』21. 25–7、『マタイ伝』24. 29–31を参照。

(365)したがって、「知識人」と非「知識人」の区別さえも消滅するというMoretto(2001), 522の指摘は当たらない。

(366) 第四章三節(2)。

(367) みようによっては、カントの『永遠平和論』への書評で主張された「世界国家」Völkerstaat による統一案への回帰と解釈できないこともない。

(368) 第四章一節(2)、また(4: 393)も参照。

(369) 第三章、第五章、本章一・二節。

(370) 以上で述べたプラトンとフィヒテのユートピア構想の差異は、より視野を広くとれば、古代のユートピア論と近代以降のユートピア論との差異とも重なってくる。古代の静的で自足的なユートピア論に対して、産業革命以降のユートピア論が動的で物質的・知的道徳的な進歩思想によって特徴づけられると指摘したのが、Finley(1975)の功績である。無論、フィヒテの秩序構想は産業革命よりもむしろ、十八世紀の歴史意識と密接に関連していると考えたほうがよい。

(371) 『ドイツ国民に告ぐ』のみに特化し、なおかつ学術的水準を維持した研究はすくない。Verweyen(1975), 209–45; Reiß(2006); 南原(1972–84), Bd. 2, 346–419 が研究書としては代表的なものである。とくに Reiß は『ドイツ国民に告ぐ』をイェナ期の延長線上に把握するのみならず、ナショナリズム論の文脈から、そこで展開される独自の論点に着目している。また、哲学的分析としては Lauth(1978); (1994b); Zöller(2008)がある。邦語文献には、杉田(1990); (2014); 高田(2017), Ch. 7; 渡部(1990)などがある。

　上記研究の多くにみられる難点は、『ドイツ国民に告ぐ』以外のフィヒテの作品における国民論の特色を丁寧に分析する作業を怠っている点にある。この点をふまえないかぎり、Abizadeh(2005); Baumann(2006); (2011)のごとき浅薄きわまる研究は跡を絶たないであろう。この点に関する最良の研究は Radrizzani(1990); Schottky(1996)である。両研究の結論は正反対であるにもかかわらず、いずれもフィヒテの国民論の特色を明快に指摘している。とくに後者は、『ドイツ国民に告ぐ』のみならず他作品における「国民」概念をも分析したうえで、概念の変遷を見事に描き切っている。フィヒテの国民論を語るうえで、これらをふまえない研究は、今後およそ考えられない。

(372) Aichele(2008), XVff., XLVI–L.

(373) Picardi(2009), 329–31 は『現代の根本特徴』と『ドイツ国民に告ぐ』の微妙な論調の変化を的確に指摘している。

(374) 『ドイツ国民に告ぐ』と検閲との関係については(I, 10: 11–38)の詳細な考証を参照。

(375) 第四章三節(2)。

(376) 第六章二節(3)。

(377) ヘーゲル(1975), 74-5.

(378) Vierhaus(1995); Freund(1969).

(379) Varnhagen von Ense(1987), 462-3.

(380) だが、従来「裏切り」型の典型例とされてきたヨハネス・フォン・ミュラーに対するフィヒテの態度は、単純ではない。当初はミュラーのナポレオン支持に強い不快感を示したものの(III, 6: 89)、かれの作品を一読した後は考えを改め、ミュラーのプロイセンへの慰留を嘆願しているからである(III, 6: 141ff., 162-3)。また、高等教育機関設立問題でも、両者は盛んに意見交換をしている(III, 6: 174ff., 184-6)。

(381) Lauth(1994b), 204-15も分析視角は異なるがナポレオン論を分析する。

(382) 以上の議論を単なる感情的反発とみるべきではない。ここでフィヒテは、あくまでも政体分類の一貫した基準にしたがっているからである。すでにみてきたように、フィヒテは政体を広義の「共和政」もしくは「専制」に分類する。そして、前者の条件は監督官制、あるいは「公論」の有無とされた。直接的な言及はすくないものの、パルム事件に象徴されるように、フィヒテはナポレオン政権を「密告」が横行する体制とみなしていたことは、たしかである(III, 6: 129)。「密告」によって「公論」を抑圧する政治体制は、フィヒテにとって「専制」以外の何物でもなかったはずだ。また、Vgl. Picardi(2009), 341ff.

(383) F. B. (1806), 101-3.

(384) ライン連盟派知識人の秩序構想についてはSchuck(1994)、フランス革命・ナポレオン観についてはSiemann(1991)を参照した。

(385) フィヒテがここで述べる「陶冶された部分」(「教養人」)とは、単に教養市民層一般を指すとみるべきではない。従来の「教養身分とよばれてきた身分」こそ、「民衆」の「教育」をなおざりにして、かれらが真の「国民」となること、いわば「全体性」への覚醒を阻んできた勢力なのだから(7: 276-8)。むしろ、ここでの「陶冶された部分」とは、「この新たな創造の始祖」たるにふさわしい人びとである。かれらこそが「教育」によって、従来はなおざりにされてきた「民衆」を「国民」へと高める使命を担いうる人びとといってよいだろう。かれらは、従来の統治層に蔓延していた腐敗を免れるとともに、「民衆」

を善なる方向へと導いていくことができる存在なのだ。

(386) とくにアルントについてはGruner(2007); Stamm-Kuhlmann(2007)を、ヤーンについては小原(2011), 31-9、シュタインについてはDuchhardt(2007); 石川(1972)を参照した。個々の思想家に関するモノグラフ以外の、十八世紀から十九世紀前半までのドイツ・ナショナリズム誕生については良質な研究が圧倒的に不足している。とりわけ、ナショナリズムに過剰なアレルギー反応を示す戦後ドイツでは、通俗的なナショナリズム論の図式をあてはめる浅薄な研究が量産されてきた。典型例はダン(1999)である。当時の言説を丹念に追跡し、当時描かれた「国民」的なるものの諸相を解明する作業は、今後の課題となろう。

(387) この未公刊著作は、第一篇が一八〇六年七月にベルリンで完成した後、第二篇が一八〇七年六月にケーニヒスベルクで完成するという複雑な成立事情をもつ。当然、普仏開戦前に執筆されたと推定される第一篇と、戦争末期に完成した第二篇とでは状況が変化しているため、「愛国主義」という同一主題をあつかいながらも、議論の重点は異なってくる。「愛国主義」の定義を論じる第一篇に対して、第二篇は主にペスタロッチ教育論を紹介しており、『ドイツ国民に告ぐ』の国民教育論の原型をなしている。

(388) 言語国境説は、『ドイツ国民に告ぐ』でも維持されている(7: 460)。

(389) こうした「世界市民主義」と「愛国主義」の調和という発想は、すでに「エアランゲン大学改革案」において萌芽的にではあるが現れていた(II, 9: 366)。

(390) 十八世紀後半のドイツにおける「愛国主義」の諸相についてはVierhaus(1987c)を参照。

(391) アプトの政治思想についてはBatscha(1989)が丁寧に分析している。

(392) フィヒテの国民論における普遍主義と個別主義に関する指摘は南原(1972-84), Bd. 2, 386-92, 409-19以来であるが、南原はここに内在する論理的緊張関係についてはそれほど強調せず、むしろ、両者の調和的関係を重視する。他方でRadrizzani(1990); Schottky(1996), 160-3は、フィヒテの国民論に内在する普遍主義と個別主義の緊張関係を見事に指摘している。Radrizzaniは『愛国主義とその反対』と『現代の根本特徴』を重視するRadrizzaniは、以下でみる『ドイツ国民に告ぐ』の国民論を思想的矛盾として解釈する。本書はこの点については賛同できず、むしろ、『ドイツ国民に告ぐ』の国民論の画期性を強調するSchottky(1996), 163の説を採る。

また、フィヒテの国民論に内在する普遍主義への志向は同時代の知識人たちも気づいており、とくにユダヤ系知識人はこの普遍主義的志向ゆえに『ドイツ国民に告ぐ』に好意的な反応を示したのである。『ドイツ国民に告ぐ』の同時代的受容については、批判版全集解説および Becker(2000), 142–80 が、後代の受容については Aichele(2008), LXXV–LXXXIX; 船津(2010) が参考になる。なお、フィヒテ自身のユダヤ人観については Fuchs(1990b) を参照。

(393) フィヒテは知識学研究の文脈でしばしば言語問題について論及していた。ただ、そのさいにフィヒテは言語を表現と伝達の「記号」としてとらえるのみであり、ロマン派やフンボルトのように認識自体を構成する要因としてみることはなかった。フィヒテにとって、言語論は副次的な問題領域にすぎなかったのである。

ここではフィヒテの言語論を体系的に論ずることはできないが、政治思想との関連で Aichele(2008), LVIIIff.; de Pascale (1991), 80–5; Verweyen(1975), 210–24; Reiß(2006), 119–43 が言語論を丁寧に分析する。また、フィヒテの言語論はいうまでもなく、十八世紀に流行した言語起源論の系譜に位置づけられるべきものである。言語起源論の系譜については、互(2014)を参照。

(394) なお、『ドイツ国民に告ぐ』のフィヒテは、Nation と Volk をいずれも「国民」概念として区別せずにもちいている。なお、『国家論』や『思索日記』では「国民」概念は Volk に統一されている。そのため、本書では Nation/Volk をいずれも原則として「国民」と訳出するが、日本語の文意に応じて Volk を「民族」と訳出することもある。

(395) Reiß(2006), 143ff. も参照。

(396) 個性の固有性が絶対者のうちに解消される点を強調する Radrizzani に対して、Schottky(1996), 166ff. は知識学の議論を分析したうえで、後期知識学においてはすべてが絶対者に還元されるのではなく、個性の固有性が強調されるとみるが、見事な解釈である。こうした個性重視の論理をすでにイェナ期の『道徳論の体系』にみるのが、Schrader(1990), 29ff. である。

(397) こうした議論を Schottky(1996), 169–73 はドイツ国民の政治的奮起をうながすためのレトリック、あるいは予言として解釈し、あくまでも言語を軸とする国民論こそがフィヒテの本意とみる。しかし、諸国民の「国民性」の強調と、「ドイツ国民」の優越性の主張は矛盾しないのではないか。というのも、本論で指摘したように、フィヒテにとっては各国民の「国民性」は等価値ではないからである。個人においても知的道徳的に卓越した人間が存在するように、国民単位でも知的道徳的陶冶の面で優位に立つ「国民性」はありうるだろう。フィヒテにとって、その卓越した国民こそ、「ドイツ国民」なのである。

Aichele(2008), LXVI–LXXV; Lauth(1994b), 217ff. も、言語論も含めてフィヒテが「ドイツ国民」の他国民に対する優越性を強調したと解釈する。

(398) フィヒテはここで古代ギリシアを例に挙げるが、ここからギリシア愛に直結させるのは短絡的である。Picardi(2009), 254–5 の鋭い指摘を参照。

(399) 第六章三節(1)。

(400) 第六章三節(2)。

(401) 『ドイツ国民に告ぐ』以前における、旧帝国国制への言及はほとんどない。『自然法の基礎』や『現代の根本特徴』と同様、草稿類についても、『共和国草稿』の序文や「皇帝宛書簡草稿」における皇帝への訴えのほか、帝国の制度面に関しては沈黙が保たれている。

(402) Pütter(1777–9), 19–21, 26–8, 31–5, 52–3.

(403) 同時代人の「帝国」観については、さしあたり K. O. F. v. Aretin, W. Conze, E. Fehrenbach, N. Hammerstein, P. Moraw (1984)を参照。

(404) また、『ドイツ国民に告ぐ』において、フィヒテは旧帝国国制下に繁栄した帝国都市について言及し、ドイツ国民を狭義の「共和制」を運用しうる唯一の国民として評価する(7: 355–8)。Lauth(1994b), 200–4 も帝国国制の重要性を強調するが、政体論の分析がともなわない。

(405) 実際に「解放戦争」中に執筆された『思索日記』において、フィヒテは旧帝国国制が脆弱な「連盟」Konföderation にとどまっていた点を批判し、戦後ドイツのために強力な「国家」的統合性を有する新帝国を構想しているのである(II, 15: 215ff., 245)。この戦後構想については、終章で詳しくあつかう。

(406) 第二章二節(2)。

(407) 第四章三節(2)。

(408) ゲルマン人論に関する分析は含まれていないものの、『国家論』の国民論についてはここでも Schottky(1996), 177–84 の分析がつねに参照されるべきである。

(409) 『国家論』のフィヒテが歴史的観点から、ドイツにおける「国民」の不在を強調する点については Schottky(1996),

178–80 の指摘が正当である。

(410) この講演に関する詳細な分析は Münkler(1999) に譲る。

(411) Fichte(1967), 597, 599.

(412) Fuchs(1990a).

(413) 「国民戦争」と「君主の戦争」という対概念については、Münkler(1999), 254ff. がより詳細に分析している。

(414) Verweyen(1975), 304–10 も視点は異なるが、『ドイツ国民に告ぐ』と『国家論』の国民論の差異を指摘する。

(415) もちろん、『国家論』においても、『ドイツ国民に告ぐ』における「国民」の構成要素たる「言語」と「国民性」Volksgesinnung の重要性は維持されている(4: 419–20)。

(416) フィヒテは、帝国国制・帝国都市・「著述家」によって国民意識が保存されてきた点を肯定的に評価しつつも、他方でその不十分も指摘する(4: 422–3; II, 15: 215ff.)。たとえば、帝国国制は「きわめて弛緩した」紐帯であったとされる。フィヒテにとって、政治体としての「国家的統一」Reichseinheit へと結晶してこそ、「国民性」は本当の意味で開花できるのである。

あとがき

思えば、長いつきあいである。フィヒテの作品に接するのは、大学院修士課程進学以来のことなので、かれこれもう十年以上になろうか。もちろん、修士論文でフィヒテをあつかった後、博士課程では十九世紀ドイツ自由主義の研究にむかったため、修士時代から本書執筆までにはかなりの空白期間があった。それでも研究者修業時代から、なんとか研究者として独り立ちできた現在にいたるまでのつきあいなので、こちらのほうでは勝手にフィヒテを年来の友人のように思っている。むこうにとっては迷惑かもしれない。

フィヒテは不思議な思想家である。

たしかに日本ではカントやヘーゲルに比して「有名」とはいえないかもしれないが、決して「無名」ともいえない。たとえば、高校世界史・倫理のほとんどの教科書において、フィヒテの名は『ドイツ国民に告ぐ』とともに紹介されているようである（『世界史用語集』『倫理用語集』山川出版社）。実際に自分がはじめてフィヒテの名に出会ったのも、高校世界史の教科書においてであった。ちなみにフィヒテの教科書登場頻度は、プラトン、アリストテレス、マキアヴェッリ、ルソー、カント、ヘーゲルといった思想史の「スーパースター」たちには一歩およばないが、キケロ、ボダン、モンテーニュ、シェイエス、バーク、ミル、トクヴィルなどと比べて同等以上の頻度を誇る。また、『ドイツ国民に告ぐ』は明治以来、十回以上も翻訳されてきた。すくなくとも近代の日本人は、フィヒテのうちに何がしかの魅力を感じとってきたといって差し支えなかろう。

ところが、肝心の思想内容となると、ほとんど知られていない。最大の原因は、本書の「序章」で詳しくみたように、さまざまな特殊事情による研究・紹介不足である。日本のみならず、本国ドイツにおいてさえ、堅実なフィヒテ研究、とくに政治思想方面の研究は多くない。修士課程時代の自分も、近代の日本人が寄せるフィヒテへの関心と、圧倒的な研究不足という落差に驚いた。もし本書を当時の自分が手にとったならば、どう思うだろうか。フィヒテの面白みに惹きつけられるだろうか、それとも、駄書と一蹴するだろうか。そんなことをよく考える。

本書の叙述形式は、従来のフィヒテ関連書籍——日本・海外を問わず——のそれとはずいぶん異なっている。通例、フィヒテの思想を論ずる場合には、個々の作品を厳密に解釈したうえで、抽象的な体系として提示する。政治思想分野における典型例が、「序章」でも述べたように南原繁『フィヒテの政治哲学』であることはいうまでもない。本書も思想の体系性には留意したが、叙述にさいして手本としたのはむしろ、前田愛『成島柳北』や有泉貞夫『星亨』(いずれも朝日評伝選)といった評伝である。もちろん、フィヒテは文人や政治家ではなく、哲学者なのであり、記述の中心も当然、思想内容にならざるをえない。フィヒテ自身、自分の哲学は生そのものだと語っていた。「どのような哲学を選択するかは、その者がどのような人間であるかにかかっている。というのも、哲学体系は好みによって取捨選択できる死んだ家財道具ではなく、哲学する者の魂によって生命を吹き込まれるものだからである」(『知識学新叙述の試み』)。にもかかわらず、思想の体系的分析だけではフィヒテの全体像をつかめない、という思いがずっとあった。本書で示したように、フィヒテは高度な抽象概念をもちいつつも、つねに同時代の情勢や文脈を意識していた。かれのユートピア的な秩序構想と、怜悧な現実認識は密接不可分といってよい。概念分析の水準を落とすことなく、時代精神のなかでフィヒテを理解する叙述形式として評伝を選択したのは、このゆえである。ドイツ観念論の晦渋さから離れて、時代精神を生きるフィヒテの息遣いを伝えたかった。

本書の成立までには多くの方々のお世話になった。ひとりひとり、お名前を挙げて深謝したい気持ちに駆られるが、ここではとくに本書と関連のある方に限定させていただきたい。

まず、杉田孝夫先生(お茶の水女子大学名誉教授)である。杉田先生はフィヒテ政治思想研究の第一人者であり、数十年にわたって日本のフィヒテ研究を牽引してこられた。大学院時代の指導教員・川出良枝先生からのご紹介が縁で、現在にいたるまで著者のフィヒテ研究をあたたかく見守ってくださっている。先生の学風は堅実で、奇抜・奇矯を嫌い、原典に即した緻密な史料解釈を旨とする。また、フィヒテの晦渋な議論を分析する際にも、つねに平易・簡潔・明晰な表現をもちいてこられた。先生なくして、著者のフィヒテ研究はありえなかった。誰よりもまず、杉田先生に本書を捧げたい。また、古城毅(学習院大学)と永見瑞木(大阪府立大学)の両先輩には、著者が不案内なフランス革命期の政治思想研究について多くをご教示いただいた。ここに深謝したい。

つぎに、岩波書店編集部の押川淳、飯田建の両氏である。経験豊富な熟練の編集者である両氏に担当していただけたことは、著者と本書にとってこの上ない幸運であった。とくに飯田氏は学術誌に掲載された著者の未熟きわまるフィヒテ論に着目し、本書の執筆をもちかけてくださった。その後も、ことあるごとに執筆を応援していただいた。まさしく本書の産みの親とでもいうべき存在であり、感謝の言葉もない。氏のご期待に添えたかどうか、はなはだ心もとないが、とりあえず、ひとつのかたちにできたことに安堵している。なお、本書の刊行にあたって、明治学院大学学術振興基金補助金を受給した。関係各氏にはこの場を借りて厚く御礼申し上げるしだいである。

装幀を手がけてくれた、父・英博にも感謝したい。これまでいかなる組織にも属さず、筆一本で家族を養ってきた父は六十八歳になるが、いまなお現役の装幀家である。父の装幀で自著を出版できたこと、これにまさる喜びはほかにない。研究の道は果てしないが、自分も父のように、息の長い研究者でありたいと切に願う。

最後に、フィヒテにとってのヨハンナのごとく、いつも著者を支え、見守ってくれる加藤美佳に本書を捧げたい。

武蔵小金井の自宅にて

熊谷英人
1984年生まれ．東京大学法学部卒業，東京大学大学院法学政治学研究科博士課程修了．博士(法学)．現在，明治学院大学法学部准教授．専門は政治学史．
著書に『フランス革命という鏡――十九世紀ドイツ歴史主義の時代』(白水社，2015年，サントリー学芸賞受賞)．
論文に「ある政治史の出発――B. G. ニーブーアのローマ王政論」(『政治思想研究』15号，2015年)，「「均衡」の宇宙――思想家としてのフリードリヒ・ゲンツ」(『政治思想研究』11号，2011年)，「幻影の共和国――J. G. フィヒテ，「二十二世紀」からの挑戦」(『国家学会雑誌』123巻3・4号，2010年)ほか多数．

フィヒテ「二十二世紀」の共和国

2019年2月22日　第1刷発行

著　者　熊谷英人《くまがいひでと》

発行者　岡本　厚

発行所　株式会社　岩波書店
〒101-8002 東京都千代田区一ツ橋2-5-5
電話案内 03-5210-4000
http://www.iwanami.co.jp/

印刷・三陽社　カバー・半七印刷　製本・牧製本

ISBN 978-4-00-061320-0　Printed in Japan

人名索引

サ 行

タ 行

ナ 行

ハ 行

マ 行

ヤ 行

ラ 行

略年譜

E. Fuchs hg., J. G. Fichte im Gespräch. Bd. 5 所収の年譜をもとに作成した.

1762	ラメナウに生まれる
1774	プフォルタ校入学(80年まで)
1780-85	イェナ，ライプツィヒ，ヴィッテンベルクの各大学で学ぶ
1788	チューリヒにて家庭教師(90年まで)
1789	フランス革命勃発
1790	ヨハンナ・ラーンと婚約，チューリヒから出立
	カント哲学，とりわけ『実践理性批判』に感銘を受ける
1791	ケーニヒスベルクのカントを訪問
1792	『全啓示批判の試み』
	フランス革命戦争開幕
1793	『フランス革命について公衆の判断を是正するための寄与』
	ヨハンナ・ラーンと結婚
1794	イェナ大学教授に就任(99年まで)
	『知識人の使命』
	『全知識学の基礎』
1795	学生組合との衝突
	バーゼルの和約によってプロイセン，対仏戦争から離脱
1796	『知識学の諸原理にもとづく自然法の基礎』
1798	『知識学の諸原理にもとづく道徳論の体系』
1798-99	無神論論争によってイェナ大学を解雇
1799	ブリュメール十八日のクーデターによってナポレオン，政権奪取
1800	フィヒテ一家，ベルリンに移住
	『人間の使命』
	『閉鎖商業国家論』
1803	帝国代表者会議主要決議によって聖俗中小領邦の大幅整理
1804	後期知識学に関する私講義
1805	アウステルリッツの会戦にて墺・露連合軍が仏軍に大敗
1806	『現代の根本特徴』
	『知識人の本質，ならびに自由の領域におけるその現象』
	『浄福なる生への導き，あるいは宗教論』
	ナポレオンを盟主としたライン連盟の結成. 神聖ローマ帝国消滅
	普仏戦争開幕. 仏軍のベルリン入城
	ケーニヒスベルクに移住し，同大学教授に就任
1807	『著述家としてのマキアヴェッリおよび著作抜粋』
	『五代目の帝国守護者のもとにおける二十二世紀初頭のドイツ人の共和国』(推

定)
ティルジット条約によって普仏戦争終結
メーメルとコペンハーゲンを経由してベルリンに帰還
『ベルリンに設立予定の高等教育機関に関する演繹的計画』
1808　『ドイツ国民に告ぐ』
夏，大病に見舞われる
1810　ベルリン大学開学．同大学教授，および哲学学部長に就任
1811　ベルリン大学総長に就任(12年まで)
『知識人の使命に関する五講』
1812　法論講義
道徳論講義
1813　「解放戦争」開幕
国家論講義(1820年に『国家論——原国家と理性国家の関係について』として出版)
ライプツィヒの戦いにて対仏連合軍が仏軍を撃破
1814　ベルリンにて死去

参考文献

A. Abizadeh(2005), Was Fichte An Ethnic Nationalist? On Cultural Nationalism And Its Double. in: History of Political Thought. vol. 26.

A. Aichele(2008), Einleitung. in: ebd. hg., J. G. Fichte, Reden an die deutsche Nation. Hamburg.

M. Albada(2012), Fichte the faschist? The misappropriation of a republican philosopher in Weimar, Germany 1918-1933.
in. http://web.stanford.edu/group/journal/cgi-bin/wordpress/wp-content/uploads/ 2012/09/Albada_Hum_2012.pdf. visited on 12. 01. 2017.

D. Archard, Family law. in: Merle hg.(2016)

K. O. F. v. Aretin, W. Conze, E. Fehrenbach, N. Hammerstein, P. Moraw(1984), Reich. in: O. Brunner, W. Conze, R. Koselleck hg.(1972-97)Bd. 5.

F. Aschoff(1997), Zwischen außerem Zwang und innerer Freiheit: Fichtes Hauslehrer-Erfahrungen und die Grundlegung seiner Philosophie. in: Fichte-Studien. Bd. 9.

Ch. Asmuth(2003), Metaphysik und Historie bei J. G. Fichte. in: Fichte-Studien. Bd. 23.

―(2006), Religion, Revolution und Transzendentalphilosophie: J. G. Fichtes Berliner Religionsphilosophie. in: Baumann hg.(2006)

―(2011), Der Staat und die Sittlichkeit. Fichtes Verhältnisbestimmung von Recht und Moral. in: Zöller hg.(2011)

S. Bacin(2007), Fichte in Schulpforta(1774-1780): Kontexte und Dokumente. Stuttgart-Bad Cannstatt.

M. Baker, F. Furet, M. Ozouf, C. Lucas ed.(1987-94), The French Revolution and the creation of modern political culture. 4 vols. Oxford.

Z. Batscha(1970), Gesellschaft und Staat in der politischen Philosophie Fichtes. Frankfurt am Main.

―(1972), Die Arbeit in der Sozialphilosphie J. G. Fichtes. in: Archiv für Sozialgeschichte. Bd. 12.

―(1989), Thomas Abbts politische Philosophie. in: "Despotismus von jeder Art reizt zur Widersetzlichkeit": Die Französische Revolution in der deutschen Popularphilosophie. Frankfurt am Main.

P. Baumanns(1972), Fichtes ursprüngliches System: sein Standort zwischen Kant und Hegel. Stuttgart-Bad Cannstatt.

U. Baumann(2006), Frühnationalismus und Freiheit: Fichtes Berliner Perspektiven einer deutschen Republik. in: Baumann hg.(2006)

―(2011), Der Staat und das Volk: Fichtes politischer Nationalismus. in: Zöller hg.(2011)

U. Baumann hg.(2006), Fichte in Berlin: Spekulative Ansätze einer Philosophie der Praxis. Hannover-Laatzen.
H. M. Baumgartner, W. G. Jacobs hg.(1968), J. G. Fichte: Bibliographie. Stuttgart. Bad Cannstatt.
L. Bechstein(1838), Das malerische und romantische Deutschland. Bd. 4. Leipzig.
H.-J. Becker(2000), Fichtes Idee der Nation und das Judentum. Amsterdam.
G. Birtsch(1971), Zur sozialen und politischen Rolle des deutschen, vornehmlich preußischen Adels am Ende des 18. Jahrhunderts. in: R. Vierhaus hg., Der Adel vor der Revolution. Göttingen.
H. Blankertz(1985), Berufsbildung und Utilitarismus: Problemgeschichtliche Untersuchungen. Weinheim/München.
E-W. Böckenförde(1995), Die deutsche verfassungsgeschichtliche Forschung im 19. Jahrhundert: Zeitgebundene Fragestellungen und Leitbilder. 2. Aufl. Berlin.
E. Breisach(1983), Historiography: Ancient, Medieval, and Modern. 3d. ed. Chicago.
J. H. Brumfitt(1958), Voltaire Historian. Oxford.
O. Brunner, W. Conze, R. Koselleck hg.(1972-97), Geschichtliche Grundbegriffe. 8 Bände in 9. Stuttgart.
M. Buhr(1965), Revolution und Philosophie: die ursprüngliche Philosophie Johann Gottlieb Fichtes und die französische Revolution. Berlin.(藤野渉，小栗嘉浩，福吉勝男訳，マンフレート・ブール『革命と哲学――フランス革命とフィヒテの本源的哲学』法政大学出版局，1976 年)
G. Cambiano(1991), Platone e le tecniche. Roma-Bari.
―(2016), Come nave in tempesta: Il governo della città in Platone e Aristotele. Roma-Bari.
E. Carcassonne(1978), Montesquieu et le Problème de la Constitution Française au XIIIe Siècle. Genève.
A. Christoph(1995), Wissenschaft und Religion. in: Fichte-Studien. Bd. 8.
W. Coxe(1789), Travels in Switzerland. vol. 1. London.
O. Dann(1988), Jena: Eine akademische Gesellschaft im Jahrzehnt der Französischen Revolution. in: H. Berding hg., Sociale Unruhen in Deutschland während der Französischen Revolution. Göttingen.
C. de Pascale(1987), Freiheit und Notwendigkeit beim späten Fichte. in: Mues(1987)
―(1991), Der Primat Deutschlands bei Fichte. in: Fichte-Studien. Bd. 3.
―(1995), "Die Vernunft ist praktische": Fichtes Ethik und Rechtslehre im System. Berlin.
―(1997), Religion und Politik während des Atheismus-Streites. in: Fichte-Studien. Bd. 11.
―(1999), Fichtes politische und Rechtsphilosophie in der Deutung von Richard Schottky. in: Fichte-Studien. Bd. 16.

—(2001a), Die Menschenrechtsproblematik bei Fichte: Ein kritischer Ausblick. in: Fuchs, Ivaldo, Moretto hg.(2001)
—(2001b), Vivere in società, agire nella storia: Libertà, diritto, storia in Fichte. Milano.
—(2003), Fichte und die Gesellschaft. in: H. Girndt, H. Traub hg., Praktische und angewandte Philosophie II. Beiträge zum vierten Kongress der Internationalen Johann Gottlieb Fichte-Gesellschaft in Berlin vom 3. bis 8. Oktober 2000, Amsterdam/New York 2003.
—(2006), Fichte und die Verfassung des Vernunftreichs. in: Fichte-Studien. Bd. 29.
—(2012), Geselligkeit und Gesellschaft bei Fichte. in: i-lex. 17.
—(2016), Das Völkerrecht. in: Merle hg.(2016)
C. de Pascale, E. Fuchs, M. Ivaldo, G. Zöller hg.(2005), Fichte und die Aufklärung. Hildesheim/Zürich/New York.
M. Detienne(1996), The Masters of Truth in Archaic Greece. New York.
S. Doyé hg.(1993), J. G. Fichte-Bibliographie(1968–1992/93). Amsterdam.
C. Dierksmeier(2011), Der Staat und die Wirtschaft: Fichtes politische Ökonomik. in: Zöller hg.(2011)
H. Duchhardt(2007), Freiherr vom Stein: eine Biographie. Münster.
R. v. Dülmen(1990–4), Kultur und Alltag in der frühen Neuzeit. 3 Bde. München.(佐藤正樹訳，リヒャルト・ファン・デュルメン『近世の文化と日常生活』全 3 巻，鳥影社，1993–8 年)
G. Duso(2001), Politische als praktische Philosophie beim späten Fichte. in: Fuchs, Ivaldo, Moretto hg.(2001)
N. Edmondson(1966), The Fichte Society: A Chapter in Germany's Conservative Revolution. in: The Journal of Modern History. vol. 38–2.
V. Ehrich-Haefeli(1995), Rousseaus Sophie und ihre deutschen Schwestern: Zur Entstehung der bürgerlichen Geschlechterideologie. in: H. Jaumann hg.(1995)
K. Epstein(1966), The Genesis of German Conservatism. Princeton.
W. Erhart, A. Koch hg.(2007), E. M. Arndt(1769–1860): Deutscher Nationalismus-Europa-Transatlantische Perspektiven. Tübingen 2007.
F. B.(1806), Ueber das alte System des Gleichgewichts und über das neue Föderativ-System. in: Europäische Annalen. 8. St.
E. Fehrenbach(1997), A. W. Rehbergs Adelskritik und seine Reformbestrebungen im Königreich Hannover. in: H.-W. Hahn, J. Müller hg., E. Fehrenbach, Politischer Umbruch und gesellschaftliche Bewegung: ausgewählte Aufsätze zur Geschichte Frankreichs und Deutschlands im 19. Jahrhundert. Oldenbourg.
L. Fertig(1979), Die Hofmeister: Ein Beitrag zur Geschichte des Lehrerstandes und der bürgerlichen Intelligenz. Stuttgart.
I. H. Fichte(1862), Fichte's Leben und litterarischer Briefwechsel. T. 1. 2. verm. u. verb. Aufl. Leipzig.

J. G. Fichte(1845/46), I. H. Fichte hg., Fichtes Werke. 8 Bde. Berlin.
—(1962-2011), R. Lauth, E. Fuchs, H. Gliwitzky hg., Gesamtausgabe der Bayerischen Akademie der Wissenschaften. 42 Bde. Stuttgart/Bad Cannstatt.(ラインハルト・ラウトほか編『フィヒテ全集』全24巻，晢書房，1995-2016年)
—(1967), H. Schulz hg., Briefwechsel. Bd. 2. Hildesheim.
—(2002), I. Radrizzani éd., Lettres et témoignages sur la Révolution française. Paris.
M. I. Finley(1975), Utopianism Ancient and Modern. in: ebd., The use and abuse of history. London.
M. Franz(1996), Schellings Tübinger Platon-Studien. Göttingen.
M. Freund(1969), Napoleon und die Deutschen: Despot oder Held der Freiheit? . München.
H. Freyer(1936), Über Fichtes Machiavelli-Aufsatz. Hirzel.
G. F. Frigo(1990), Il saggio fichtiano su Machiavelli. in: ebd. hg., J. G. Fichte, C. v. Clausewitz, Sul Principe di Machiavelli. Ferrara.
E. Fuchs(1984), Fichtes Tätigkeit in Erlangen. in: H. Gliwitzky hg., J. G. Fichte, Wissenschaftlehre 1805. Hamburg.
—(1987), Fichtes Briefentwurf "An den Kaiser" Franz II. aus dem Jahre 1799. in: A. Mues hg., Transzendentalphilosophie als System. Hamburg.
—(1990a), Fichtes Einfluß auf seine Studenten in Berlin zum Beginn der Befreiungskriege. in: Fichte-Studien. Bd. 2.
—(1990b), Fichtes Stellung zum Judentum. in: Fichte-Studien. Bd. 2.
—(1996), Spuren Fichteschen Denkens in der deutschen Nationalbewegung(1813-71). in: H-D. Klein hg. Gesellschaft, Staat, Nation. Wien.
—(2005), Fichte und die Berliner Aufklärung: Einige charakteristische Linien. in: de Pascale, Fuchs, Ivaldo, Zöller hg.(2005)
—(2011), Fichte über Platons Staat: Eine Vorabedition. in: Zöller hg.(2011)
E. Fuchs hg.(1978-92), J. G. Fichte im Gespräch: Berichte der Zeitgenossen. 7Bde. Stuttgart-Bad Cannstatt.
E. Fuchs, M. Ivaldo, G. Moretto hg.(2001), Der transzendentalphilosophische Zugang zur Wirklichkeit. Stuttgart/Bad Cannstatt.
F. Furet, M. Ozouf ed.(1990), Terminer la Révolution: Mounier et Barnave dans la Révolution française. Grenoble.
J. C. Gatterer(1792), Versuch einer allgemeinen Weltgeschichte, bis zur Entdeckung Amerikas. Göttingen.
M. Gauchet(1995), La révolution des pouvoirs: la souveraineté, le peuple et la représentation, 1789-1799. Paris.(富永茂樹，北垣徹，前川真行訳，マルセル・ゴーシェ『代表制の政治哲学』みすず書房，2000年)
G. Geismann(1991), Fichtes »Aufhebung« des Rechtsstaates. in: Fichte-Studien. Bd. 3.
F. Gentz(1997-2004), G. Kronenbitter hg., Gesammelte Schriften. Hildesheim.

L. Gernet(1968), The Nobility in Ancient Greece. in: ebd., The Anthropology of Ancient Greece. Baltimore/London.

H. Gerth(1976), Bürgerliche Intelligenz um 1800: Zur Soziologie des deutschen Frühliberalismus. Göttingen.

H. Girndt(1990), Die fünffache Sicht der Natur im Denken Fichtes. in: Fichte-Studien. Bd. 1

W. D. Gruner(2007), E. M. Arndt: die nationale Frage der Deutschen und ihre Instrumentalisierun für die historische Legitimierung des preußischen-kleindeutschen Kaiserreichs. in: W. Erhart, A. Koch hg.(2007)

P. Gueniffey(1988), Les assemblées et la représentation. in: M. Baker, F. Furet, M. Ozouf, C. Lucas ed.(1987-94), vol. 2.

M. Gueroult(1974), Fichte et la Révolution française. in: ebd., Etudes sur Fichte. Paris.

H. Günther hg.(1985), Die Französische Revolution: Berichte und Deutungen deutscher Schriftsteller und Historiker. Frankfurt am Main.

K. Hahn(1969), Staat, Erziehung und Wissenschaft bei J. G. Fichte. München.

—(1981), Fichtes Politikbegriff. in: Hammacher hg.(1981)

K. Hammacher(1990), Fichte und die Freimauerei. in: Fichte-Studien. Bd. 2

—(1996a), Transzendentale Theorie und Praxis: Zugänge zu Fichte. Amsterdam/Atlanta.

—(1996b), Weltbürgertum und Deutschtum(freimaurisches und nationales Denken)in Fichtes Republik der Deutschen. in: Hammacher(1996a)

—(1996c), Vom Gottesstaat zum Nationalstaat. in: Hammacher(1996a)

—(1996d), Fichtes Weg zur Geschichte. in: Hammacher(1996a)

K. Hammacher(1981), Der Transzendentale Gedanke: Die gegenwärtige Darstellung der Philosophie Fichtes. Hamburg.

N. Hammerstein(1972), Jus und Historie: ein Beitrag zur Geschichte des historischen Denkens an deutschen Universitäten im späten 17. und im 18. Jahrhundert. Göttingen.

—(2000), Res publica litteraria: ausgewählte Aufsätze zur frühneuzeitlichen Bildungs-, Wissenschafts-und Universitätsgeschichte. Berlin.

F. Hartung(1923), Das Großherzogtum Sachsen unter der Regierung Carl Augusts 1775-1828. Weimar.

J. Heinrichs(2003), Die Mitte der Zeit als Tiefpunkt einer Parabel: Fichtes Geschichtskonstruktion und Grundzüge der gegenwärtigen Zeitwende. in: Fichte-Studien. Bd. 23.

M. Heinz, R. Schäfer(2010), Die Fichte-Rezeption im Nationalsozialismus am Beispiel Bauchs und Gehlens. in: Fichte-Studien. Bd. 35.

D. Henrich hg.(1967), Kant, Gentz, Rehberg, über Theorie und Praxis. Frankfurt am Main.

F. Herdman(1990), Montesquieurezeption in Deutschland im 18. und beginnenden 19. Jahrhundert. Hildesheim/Zürich/New York/Olms.

U. Herrmann(1979), Die Pädagogik der Philanthropen. in: H. Scheuerl hg., Klassiker der Pädagogik. Bd. 1. München.
—(1987), Erziehung und Unterricht als Politicum. in: H. E. Bödeker hg., Aufklärung als Politisierung. Hamburg.
—(1996), Pestalozzis Denken im Kontext politisch-sozialer Modernisierungsprozesse. in: Neue Pestalozzi-Studien. Bd. 4.
N. Hinske(1990), Einleitung. in: N. Hinske, M. Albrecht hg., Was ist Aufklärung?: Beiträge aus der Berlinischen Monatsschrift. Darmstadt.
R. Hinz(1991), Pestalozzi und Preußen: Zur Rezeption der Pestalozzischen Pädagogik in der preußischen Reformzeit(1806/07-1812/13). Frankfurt am Main.
H. Hirsch(1979), Einleitung. in: J. G. Fichte, Der geschlossene Handelsstaat. Hamburg.
—(1981), Fichtes Beitrag zur Theorie der Planwirtschaft und dessen Verhältnis zu seiner praktischen Philosophie. in: Hammacher hg.(1981)
Historisches Institut der Friedrich-Schiller-Universität hg.(1958-62), Geschichte der Universität Jena 1548/58-1958. Jena.
W. v. Humboldt(1968), Die Königlich Preissischen Akademie der Wissenschaften hg., Willhelm von Humboldt gesammelte Schriften. Berlin. Bd. 10.
I. Iselin(1770), Über die Geschichte der Menschheit. Bd. 2. Bern.
M. Ivaldo(1997), Politik, Geschichte und Religion in der Staatslehre von 1813. in: Fichte-Studien. Bd. 11.
—(2005), Fichtes Vorsehungsgedanke. in: de Pascale, Fuchs, Ivaldo, Zöller hg.(2005)
—(2006), Éléments d'une éthique de l'action politique dans l'essai sur Machiavel de Fichte. in: Radrizzani éd.(2006)
W. G. Jacobs(2012), J. G. Fichte. Berlin.
B. Jakl(2006), Recht und Zwang in Fichtes Rechtslehre von 1812. in: Fichte-Studien. Bd. 29.
D. James(2011), Fichte's Social and Political Philosophy: Property and Virtue. Cambridge.
—(2015), Fichte's Republic: Idealism, History and Nationalism. Cambridge.
W. Janke(1970), Fichte: Sein und Reflexion——Grundlagen der kritischen Vernunft. Berlin.(隈元忠敬ほか訳，ヴォルフガンク・ヤンケ『フィヒテ——存在と反省・批判的理性の基礎』上下巻，哲書房，1992-4 年)
H. Jaumann(1995), Rousseau in Deutschland: Forschungsgeschichte und Perspektiven. in: H. Jaumann hg.(1995).
H. Jaumann hg.(1995), Rousseau in Deutschland: Neue Beiträge zur Erforschung seiner Rezeption. Berlin/New York.
L. Jaume(1987), Légitimité et représentation sous la Révolution: l'impact du Jacobinisme. in: Droits. t. 6.
—(1989), Le discours Jacobin et la démocratie. Paris.

—(1990), Échec au libéralisme: les Jacobins et l'État. Paris.(石埼学訳, リュシアン・ジョーム『徳の共和国か, 個人の自由か——ジャコバン派と国家 1793 年-94 年』勁草書房, 1998 年)

—(2000), L'etat Jacobin ou le constitutionnalisme en procès. in: S. Goyard-Fabre(ed.), L'etat moderne. Paris.

I. Kammerlander(1969), Johanna Fichte: ein Frauenschicksal der deutschen Klassik. Stuttgart.

I. Kant(1902ff.), Die Königlich Preußische Akademie der Wissenschaften. hg., Kant's gesammelte Schriften. 29 Bde. Berlin.

B. Kapossy(2006), Iselin contra Rousseau: Sociable Patriotism and the History of Mankind. Basel.

Ch. Kersting(1992), Die Genese der Pädagogik im 18. Jahrhundert: Campes „Allgemeine Revision" im Kontext der neuzeitlichen Wissenschaft. Weinheim.

W. Kersting(2016), Die Unabhängigkeit des Rechts von der Moral. in: Merle hg.(2016)

H. Kirchner(1938), Das germanische Altertum in der deutschen Geschichtsschreibung des achtzehnten Jahrhunderts. Lübeck.

D. Klippel(1976), Politische Freiheit und Freiheitsrechte im deutschen Naturrecht des 18. Jahrhunderts. Paderborn.

G. Klosko(2006), The Development of Plato's Political Theory. 2nd ed. Oxford.

Ch. B. Krebs(2012), Das gefährliches Buch: Die »Germania« des Tacitus und die Erfindung der Deutschen. München.

C. G. Küttner(1785), Briefe eines Sachsen aus der Schweiz an seinen Freund in Leipzig. 1. T. Leipzig.

R. Lauth(1978), Einleitung. in: ders. hg., Reden an die deutsche Nation. Hamburg.

—(1994a), Fichtes Geschichtskonzeption. in: Lauth(1994d)

—(1994b), Der letzte Grund von Fichtes Reden an die deutsche Natiode Staël n. in: Lauth(1994d)

—(1994c), Mme. de Staëls Gespräch mit Fichte im März 1804. in: Lauth(1994d)

—(1994d), Vernünftige Durchdringung der Wirklichkeit: Fichte und sein Umkreis. Neuried.

A. La Vopa(1988), Grace, Talent, and Merit: Poor Students, Clerical Careers, and Professional Ideology in Eighteenth-Century Germany. Cambridge.

—(2001), Fichte: The Self and the Calling of Philosophy, 1762-1799. Cambridge.

A. Lazzari(2016), „Eine Fessel, die nicht schmerzt und nicht sehr hindert". in: Merle hg.(2016)

M. Liedke(1979), Johann Heinrich Pestalozzi(1746-1827). in: H. Scheuerl hg., Klassiker der Pädagogik. Bd. 1. München.

P. Lohmann(2004), Der Begriff des Gefühls in der Philosophie J. G. Fichtes. Amsterdam/New York.

—(2014), »Das Thal der Liebenden«: Biographische und ideengeschichtliche Aspekte einer Novelle J. G. Fichtes im ästhetischen Kontext seiner Jugendschriften. in: Fichte-Studien. Bd. 41.
N. Loraux(1993), The Children of Athena. Princeton.
I. Macdaniel(2013), Adam Ferguson in the Scottish Enlightenment. Cambridge.
N. Machiavelli(1532), Il Principe.
—(1796–9), Opere di Niccolò Machiavelli cittadino e segretario fiorentino. 8 Bde, Firenze.
—(2013), Discorsi sopra la prima deca di Tito Livio. Milano.
I. Maus(2016), Die Verfassung und ihre Garantie: das Ephorat. in: Merle hg.(2016)
F. Medicus(1914), Fichtes Leben. Leipzig.
Ch. Meier, W. Conze(1972), Adel. in: O. Brunner, W. Conze, R. Koselleck hg.(1972–97). Bd. 1
F. Meinecke(1962), H. Herzfeld hg., Weltbürgertum und Nationalstaat(Werke Bd. 5), München.
Ch. Meiners(1791), Briefe über die Schweiz. Bd. 1. Wien.
H. Meise(1992), Die Unschuld und die Schrift: Deutsche Frauenromane im 18. Jahrhundert. Frankfurt am Main.
L. S. Mercier(1802), L'An 2440, rêve s'il en fut jamais. t. 3. nouvelle éd. Paris.
J.-Ch. Merle(1999), L'institutionnalisation du droit de résistance chez Fichte. in: J.-C. Zancarini ed., Le droit de résistance: XIIe-XXe siècle. Lyon.
J.-Ch. Merle hg.(2016), J. G. Fichte: Grundlage des Naturrechts. 2. bear. Aufl. Berlin.
W. Metz(1990), Die Weltgeschichte beim späten Fichte. in. Fichte-Studien. Bd. 2.
D. Moggach(1993), Fichte's Engagement with Machiavelli. in: History of Political Thought, XIV-4.
A. Momigliano(1984), How to Reconcile Greeks and Trojans. in: ebd., Settimo contributo alla storia degli studi classici e del mondo antico. Roma.
—(1990), The Classical Foundations of Modern Historiography. Berkley/Los Angeles/London.
C.-L. de Secondat de Montesquieu(1748), De l'Esprit des lois. Genève.
G. Moretto(2001), Das Christentum und die Gleichheit der Menschen in der Staatslehre 1813. in: Fuchs, Ivaldo, Moretto hg.(2001)
A. Mues(1987), Transzendentalphilosophie als System. Hamburg.
U. Muhlack(2006), Die Universitäten im Zeichen von Neuhumanismus und Idealismus: Berlin. in: N. Hammerstein, G. Walther hg., U. Muhlack, Staatensystem und Geschichtsschreibung. Berlin.
H. Münkler(1999), „Wer sterben kann, wer will denn den zwingen“: Fichte als Philosoph des Krieges. in: J. Kunisch, H. Münker hg., Die Wiedergeburt des Krieges aus dem Geist der Revolution. Berlin.

F. Neuhouser(1994), Fichte and the relation between Right and Morality. in: D. Breazeale, T. Rockmore eds., Fichte: historical context-contemporary controversies. Atlantic Highlands. N. J.
C. Nicolet(2003), La fabrique d'une nation: La France entre Rome et les Germains. Paris.
K. O'Brien(2005), Narratives of Enlightenment: Cosmopolitan History from Voltaire to Gibbon. Cambridge.
R. R. Palmer(1985), The Improvement of Humanity: Education and the French Revolution. Princeton.
R. Picardi(2006), »Sittliche Natur« und Geschichte beim frühen und späten Fichte. in: Fichte-Studien. Bd. 29.
—(2009), Il concetto e la storia: La filosofia della storia di Fichte. Bologna.
C. Piché(2003), La Doctrine de l'Etat de 1813 et la question de l'éducation chez Fichte. in: J.-C. Goddard, M. Maesschalck éd., Fichte La philosophie de la maturité (1804-1814): Réfléxivité, phénoménologie, philosophie appliquée. Paris.
L. Pikulik(1981), „Bürgerliches Trauerspiel" und Empfindsamkeit. 2. Aufl. Köln/Wien/Böhlau.
Platon(1799), Übers. F. K. Wolff, Platons Republik oder Unterredung vom Gerechten: in zehn Büchern. 2 Bde. Altona.
—(1800), Übers. M. G. Fähse, Platons Republik. 2 Bde. Leipzig.
A. Polcar(2002), Machiavelli-Rezeption in Deutschland von 1792-1858. Aachen.
P. Preul(1969), Reflexion und Gefühl: Die Theologie Fichtes in seiner vorkantischen Zeit. Berlin.
J. S. Pütter(1753), Staatsveränderungen des Teutschen Reichs von den ältesten bis auf die neuesten Zeiten im Grundrisse. Göttingen.
—(1777-9), B. M. Scherl hg. Beyträge zum Teutschen Staats-und Fürstenrechte. Bd. 1. Göttingen.
I. Radrizzani(1990), Ist Fichtes Modell des Kosmopolitismus pluralistisch? in: Fichte-Studien. Bd. 2.
—(1996), Fichte's Transcendental Philosophy and Political praxis. in: D. Breazeale, T. Rockmore ed., New perspectives on Fichte. New Jersey.
—(2005), Die Wissenschaftslehre und die Aufklärung. in: de Pascale, Fuchs, Ivaldo, Zöller hg.(2005)
—(2006), La «machiavélisation» du politique chez le Fichte tardif. in: Radrizzani éd.(2006)
—(2011), Staatsverfassung und Staatsveränderung: Fichtes frühe politische Philosophie. in: Zöller hg.(2011)
I. Radrizzani éd.(2006), Fichte lecteur de Machiavel: Un nouveau Prince contre l'occupation napoléonienne. Basel.

P. Raedts(2016), Die Entdeckung des Mittelalters: Geschichte einer Illusion. Darmstadt.
G. Rametta(2005), Politik der Vernunft und Vernunftsstaat bei Fichte(1793-1808). in: de Pascale, Fuchs, Ivaldo, Zöller hg.(2005)
—(2006), Das Problem der Souveränität in Fichtes Staatslehre. in: Fichte-Studien. Bd. 29.
M. Rampazzo Bazzan(2006), Das Ephorat bei Fichte. in: Fichte-Studien. Bd. 27.
E. Rawson(1969), The Spartan tradition in European thought. Oxford.
A. W. Rehberg(1793), Untersuchungen über die Franzosische Revolution: nebst kritischen Nachrichten von den merkwürdigsten Schriften welche darüber in Frankreich erschienen sind: Erster Theil: Welcher Untersuchungen über das neue französische System der Staatverfassung enthalt. Hannover/Osnabrück.
—(1828-31), Sämmtliche Schriften. 3Bde. Hannover.
S. Reiß(2006a), Fichtes Reden an die deutsche Nation oder: Vom Ich zum Wir. Berlin.
—(2006b), Fichte in Berlin: Öffentliches Engagement und Arbeit am System. in: Baumann hg.(2006)
A. Renaut(1991), Fichte et la politique de l'entendement. in: Revue de théologie et de philosophie. t. 123.
N. Richer(1998), Les éphores: études sur l'histoire et sur l'image de Sparte(VIIIe-IIIe siècle avant Jésus-Christ). Paris.
M. Richir(1989), Fichte et la Terreur. in: M. Baker, F. Furet, M. Ozouf, C. Lucas ed.(1987-94). vol. 3.
H. Rosenbaum(1982), Formen der Familie: Untersuchungen zum Zusammenhang von Familienverhältnissen, Sozialstruktur und sozialem Wandel in der deutschen Gesellschaft des 19. Jahrhunderts. Frankfurt am Main.
J.-J. Rousseau(1762), Du contrat social. Amsterdam.
R. Saage(1977), Zur neueren Rezeption der politischen Philosophie J. G. Fichtes. in: Z. Batscha, R. Saage hg., J. G. Fichte, Ausgewählte politische Schriften. Frankfurt am Main.
G. Sauder(1973), Empfindsamkeit. Bd. 1. Stuttgart.
M. J. Sauter(2009), Visions of the Enlightenment: The Edict on Religion of 1788 and the Politics of the Public Sphere in Eighteenth-Century Prussia. Leiden/Boston.
H. Schelsky(1963), Einsamkeit und Freiheit: Idee und Gestalt der deutschen Universität und ihrer Reformen. Reinbeck bei Hamburg. 1963(田中昭徳，阿部謹也，中川勇治訳，ヘルムート・シェルスキー『大学の孤独と自由』未來社，1970年)
F. Schiller(1970), N. Oellers, S. Seidel hg., Schillers Werke. Bd. 17. Weimar.
S. Schmidt, Alma Mater Jenensis hg.(1983), Geschichte der Universität Jena. Weimar.
R. Schottky(1962a), Untersuchungen zur Geschichte der staatsphilosophischen Vertragstheorie im 17. und 18. Jahrhundert. Amsterdam.
—(1962b), Das Problem der Gewaltenteilung bei Rousseau und Fichte. in: Schottky

(1962a)
—(1973), Einleitung des Herausgebers. in: J. G. Fichte, Beitrag zur Berichtigung der Urteile des Publikums übe die französische Revolution. Hamburg.
—(1976), Die staatsphilosophische Vertragstheorie als Theorie der Legitimation des Staates. in: Politische Vierteljahresschrift. Sonderheft. Bd. 7
—(1980), Einleitung. in: J. G. Fichte, Rechtslehre. Hamburg.
—(1981), Internationale Beziehungen als ethisches und juridisches Problem bei Fichte. in: Hammacher hg.(1981)
—(1990), Fichtes Nationalstaatsgedanke auf der Grundlage unöffentlicher Manuskripte von 1807. in: Fichte-Studien. Bd. 2.
—(1995), Rechtsstaat und Kulturstaat bei Fichte: Eine Erwiderung. in: Fichte-Studien. Bd. 7.
—(1996), Fichtes Nation-Begriff 1806–1813: Innenspannung und Entwicklung. in: R. Burger, H-D. Klein, W. H. Schrader hg., Gesellschaft, Staat, Nation. Wien.
W. H. Schrader(1990), Nation, Weltbürgertum und Synthesis der Geisterwelt. in: Fichte-Studien. Bd. 2.
J. Schröder(1986), J. Möser als Jurist: Zur Staats-und Rechtslehre in den „Patriotischen Phantasien "und in der „Osnabrückischen Geschichte". Köln.
G. Schuck(1994), Rheinbundpatriotismus und politische Öffentlichkeit zwischen Aufklärung und Frühliberalismus. Stuttgart.
J. Schultze(1925), Die Auseinandersetzung zwischen Adel und Bürgertum in den deutschen Zeitschriften der letzten der Jahrzehnte des 18. Jahrhunderts(1773–1806). Berlin.
V. Sellin(1976), Friedrich der Große und der aufgeklärte Absolutismus: Ein Beitrag zur Klärung eines umstrittenen Begriffs. in: U. Engelhardt, V. Sellin, H. Stuke hg., Festschrift für W. Conze.
—(1982), J. Möser. in: H.-U. Wehler hg., Deutsche Historiker. Bd. 9. Göttingen.
J. J. Sheehan(1989), German History 1770–1866. Oxford.
W. Siemann(1991), Die Französische Revolution in der Publizistik der süddeutschen Rheinbundstaaten. in: R. Dufraisse hg., Revolution und Gegenrevolution 1789–1830. München.
L. Siep(1979), Anerkennung als Prinzip der praktischen Philosophie: Untersuchungen zu Hegel Jenaer Philosophie des Geistes. Freiburg.
—(1992), Praktische Philosophie im deutschen Idealismus. Frankfurt am Main. 1992(上妻精監訳, ルートヴィッヒ・ジープ『ドイツ観念論における実践哲学』哲書房, 1995年)
G. de Staël(1968), De l'Allemagne. 2t. Paris.
Th. Stammen, F. Eberle hg.(1988), Deutschland und die französische Revolution 1789–1806. Darmstadt.

Th. Stamm-Kuhlmann(2007), Arndts Beitrag zur Definition der »Nation«. in: W. Erhart, A. Koch hg.(2007).
R. Stadelmann(1931), Grundformen der Mittelalterauffassung von Herder bis Ranke. in: Deutsche Vierteljahrsschrift für Literaturwissenschaft und Geistesgeschichte.
F. v. Stein(1931-7), E. Botzenhart hg., Briefwechsel, Denkschriften und Aufzeichnungen: im Auftrag der Reichsregierung der preussischen Staatsregierung und des deutschen und preussischen Stadtetages. Berlin.
H. Stuke(1972), Aufklärung. in: O. Brunner, W. Conze, R. Koselleck hg.(1972-97). Bd. 1.
C. G. Svarez(1960), H. Conrad, G. Kleinheyer hg., Vorträge über Recht und Staat. Köln.
F. Tönnies(2010), Schriften zur Staatswissenschaft. Wien.
H. Traub(2006), Fichte und Platon: Zur Aktualität idealistischer Bildungs-und Erziehungsphilosphie. in: Baumann hg.(2006)
J. Varlet(1792), Projet d'un mandat special et impératif, aux mandataires du peuple à la convention nationale. Paris.
J. Van Der Zande(2007), Popular philosophy and absolute monarchy. in: H. Blom, J. Ch. Laursen, L. Simonutti ed., Monarchisms in the Age of Enlightenment. Toronto.
K. A. Varnhagen von Ense(1987), K. Feilchenfeldt hg., Denkwürdigkeiten des eignen Lebens. Frankfurt am Main.
M. Vegetti(1998), Techne. in: Vegetti ed.(1998-2000)vol. 1.
M. Vegetti ed.(1998-2000), Platone. Repubblica. 4 vol. Napoli.
H. Verweyen(1975), Recht und Sittlichkeit in J. G. Fichtes Gesellschaftslehre. Freiburg/München.
—(1995), Fichtes Religionsphilosophie. in: Fichte-Studien. Bd. 8.
P. Vidal-Naquet(1986a), The Black Hunter. London.
—(1986b), A Study in Ambiguity: Artisans in Platonic City. in: Vidal-Naquet(1986a)
—(1986c), Greek Rationality and the City. in: Vidal-Naquet(1986a)
J.-L. Vieillard-Baron(1979), Platon et l'idéalisme allemande(1770-1830). Paris.
R. Vierhaus(1976), Land, Staat und Reich im 18. Jahrhundert. in: Historische Zeitschrift. Bd. 223.
—(1981), Höfe und höfische Gesellschaft in Deutschland im 17. und 18. Jahrhundert. in: K. Bohnen hg., Kultur und Gesellschaft in Deutschland von der Reformation bis zur Gegenwart. Kopenhagen/München.
—(1987a), Deutschland im 18. Jahrhundert. Göttingen.
—(1987b), Absolutismus. in: Vierhaus(1987a)
—(1987c), Patriotismus. in: Vierhaus(1987a)
—(1987d), Friedrich Nicolai und die Berliner Gesellschaft. in: Vierhaus(1987a)
—(1987e), Politisches Bewußtsein in Deutschland vor 1789. in: Vierhaus(1987a)
—(1987f), Friedrich Nicolai und die Berliner Gesellschaft. in: Vierhaus(1987a)

—(1987g), Umrisse einer Sozialgeschichte der Gebildeten in Deutschland. in: Vierhaus (1987a)
—(1987h), "Sie und nicht Wir." Deutsche Urteile über den Ausbruch der Französischen Revolution. in: Vierhaus(1987a)
—(1987i), Montesquieu in Deutschland: Zur Geschichte seiner Wirkung als politischer Schriftsteller im 18. Jahrhundert. in: Vierhaus(1987a)
—(1995), Napoleon und die Deutschen. in: W. Speitkamp, H.-P. Ullmann hg., Konflikt und Reform. Göttingen.
G. Vlastos(1994), The Historical Socrates and Athenian Democracy. in: ebd., Socratic studies. Cambridge.
—(1997), The Theory of Social Justice in the Polis in Plato's Republic. in: ebd., Studies in Greek Philosophy Volume II. Princeton.
U. Vogel(1972), Konservative Kritik an der bürgerlichen Revolution: A. W. Rehberg. Darmstadt.
C. Volpilhac-Auger(1985), Tacite et Montesquieu. Oxford.
Voltaire(1963), R. Pomeau ed., Essai sur les mœurs et l'esprit des nations. 2t.
J. Voß (1981), Der Gemeine Mann und die Volksaufklärung im späten 18. Jahrhundert. in: H. Mommsen, W. Schulze hg., Vom Elend der Handarbeit. Stuttgart.
W. Voßkamp(1995), „Un livre Paradoxal": J.-J. Rousseaus'Émile'in der deutschen Diskussion um 1800. in: H. Jaumann hg.(1995)
M. Weber(1987), Fichte's Sozialismus und sein Verhältnis zur Marx'schen Doktrin. in: H. M. Baumgartner, W. G. Jacobs hg. Schriften zur J. G. Fichtes Sozialphilosophie. Hildesheim.
E. Weis(1956), Geschichtsschreibung und Staatsauffassung in der französischen Enzyklopädie. Wiesbaden.
M. B. Weiß, Der Staat und die bürgerliche Gesetzgebung: Fichtes Theorie der öffentlichen Gewalt. in: Zöller hg.(2011)
K. H. L. Welker(1999), Altes Sachsen und koloniales Amerika: Naturrechtsdenken und Tacitusrezeption bei J. Möser. Stuttgart/Weimar.
A. G. Wildfeuer(1999), Praktische Vernunft und System: Entwicklungsgeschichtliche Untersuchungen zur ursprünglichen Kant-Rezeption J. G. Fichtes. Stuttgart-Bad Cannstatt.
D. Willoweit(1984), Von den alten deutschen Freiheit: Zur verfassungsgeschichtlichen Bedeutung der Tacitus-Rezeption. in: E. V. Heyen hg., Vom normativen Wandel des Politischen. Berlin.
B. Wilms(1967), Die totale Freiheit: Fichtes politische Philosophie. Köln.(青山政雄，田村一郎訳，ベルナルト・ヴィルムス『全体的自由——フィヒテの政治哲学』木鐸社，1976年)
J. J. Winckelmann(1764), Geschichte der Kunst des Alterthums. Dresden.

H. Wismann(1983), Modus interpretandi: Analyse comparée des études platoniciennes en France et en Allemagne au 19ième siècle. in: M. Bollack, H. Wismann hg., Philologie und Hermeneutik im 19. Jahrhundert. Göttingen.
J. K. Wright(1997), A Classical Republican in Eighteenth-Century France: The Political Thought of Mably. Stanford.
M. Wundt(1929), Fichte als Platoniker. in: ebd., Fichte-Forschungen. Stuttgart.
G. Zöller(1983), J. G. Fichte. Jenenser Naturrecht und Sittlichkeit. in: K. Barthlein hg., Zur Geschichte der Philosophie. Bd. 2. Wurzburg.
—(2008), Die politische Hermeneutik: Die philosophische Auslegung der Geschichte in Fichtes Reden an die deutsche Nation. in: Internationales Jahrbuch für Hermeneutik. Bd. 7.
—(2011a), „Die beiden Grundprincipien der Menschheit“: Glaube und Verstand in Fichtes später Staatsphilosophie. in: J. Halfwassen, M. Gabriel, S. Zimmermann hg., Philosophie und Religion. Heidelberg.
—(2011b), Der Staat und das Reich: Fichtes politische Geschichtsphilosophie. in: Zöller hg.(2011)
—(2013a), Fichte lesen. Legenda 4. Stuttgart/Bad Canstatt.(中川明才訳，ギュンター・ツェラー『フィヒテを読む』晃洋書房，2014 年)
—(2013b), »Menschenbildung«: Staatspolitische Erziehung beim späten Fichte. in: A. Hutter, M. Kartheininger hg., Bildung als Mittel und Selbstzweck. Freiburg/München.
—(2015a), Res publica: Plato’s Republic in classical German philosophy. Hong Kong.
—(2015b), War Without and Peace Within. Fichte’s Political Appropriation of Machiavelli and Its Contemporary Context in Herder and Hegel. in: Rivista di filosofia. CVI.
G. Zöller hg.(2011), Der Staat als Mittel zum Zweck: Fichte über Freiheit, Recht und Gesetz. Baden-Baden.
F. Zunkel(1975), Ehre. in: O. Brunner, W. Conze, R. Koselleck hg.(1972-97). Bd. 2.
阿部典子編(1990)「日本語で読めるフィヒテ関係文献」廣松渉ほか編『講座ドイツ観念論』第 3 巻，弘文堂，所収.
網谷壮介(2013)「歴史と自然――カントの歴史論における政治的啓蒙の契機」『相関社会科学』23 号.
—(2014a)「カント歴史論における統治批判と自然概念」『社会思想史研究』38 号.
—(2014b)「政治・道徳・怜悧――カントと執行する法論」『政治思想研究』14 号.
—(2015)「カントと許容法則の挑戦――どうでもよいこと・例外・暫定性」『法と哲学』1 号.
—(2016)「カントの共和制の諸構想と代表の概念」『社会思想史研究』40 号.
—(2018)『共和制の理念――イマヌエル・カントと一八世紀末プロイセンの「理論と実践」論争』法政大学出版局.
石川澄雄(1972)『シュタインと市民社会』御茶の水書房.

石崎宏平(2001)『イエナの悲劇――カント，ゲーテ，シラーとフィヒテをめぐるドイツ哲学の旅』丸善ブックス.
―(2010)『未完のフィヒテ――激動のベルリンを舞台にした一哲学者の「生」のドラマ』丸善プラネット.
犬塚元(2004)『デイヴィッド・ヒュームの政治学』東京大学出版会.
―(2014)「歴史叙述の政治思想――啓蒙における文明化のナラティヴ」同編『岩波講座 政治哲学』第2巻，岩波書店，所収.
今泉文子(1999)『ロマン主義の誕生――ノヴァーリスとイェーナの前衛たち』平凡社.
浦田一郎(1987)『シエースの憲法思想』勁草書房.
海老原明夫(1981-2)「カメラールヴィッセンシャフトにおける「家」――J. H. G. フォン・ユスティの思想を中心として」『国家学会雑誌』94巻7-10号，95巻7・8，11・12号.
岡崎勝世(2000)『キリスト教的世界史から科学的世界史へ――ドイツ啓蒙主義歴史学研究』勁草書房.
―(2011)「ドイツ啓蒙主義歴史学研究(II-2，完)――A. L. von シュレーツァーにおける「普遍史」から「世界史」への転換」『埼玉大学紀要(教養学部)』47巻2号.
小原淳(2011)『フォルクと帝国創設――19世紀ドイツにおけるトゥルネン運動の史的考察』彩流社.
加藤節(1997)『南原繁――近代日本と知識人』岩波新書.
鏑木政彦(2007)「〈ヒエラルヒー〉から〈文化〉へ――近代ドイツにおける文化と政治に関する試論」『政治思想研究』7号.
苅部直(2011)「平和への目覚め――南原繁の恒久平和論」同『歴史という皮膚』岩波書店，所収.
河上倫逸(1978)『ドイツ市民思想と法理論――歴史法学とその時代』創文社.
川出良枝(1990)「恐怖の権力――「法の精神」における「専制」」『思想』795号.
―(1996)『貴族の徳，商業の精神――モンテスキューと専制批判の系譜』東京大学出版会.
―(2000)「名誉と徳――フランス近代政治思想史の一断面」『思想』913号.
―(2002)「精神の尊厳性――近代政治思想における自律的名誉観念の生成」『思想』934号.
―(2018)「書評『精神の革命――急進的啓蒙と近代民主主義の知的起源』(ジョナサン・イスラエル著，森村敏己訳，みすず書房，2017年)」『社会思想史研究』42号.
木村周市朗(2000)『ドイツ福祉国家思想史』未來社.
木村博編(2010)『フィヒテ――『全知識学の基礎』と政治的なもの』創風社.
熊谷英人(2010a)「幻影の共和国――J. G. フィヒテ，「二十二世紀」からの挑戦」『国家学会雑誌』123巻3・4号.
―(2010b)「「共和国」の水脈――フィヒテ政治思想における政体論と「公論」」『フィヒテ研究』18号.
―(2011)「「均衡」の宇宙――思想家としてのフリードリヒ・ゲンツ」『政治思想研究』

11号.
―(2015)『フランス革命という鏡――十九世紀ドイツ歴史主義の時代』白水社.
―(2016)「フィヒテと「歴史」――『現代の根本特徴』の挑戦」『理想』697号.
―(2017)「フィヒテにおける代表制と監督官――ルソー，カント，シェイエスとの比較から」『明治学院大学法学研究』103号.
―(2018)「思想家フィヒテ」『アステイオン』88号.
河野有理(2016)「丸山から遠く離れて」同『偽史の政治学――新日本政治思想史』白水社，所収.
古城毅(2004)「フランス革命期の共和政論――コンスタンと，メストル，ネッケル，スタール」『国家学会雑誌』117巻5・6号.
―(2014)「商業社会と代表制，多神教とデモクラシー――バンジャマン・コンスタンの近代世界論とフランス革命論」『国家学会雑誌』127巻3-12号.
―(2016)「代表制と理性に基づく統治――フランス革命期の，シスモンディ，スタール，ならびにコンスタンの代表制論」『政治思想研究』16号.
権左武志(1995)「フィヒテ相互承認論の構造とその意義『自然法の基礎』――(1796/97年)を中心として」『理想』655号.
斉藤渉(2007)「啓蒙主義者たちの大学廃止論」『ドイツ啓蒙主義研究』7号.
―(2009a)「新人文主義――完結不能なプロジェクト」『思想』1023号.
―(2009b)「フンボルトにおける大学と教養」西山雄二編『哲学と大学』未來社，所収.
―(2009c)「フンボルトにおけるネイションの問題」『ヘーゲル哲学研究』15号.
―(2010)「教育の公事化――フリードリヒ2世の文教政策についての覚書」『ドイツ啓蒙主義研究』10号.
坂井栄八郎(1996)『ゲーテとその時代』朝日選書.
―(1998)『ドイツ近代史研究――啓蒙絶対主義から近代的官僚国家へ』山川出版社.
佐々木毅(1984)『プラトンと政治』東京大学出版会.
清水満(2013)『フィヒテの社会哲学』九州大学出版会.
―(2015)「フィヒテのマキァヴェリ論」『社会システム研究』13号.
杉田孝夫(1984)「政治思想としてのドイツ観念論――フィヒテにおける自由と強制」『東京都立大学法学会雑誌』25巻2号.
―(1988)「フィヒテにおけるフランス革命――1789年の理念に基づく「社会」と「国家」」『東京都立大学法学会雑誌』29巻1号.
―(1990)「フィヒテにおける「国民」」田中浩編『現代世界と国民国家の将来』御茶の水書房，所収.
―(1991)「フィヒテの家族観」『お茶の水女子大学人文科学紀要』44号.
―(1994)「南原繁とフィヒテ」『フィヒテ研究』2号.
―(2001)「書評 Hans-Joachim Becker, Fichtes Idee der Nation und das Judentum」『フィヒテ研究』9号.
―(2005)「カントとフィヒテの歴史認識における政治的なもの」『フィヒテ研究』13号.
―(2009a)「『ドイツ国民に告ぐ』はどのように読まれ，どのように読まれなかったの

か」『フィヒテ研究』17 号.
―(2009b)「『政治的著作の構想からの抜萃』解説」『フィヒテ全集』第 21 巻，晢書房，所収.
―(2014)「ナショナリズム――国民国家とは何であったのか」宇野重規編『岩波講座政治哲学』第 3 巻，岩波書店，所収.
―(2016)「二つのフィヒテ全集の完結に寄せて」『理想』697 号.
―(2017)「平和の政治学としての『閉鎖商業国家論』」『獨協法学』102 号.
互盛央(2014)『言語起源論の系譜』講談社.
高田純(1994)「フィヒテにおける承認論」同『承認と自由』未來社，所収.
―(2007)「カントの教育学講義――「自然素質の調和的発達」をめぐって」『札幌大学外国語学部紀要』67 号.
―(2017)『現代に生きるフィヒテ――フィヒテ実践哲学研究』行路社.
田邊玲子(1990)「純潔の絶対主義」荻野美穂ほか『制度としての〈女〉――性・産・家族の比較社会史』平凡社.
田邊玲子編(1994)『ドイツ／女のエクリチュール』勁草書房.
田村一郎(1989)「フィヒテとフランス革命――カント思想との関連を中心に」『哲学』25 号.
―(1994)『十八世紀ドイツ思想と「秘儀結社」』多賀出版.
鎮西恒也(1979)「J. G. フィヒテの法及び国家思想――初期思想を中心として」『アジア・アフリカ文化研究所研究年報』.
辻村みよ子(1989)『フランス革命の憲法原理――近代憲法とジャコバン主義』日本評論社.
津田保夫(2002)「ドイツ啓蒙主義における「人間の使命」の問題――シュパルディングの『人間の使命』とその影響」『ドイツ啓蒙主義研究』2 号.
寺田光雄(1996)『民衆啓蒙の世界像』ミネルヴァ書房.
栩木憲一郎(2010)「フィヒテ政治思想の日本受容――主にナショナリズム解釈をめぐって」木村編(2010)所収.
―(2011)「カントの『永遠平和のために』とフィヒテの書評」『千葉大学人文社会科学研究』23 号.
―(2012)「フィヒテにおける永遠平和に向けた政治思想の展開について」『千葉大学人文社会科学研究』24 号.
―(2013)「南原繁のフィヒテ受容」小林正弥編『近代日本政治思想史におけるドイツ観念論政治思想の有する意義についての研究』千葉大学大学院人文社会科学研究科，所収.
中川明才(2004)『フィヒテ知識学の根本構造』晃洋書房.
―(2015)「理性技術と国家――フィヒテの歴史哲学における理性の復権」『ニュクス』2 号.
長澤邦彦(1990)「超越論哲学としての「知識学」」廣松渉ほか編『講座ドイツ観念論』第 3 巻，弘文堂，所収.

長澤邦彦，入江幸男編(2014)『フィヒテ知識学の全容』晃洋書房.
永見瑞木(2007)「コンドルセにおける公教育の構想――科学と権力の関係をめぐって」『国家学会雑誌』120巻1・2号.
―(2018)『コンドルセと〈光〉の世紀――科学から政治へ』白水社.
南原繁(1972-84)『南原繁著作集』全11巻，岩波書店.
西村稔(1998)『文士と官僚――ドイツ教養官僚の淵源』木鐸社.
納富信留(2012)『プラトン　理想国の現在』慶應義塾大学出版会.
林嵩文(2016)「「体系」の政治――フリードリヒ二世の政治思想」『法学政治学論究』111号.
福田歓一(1973)「解説」南原(1972-84), Bd. 2，所収.
―(1989)「南原先生の遺されたもの」丸山・福田編(1989)所収.
船津真(2010)「ドイツユダヤ人による受容から見るフィヒテ政治思想――「ナショナルヒューマニズム」をめぐる同化主義とシオニズムの言説を中心に」木村編(2010)所収.
星野純子(2005)『ゲーテ時代のジェンダーと文学』鳥影社.
本田逸夫(2002)「南原繁のナチズム批判――『国家と宗教』第四章を中心に」宮田光雄，柳父圀近編『ナチ・ドイツの政治思想』創文社，所収.
前川貞次郎(1988)『歴史を考える』ミネルヴァ書房.
丸山眞男(1996)『丸山眞男集』第10巻，岩波書店.
―(1998)『丸山眞男座談』第7巻，岩波書店.
丸山眞男，福田歓一編(1989)『聞き書　南原繁回顧録』東京大学出版会.
三島淑臣(1972)「自由と革命――フィヒテ法・政治思想の形成をめぐる一考察」『法政研究』38(2-4)号.
美濃部仁(1994)「無神論論争」大峯顕編『叢書ドイツ観念論との対話』第5巻，ミネルヴァ書房，所収.
―(1997)「フィヒテにおける絶対者――一八〇四年の『知識学』の立場」『宗教研究』71巻3輯.
―(1999)「フィヒテの「絶対者」の特徴」『フィヒテ研究』7号.
―(2010)「J. G. フィヒテ――自我の哲学」『点から線へ』55号.
村上淳一(2014)『新装版　ゲルマン法史における自由と誠実』東京大学出版会.
村上隆夫(1978)「フィヒテ研究者としての南原繁」家永三郎，小牧治編『哲学と日本社会』弘文堂，所収.
屋敷二郎(1999)『紀律と啓蒙』ミネルヴァ書房.
矢部貞治(1931)「現代独墺に於ける衆民政諸論(二)」『国家学会雑誌』45巻12号.
湯浅慎一(1983)「フランス革命に対する若きフィヒテの共感――一七九三―九五年における実践哲学」『思想』711号.
吉岡知哉(1988)『ジャン=ジャック・ルソー論』東京大学出版会.
渡部壮一(1990)「フィヒテの政治哲学――自由なる国民的共同体の構想」『成蹊法学』30号.

―(1992)「フィヒテの政治社会論――法と道徳との関係において」『山梨学院大学一般教育部論集』14 号.
渡邊洋子(2006)『ドイツ「書簡文化」と女性』同学社.
フランソワ・アルトーグ(2017)(葛西康徳，松本英実訳)『オデュッセウスの記憶――古代ギリシアの境界をめぐる物語』東海大学出版部.
エンゲルハルト・ヴァイグル(1997)(三島憲一，宮田敦子訳)『啓蒙の都市周遊』岩波書店.
ジャン＝ピエール・ヴェルナン(1970)(吉田敦彦訳)『ギリシャ思想の起原』みすず書房.
―(2012a)(上村くにこ，ディディエ・シッシュ，饗庭千代子訳)『ギリシア人の神話と思想――歴史心理学研究』国文社.
―(2012b)「古代ギリシア人が抱く技術の思考．その形式と限界について」ヴェルナン(2012a)所収.
―(2012c)「古代ギリシアにおける空間と政治組織」ヴェルナン(2012a)所収.
ノルベルト・エリアス(1977)(赤井慧爾ほか訳)『文明化の過程(上)』法政大学出版局.
ダグマル・グレンツ(2004)(中村元保，渡邊洋子訳)『少女文学――18 世紀の道徳的・教訓的読物から 19 世紀における「小娘文学」の成立まで』同学社.
J. W. v. ゲーテ(1979)『ゲーテ全集』第 6 巻，潮出版社.
―(1997)(山崎章甫訳)『詩と真実・第二部』岩波文庫.
フリードリヒ・シュレーゲル(1990)(山本定祐訳)「アテネーウム断章」前川道介編『ドイツ・ロマン派全集』第 12 巻，国書刊行会，所収.
ヤン・シュレーダー(1995)「ユストゥス・メーザー」ミヒャエル・シュトライス編(佐々木有司，柳原正治訳)『一七・一八世紀の国家思想家たち――帝国公(国)法論・政治学・自然法論』木鐸社，所収.
オットー・ダン(1999)(末川清，姫岡とし子，高橋秀寿訳)『ドイツ国民とナショナリズム――1770-1990』名古屋大学出版会.
ロバート・ダーントン(2005)(近藤朱蔵訳)『禁じられたベストセラー――革命前のフランス人は何を読んでいたか』新曜社.
ヴァルター・デーメル(2000a)(和田卓朗訳)「ドイツの中小領邦における啓蒙絶対主義」『大阪市立大学法学雑誌』47 巻 2 号.
―(2000b)(和田卓朗訳)「一八世紀のヨーロッパ貴族」『大阪市立大学法学雑誌』47 巻 3 号.
―(2001)(和田卓朗訳)「一八世紀の行政，官僚制，法」『大阪市立大学法学雑誌』47 巻 4 号.
ミヒャエル・ノルト(2013)(山之内克子訳)『人生の愉楽と幸福――ドイツ啓蒙主義と文化の消費』法政大学出版局.
フレデリック・C. バイザー(2010)(杉田孝夫訳)『啓蒙・革命・ロマン主義――近代ドイツ政治思想の起源 1790-1800 年』法政大学出版局.
ブロニスラフ・バチコ(1990)(森田伸子訳)『革命とユートピア――社会的な夢の歴史』新曜社.

M. I. フィンリー(2007)(柴田平三郎訳)『民主主義――古代と現代』講談社学術文庫.
リュック・フェリー(1995)(水嶋一憲訳)「フィヒテ」フランソワ・フュレ，モナ・オズーフ『フランス革命事典』第2巻，みすず書房，所収.
マイケル・L. ブッシュ(2002)(指昭博，指珠恵訳)『ヨーロッパの貴族――歴史に見るその特権』刀水書房.
J. ブライケン(1984)(村上淳一，石井紫郎訳)『ローマの共和政』山川出版社.
ウーテ・フレーフェルト(1990)(若尾祐司ほか訳)『ドイツ女性の社会史――200年の歩み』晃洋書房.
フリードリヒ・ヴィルヘルム・ヘーゲル(1975)(小島貞介訳)『ヘーゲル書簡集』日清堂書店.
エルンスト・ベーラー(1974)(安田一郎訳)『Fr. シュレーゲル』理想社.
ヨハン・ハインリヒ・ペスタロッチ(1987)(前原寿，石橋哲成訳)『ゲルトルート教育法・シュタンツ便り』玉川大学出版部.
フリードリヒ・ヘルダーリン(1969)(手塚富雄ほか訳)『ヘルダーリン全集』第4巻，河出書房新社.
ジルヴィア・ボーヴェンシェン(2014)(渡邉洋子，田邊玲子訳)『イメージとしての女性――文化史および文学史における「女性的なるもの」の呈示形式』法政大学出版局.
イシュトファン・ホント(2009)(田中秀夫監訳)『貿易の嫉妬――国際競争と国民国家の歴史的展望』昭和堂.
イシュトファン・ホント，マイケル・イグナティエフ編(1990)(水田洋，杉山忠平監訳)『富と徳――スコットランド啓蒙における経済学の形成』未來社.
トーマス・マン(1972)(高橋義孝，滝沢弘訳)『トーマス・マン全集 III: 魔の山』新潮社.
レオポルト・フォン・ランケ(1966)(林健太郎訳)『ランケ自伝』岩波文庫.
マンフレート・リーデル(1983)(斉藤英也，油納芳生訳)「自然法の概念形成におけるフィヒテの曖昧な転回」『修道法学』6巻2号.
ヘルマン・リュッベ(1998)(今井道夫訳)『ドイツ政治哲学史――ヘーゲルの死より第一次世界大戦まで』法政大学出版局.
フィリップ・ルジュンヌ(1993)(花輪光監訳)『自伝契約』水声社.
―(1995)(小倉孝誠訳)『フランスの自伝――自伝文学の主題と構造』法政大学出版局.
J. M. R. レンツ(2013)(佐藤研一訳)『家庭教師／軍人たち』鳥影社.

図版出典

Bechstein(1838)，146(イエナ)，163(プフォルタ校)
Jacobs(2012)，53(ヨハンナ)，70(イエナ大学講堂)
Mercier(1802)，表紙(メルシエ『2440年』)
石崎(2010)，3(コマンダンテンシュトラーセ9番地のフィヒテの住居)
それ以外の図版はウィキメディア・コモンズのフリー素材